JN315121

農学基礎シリーズ

果樹園芸学の基礎

伴野　潔
山田寿
平　智
［著］

農文協

まえがき

　わが国の果樹生産は，戦後の高度経済成長にともなう，過剰生産気味ともいえる画一的品種の大量生産の時代を経て，1970年代後半から，より高品質な品種への転換がすすんだ。それとともに，高付加価値化と高品質化をめざした施設栽培やわい化栽培が普及した。

　その一方で，果樹生産者の高齢化と担い手不足が問題になり，それを解消するために，栽培の省力化・軽作業化がはかられるとともに，多くの産地でＵターンやＩターンなど新しい担い手への支援活動もすすめられてきた。しかし，このような努力にもかかわらず，果実の自給率は40％前後へと低下し，果実消費量も若年・成人層を中心に低下しているのが現状である。また，現在のわが国の農業は，国際社会のグローバル化と関税撤廃による貿易自由化の動きのなかで揺れ動いているが，果樹をとりまく情勢も同様で，輸入果実やその加工品との厳しい国際競争と国内での産地間競争にさらされている。こうした状況を切り開くべく，新しい果樹生産の展開がこれまで以上に求められ，期待されている。

　果実はこれまで，水分や栄養分の摂取と嗜好品として利用されてきた。しかし，最近は健康増進や疾病予防としての機能が注目されるようになり，消費者の健康志向の高まりとともに果実消費の向上につながると期待されている。また，国際的にもわが国の果実の品質の高さが評価され，栽培技術や品種が世界的にも注目される状況も生まれてきている。

　本書は，毎年，品質のよい果実を多収することを目標に，果樹の生育と生理現象，生理・生態と栽培技術との相互の位置付けなどが基礎的に学べることをねらいにまとめた。そのため，果樹園芸学の入門書として，学生が理解しやすく，また教えやすい内容にすることに配慮した。さらに，果樹の生理や栽培技術の意味をより理解しやすいように、カラーの図版や写真を多用するように心がけた。

　このように、本書は農学系の大学学部生，短大生，農業大学校生の教科書として企画したものであるが，生産者，園芸家，果実加工関係者，栽培指導に携わっている方々にも，果樹の生理・生態や栽培技術の基本図書として活用いただければ幸いである。

　本書の出版にあたり終始お世話いただいた農文協編集部の丸山良一氏に心から御礼を申し上げる。

　　2013年9月

　　　　　　　　　　　　　　　　　　　　　　　　　　　　伴野　潔

果樹園芸学の基礎 目次

まえがき…1

1 第1章 果樹園芸の起源と特徴 / 伴野 潔　　7

1. 果樹園芸と果樹園芸学────7
    1. 果樹園芸とは……7
    2. 果樹園芸学とは……7
    3. 果樹園芸の特徴……7
2. 果樹栽培の起源と原産地────9
    1. 果樹栽培の起源……9
    2. 果樹の原産地……9
    【囲み】ナシの原産地─10
    3. わが国の果樹栽培の起源と歴史……10
3. 果樹栽培の現状────10
    1. 世界の果樹栽培……10
    2. 日本の果樹栽培……11
4. 果実の栄養・機能性と利用────13
    1. 果実の栄養と機能性……13
    【囲み】果物を食べると太る？─14
    2. 利用法……15
5. 果実の流通と経営────15
    1. 果実の流通……15
    2. 果樹経営……16

2 第2章 果樹の種類・品種と育種　　17

I 果樹の分類 / 山田 寿　　17

1. 果樹とは────17
2. 自然分類法────17
3. 人為分類法────18
    1. 花の構造……18
    2. 花の子房の位置……19
    3. 真果と偽果……19
    4. 単果，集合果，複合果……20
    5. 原生地や栽培地……21
    6. 樹の特性……21
    7. 可食部など……21

II 種類と品種 / 山田 寿　　22

1. 落葉果樹────22
    1. リンゴ……22
    2. ナシ……23
    3. カキ……25
    4. ブドウ……26
    5. モモ……28
    6. ウメ……29
    7. スモモ……29
    8. オウトウ……30
    9. キウイフルーツ……30
    10. クリ……31
    11. イチジク……32
    12. ブルーベリー……32
    13. その他の落葉果樹……32
2. 常緑果樹────33
    1. カンキツ類……33
    2. ビワ……37
    3. その他の常緑果樹……37

III 果樹の育種 / 伴野 潔　　39

1. 果樹育種の特徴────39
2. 育種年数の短縮と効率化────39
    1. 果樹育種の課題……39
    2. 早期検定法……39
    3. DNAマーカーの利用……40
    4. 開花促進……41
    【囲み】遺伝資源の収集と保存─41
3. 育種方法────42
    1. 分離育種と導入育種……42
    2. 交雑育種……42
    3. 突然変異育種……43
    4. 倍数性育種……43

【囲み】葉序と咲き分け— 44
5. キメラの利用……44
6. 細胞工学的手法による育種……45
4. 果樹の遺伝子組換え――― 46
1. 果樹と遺伝子組換え育種……46
2. アグロバクテリウム法……47
【囲み】遺伝子組換え作物の安全性評価— 47
5. 育種の現状――― 48
【囲み】種苗法と品種登録制度— 48

3 第3章 果樹栽培の適地と開園 49

I 果樹栽培の適地 / 山田 寿　49

1. 気温条件――― 49
   1. 年平均気温……49
   2. 積算温度……50
   3. 四季の気温と果樹の生態……51
   【囲み】凍結核活性細菌による凍害— 52
2. 降水量――― 54
   1. 果樹とわが国の降水量……54
   2. 多雨の問題……55
3. 地理的・地形的条件――― 55
4. 土壌条件――― 55

II 苗木の生産と植付け / 伴野 潔　57

1. 繁殖の方法と苗木生産――― 57
   1. 苗木の繁殖方法……57
   2. 接ぎ木苗の生産……58
   【囲み】わい性台の利用と接ぎ木不親和— 59
   3. 挿し木苗の生産……61
   4. 取り木苗の生産……62
   5. ウイルスフリー苗の生産……63
   6. 組織（茎頂）培養による大量増殖……64
2. 苗木の植付け――― 65
   1. 栽植方式と栽植密度……65
   2. 苗木の植付け時期……66
   3. 苗木の植付け……66

III 果樹園の開設・整備 / 伴野 潔　68

1. 果樹園の開設――― 68
   1. 地形と開園……68
   2. 気象災害対策と設備……68
2. わい化栽培園――― 69
3. 品種更新――― 70
   1. 改植による更新……70
   2. 高接ぎ更新……71

IV 施設栽培 / 山田 寿　72

1. 果樹の施設栽培――― 72
   1. 施設栽培の現状……72
   2. 施設栽培の目的と特徴……72
2. ハウス栽培――― 74
   1. 光の調節……74
   2. 温度の調節……74
   3. その他の管理……75
3. 雨よけ栽培――― 77
4. その他の特殊な栽培法――― 77
   1. 根域制限栽培……77
   2. マルチ栽培……78
   【囲み】簡易な水ストレスの診断方法— 78

4 第4章 果樹の成長と生産力 / 山田 寿　79

I 果樹のライフサイクルと年間の成長　79

1. 果樹のライフサイクルと生育相――― 79
   1. 実生の生育相……79
   2. 接ぎ木苗の生育相……79
2. 年間の成長サイクル――― 80
   1. 春から夏の成長……80
   2. 夏から秋・冬の成長……80
   3. 地下部の成長サイクル……82

II 果樹の物質生産と生産力　83

1. 光合成――― 83

1. 光合成と呼吸……83
   1. 光合成の仕組み……83
   2. 光合成を左右する要因……84
2. 光合成産物の分配と利用──87
   1. シンク，ソースと分配……87
   2. 分配を左右する環境要因……87
   3. 光合成産物の利用……88
3. 果樹の収量を左右する栽培要因──88
   1. 最適葉面積指数……88
   2. 整枝・せん定……89
   3. 栽培方式……89
4. 隔年結果──90
   1. 隔年結果とは……90
   2. 隔年結果の原因と仕組み……90
   3. 隔年結果の防止……91

III 果樹の成長と植物ホルモン　92

1. 植物ホルモンとは──92
2. オーキシン──93
3. ジベレリン──94
4. サイトカイニン──94
5. アブシジン酸──95
6. エチレン──95
7. その他の植物ホルモン──96
8. その他の成長調節物質──96

第5章 果樹の成長と栽培　97

I 枝・葉の成長と樹勢／伴野 潔　97

1. 新梢の成長と養分──97
   1. 栄養成長と生殖成長のバランス……97
   2. 枝葉の成長と養分転換期……98
2. 新梢成長の停止と休眠──99
   1. 自発休眠と他発休眠……99
   2. 休眠の時期，深さの調査……99
   3. 休眠の仕組み……100
   【囲み】開花予想─102
3. 枝葉の成長と調節──102
   1. 早期展葉の重要性……102
   2. 樹勢と栄養診断……102
   【囲み】葉の構造─102
   【囲み】紅葉と落葉の仕組み─104
   3. 新梢成長の調節……104

II 花芽形成と開花・結実／伴野 潔　105

1. 芽の種類と結果習性──105
   1. 芽の種類……105
   2. 花芽の種類と結果習性……105
2. 花芽形成──107
   1. 花芽分化……107
   2. 花芽分化の仕組み……108
   3. 花芽分化と植物ホルモン……108
3. 受精と結実──109
   1. 花粉と胚のうの形成と発育……109
   2. 受粉と受精の仕組み……110
   3. 不和合性……111
   【囲み】Sハプロタイプ─112
   4. 人工受粉……113
   5. 果実（種子）の発育と植物ホルモン……113
   6. 摘蕾・摘花……114
4. 単為結果──114
   1. 単為結果とは……114
   2. 自動的単為結果……114
   3. 他動的単為結果……115
   4. ジベレリンによるブドウの無核化……115
   5. 偽単為結果……116
   6. 単為生殖と多胚性……117
5. 生理的落果──117
6. 隔年結果──117

III 果実の発育と成熟／平 智　118

1. 果実の発育と管理──118
   1. 果実の成り立ち……118
   2. 果実の成長パターン……118
   3. 果実の細胞分裂と肥大……119
   4. 果実の発育と植物ホルモン……121
   5. 果実の発育を左右する要因……122
   6. 発育中の果実の管理技術……123
2. 果実の成熟──125

1. 果実の発育段階……125
2. 果色と果肉硬度の変化……125
3. 果肉成分の変化……127
4. 植物ホルモンによる
　　発育と成熟の調節……131

3. 収穫適期と収穫────132
1. 収穫適期の判断指標……132
2. 収穫作業……132
3. 収穫時期と貯蔵性……133

4. 果実の成分と品質────134
1. 果実に含まれるおもな成分……134
2. 果実品質の構成要素……135

Ⅳ 収穫後の果実の取り扱い / 平　智　137

1. 収穫後の果実の生理────137

1. 収穫後の果実の特性……137
2. 呼吸生理……137
3. 追熟とエチレン……139
【囲み】エチレン生成の仕組み─140
4. 蒸散作用……140
5. 収穫後の成分の変化と軟化……141
【囲み】果実が軟らかくなる仕組み─142

2. 果実の流通と貯蔵────142
1. 出荷と流通の技術……142
2. おもな貯蔵法……144
3. 流通や貯蔵にともなう障害……148

3. 果実の加工────149
1. 加工のねらいと加工適性……149
2. おもな加工法……149
3. 渋ガキの脱渋……150

第6章 施肥と土壌管理 / 平　智　153

Ⅰ 樹体の栄養と施肥　153

1. 果樹の栄養特性────153
1. 植物の必須要素と役割……153
2. 果樹の養分吸収特性……155
3. 果樹園での窒素の循環……155
4. 養分吸収にかかわるおもな要因……156

2. 施肥────157
1. 肥料の種類と選択……157
【囲み】有機物が施用されている土壌と
　　施用されていない土壌─159
2. 施肥量……159
3. 施肥時期と施肥方法……160
4. 果樹の栄養診断……161

Ⅱ 水分生理・水管理と土壌管理　162

1. 水分生理・水管理────162
1. 水ポテンシャルと給水の仕組み……162
【囲み】テンシオメータの原理と水ポテンシャルの測定─162
【囲み】葉の水ポテンシャルの測り方─163
2. 水ストレス……163
3. 灌水と排水の方法……165

2. 土壌管理────166
1. わが国の果樹園土壌の特徴……166
【囲み】土壌の定義と成り立ち─167
2. 土壌管理の目的……167
3. 土壌表面の管理……168
4. 土壌改良と土づくり……169

第7章 生理障害，自然災害，病虫害の防除 / 山田　寿　171

Ⅰ 生理障害　171

1. 温度が主原因の生理障害────171
1. リンゴのみつ症状……171
【囲み】未熟期の高温で発生するみつ症状─172
2. ニホンナシのみつ症状……173

2. 水分が主原因の生理障害────173
1. 裂果……173
2. カキのへたすきと裂果……173

3. 栄養が主原因の生理障害────174
1. 果肉硬化障害……174
2. 斑点性障害……174

II 自然災害　175

1. 風害 —— 175
   1. 強風害……175
   2. 潮風害……175
   3. 強風による多様な被害……175
   4. 風害対策……176
2. 凍害 —— 176
   1. ハードニングと寒害……176
   2. デハードニングと寒害……176
   3. 凍害対策……177
3. 雪害 —— 177
   1. 雪害の特徴……177
   2. 発生の仕組み……177
   3. 雪害対策……177
4. 雹害 —— 178

III 病虫害の防除　179

1. おもな病虫害 —— 179
   1. 病害……179
   2. 虫害……182
2. 農薬による防除 —— 182
   1. 化学農薬による防除……182
   【囲み】ポジティブリスト制度— 183
   2. 生物農薬による防除……183
3. 農薬を利用しない防除 —— 183
   1. 物理的防除……183
   2. 耕種的防除……184
   3. 生物的防除……185
4. 総合的病害虫管理 —— 185
5. 植物検疫 —— 186
6. 鳥獣害 —— 186

第8章　整枝・せん定 / 伴野 潔　187

I 枝の伸び方と整枝・せん定の基本　187

1. 整枝・せん定の目的 —— 187
2. 樹体各部の名称 —— 187
   ①主幹…187
   ②主枝…189
   ③亜主枝…189
   ④側枝…189
   ⑤当年生枝…189
3. せん定の種類と強弱 —— 189
   1. せん定の種類と切り方……189
      ①切り返しせん定と間引きせん定…189
      ②大枝の切り方と切り口の保護…190
   2. せん定の強さ……191
   3. 樹齢・樹勢とせん定強度……191
      ①幼木・若木期…191
      ②成木期と老木期…191
      ③せん定強度と手順…192
4. せん定の時期
    －冬季せん定と夏季せん定－ —— 192
5. 頂芽優勢と調節 —— 192
   1. 頂芽優勢とオーキシン……192
   2. 頂芽優勢の調節……193
      ①誘引…193
      ②ホルモン剤による調節…193

II 整枝の方法　194

1. 仕立て方と整枝方法 —— 194
   1. 立ち木仕立て……194
   2. 棚仕立て……195
      ①平棚仕立て…195
      ②斜立棚仕立て…196
2. 低樹高化整枝 —— 197

和文索引…………………199
欧文索引…………………204

第1章 果樹園芸の起源と特徴

1 果樹園芸と果樹園芸学

1 果樹園芸とは

　果樹園芸（fruit growing）は，果樹の栽培とその生産物である果実などを流通させる農業のことで，野菜園芸，花卉園芸とともに園芸 (注1) の重要な柱である。果樹，野菜，花卉など園芸作物（horticultural crop）は，イネ，ムギ，ダイズなどの農作物とちがい，集約的な生産技術や栽培管理が必要である。生産物も特有の流通技術や加工技術によって消費者に届けられている。

2 果樹園芸学とは

　園芸作物や園芸の研究や開発を行なう学問を園芸学（horticultural science）といい，果樹園芸学（pomology），野菜園芸学（vegetable crop science），花卉園芸学（floriculture）の3部門の応用科学として体系づけられている。英語のpomologyは，本来，リンゴやナシの果実である仁果（pome fruit）についての学問のことであったが，後に果実全体を対象とした学問分野として用いられるようになった。

　果樹園芸学の領域は，果実や種実を生産する果樹産業，生産物を乾果，ジュース，シロップ，ジャム，ワインなどに加工する食品産業，青果物として流通・販売する流通・卸売産業，さらに最近では果実の機能性成分に着目した特定保健用食品産業などたいへんすそ野が広い (注2)（図1-1）。

3 果樹園芸の特徴

　果樹園芸には，農作物や野菜園芸，花卉園芸にはない特徴がある。
①果実が結実するまで数年かかる永年生木本作物

　苗木を植えてから果実がなるまで数年かかり（結果年齢，bearing age），さらに果実収量が増え一定になる盛果期（high productive age）になるにも数年かかる。

　これらの年数や盛果期の期間は，樹種や品種，使用する台木，土壌条件，栽培方法などでちがう。したがって，長年にわたって果実を安定して生産するためには，施肥や整枝・せん定技術など栽培管理によって，栄養成長と生殖成長のバランスがとれた生育をさせることが大切である。

〈注1〉
園芸という用語は，英語ではhorticultureといい，ラテン語のhortus(囲い)とcultura(耕作)に由来する。漢字の園芸は，柵や生け垣で囲った土地で，植物を保護しながら集約的な栽培管理を行なうことをあらわしている。

〈注2〉
果樹園芸学は，生産される果実に着目した果実科学（fruit science）も含むが，この分野は果菜類（fruit vegetables）など果実をつけるすべての作物が対象となる。

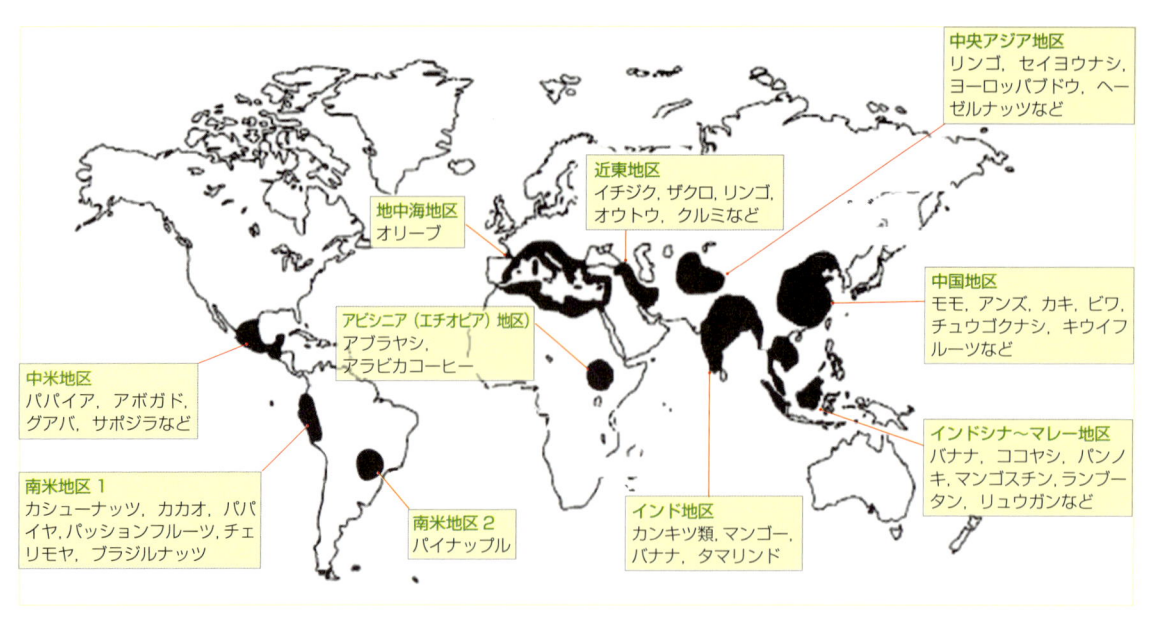

図 1-1　バビロフによる栽培植物（果樹）の起源の 8 大中心地（杉浦，2008 を一部改変）
注）バビロフの 8 大原生中心地では，インドとインドシナ〜マレー地区，南米地区 1、2 をそれぞれ 1 地域として分類している。

◎生殖成長と栄養成長が同時にすすむ

　1 年生作物では，発芽後，栄養成長を経て生殖成長へ移行する。しかし永年作物の果樹は，開花・結実や果実の肥大・成熟など生殖成長と，枝葉の成長や翌年の養分蓄積が同時に進行する。そのため，果実と枝葉のあいだで養分競合がおきやすく，生理落果や発育不良果，変形果などが多くなり，収量・品質が影響される。

㈧接ぎ木による栄養繁殖＝台木と穂木の複合体

　ほとんどの果樹の繁殖は，病虫害や環境抵抗性の強い台木に目的の品種の穂木を接ぎ木して行なう。また，栄養成長（樹勢）を調節して早期成園化ができる，わい性台木も利用されている。

㊂適地適作に徹することが大切

　果樹はいったん植えると同じ場所で長年栽培するので，その土地の気候風土にあった種類や品種を選ぶことが大切である。栽培管理がしやすいだけでなく，気象災害や病害虫防除などの経費も削減できる。

㊱高度な栽培技術で高品質果実を生産

　果樹栽培には，人工受粉，摘花・摘果，袋かけ，着色管理，施肥と土壌管理，せん定作業などたいへん集約的で高度な栽培技術が必要である。こうした栽培技術によって高品質果実が生産でき，高収益が得られる。

㊇傾斜地を利用した栽培が多い

　平地は水田や畑に利用されるので，果樹は傾斜地で栽培されることが多い。平地では機械化で労力の節減ができるが，地下水位が高く湿害やモンパ病などの土壌病害を受けやすい。これに対し，傾斜地は土壌が乾燥しやすく，果実発育期には灌水が必要であるが，成熟期の土壌乾燥によって高品質果実の生産が容易である。

2 果樹栽培の起源と原産地

1 果樹栽培の起源

人類が果樹栽培を始めたのは、主食作物のイネやムギ類を栽培して定住し、家畜を飼うなど食生活にゆとりがでてきてからで、約6,000年前（紀元前約4,000年）の青銅器時代と考えられている。この時代に都市国家が成立したといわれているが、パレスチナからギリシャ、エジプトにかけた遺跡からオリーブ、ブドウ、イチジク、ザクロなどの遺骸が発掘されており、その当時栽培されていたことがうかがえる。

これ以前は、野生の果実を採集して利用していたが、当時の人々は、自生していた果樹のなかから品質や収量に優れたものを選んで増やし、住居の近くに植えて栽培するようになったと考えられる。また、都市の発達につれて果物の需要が増え、近くに自生していたものだけでなく、かなり遠隔地の果樹も採集され、栽培されていた(注3)。

2 果樹の原産地

①おもな果樹の原産地

おもな果樹の起源（原産）地として、大きく8地域が知られている。これは、ロシア（旧ソ連）の遺伝学者バビロフの説によるが、他の作物とも共通している（図1-1）(注4)。

果樹を含む作物の起源地のほとんどは山岳地帯にあり、山岳や砂漠によって隔離されており、作物化が独立にすすめられたことが予想される。また、古代文明が発祥した地域やその隣接地域と重なっており、古代文明の成立と農耕の発達には密接な関係があったと推察される。

②リンゴの原産地

リンゴは中央アジアに分布する *Malus sieversii* が基本種となり、中国に分布するイヌリンゴ（*M. prunifolia*）やエゾノコリンゴ（*M. baccata*）と交雑して、現在の栽培種が成立したと考えられている。基本種は中央アジアの標高1,200〜1,800mの山岳地帯に自生し、果実は変異に富み、枝葉は栽培種に酷似している。中国と中央アジア、中近東、ヨーロッパを結ぶシルクロードの交易によって基本種とその交雑種が運ばれ、現在のリンゴが成立したと考えられている（図1-2）。

リンゴ栽培の歴史はかなり古く、炭化したリンゴやその化石が紀元前約6,500年のアナトリア地方の遺跡や、紀元前2,000年ころのヨーロッパ中部の遺跡から発掘されている。ただ当時のリンゴは、クラブアップルに相当するもので、現在のリンゴよりかなり小さく、渋味と酸味があったと考えられている。ギリシャ時代（紀元前320年）には、アレキサンダー大王の占領地から持ち帰った栽培種や栽培法、接ぎ木繁殖法の記述が残されている。

〈注3〉
当時の果物は、生食もされたが、ほとんどが乾果として保存・貯蔵されていた。ブドウやリンゴはワイン、オリーブは塩蔵したりオリーブ油に加工され、交易品としても重要であった。

〈注4〉
バビロフは、20世紀初頭に世界各地を探査して「ある作物の変異が多く、類縁性に富む地域がその特定作物の原生中心地である」と結論づけ、栽培植物の起源地を設定した。

図1-2 エゾノコリンゴ
(*M. baccata*)

ナシの原産地

ナシも，リンゴと同じ中国南西部から中央アジアの山岳地帯が起源地とされている。コーカサス山脈と小アジアにはさまれたアルメニア地方にはナシ属植物の変異が大きく，この地域からセイヨウナシが分化・成立したと考えられている。また，中国南西部や中央アジアから東進したナシ属植物は，中国大陸に中心地をつくり，チュウゴクナシ，ニホンナシなど東洋系のナシが分化したと考えられている。

ナシの利用の歴史もかなり古く，紀元前2,000年前のヨーロッパ中部の湖棲民族の遺跡からセイヨウナシの化石が発見されている。また，中国の前漢時代（紀元前200年）の長沙馬王堆（ちょうさまおうたい）の墓からナシ果実の副葬品が出土しており，すでにナシの栽培が始まっていたとされている。

3 わが国の果樹栽培の起源と歴史

わが国では，縄文・弥生時代の住居遺跡からシイ，クリ，カシ，クルミなどの木の実やヤマブドウの種子などが多数出土しており，当時からこれらを採集・利用していたが，本格的に果樹栽培が始まったのは奈良時代になってからである。

『日本書紀』（720年）の持統天皇の章に，693年にナシやクリの栽培を奨励した記述があり，わが国での果樹栽培は遅くとも7世紀ころに始まり，日本原産のナシ，クリ，カキなどが栽培・利用されていたと考えられている。その後，平安時代の『延喜式』（927年）には，宮内省果樹園に植えた数種の果樹と，全国各地から朝廷へ献上された果実の種類や加工品とその産地が多数記載されている。

江戸時代になると，商品経済の発展にともなって営利的に果樹を栽培するようになり，和歌山のミカン，奈良・福島のカキ，山梨のブドウ，丹波のクリのように地域特産物として広く流通するものも登場した（図1-3）。

明治時代にはいると，リンゴ，オウトウ，セイヨウナシが欧米から導入され，多くの果樹で本格的な経済栽培が始まった。

①ウメの収穫
収穫したウメを4斗樽に漬けて各地に出荷していた

②ミカンの苗つくり
夏の土用に肥（こやし）をやっている図

図1-3 江戸時代の果樹栽培
（『広益国産考』大蔵永常著より）

3 果樹栽培の現状

1 世界の果樹栽培

世界中では約2,900種と，たいへん多くの植物が果樹として栽培・利用されている。国連食糧農業機関（FAO）によると，世界の果実生産量は，過去50年間（1961～2010年）で約3倍に増加し，5億tを超えている。現在，世界で生産量が最も多いのは，オレンジを主体とするカンキツ類，次いでバナナ（生食用），リンゴ，ブドウの順で，これらが生産量で世界の4大果樹となっている（図1-4）。

国別では，中国が約12,000万tと最も多く，次いでインド（約7,500万t），ブラジル（約3,800万t），アメリカ（約3,800万t），イタリア（約1,700万t）の順で，わが国は37番目である。

世界各国の2009年の1人1日当たりの生鮮果実消費量をみたのが図1-5である。欧米諸国のほとんどが200gを上回っているが，わが国は144

gとアジア諸国の平均175 g以下となっている。また，自給率がわが国とほぼ同じか低い欧米の国々でも，果実消費量がわが国よりもきわめて多いことがわかる。

2 日本の果樹栽培

①生産量と輸入の動向

わが国の果実生産量は，1955年ころからの高度経済成長にともない急激に増え，1972年前後には650万t前後になった。これは，ウンシュウミカンの生産量が急増し，全果実生産量の半分以上の370万tまで増えたためである。しかしその後，徐々に減り，2009年の主要果樹の生産量は約300万tまで落ち込んでいる（図1-6）。現在の国内果実生産量を図1-7に示したが，各樹種ともやや減少気味で推移している。

これに対し，輸入果実は増え続け，現在では約480万tになり，そのうち生鮮果実は約180万tである（図1-8）。

1955年ころから急増した果実生産も，輸入の影響を受け，量から質への転換が求められた。その結果，より優良な品種への更新とともに，高品質果実や施設栽培が増え，そのための技術開発も飛躍的にすすんできた。

②果実消費量と生鮮果実消費量

1人1日当たりの年間生鮮果実消費量は，1955年には44 g程度と低かったが，1972年には最高の170 gまで増えた(注5)。しかし，その後は減少して，現在は144 g程度で推移している。

国内生産量と輸入量を加えた国内果実消費量は，1972年以降の20年間は700万t台で推移してきたが，1992年のオレンジ果汁の輸入自由化以降800万t台に増えている（図1-8参照）。果実消費量が増えているのに生鮮果実の消費が低下している背景には，ジュース，ワインなどの飲料や缶詰などの果実加工品の輸入・消費の増加がある。

生鮮果実の消費量が減少している原因はいくつかあげられるが，若年層，とくに30歳代を中心に消費量が少ない（図1-9）。これ

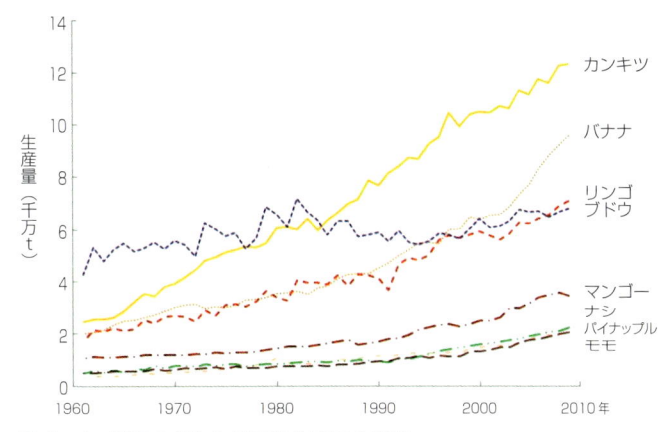

図1-4 世界のおもな果実の生産量の推移
（「FAO農業生産年報」各年次による）

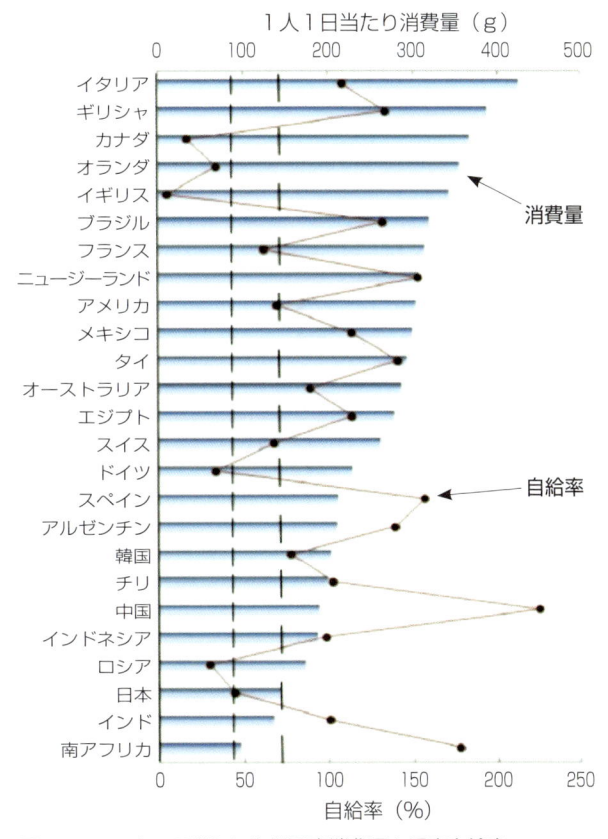

図1-5 1人1日当たり生鮮果実消費量と果実自給率
（「FAO農業生産年報」2009年による）

〈注5〉
この時期に果実消費量が急増したのは，ウンシュウミカンの生産量が大幅に増えたためで，ウンシュウミカンだけで1人当たり74 gも消費していた。

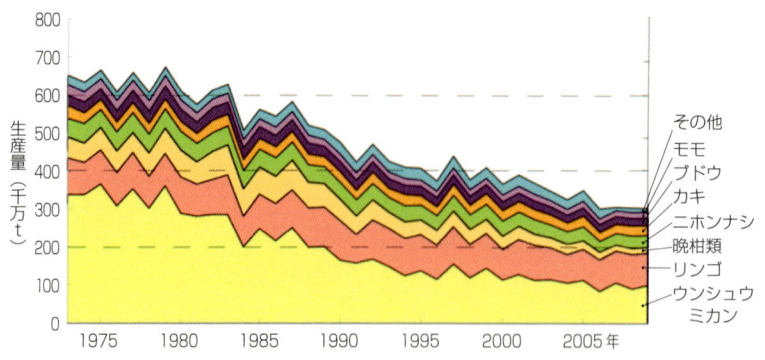

図 1-6 わが国の主要果樹の生産量の推移（農林水産省「農林水産統計」各年次による）

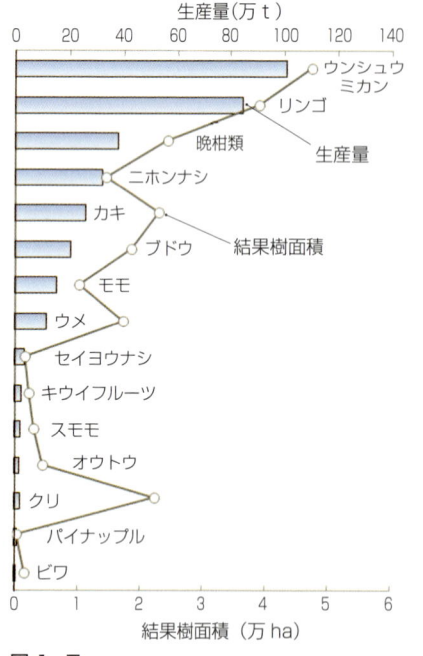

図 1-7 わが国の主要果樹の生産量と結果樹面積
（農林水産省「農林水産統計」2009 による）

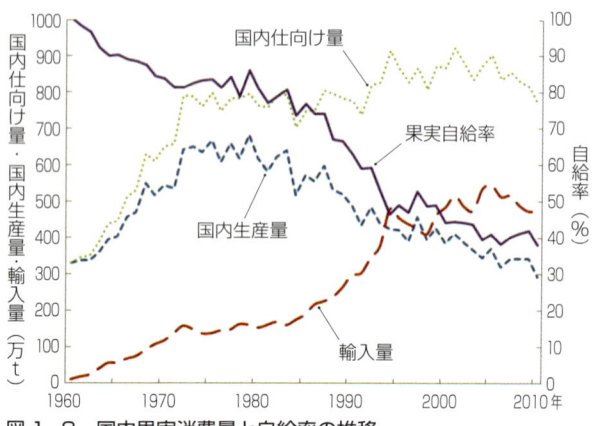

図 1-8 国内果実消費量と自給率の推移
（農林水産省「食料需給表」各年次による）

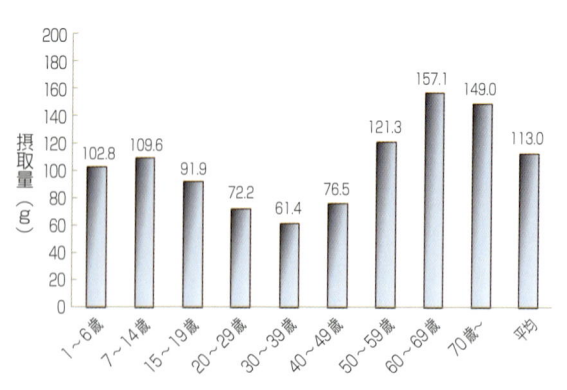

図 1-9 年齢別 1 人 1 日当たりの果実摂取量
（厚生労働省平成 21 年国民健康・栄養調査）

は，手軽に飲めるジュースなどの飲料やスナック菓子類の消費が増えたことが原因と考えられる。しかし，欧米諸国にくらべてわが国の果実消費量は半分程度であり（図 1-5 参照），今後，消費拡大の余地は十分残されている。

4 果実の栄養・機能性と利用

1 果実の栄養と機能性

わが国では，果実は古くから「水菓子」とよばれ，おもに菓子として利用されていた。そのため，現在もデザートやおやつとして食べられることが多い。しかし，欧米など良質な飲料水に乏しい国々では，水分やミネラルの貴重な供給源であり，果実に含まれる色素や香気成分から，嗜好品としてもたのしまれている。

クリやクルミなどの堅果類や乾果（乾燥果実）を除き，多汁で多肉質な果実は90％前後が水分である。そのほか，炭水化物，ビタミン類，ミネラル成分などの栄養成分，さらに多くの機能性成分が含まれている。

①炭水化物

果実に含まれる炭水化物の大部分は糖類であり，果実の甘味を左右している。また，タンパク質や脂質とともに，人の体内で代謝されて活動エネルギーになる（表1-1）。ブドウ糖，果糖，ショ糖の3種類が主体で，ソルビトール，ガラクトース，キシロースなども含まれている。

ブドウ糖：生物の呼吸基質(注6)として重要であり，容易に体内で吸収されエネルギー源となる。ブドウ糖の甘さは，ショ糖の約7割である。

果糖：甘味は糖類の中で最も強く，ブドウ糖の2倍以上である。果実を冷やして食べると甘味を強く感じるのは，果糖の分子がα型からより甘味の強いβ型（異性体）へと変化するためである。

ショ糖：二糖類でブドウ糖1分子と果糖1分子からなり，弱酸や酵素のインベルターゼによって容易にブドウ糖と果糖に分解される。

ソルビトール：リンゴ，ナシ，ビワ，モモ，オウトウなどバラ科果樹の

〈注6〉
生物の呼吸によって分解代謝される物質。

表1-1 おもな果実の食品成分（可食部100g当たり）

分類	種類	エネルギー (Kcal)	水分 (%)	タンパク質 (g)	脂質 (g)	炭水化物 (g)	カリウム (mg)	カルシウム (mg)	鉄 (mg)	カロテン (μg)	ビタミンC (mg)	食物繊維 (g)
仁果類	リンゴ	54	84.9	0.2	0.1	14.6	110	3	0	21	4	1.5
	ナシ	43	88.0	0.3	0.1	11.3	140	2	0	0	3	0.9
	ビワ	40	88.6	0.3	0.1	10.6	160	13	0.1	810	5	1.6
核果類	モモ	40	88.7	0.6	0.1	10.2	180	4	0.1	5	8	1.3
	ウメ	28	90.4	0.7	0.5	7.9	240	12	0.6	240	6	2.5
	オウトウ	60	83.1	1.0	0.2	15.2	210	13	0.3	98	10	1.2
液果類	ウンシュウミカン	46	87.4	0.7	0.1	11.5	150	15	0.1	1100	33	0.4
	ブドウ	59	83.5	0.4	0.1	15.7	130	6	0.1	21	2	0.5
	カキ	60	83.1	0.4	0.2	15.9	170	9	0.2	420	70	1.6
堅果類	クリ	164	58.8	2.8	0.5	36.9	420	23	0.8	37	33	4.2
	クルミ	674	3.1	14.6	68.8	11.7	540	85	2.6	23	0	7.5
	ギンナン	187	53.6	4.7	1.7	38.5	700	5	1.0	290	23	1.8
熱帯果樹	バナナ	86	75.4	1.1	0.2	22.5	360	6	0.3	56	16	1.1
	パイナップル	51	85.5	0.6	0.1	13.4	160	10	0.2	30	27	1.5
	マンゴー	64	82.0	0.6	0.1	16.9	170	15	0.2	610	20	1.3
	アボカド	187	71.3	2.5	18.7	6.2	720	9	0.7	75	15	5.3
乾果	干しブドウ	301	14.5	2.7	0.2	80.7	740	65	2.3	11	0	4.1
	干しガキ	276	24.0	1.5	1.7	71.3	670	27	0.6	1400	2	14.0

（『五訂増補日本食品標準成分表』による）

表1-2　果実に含まれる機能性成分とその生理作用 (杉浦編, 2004)

機能性成分	生理作用	この成分を含むおもな果実
ポリフェノール類	抗酸化, 消臭, 血中コレステロール低下, 血圧降下, 発癌予防, 整腸, 大腸癌予防	リンゴ, ナシ, ブドウ, 核果類, カンキツ
食物繊維	血糖値抑制, ナトリウムの吸収抑制	リンゴ, ナシ, カキ, キウイフルーツなど
ソルビトール	便秘予防, 腸内有害菌抑制, ビタミン・ミネラルの吸収促進	リンゴ, ナシ, プルーンなど
フロリジン	ブドウ糖吸収阻害	リンゴ, ナシ
アミグダリン	鎮咳・鎮静	核果類
ケンペロール	利尿	モモ
β-カロチン	発癌防止, 心臓病予防	アンズ, カキなど
フィシン	タンパク質分解酵素	イチジク
アクチニジン	タンパク質分解酵素	キウイフルーツ
ケルセチン	癌細胞増殖抑制, 抗ウイルス, 抗アレルギー	カキ

転流糖で, 果実に含まれている。ひんやりとした上品な甘さがあり, 表1-2のような機能性がある。

②ビタミン類

果実にはビタミンCが多く含まれている。このほか, 水溶性のビタミンB群, ビタミンP, 脂溶性のビタミンA, ビタミンEなども含む。

ビタミンCは, 果実から摂取される最も重要なビタミンで, 別名アスコルビン酸ともよばれる(注7)。

ビタミンAにはレチノールやカロテノイド(プロビタミンA)が含まれているが, 果実にはカロテノイドが多く含まれており, 摂取後体内で生理活性の高いレチノールに変化する(注8)。カロテノイド類のうち, ビタミンAとしての効果が高いカロテンをとくに多く含む果実は, ウンシュウミカン, カキ, ビワ, マンゴーなどである。

③ミネラル成分

果実には, カリウム, カルシウム, マグネシウム, 鉄など多くのミネラル成分が含まれている。野菜にくらべ, ナトリウムがきわめて少なく, カリウムが多く含まれている。

カリウムはナトリウムと拮抗的に作用し, 血圧降下作用があるので, 果実を食べると, ナトリウムを少なくカリウムを多く摂取でき, 高血圧, 脳卒中, 心臓病, 腎臓病などの予防効果がある。

④食物繊維

人の消化酵素では分解できない多糖類やリグニンなどを食物繊維といい, 水溶性と水に溶けない不溶性(注9)に分けられる。前者には水溶性ペクチン, 後者にはセルロース, ヘミセルロース, 不溶性ペクチンなどがあり, いずれも果実に多く含まれている。

〈注7〉
ビタミンCには抗酸化作用があり, メラニン色素の形成や沈着を防ぐ効果があり, 不足すると壊血病を生じる。緑色野菜にも多く含まれるが, 水溶性なので調理によって3分の1程度に減少する。

〈注8〉
ビタミンAが欠乏すると, 夜盲症や角膜乾燥症などを生じる。

〈注9〉
水溶性食物繊維: 急激な血糖上昇を抑えたり, コレステロールを低下させ, 高脂血症を予防する働きがある。
不溶性食物繊維: 便性状を改善したり, 発癌物質を吸収・排出するとともに, 腸内の有用細菌を増やし大腸癌を予防する効果がある。

果物を食べると太る?

果物に疲れをいやす効果があるのは, ブドウ糖や果糖が血液中にすぐ吸収されて筋肉や肝臓に送られ, エネルギー源であるグリコーゲンに変化するためである。しかし, ショ糖は腸管でブドウ糖と果糖に分解されてから吸収される。

「果物を食べると太る」と思っている人が多い。表1-1に果実100g当たりのエネルギー量も示したが, 脂質やタンパク質の多い堅果類や一部の熱帯果樹を除き, 50kcal前後と低い。ケーキや煎餅は400kcal前後なので, その10分の1程度でしかない。

⑤ポリフェノール

　果実には，アントシアン，カテキン（注10），ケルセチン（注11）などのポリフェノールが多く含まれている。ポリフェノールは分子内に数個以上のフェノール性水酸基を含む植物成分の総称で，抗酸化や癌予防，血圧降下などの作用が明らかにされ，機能性成分として注目されている（表1-2）。

　アントシアンのうち，その配糖体をアントシアニン（注12）といい，赤から濃紫色の果実や花など，ほとんどの植物器官の色素成分である。

2 利用法

　わが国では古くから果実を生のまま，生食用果実として食べてきた。現在も，ミカン，リンゴ，モモでは約8割，ブドウでは約7割が生食用である。加工品には，ジュース，ジャム，マーマレード，シロップ漬け，ドライフルーツ（乾果），果実酒，果実酢などがある。サラダに加えたり，パイやケーキなどにも利用されている。

　収穫後の日持ちが悪い果実を，長期間利用できるように加工法や調理法が工夫されてきた（図1-10）。種類や品種，熟度によって加工適性が異なるので，目的とする加工方法に適した果実を的確に判断して利用しなければならない（詳しくは第5章Ⅳ-3参照）。

5 果実の流通と経営

1 果実の流通

　収穫した果実は，種類ごとに農水省通達によって決められている，全国統一した規格によって選果・包装して出荷される。規格は，果実の外観を基準にした等級，果実の大小，包装基準の3つから構成されている。近年，近赤外光を利用した光センサーによる非破壊選果により，大小，熟度，糖度などの果実品質が測定できるようになった。

　輸送は自動車が主流である。日持ちが劣るモモなどは低温輸送が多いが，とくに気温の高い夏季に出荷する果実は，出荷から消費者まで低温で保存するコールドチェーン（cold-chain）が理想的である（第5章Ⅳ-2参照）。

　これまでは，おもに卸売市場を通して価格が決定される，市場流通が一般的であった。しかし，最近は市場外流通が増え，流通経費を節減した多様な販売方法が行なわれている。

　価格の安定した量販店や生活協同組合（生協）などとの契約販売，インターネットやダイレクトメールを介した宅配便による直接販売，観光果樹園や地域の直売所などでの販売も増えている（図1-11）（第5章Ⅳ-2参照）。

〈注10〉
抗酸化作用があり，発癌，心筋梗塞，脳梗塞などの予防効果がある。カテキンが重合して高分子化したプロアントシアニジン（タンニン）も強い抗酸化作用があり，動脈硬化やアレルギー疾患を抑制する。

〈注11〉
フラボノールに属すポリフェノールで，強い抗酸化作用を示し，動脈硬化を予防し心疾患のリスクを低下する。

〈注12〉
強い抗酸化作用があり，活性酸素を消去して細胞の老化や発癌を抑制し，生活習慣病の予防にも効果がある。

図1-10　干し柿生産の過程
①カキの自動皮むき，②硫黄くん蒸処理，③乾燥処理，④乾燥後

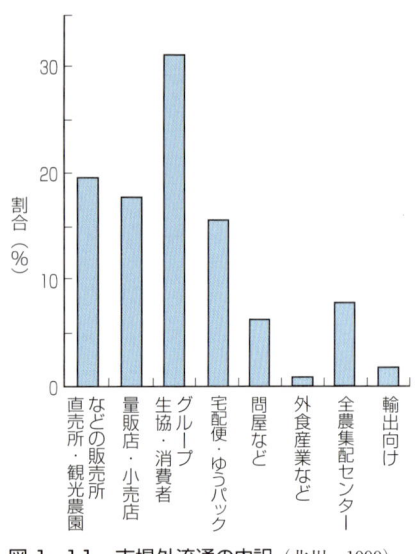

図 1-11 市場外流通の内訳 (北川, 1999)

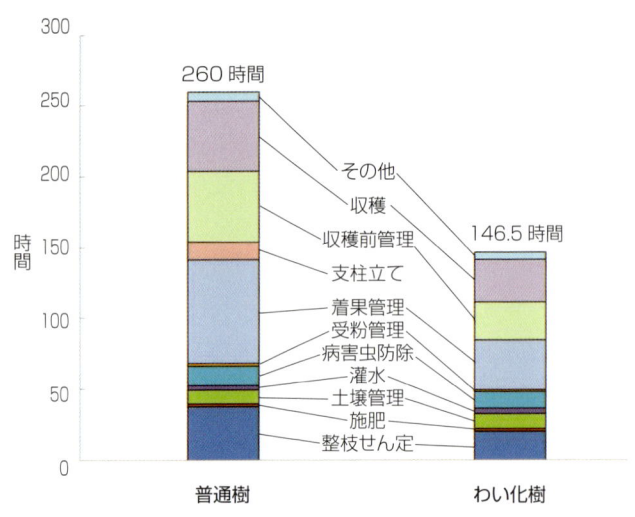

図 1-12 リンゴ'ふじ'の 10a 当たり作業別労働時間
(長野県農政部「農業経営指標」平成 21 年度による)

2 果樹経営

　永年作物の果樹は，苗木を植えてから結実するまで数年かかり，この間は収入が得られない。しかも，投資を回収して累積収支が黒字になるまでには，さらに数年かかる。そのため果樹の安定経営には，生産性の高い成木，生産性が低下しはじめた老木，新植した若木が園の3分の1ずつ混在した状態が望ましい。

　一方，できるだけ早く成園化して資本を回収し，省力や低コスト化で経営を安定させる目的で，多くの果樹で計画的密植栽培やわい化栽培も行なわれている（図1-12）（表1-3）。

　単一品種が増えすぎると価格の低下や気象災害を受ける危険が高まる。労力配分からも，基幹となる品種に成熟期の異なる品種を組み合わせたり，他の樹種や作物を組み合わせることも大切である。

　生産と出荷・販売を効率的にすすめるには，地域である程度まとまった産地をつくり共同選果・出荷するだけでなく，ブランド果実や地域特産果樹の育成と積極的な販売戦略も必要である。さらに，消費者との交流をすすめるなど，果樹農業について理解してもらう努力も大切である。

表 1-3　リンゴ'ふじ'の 10a 当たりの収益性と生産費

		普通樹		わい化樹	
収益性	収量（kg）	4,000		4,500	
	粗収益（円）	988,000		1,111,500	
	農業所得（円）	176,298		197,703	
	1時間当たり農業所得（円）	678		1,350	
生産費	生産費の内訳	円	(%)	円	(%)
	肥料費	11,242	(1.4)	6,144	(0.7)
	農薬費	66,782	(8.2)	55,763	(6.1)
	諸材料費	15,612	(1.9)	1,486	(0.2)
	光熱・動力費	16,875	(2.1)	16,875	(1.8)
	小農具費	10,920	(1.3)	12,420	(1.4)
	修繕費	29,815	(3.7)	36,310	(4.0)
	土地改良・水利費	5,000	(0.6)	5,000	(0.5)
	減価償却費（施設費・農機具・苗木）	221,309	(27.3)	295,515	(32.3)
	共済掛金	17,700	(2.2)	19,900	(2.2)
	支払利息	10,603	(1.3)	14,305	(1.6)
	労働費	244,845	(30.2)	269,079	(29.4)
	雑費	1,000	(0.1)	1,000	(0.1)
	流通経費（資材費・運賃）	160,000	(19.7)	180,000	(19.7)
	合計	811,703	(100)	913,797	(100)

(長野県農政部「農業経営指標」平成21年度をもとに作成)

第2章 果樹の種類・品種と育種

I 果樹の分類

1 果樹とは

　果樹（fruit tree）とは，食用（加工も含む）になる果実をつける木本植物である。果実は利用しないが台木として利用される植物や，幹のようにみえる組織をもつバナナ，パイナップル，パパイアなどの多年生草本植物も便宜上果樹に含めている（注1）。なお，多年生草本植物のイチゴや1年生草本植物のスイカ，メロンなどは果菜類としてあつかい，果樹には含めない。

　現在，世界で利用・栽培されている果樹は134科，659属，2,900種におよび，品種にいたっては天文学的数になる。これらの多くの果樹の特徴を理解し，育種や栽培に生かしていくためには，適切に整理・分類する必要がある。その方法は自然分類法（natural classification）と人為分類法（artificial classification）に大別される。

〈注1〉
バナナで幹のようにみえるのは葉鞘が重なった偽茎で，パイナップルやパパイアの茎も木本のような堅い木質部をつくらない。

2 自然分類法

　系統発生学や植物形態学を基礎とした植物分類学にもとづく分類方法であるが，近年は分子生物学的手法も取り入れられている。この分類法では，大きな階級順に門，綱，目，科，属，種，変種，品種に分けられる。

　表2-I-1におもな果樹の自然分類と学名（scientific name）を示した。学名は世界共通語であり，スウェーデンの博物学者リンネ（Linné, C.）によって考案された二命名法によって表記される。分類の基準を種（species）におき，属名（genus）と種名を並記することによってあらわし，そのあとに発見・分類・命名した人の名前を記載する（注2）。

　なお，学術用語として果樹名を日本語で記載する場合は，原則カタカナ書きとする。

〈注2〉
ラテン語を用い，属名の頭文字は大文字にする。イタリック体（斜体）であらわすが，人名はローマン体（立体）。

表 2-I-1 主要果樹の自然分類と学名 (飯塚, 1986 を改変. 学名は『園芸学用語集・作物名編』, 園芸学会編による)

門	綱	目	科	属	種（学名）
裸子植物	イチョウ	イチョウ	イチョウ	イチョウ	イチョウ（*Ginkgo biloba* L.）
被子植物	単子葉植物	ショウガ	バショウ	バショウ	バナナ（*Musa* spp.）
		パイナップル	パイナップル	パイナップル	パイナップル（*Ananas comosus* (L.) Merr.）
	双子葉植物	ヤマモモ	ヤマモモ	ヤマモモ	ヤマモモ（*Myrica rubra* Sie. & Zucc.）
		ブナ	クルミ	クルミ	クルミ（*Juglans* spp.）
			ブナ	クリ	ニホングリ（*Castanea crenata* Sieb. & Zucc.）
		バラ	バラ	サクラ	モモ（*Prunus persica* (L.) Batsch）
					ニホンスモモ（*Prunus salicina* Lindl.）
					ウメ（*Prunus mume* Sieb. & Zucc.）
					カンカオウトウ（*Prunus avium* L.）
				リンゴ	リンゴ（*Malus × domestica* Borkh.）
				ナシ	ニホンナシ（*Pyrus pyrifolia* (Burm.f.) Nakai）
					セイヨウナシ（*Pyrus communis* L.）
				ビワ	ビワ（*Eriobotrya japonica* (Thunb.) Lindl.）
				マルメロ	マルメロ（*Cydonia oblonga* Mill.）
				カリン	カリン（*Chaenomeles sinensis* (Thouin) Koehne）
				キイチゴ	キイチゴ（*Rubus* spp.）
		ムクロジ	ミカン	カンキツ	ウンシュウミカン（*Citrus unshiu* Marc.）
					イヨカン（*Citrus iyo* hort. ex Tanaka）
					スイートオレンジ（*Citrus sinensis* (L.) Osbeck）
					レモン（*Citrus limon* (L.) Burm.f.）
				キンカン	キンカン（*Fortunella* spp.）
				カラタチ	カラタチ（*Poncirus trifoliata* (L.) Raf.）
			ウルシ	マンゴー	マンゴー（*Mangifera indica* L.）
		クロウメモドキ	ブドウ	ブドウ	ブドウ（*Vitis* spp.）
		ツバキ	マタタビ	マタタビ	キウイフルーツ（*Actinidia deliciosa* (A. Chev.) C. F. Liang & A. R. Ferguson）
					キウイフルーツ（*Actinidia chinensis* Planch.）
		スミレ	パパイア	パパイア	パパイア（*Carica papaya* L.）
		フトモモ	ザクロ	ザクロ	ザクロ（*Punica granatum* L.）
		カキノキ	カキノキ	カキノキ	カキ（*Diospyros kaki* Thunb.）
		ゴマノハグサ	モクセイ	オリーブ	オリーブ（*Olea europaea* L.）
		ツツジ	ツツジ	コケモモ	ブルーベリー（*Vaccinium* spp.）
		イラクサ	クワ	イチジク	イチジク（*Ficus carica* L.）

注) 1. 複数の種や雑種が主要品種を構成している場合は，種名を spp. と表記した
   2. キウイフルーツは倍数性や形態，地理的分布などのちがいから2種に分類される

3 人為分類法

栽培・利用する立場から便利なように分類する方法で，利用部位や花と果実の構造などによる形態的分類，原生地や樹の大きさ・性状（樹の特性），落葉性などによる生態的分類など多くの方法がある。以下，人為分類の基準に用いられるおもな形質について解説する。

1 花の構造

花の基本的な構造を図2-I-1に示したが，このように1つの花に雄ずい（雄しべ）と雌ずい（雌しべ）の両方あるものを両性花（bisexual flower）とよび，多くの果樹はこのタイプの花をつける。雄ずいと雌ず

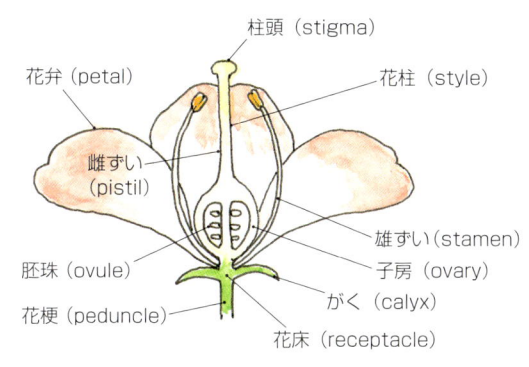

図2-I-1 花の基本構造

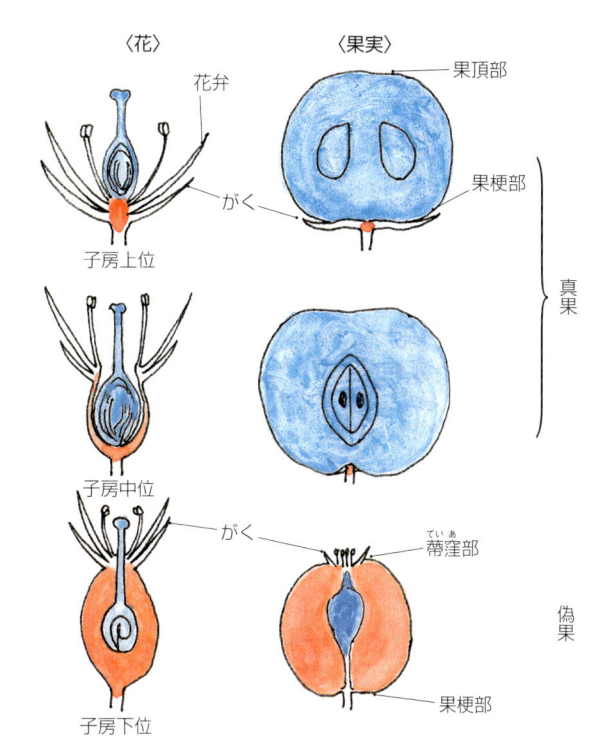

図2-I-2 花と果実の構造上の関係
（赤色は花床で，青色は子房）

いのどちらか一方しかもたないものを単性花（unisexual flower）といい，前者を雄花（male flower），後者を雌花（female flower）とよぶ。

また，1樹に雄花と雌花を両方つける場合を雌雄同株（monoecism），別々の樹につける場合を雌雄異株（dioecism）という。

2 花の子房の位置

雌ずいの一部である子房（ovary）は，本来，花床の上部につく子房上位（hypogyny）である。それに対して，モモなどのように花床がカップ状になり子房と同じ高さになる子房中位（perigyny）や，花床が子房を包み込むように癒合・発達して子房が花弁やがくより下になる子房下位（epigyny）の種類もある（図2-I-2，表2-I-2）。

3 真果と偽果

果実は，子房とその付属器官が発達したものである。子房上位と中位の花から発達した果実を真果（true fruit）とよび，その多くは子房壁（ovary wall）から発達した果皮（pericarp）を食用とするが，ドリアンなどのよ

表2-I-2 花や果実の構造と可食部との関係にもとづいた果実の分類

分類	花の構造	果実の構成	可食部	果樹の種類
真果	子房上位・中位	単果	中果皮	モモ，スモモ，ウメ，オウトウ，アンズ，オリーブ，マンゴー
			内果皮	カンキツ類
			果皮および種子	キウイフルーツ
			中・内果皮および胎座	ブドウ，カキ，パパイア，アボカド
			仮種皮	ドリアン，マンゴスチン，レイシ
偽果	子房下位	単果	花床	リンゴ，ナシ，マルメロ，ビワ，グアバ
			花床，果皮	ブルーベリー，スグリ
			果皮，胎座	バナナ
			外種皮	ザクロ
			種子（子葉）	クリ，クルミ
		集合果	花床，小果	キイチゴ，チェリモヤ
		複合果	果軸，花床，小果	イチジク，パイナップル

〈注3〉
珠柄または胎座が肥大して種皮の外面を覆う膜状や肉質の組織。種衣ともいう。

〈注4〉
リンゴなどは果梗部にくぼみができるため、梗窪部ともよばれる。

うに仮種皮（aril）〈注3〉を食用とするものもある。果皮も、モモなどでは中果皮（mesocarp）が、カンキツ類などでは内果皮（endocarp）が可食部になるなど、さまざまである。

子房下位の花から発達した果実を偽果（false fruit）といい、リンゴやナシでは花床が、クリやクルミでは種子（seed）がおもな食用部になる。

真果では、果実の先端側を果頂部（stylar end）とよぶが、偽果では先端部にがく片（痕）があるため帯窪部（calyx end）とよぶ。なお、果梗部側はいずれも果梗部（stem end）とよぶ〈注4〉（図2-Ⅰ-2、表2-Ⅰ-2）。

4 単果，集合果，複合果

①単果

多くの果樹の果実は、1個の花あるいは雌ずい（子房）からつくられる単果（simple fruit）である。がくや花弁と同様に、雌ずいも葉に由来する心皮（carpel）が1ないし数枚癒合してつくられる（表2-Ⅰ-3）。

外観から心皮の数がわかりにくい果実も多いが、1心皮雌ずいのモモなどでは、1枚の葉の両縁が接合した縫合線（suture）が果頂部から果梗部にかけて1本走っており、外観的にもわかりやすい。カンキツ類では、内果皮である個々のじょうのう（segment）が1個の心皮に相当し、10個前後の心皮で1個の果実がつくられている。

表2-Ⅰ-3 雌ずいを構成する心皮の数による果樹の分類

心皮数	果樹
1	モモ、スモモ、オウトウ、ウメなど核果類、マンゴー、アボカド
2	ブドウ、オリーブ（1心皮のみ果実に発達）、フサスグリ
3	バナナ
4	カキ、クランベリー
5	リンゴ、ナシ、マルメロ、ブルーベリー
多数	カンキツ、キウイフルーツ

②集合果と複合果

キイチゴやバンレイシなどは、1個の花に複数の雌ずいがあり、それらが発達した小果が合わさって1個の果実として発達するため、集合果（aggregate fruit）とよばれる。イチジクやパイナップルなどは、複数の花に由来する複数の小果が癒合して外観上1個の果実になっており、複合果（compound fruit）とよばれる（図2-Ⅰ-3）。

キイチゴのように各小果が真果の場合もあるが、小果の集合体としての果実のおもな可食部は各小果の花床や果軸なので、集合果と複合果は偽果に分類される（表2-Ⅰ-2）。

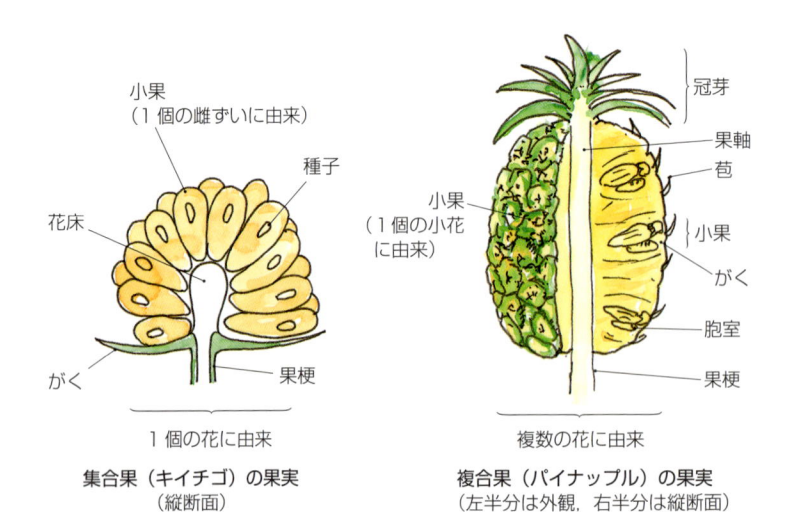

図2-Ⅰ-3 集合果と複合果の構造

集合果（キイチゴ）の果実（縦断面）　1個の花に由来

複合果（パイナップル）の果実（左半分は外観、右半分は縦断面）　複数の花に由来

表2-I-4 主要果樹の人為分類

原生地	樹の特性		可食部など	果樹の種類
温帯果樹（落葉性）	高木性		仁果類	リンゴ，ナシ，マルメロ，カリン
			核果類	モモ，スモモ，ウメ，オウトウ，アンズ
			堅果類	クリ，クルミ，ペカン，アーモンド
			その他	カキ，イチジク，ザクロ，ナツメ，ポポー
	低木性		スグリ類	クロフサスグリ，フサスグリ
			キイチゴ類	ラズベリー，ブラックベリー
			コケモモ類	ブルーベリー，クランベリー
			その他	ユスラウメ（核果），グミ（核果），カラタチ
	つる性			ブドウ，キウイフルーツ，アケビ
亜熱帯果樹	常緑性			カンキツ，キンカン，ビワ，オリーブ，ヤマモモ，アボカド，パッションフルーツ，フェイジョア
熱帯果樹	常緑性			バナナ，パパイア，マンゴー，パイナップル，マンゴスチン，グアバ，ドリアン，チェリモヤ，ピタヤ（ドラゴンフルーツ）など

5 原生地や栽培地

果樹の原生地の気候区分にしたがって熱帯果樹（tropical fruit tree），亜熱帯果樹（subtropical fruit tree），温帯果樹（temperate fruit tree）に分類される（表2-I-4）。一般に，熱帯や亜熱帯果樹は常緑性（evergreen）で，温帯果樹は落葉性（deciduous）である。温帯果樹の落葉性は，芽の自発休眠（endodormancy）とともに越冬のための重要な戦略と考えられる。

6 樹の特性

温帯果樹は，樹の大きさや性状などから高木性果樹（arborescent fruit tree），低木性果樹（shrubby fruit tree），つる性果樹（vine）に区分される（表2-I-4）。

高木性と低木性の区分は必ずしも明確ではないが，一般に，実生やきょう性台木に接ぎ木して放任栽培すると4〜5m以上になる樹を高木性，それより低く，根元や地下部で数本の幹に分かれることが多い樹を低木性としている。つる性果樹は，ブドウやキウイフルーツのように，新梢がつるになって他の植物などに巻きつきながら成長し，栽培には棚や支柱が不可欠である。

7 可食部など

表2-I-4のように，高木性果樹は可食部などから仁果類（pome fruit），核果類（stone fruit），堅果類（nut）などに区分される。仁果類は，可食部が花床組織である偽果をつける果樹で，リンゴやナシに代表される。核果類は，モモやスモモのように内果皮が硬化して核をつくる果実をつける果樹である (注5)。堅果類は，クリやクルミのように果皮が乾燥して堅くなり，内部の種子を食用とする果樹である。

なお，ブドウ，キウイフルーツ，カキなどのように成熟すると果肉細胞がほとんど液胞でしめられ，多汁で柔らかくなる果実を液果（berry）とよび，他の果実（fruit）と区別する場合がある。

〈注5〉
アーモンドもモモなどと同様に内果皮が硬化して核をつくるが，種子を食用とするため堅果類に分類される。

II 種類と品種

〈注1〉
「植物新品種保護に関する国際条約（UPOV条約）」にもとづく「植物品種保護制度」のことで，果樹では新品種育成者の保護期間は品種登録日から30年間である（48ページの囲み参照）。

〈注2〉
園芸学では，品種名は'○○'のようにシングルクォーテーションマークで表示する（なお，本書の表中では省略した）。

　自然分類では種を基本単位とするが，農業や園芸の分野では種より下の分類階級である変種（variety）や品種（cultivar）が重要になる。変種は種のすぐ下の階級で，基本になる種と遺伝的に複数の形質が異なる場合の区分である。品種は変種のさらに下の階級で，基本になる種あるいは変種と1つの特徴的な形質が異なる場合の区分である。
　しかし，変種と品種の区分は明確でなく，園芸学では両者を混同していることも多い。種苗法（注1）では，「既存品種と特性の全部または一部によって明確に区別できること」が新品種の1つの要件になっている（注2）。

1 落葉果樹

1 リンゴ

①原産・来歴

　リンゴ属（*Malus*）には約30種あるが，現在栽培されているリンゴ（*M. × domestica*）の原産地は，コーカサス地方からイラン北部にまたがる地域と考えられている。ここからヨーロッパに伝播し，とくにイギリスやヨー

表2-II-1　リンゴの主要品種の特性

早晩性	品種名	来歴・交配親	育成地（者）など	収穫期	大きさ	着色	貯蔵性（常温）	その他
早生	さんさ	あかね×ガラ	農水省果樹試	8月中〜9月中	中	濃赤	中	
	きおう	王林×はつあき	岩手県園芸試	8月下〜9月中	大	黄	中	
	つがる	ゴールデン・デリシャス×紅玉	青森県りんご試	9月上〜下	大	赤・縞	中	
中生	秋映	千秋×つがる	長野県・小田切氏	9月中〜10月上	大	濃赤・縞	中	
	千秋	東光×ふじ	秋田県果樹試	9月下〜10月上	大	赤・縞	高	
	ひろさきふじ	ふじの早熟系枝変わり	青森県・大鰐氏	9月下〜10月上	大	赤・縞	中	
	紅玉	エソーパス・スピッチェンバーグの実生	アメリカ原産	9月下〜10月上	中	濃赤	中	酸高で菓子や料理向き
	昂林	ふじの枝変わりまたはアポミクシス※と推定	福島県	9月下〜10月上	大	赤・縞	中	
	シナノスイート	ふじ×つがる	長野県果樹試	10月上中	大	赤・縞	中	
	ジョナゴールド	ゴールデン・デリシャス×紅玉	ニューヨーク州立農試	10月上中	大	赤・縞	中	果面脂質
	シナノゴールド	ゴールデン・デリシャス×千秋	長野県果樹試	10月上中	大	黄	中	
	北斗	ふじ×陸奥	青森県りんご試	10月中下	大	赤・縞	中	芯かび出やすい
	陽光	ゴールデン・デリシャスの実生	群馬県園芸試	10月中下	大	濃赤・縞	高	
	陸奥	ゴールデン・デリシャス×印度	青森県りんご試	10月中下	特大	黄	高	有袋栽培でピンク色に着色
晩生	王林	ゴールデン・デリシャス×印度	福島県・大槻氏	10月下〜11月上	大	黄	高	独特の芳香
	ふじ	国光×デリシャス	農水省果樹試	10月下〜11月中	大	赤・縞	高	みつ症状顕著

注）※花粉と卵細胞の融合（受精）をともなわない無性的な生殖によって次世代の個体ができる現象。単為生殖ともいう

ロッパ中北部のアングロサクソン系民族によって，栽培技術の改善や品種改良が行なわれた (注3)。

わが国では，古くに中国から渡来したワリンゴまたはジリンゴ（*M. asiatica*）とよばれるリンゴがわずかに栽培されていたが，現在の栽培リンゴは明治維新以降に欧米から導入されたものである。

② 日本での栽培と品種

1950年代までは'国光（Ralls Janet）'や'紅玉（Jonathan）'，1970年代は'スターキング・デリシャス'などの導入品種が生産の中心であったが，近年は'ふじ'など日本で育成された品種の栽培が多い（表2-Ⅱ-1，図2-Ⅱ-1）。'ふじ'は高食味に加え，貯蔵性がきわめて優れており，2003年以降は世界一の栽培面積をほこる品種になっている。

リンゴの生産量は近年75〜93万tで推移している（図2-Ⅱ-2）。

③ 栽培特性

おもな品種は自家不和合性（self-incompatibility）で，受粉樹（pollinizer）の混植や人工受粉（artificial pollination）が必要である (注4)。

リンゴは，省力化や早期収穫などを目的とした，わい性台木（dwarfing rootstock）を利用したわい化栽培が最初に導入された果樹であり，わが国でもわい性台木による栽培が2009年には約30％に達している。

2 ナシ

① 原産・来歴

ナシ属（*Pyrus*）の原産地である中国西部〜西南部の山地から東進して分化した，東洋ナシ群のなかにニホンヤマナシ（*P. pyrifolia*）がある。ニホンヤマナシは中国の長江沿岸から朝鮮半島南部，日本の中部以南に分布し，これから改良された栽培品種がニホンナシであり，学名は同じである。

日本には，東北地方のイワテヤマナシ（*P. aromatica*）と関東地方のアオナシ（*P. hondoensis*）も自生しており，弥生時代の遺跡から種子が出土しているように，日本でのナシの栽培・利用の歴史は古い (注5)。

② 日本での栽培と品種

明治時代の前半までは在来品種が中心であったが，中ごろに関東地方で'長十郎'と'二十世紀'が相次いで発見され，1970年代までこの2大品種の全盛期が続いた。その後は品種改良がすすみ，現在は'幸水'や'豊水'が多い（表2-Ⅱ-2，図2-Ⅱ-3）。生産量は約30万tで，北海道南部から九州まで広く栽培されている（図2-Ⅱ-4）。

ナシは，果面にコルク層が発達せず黄緑色になる'二十世紀'などの"青ナシ"と，コルク層をつくりさび褐色になる'豊水'などの"赤ナシ"に分類される。ニホンナシは本来自家不和合性であるが，'二十世紀'から突然変異によって自家和合性の'おさ二十世紀'ができ，これを母本にした自家和合性品種も育成されている。また，主要品種間に他家不和合性も

〈注3〉
この地方では果物のなかでもとくに重視されており，かつてはappleはfruitの意味で用いられていた。pineapple（パイナップル）やsugar apple（バンレイシ）などのappleはリンゴではなく果実を意味する。

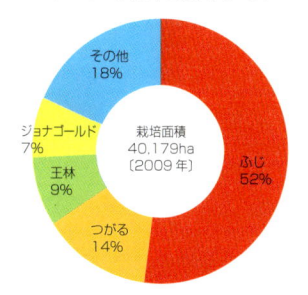

図2-Ⅱ-1
リンゴの品種別栽培面積の割合
（農水省平成21年産果樹品種別生産動向調査，図2-Ⅱ-3，6，9，11，20も同じ）

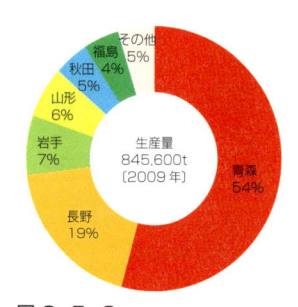

図2-Ⅱ-2
リンゴ生産量の都道府県別割合
（日園連平成23年度版果樹統計，図2-Ⅱ-4，5，7，10，12，13，14，15，16，17，21，22も同じ）

〈注4〉
'ジョナゴールド'や'陸奥'は3倍体で花粉稔性が低いため，受粉樹として利用できない。

〈注5〉
江戸時代には100近くの品種があり，接ぎ木やせん定，棚仕立てなどの栽培方法も開発されている。

表2-Ⅱ-2 ニホンナシの主要品種の特性

早晩性	品種名	来歴・交配親	育成地(者)など	収穫期	大きさ	果面	糖度	貯蔵性(常温)	黒斑病	その他
早生	新水	菊水×君塚早生	農林省園芸試	8月中	中	赤	高	極低	罹病	収量少
早生	幸水	菊水×早生幸蔵	農林省園芸試	8月中下	大	赤	中	低	抵抗	果肉柔らかい
中生	豊水	幸水×平塚1号	農林省園芸試	9月上	大	赤	中	中	抵抗	みつ症
中生	二十世紀	偶発実生	千葉県・松戸氏	9月上中	大	青	低	高	極罹病	豊産性
中生	ゴールド二十世紀	二十世紀の人為突然変異体	農業生物資源研	9月上中	大	青	低	高	中位抵抗	
中生	あきづき	162-29(新高×豊水)×幸水	農水省果樹試	9月下	極大	赤	中	中	抵抗	有てい果
中生	南水	越後×新水	長野県南信農試	9月下	大	赤	高	高	罹病	
晩生	新高	長十郎×天の川	神奈川県園芸試	9月下~10月上	極大	赤	中	高	抵抗	DNA分析で推定
晩生	新興	二十世紀×天の川	新潟県農試	10月上中	大	赤	中	高	抵抗	DNA分析で推定
晩生	晩三吉	偶発実生	新潟県	10月下~11月上	極大	赤	低	極高	抵抗	5月まで貯蔵可能

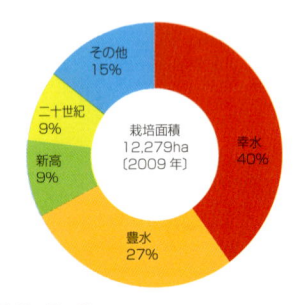

図2-Ⅱ-3 ニホンナシの品種別栽培面積の割合
(栽培面積 12,279ha(2009年): 幸水40%、豊水27%、新高9%、二十世紀9%、その他15%)

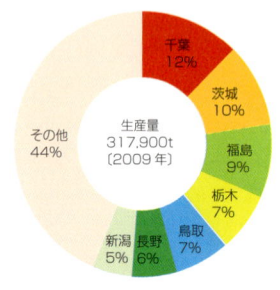

図2-Ⅱ-4 ニホンナシ生産量の都道府県別割合
(生産量 317,900t(2009年): 千葉12%、茨城10%、福島9%、栃木7%、鳥取7%、長野6%、新潟5%、その他44%)

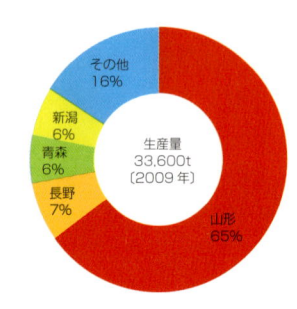

図2-Ⅱ-5 セイヨウナシ生産量の都道府県別割合
(生産量 33,600t(2009年): 山形65%、長野7%、青森6%、新潟6%、その他16%)

〈注6〉
'幸水'は'新水'と、'二十世紀'は'菊水'や'ゴールド二十世紀'と相互に交配不和合である。また、'おさ二十世紀'や'おさゴールド'は'二十世紀'の受粉樹に利用できない(第5章Ⅱ-3-3参照)。

あるため、受粉樹や人工受粉用の花粉の選択には注意が必要である(注6)。
 '二十世紀'は黒斑病にきわめて弱いため、γ線照射によって育成された黒斑病抵抗性の'ゴールド二十世紀'に更新されつつある。

③セイヨウナシ

 ナシ属の原産地から西進して、コーカサス地方で分化したのがセイヨウナシ(*P. communis*)である。わが国には明治以降に欧米から導入された。
 戦後しばらくは缶詰加工用が中心であったが、近年'ラ・フランス'を中心に独特の芳香や食味が評価され、生食用の生産が中心になっている(表

表2-Ⅱ-3 セイヨウナシの主要品種の特性

早晩性	品種名	来歴・交配親	育成地など	収穫期	大きさ	果形	果面	糖度	その他
早生	バートレット	偶発実生	イギリス・Stair氏	8月下~9月上	中	長びん形	黄緑	低	豊産性、生食・加工併用
晩生	ラ・フランス	偶発実生	フランス・Blanchet氏	10月上中	中	不正円形	黄緑サビ	高	外観不良も芳香食味優良
晩生	ル・レクチェ	バートレット×フォルチュネ(Fortunee)	フランス・Lesueur氏	10月下~11月上	大	びん形	黄緑	高	外観よく芳香食味も優良、時に渋味
晩生	シルバーベル	ラ・フランスの自然交雑実生	山形県農試	10月下	大	短びん形	黄緑サビ	高	食味良好

表2-Ⅱ-4 カキの主要品種の特性

早晩性	品種名	来歴・交配親	育成地(者)など	収穫期	大きさ	果形	単為結果性	雄花	脱渋性	品質	その他
早生	西村早生	偶発実生	滋賀県・西村氏	9月下～10月上	中	偏円	高	有	不完全甘	中下	渋果混入，豊産性，果肉硬い，日持ちよい
	刀根早生	平核無の枝変わり	奈良県・刀根氏	10月上中	中	扁方	高	無	不完全渋	極上	熟期以外は平核無と同様
中生	松本早生富有	富有の枝変わり	京都府・松本氏	11月上中	やや大	やや扁	やや低	無	完全甘	中上	富有とくらべて樹勢やや弱く収量少ない
	太秋	富有×ⅡiG-16（次郎×興津15号）	農水省果樹試	11月上	極大	やや扁円	低	有	完全甘	極上	果汁多く食味優秀，果頂部に条紋，日持ち良好
	平核無	偶発実生	新潟県・川崎氏	10月下～11月上	中	扁方	高	無	不完全渋	極上	豊産性，品質優秀，「庄内柿」や「おけさ柿」の商標
	西条	偶発実生	広島県・長福寺	10月上～11月下	やや小	長	中	無	完全渋	極上	中国地方に多い，熟期は系統で異なる，汚損果多い，肉質・食味優秀，果頂軟化，日持ち短い
	甲州百目	偶発実生	不明	10月下～11月上	頗大	やや長	低	無	不完全渋	上	あんぽ柿など干し柿，富士や蜂屋など多数の別名
	市田柿	偶発実生	長野県下伊那郡市田地区	10月下～11月上	小	やや長	高	無	完全渋	上下	干し柿
晩生	次郎	偶発実生	静岡県・松本氏	11月中	やや大	扁円	高	無	完全甘	上	果頂裂果，早熟系枝変わりの前川次郎，一木系次郎など
	富有	偶発実生	岐阜県・小倉氏	11月中下	やや大	やや扁	やや低	無	完全甘	上下	豊産性，品質優秀，へたすき
	愛宕	偶発実生	愛媛県周桑郡	11月下～12月上	やや大	長	高	無	完全渋	中	豊産性，日持ち良好，脱渋困難

2-Ⅱ-3）。生産量は約3万tである（図2-Ⅱ-5）。

セイヨウナシは赤星病に抵抗性があり，果形や果皮色の変異が大きく，収穫後に追熟（postharvest ripening）を必要とするなどの点でニホンナシとは特性が異なる。日本ではニホンヤマナシやホクシマメナシ（*P. betulaefolia*）が一般的な台木であるが，一部でマルメロ（*Cydonia oblonga*）の系統がわい性台木として利用されている。

3 カキ

①原産・来歴と日本での栽培

カキ属（*Diospyros*）には400種近くの種があるが，多くは熱帯・亜熱帯に分布しており，カキ（*D. kaki*）のように温帯に分布する種は少ない。

カキの原産地は中国中南部で，日本には弥生時代に渡来し，生食用ばかりでなく保存用の干し柿としても利用されてきた。江戸時代には地方特有の品種が分化し，1912（明治45）年の農商務省の報告では約1,000品種が記載されている。

生産量は約26万tで，甘ガキでは'富有'，渋ガキでは'平核無'や'刀根早生'が主要品種である（表2-Ⅱ-4，図2-Ⅱ-6）。主産地は和歌山県，奈良県，福岡県などであるが，北海道と沖縄を除く全国に分布している（図2-Ⅱ-7）。

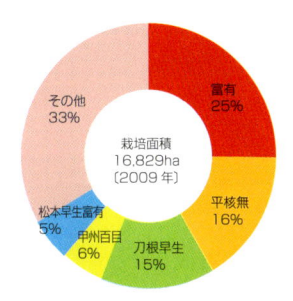

図2-Ⅱ-6 カキの品種別栽培面積の割合

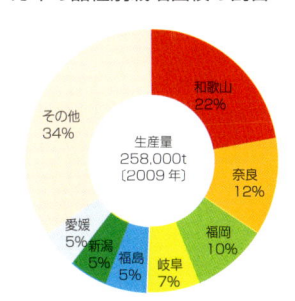

栽培面積 16,829ha（2009年）
富有 25%，平核無 16%，刀根早生 15%，甲州百目 6%，松本早生富有 5%，その他 33%

図2-Ⅱ-7 カキ生産量の都道府県別割合

生産量 258,000t（2009年）
和歌山 22%，奈良 12%，福岡 10%，岐阜 7%，福島 5%，新潟 5%，愛媛 5%，その他 34%

[種子多]　[種子少]

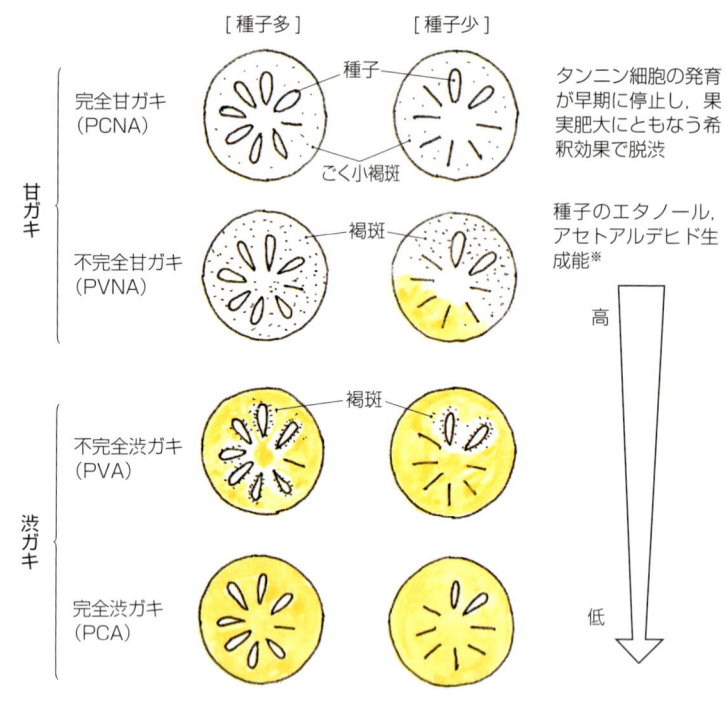

甘ガキ
- 完全甘ガキ（PCNA）
- 不完全甘ガキ（PVNA）

渋ガキ
- 不完全渋ガキ（PVA）
- 完全渋ガキ（PCA）

種子
ごく小褐斑
褐斑
褐斑

タンニン細胞の発育が早期に停止し，果実肥大にともなう希釈効果で脱渋

種子のエタノール，アセトアルデヒド生成能※

高　→　低

図2-Ⅱ-8　脱渋性によるカキ品種の分類
　　　　　　は渋味を感じる部分
注)※アセトアルデヒドが可溶性タンニンと反応して，不溶性タンニンにかわる

〈注7〉
タンニンは不溶化すると褐色に変化する。俗にゴマともよばれる。

〈注8〉
カキは4心皮雌ずいで，各心皮に2個の胚珠をもつため，最大8個の種子がつくられる。PVNA品種では種子数が3個以下だと渋味が残るため，受粉を確実に行なう必要がある。

〈注9〉
生産量は約300ｔ（2009年）で，岩手県や山形県，北海道などが主産地。特産品としてヤマブドウの果汁やワインが開発されたり，育種親として利用されている。

〈注10〉
'巨峰'などの黒色系品種を西南暖地で栽培すると，気温が高すぎてアントシアニンの蓄積が不十分となり，紫黒色に着色しない赤熟れ現象がみられる。

②甘ガキと渋ガキ

カキの果肉には渋味成分であるタンニンを含み，幼果のときには渋いが，成熟して熟柿になると渋味は自然になくなる。しかし，日本では熟柿になる前の，果肉がまだ硬い段階で収穫するため，その時点で渋味のある渋ガキと渋味のない甘ガキがある。渋ガキは脱渋処理をして出荷される。

甘ガキには，種子の有無にかかわらず樹上で自然に脱渋する完全甘ガキ（pollination-constant non-astringent: PCNA）と，種子のまわりに大型の褐斑（注7）が大量にできて脱渋するが，種子が少ないと渋味が残る不完全甘ガキ（pollination-variant non-astringent: PVNA）がある（注8）。渋ガキにも，種子のまわりにわずかに褐斑ができて脱渋するが，種子がすべてはいっても果肉の一部に渋味が残る不完全渋ガキ（pollination-variant astringent: PVA）と，種子の有無に関係なく褐斑ができずに渋い完全渋ガキ（pollination-constant astringent: PCA）がある（図2-Ⅱ-8）。

4｜ブドウ

①原産・来歴

ブドウは最古の果樹の1つで，白亜紀（1億4000万年前）の地層から種子の化石がみつかっている。氷河期（100万年前）後にアジア西部と北アメリカ東部で生き残ったものが現在の栽培品種の起源で，前者の代表種がヨーロッパブドウ（*Vitis vinifera*），後者の代表種がアメリカブドウ（*V. labrusca*）である。日本にもヤマブドウ（*V. coignetiae*）など数種が自生しているが，ごく一部で栽培されているにすぎない（注9）。

ブドウの果皮色は，アントシアニン色素の種類や濃度のちがいによって，黒色系，赤色系，緑色系に分類される。これらは遺伝的形質であるが，温度や栽培条件などによっても大きく変わる（注10）。

②日本での栽培と品種

日本での本格的な栽培は，欧米から多くの品種が導入された明治時代からである。例外は1186年に山梨県で発見された'甲州'で，江戸時代に栽培が広まったヨーロッパブドウの血を引く日本最古の品種である。

表2-Ⅱ-5 ブドウの主要品種の特性

早晩性	品種名	来歴・交配親	育成地(者)など	収穫期	大きさ	倍数性	果皮色	その他
早生	デラウエア	欧米雑種,偶発実生	アメリカ ニュージャージー州	8月上中	小	2倍体	赤	ほとんどGA無核化
	シャインマスカット	欧米雑種,安芸津21号×白南	農水省果樹試	8月中下	大	2倍体	緑	マスカット香,GA無核化
	キャンベル・アーリー	欧米雑種,ムーア・アーリー×(ベルビデーレ×マスカット・ハンブルク)	アメリカ・Campbell氏	8月中下	中	2倍体	黒	狐臭,豊産性
中生	スチューベン	欧米雑種,ウェイン×シェリダン	アメリカ ニューヨーク州農試	9月上	中	2倍体	黒	特有の芳香,糖度高い
	藤稔	欧米雑種,井川682×ピオーネ	神奈川県・青木氏	8月下~9月上	極大	4倍体	黒	花振るい性,GA無核化,巨大粒
	巨峰	欧米雑種,石原早生×センテニアル	静岡県・大井上氏	8月下~9月上	極大	4倍体	黒	脱粒性,花振るい性,GA無核化可能
	ピオーネ	欧米雑種,巨峰×マスカット・オブ・アレキサンドリアの4倍体	静岡県・井川氏	9月上	極大	4倍体	黒	脱粒性なし,花振るい性,GA無核化
	安芸クイーン	欧米雑種,巨峰の自殖実生	農水省果樹試	8月下	極大	4倍体	赤	着色難,花振るい性,GA無核化
	ロザリオ・ビアンコ	欧州種,ロザキ×マスカット・オブ・アレキサンドリア	山梨県・植原氏	9月上中	大	2倍体	緑	果皮と果肉分離難
	マスカット・ベーリーA	欧米雑種,ベーリー×マスカット・ハンブルク	新潟県・川上氏	9月中	中	2倍体	黒	GA無核化,脱粒性,生食・醸造兼用
	ナイアガラ	米国種,コンコード×キャサデイ	アメリカ	9月中下	中	2倍体	緑	狐臭,冷涼地向き
	甲斐路	欧米雑種,フレーム・トーケー×ネオ・マスカット	山梨県・植原氏	9月下~10月上	大	2倍体	赤	食味優秀,果粒卵形,果皮と果肉分離難,赤嶺など枝変わり
晩生	甲州	欧州種,偶発実生	山梨県	10月上	中	2倍体	赤	日本最古品種,豊産性,生食・醸造兼用
	マスカット・オブ・アレキサンドリア	欧州種	エジプト	10月上	大	2倍体	緑	岡山県ガラス室,マスカット香,豊産性

注) GA:ジベレリン処理

 ヨーロッパブドウは品質に優れるが病害虫に弱く,アメリカブドウは病害虫に強いが品質が劣るため,日本では両種の雑種(*V. labruscana*)がおもに栽培されている。1970年代までは'デラウエア'と'キャンベル・アーリー'が主流であったが,その後'巨峰'や'ピオーネ'などの4倍体大粒品種が増えている(表2-Ⅱ-5,図2-Ⅱ-9)。生産量は約20万tである(図2-Ⅱ-10)。

 世界的にはブドウの生産量の半分近くがワインに加工されるが,日本では9割以上が生食用である。

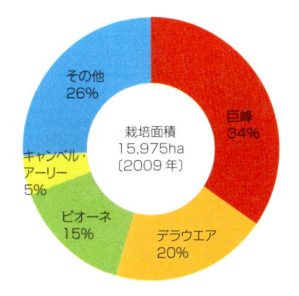

図2-Ⅱ-9 ブドウの品種別栽培面積の割合
栽培面積 15,975ha(2009年):巨峰34%,デラウエア20%,ピオーネ15%,キャンベル・アーリー5%,その他26%

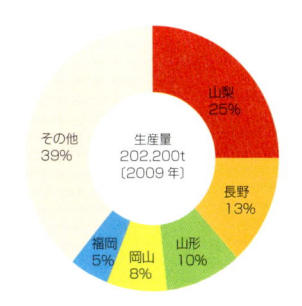

図2-Ⅱ-10 ブドウ生産量の都道府県別割合
生産量 202,200t(2009年):山梨25%,長野13%,山形10%,岡山8%,福岡5%,その他39%

表2-Ⅱ-6 モモの主要品種の特性

早晩性	品種名	来歴・交配親	育成地(者)など	収穫期	大きさ	果肉色	肉質	核の粘離	日持ち性	花粉	その他
●モモ											
極早生	ちよひめ	高陽白桃×さおとめ	農水省果樹試	6月中下	小	白	やや良	粘	良	有	着色良,無袋可,核割れ
早生	日川白鳳	白鳳の枝変わり	山梨県・田草川氏	7月上	中	白	中	粘	良	有	着色良,核割れ
早生	加納岩白桃	浅間白桃の枝変わり	山梨県・平塚氏	7月上中	中	白	良	粘	良	有	肥大良,裂果,着色不良
早生	みさか白鳳	白鳳の枝変わり	山梨県・北浦氏	7月上中	中	白	中	粘	やや良	有	着色良
中生	白鳳	白桃×橘早生	神奈川県園芸試	7月中下	中	白	良	粘	やや良	有	豊産性,せん孔細菌病弱
中生	あかつき	白桃×白鳳	農水省果樹試	7月中下	中	白	良	粘	良	有	豊産性,着色良,無袋可,食味良
中生	大久保	偶発実生	岡山県・大久保氏	7月下	大	白	中	離	良	有	豊産性,生食・加工兼用
中生	浅間白桃	高陽白桃の枝変わり	山梨県・須田氏	7月下	大	白	良	粘	良	無	裂果
中生	清水白桃	偶発実生	岡山県・西岡氏	8月上	大	白	良	粘	やや不良	有	豊産性,着色不良,食味良
中生	川中島白桃	偶発実生	長野県・池田氏	8月上中	極大	白	中	粘	良	無	着色良,食味良
晩生	白桃	偶発実生	岡山県・大久保氏	8月中下	大	白	良	粘	良	無	着色やや難,生理落果多
晩生	ゆうぞら	白桃×あかつき	農水省果樹試	8月中下	大	白	良	粘	良	有	着色良,無袋可,核割れ,食味良
●ネクタリン											
晩生	ファンタジア	ゴールドキング×レッドキングの実生	アメリカ	8月中下	大	黄	良	離	良	有	
晩生	秀峰	偶発実生	長野県・曾根氏	8月下	大	黄	良	粘	良	有	裂果

〈注12〉
有毛,白肉,溶質,離核が,それぞれ無毛,黄肉,不溶質,粘核に対して遺伝的に優性である。

〈注13〉
無毛のモモはネクタリンとよばれ,生産量は約2,500t(2009年)で,長野県が約80％をしめる。

〈注14〉
溶質や不溶質の果実は成熟にともなってエチレンを発生させて軟化するが,硬肉の果実はエチレンを発生せず,軟化しない。

5 モモ

モモ（Prunus persica）の原生地は，黄河流域の陝西省と甘粛省にまたがる高原地帯であり，その後ペルシャを経て紀元前にヨーロッパに伝播した。わが国には弥生時代に渡来して利用されていたが,小果で果肉は硬く,品質はよくなかった。

現在の栽培品種は，明治時代に中国や欧米から導入されたものが元になっている。とくに，中国から導入された上海水蜜桃と天津水蜜桃から，高温多湿な日本の気候条件に適した'白桃'などの品種が育成された。近年は'白桃'を母親とした'あかつき','白鳳','川中島白桃'などが上位をしめている（表2-Ⅱ-6，図2-Ⅱ-11）。生産量は約15万tである（図2-Ⅱ-12）。

モモの果実は，果面の毛の有無や果肉色，果肉の肉質，果肉と核の離れやすさなどで分類できる (注12)。わが国のおもな品種には，有毛で白肉,溶質,粘核のタイプが多い (注13)。近年，成熟してもほとんど果肉が軟化しない，硬肉の品種も育成されている (注14)。

モモは自家和合性であるが，'白桃'や'川中島白桃'など一部の品種は花粉不稔性が強いため，受粉樹の混植や人工受粉が必要である。

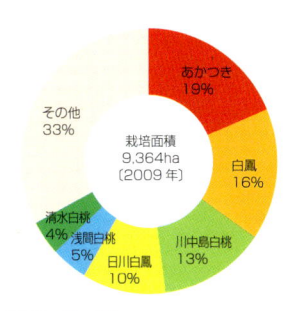

図 2-Ⅱ-11
モモの品種別栽培面積の割合

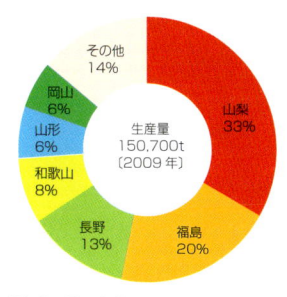

図 2-Ⅱ-12
モモ生産量の都道府県別割合

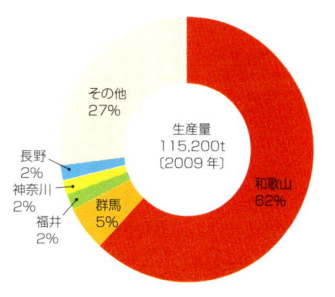

図 2-Ⅱ-13
ウメ生産量の都道府県別割合

表 2-Ⅱ-7　ウメの主要品種の特性

	品種名	来歴・交配親	育成地(者)など	収穫期	大きさ	花粉	自家結実性	用途
小ウメ	竜峡小梅	偶発実生	長野県・大栗氏	5月下～6月上	小	多	高	梅干し
普通ウメ	鶯宿	和歌山県から導入穂木の突然変異？	徳島県	6月上中	中	多	高	梅酒
	南高	内田梅の実生	和歌山県・高田氏	6月中下	中	多	低	梅干し
	白加賀	江戸時代から関東地方で栽培	不明	6月中下	中	無	無	梅干し, 梅酒
	豊後	諸説あり不明	不明	6月中下	大	少	無	梅酒

6 ウメ

ウメ（*Prunus mume*）の原産地は，中国の四川省や湖北省周辺とされている。古くから薬用や観賞用として利用されてきたが，果実生産を目的とした栽培は江戸時代に始まったと推定されている。

気象条件への適応性が高く全国で栽培されているが，開花が1～3月と落葉果樹で最も早いため，開花期が－8℃以下，幼果期が－4℃以下にならない地域が適地とされる。ウメは，アンズやスモモと近縁で交雑可能であり，主要品種にはアンズとの雑種と考えられるものも多い（表2-Ⅱ-7）。生産量は近年11～12万tで安定している（図2-Ⅱ-13）。

一部の部分的自家和合性品種を除き自家不和合性であり，品種によっては花粉不稔性もあるため，受粉樹の混植が必要である。生食せず，もっぱら梅干しや梅酒などの加工利用である。

7 スモモ

おもな栽培種は，中国長江沿岸部を原産とするニホンスモモ（*Prunus salicina*），コーカサス地方を起源とするヨーロッパスモモ（*P. domestica*），北アメリカに原生するアメリカスモモ（*P. americana*）である。

ニホンスモモは，弥生時代には日本に渡来し利用されていた古い果樹であるが，本格的な栽培は大正時代以降である。中心となったのは，明治時代に日本からアメリカに導入・改良され，その後日本に逆輸入された品種群である（表2-Ⅱ-8）。多くの品種が自家不和合性を示し，一部に他家不和合性も認められるため，適当な受粉樹の混植や人工受粉が必要である。生産量は約2万tである（図2-Ⅱ-14）。

プルーンは，ヨーロッパスモモで乾果に適した品種群の総称であるが，

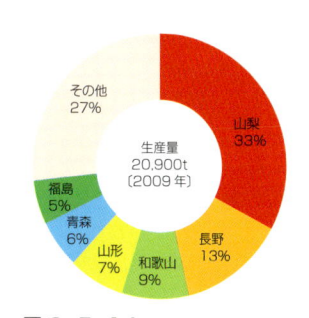

図 2-Ⅱ-14
スモモ生産量の都道府県別割合

表2-Ⅱ-8　スモモの主要品種の特性

早晩性	品種名	来歴・交配親	育成地（者）など	収穫期	大きさ	果皮色	その他
早生	大石早生	フォーモサの実生	福島県・大石氏	6月下	中	赤	2倍体
中生	サンタローザ	アメリカから導入	アメリカ・Burbank氏	7月中	中	赤	2倍体、受粉樹としても適
中生	ソルダム	アメリカから導入	アメリカ	7月中下	大	緑黄	2倍体
中生	貴陽	太陽の実生	山梨県・高石氏	7月下	極大	赤	3倍体
晩生	太陽	偶発実生	山梨県・雨宮氏	8月中下	極大	赤	2倍体
プルーン	スタンレイ	エイジェン×グランド・デューク	アメリカ ニューヨーク州	9月上	中	紫黒	6倍体
プルーン	サンプルーン	偶発実生（シュガーの実生？）	長野県	9月中下	小	紫黒	6倍体

表2-Ⅱ-9　オウトウの主要品種の特性

早晩性	品種名	来歴・交配親	育成地（者）など	収穫期	その他
早生	紅さやか	佐藤錦×セネカ	山形県園芸試	6月上	
中生	高砂	イエロー・スパニッシュの実生	アメリカ・Kirtland氏	6月中	
中生	佐藤錦	ナポレオン×黄玉	山形県・佐藤氏	6月中下	生産量の2/3をしめる
中生	北光	偶発実生	北海道・藤野氏	6月下	北海道では水門とよばれ主力品種
晩生	ナポレオン	ヨーロッパの在来品種	不明	6月下～7月上	
晩生	南陽	ナポレオンの実生	山形県農試	6月下～7月上	
晩生	紅秀峰	佐藤錦×天香錦	山形県園芸試	6月下～7月上	

〈注15〉
プルーンの生産量は3,000t（2009年）で、主産地は長野県や北海道、青森県である。

〈注16〉
カナダでγ線照射でつくられた突然変異体'ステラ'や'高砂'の枝変わりである'さおり'は自家和合性。

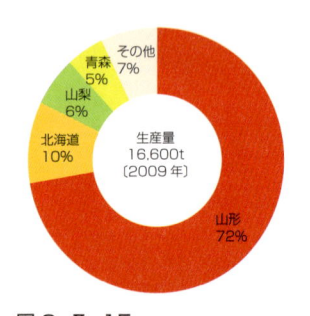

図2-Ⅱ-15
オウトウ生産量の都道府県別割合

生産量 16,600t（2009年）
山形 72%
北海道 10%
山梨 6%
青森 5%
その他 7%

〈注17〉
A. deliciosaは、1980年代半ばまでA. chinensisと同一種としてあつかわれていたが、現在は別種に分類されている。A. deliciosaは6倍体、A. chinensisは2倍体か4倍体であり、形態や分布も異なる。

多湿な日本では乾果加工はむずかしく、おもに生果で消費される（注15）。

8 オウトウ

栽培種には、ヨーロッパ系とチュウゴクオウトウ（*Prunus pauciflora*）があり、前者にはカンカ（甘果）オウトウ（*P. avium*）とサンカ（酸果）オウトウ（*P. cerasus*）がある。日本で経済栽培されているのは、ほとんどがカンカオウトウであり、スイートチェリーともよばれる。

カンカオウトウの起源は、西アジアのコーカサス地方周辺部とされているが、ヨーロッパ西部まで含めた広い地域との説もある。ヨーロッパでは有史以前から栽培されていたが、日本への導入は明治以降である。ほとんどの品種が自家不和合性で（注16）、他家不和合性品種も多いため、受粉樹や人工受粉用花粉の選択には注意が必要である。生産量は約1.7万tであり、品種は'佐藤錦'が中心である（表2-Ⅱ-9、図2-Ⅱ-15）。

9 キウイフルーツ

原産地は中国の長江流域であり、この地域には60種以上のマタタビ属（*Actinidia*）植物が自生している。キウイフルーツは、マタタビ属の*A. deliciosa*と*A. chinensis*の2種に属している（注17）。

20世紀初頭にニュージーランドに導入された後、品種改良されて'ヘイワード'などの大果品種がつくられた。本格的な経済栽培は第二次大戦以降であり、最も新しい果樹の1つである（注18）。雌雄異株のため、雄花だけを着生する雄品種を混植するか人工受粉が必要である。

日本には1960年代に苗木が導入され、1970年代後半からウンシュウミカンの転換作物として急速に生産が拡大した。生産量は約3.5万tで、品

表2-Ⅱ-10 キウイフルーツの主要品種の特性

	品種名	来歴・交配親	育成地(者)など	収穫期	大きさ	果肉色	糖度	その他
A. deliciosa	香緑	ヘイワードの実生	香川県農試	10月下～11月上	大	緑	15～18%	独特の香気
	ヘイワード	A. deliciosa 自然交雑実生	ニュージーランド・Hayward Wright氏	11月上中	大	緑	13～16%	貯蔵性高 国内生産の80%以上
	トムリ(雄)	A. deliciosa 自然交雑実生	ニュージーランド・Fletcher氏					ヘイワード用受粉樹
A. chinensis	Hort16A	A. chinensis 系統間交雑実生	ニュージーランド・ホートリサーチ園芸研	10月中	中	黄	18%	2倍体
	レインボーレッド	A. chinensis 系統間交雑実生	静岡県・小林氏	10月中	中	黄,果心周辺赤	18～20%	2倍体

表2-Ⅱ-11 クリの主要品種の特性

早晩性	品種名	来歴・交配親	育成地(者)など	収穫期	渋皮剥皮性	クリタマバチ抵抗性
早生	丹沢	乙宗×大正早生	農林省園芸試	9月上	難	中
	ぽろたん	550-40×丹沢	農水省果樹試	9月中	易	中
	国見	丹沢×石鎚	農水省果樹試	9月中	難	強
中生	紫峰	銀鈴×石鎚	農水省果樹試	9月下	難	強
	筑波	岸根×芳養玉	農林省園芸試	9月下	難	中
	利平ぐり	偶発実生(ニホングリとチュウゴクグリの雑種)	岐阜県・吉田氏	9月下～10月上	易	中
	銀寄	在来品種	摂丹地方	9月下～10月上	難	強
晩生	石鎚	岸根×笠原早生	農林省園芸試	10月上中	難	強
	岸根	在来品種	山口県	10月中	難	強

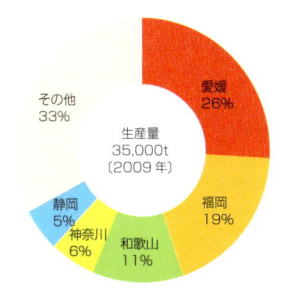

図2-Ⅱ-16 キウイフルーツ生産量の都道府県別割合
生産量 35,000t(2009年)
愛媛 26%, 福岡 19%, 和歌山 11%, 神奈川 6%, 静岡 5%, その他 33%

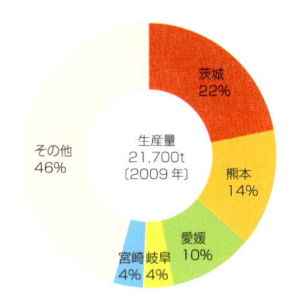

図2-Ⅱ-17 クリ生産量の都道府県別割合
生産量 21,700t(2009年)
茨城 22%, 熊本 14%, 愛媛 10%, 岐阜 4%, 宮崎 4%, その他 46%

種の8割以上が'ヘイワード'である(表2-Ⅱ-10,図2-Ⅱ-16)。

10 クリ

クリ属(Castanea)は北半球の温帯に13種分布しているが,栽培種はニホングリ(C. crenata),チュウゴクグリ(C. mollissima),ヨーロッパグリ(C. sativa),アメリカグリ(C. dentate)の4種である。

ニホングリは,日本や朝鮮半島中南部に分布する野生種のシバグリから改良されたもので,縄文時代から採取・利用されてきた。文献的にも7世紀末には栽培が奨励されており,江戸時代には"丹波グリ"と総称されるいくつかの品種群もあった。1940年代に中国からクリタマバチが侵入して全国的に大きな被害を受けたが,一部の既存品種がもっていた抵抗性を生かして,抵抗性品種が育成・確立された(表2-Ⅱ-11)(注19)。生産量は約2.2万tである(図2-Ⅱ-17)。

最近,ニホングリ同士の交配でチュウゴクグリなみの渋皮剥皮性を持つ'ぽろたん'が育成されている。

雌雄異花の同株であり,雌花は結果枝上部の雄花穂

図2-Ⅱ-18 クリの雄花と雌花

〈注18〉
名称を"Chinese gooseberry"からニュージーランド固有の珍鳥キウイにちなんで"kiwifruit"に変更して輸出され,1970年代に世界的に普及した。

〈注19〉
"天津甘栗"として輸入されているチュウゴクグリはクリタマバチに弱く,ヨーロッパグリやアメリカグリも胴枯病に弱いため,日本での経済栽培は困難と考えられている。

〈注20〉
雌花をつけた花穂を帯雌花穂（bisexual catkin）とよぶ。

の基部につく（図2-Ⅱ-18）(注20)。実用的には自家不和合性であり他品種の混植が必要であるが，種子の大きさや渋皮の剥皮性などに花粉品種の性質があらわれるキセニア（xenia）現象があるので，受粉樹の選択には注意が必要である。

11 イチジク

イチジク（*Ficus carica*）の原産地は南西アジアであり，紀元前に地中海沿岸地方に伝播して栽培された歴史の古い果樹である。耐寒性が低く，高温乾燥気候を好むため，地中海沿岸やアメリカのカリフォルニア州が大産地である。品種は，花の種類や受粉の必要性などからカプリ系とスミルナ系，普通系，サンペドロ系の4タイプに分類される。

日本には江戸時代に渡来したが，経済栽培の普及は1970年代にはいってからである。品種のほとんどが普通系の'桝井ドーフィン'で，おもに秋果生産である（図2-Ⅱ-19）。生産量は約1.5万tで，主産県は愛知や和歌山などである。

12 ブルーベリー

北アメリカ原産で，おもにハイブッシュブルーベリー（*Vaccinium corymbosum*），ローブッシュブルーベリー（*V. angustifolium*），ラビットアイブルーベリー（*V. virgatum* = *V. ashei*）の3種類に分類される。ローブッシュブルーベリーは野生種で，他の2種類が栽培上重要なグループである（表2-Ⅱ-12）。20世紀初頭以降にアメリカ農務省によって多くの品種が育成されて普及した新しい果樹の1つである。日本には1950年代にアメリカから導入され，1980年代後半から急速に栽培が広がった。生産量は約2,200t（2009年）に達し，主産県は長野，茨城，群馬である。

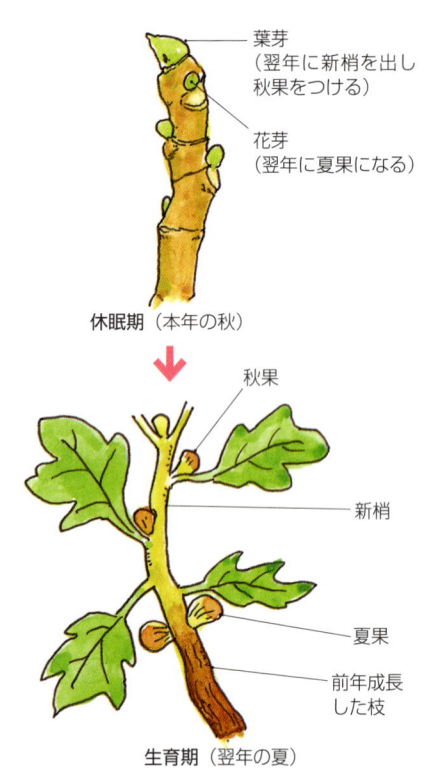

図2-Ⅱ-19 イチジクの秋果と夏果

〈注21〉
好適pHが4.3〜5.3であり，酸性ピートモスや硫黄粉（華）を投入して調整する必要がある。

〈注22〉
夜間の視力改善や毛細血管の機能改善，血小板の凝固抑制，白内障防止，抗発癌作用，抗酸化作用などが明らかにされている。

植物としての大きな特徴は，酸性土壌を好み(注21)，ひげ根で浅根性のため干害を受けやすいことである。ハイブッシュブルーベリーは比較的自家結実性が高いが，ラビットアイブルーベリーは低いので経済栽培では複数の品種を混植する。成熟すると果皮を中心にアントシアニン色素を蓄積して濃い青色になるが，近年この機能性(注22)が注目されている。

13 その他の落葉果樹

日本で100t以上の生産量がある種類を表2-Ⅱ-13にまとめた。

表2-Ⅱ-12 ブルーベリー3種の特徴

種類	自生地	気候	土壌	樹高	果実
ローブッシュブルーベリー	アメリカ北東部諸州〜カナダ東部	寒地	荒地	15〜40cm	小，野生果実加工
ハイブッシュブルーベリー	アメリカ・フロリダ州北部〜メイン州南部，ミシガン州南部	中間地	有機質に富む砂土	1〜3m	大，生食
ラビットアイブルーベリー	アメリカ南東部諸州	暖地	土壌適応性広い	2〜4m	大，生食・加工

図2-Ⅱ-13　その他の落葉果樹

和名	英名	学名	生産量(t)	主産地	特性
アンズ	apricot	*Prunus armeniaca* L.	2,400	青森，長野	中国原産の核果類で，ウメと近縁。自家和合性と不和合性の品種あり。酸味が強く，乾果やジャムなどの加工が多い
イチョウ	ginkgo	*Ginkgo biloba* L.	1,000	大分，愛知	中国原産の雌雄異株の裸子植物。受粉は風媒で，受精まで120日必要。成熟すると黄色く軟化する果肉状の部分は外種皮。中種皮が硬化して核になり，内部の胚乳が可食部
マルメロ	quince	*Cydonia oblonga* Mill.	310	長野，山形	イラン原産。仁果類。果実は芳香あるが，酸味と渋味が強く生食不可。ジャムや果実酒に加工。セイヨウナシのわい性台木
カリン	Chinese quince	*Chaenomeles sinensis* Koehne	250	長野，山形	中国北部原産。鑑賞樹利用が中心でカリン酒にもされる。仁果類で，偽果の成熟果は黄色で芳香をもつ
クルミ	walnut	*Juglans* spp.	170	長野，青森	ヨーロッパ東南部〜ペルシャ地方原産のペルシャグルミが栽培の中心。雌雄同株。子房下位の偽果で，可食部は子葉の堅果
クロミノウグイスカグラ（ハスカップ）	sweetberry	*Lonicera caerulea* L.	130	北海道	サハリン〜シベリア原産。落葉性低木。自家不和合性。成熟すると果皮と果肉にアントシアニンが蓄積する液果。酸味強い
アケビ	chocolate vine	*Akebia quinata* (Thunb.) Decaisne	110	山形	東アジア原産。つる性で雌雄同株。自家不和合性。成熟すると腹縫線に沿って裂開。白色果肉と半透明の仮種皮を食用

2 常緑果樹

1 カンキツ類

①カンキツ類とは

　カンキツ類とは，カンキツ属（*Citrus*），キンカン属（*Fortunella*），カラタチ属（*Poncirus*）の3属の総称で，いずれも染色体数はn＝9で，相互に交雑可能である。カンキツ属はインド東北部のアッサム地方，キンカン属は中国南部，カラタチ属は中国長江上流が原産地と考えられている。ほとんどが常緑性であるが，カラタチ（*P. trifoliata*）は落葉性である。

　原産地から世界中に伝播する過程で多くの種類が分化しているが，カンキツ属には167もの種があり，分類も複雑である。カンキツ属の栽培種はミカン（mandarin），ブンタン（pummelo），シトロン（citron）の3種類が基本になっており，これらから世界的に生産の多いスイートオレンジ（*C. sinensis*），グレープフルーツ（*C. paradisi*），ミカン類，レモン（*C. limon*）などが分化している。

　タチバナ（*C. tachibana*）はわが国原産と考えられているが，古くからコミカン（*C. kinokuni*），ダイダイ（*C. aurantium*），カラタチなど多くの種類が渡来している。現在最も生産の多いウンシュウミカン（*C. unshiu*）は，江戸時代には九州で栽培されていた。また，江戸時代から明治初期にかけて，ナツミカン（*C. natsudaidai*），ハッサク（*C. hassaku*），イヨカン（*C. iyo*）などが自然交雑によって発生している。

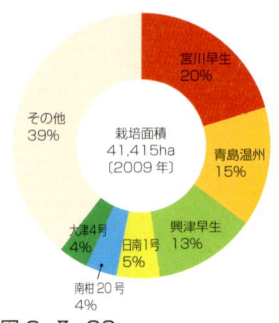

図2-Ⅱ-20 ウンシュウミカンの品種別栽培面積の割合

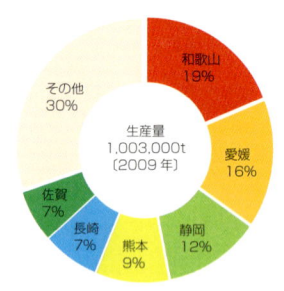

図2-Ⅱ-21 ウンシュウミカン生産量の都道府県別割合

〈注23〉
ウンシュウは漢字で「温州」と書き，中国の浙江省の地名である。中国の古典「橘録」で温州産のミカンがほめ讃えられており，わが国でもおいしいミカンを「温州ミカン」とよぶようになったと考えられている。ちなみに，ウンシュウミカンは温州地方には原生していない。英名は satsuma mandarin で鹿児島県の旧名である薩摩(Satsuma)が使われているが，明治初期にアメリカに送られた苗木の生産地が鹿児島県だったためで，原産地を意識したものではない。

〈注24〉
中生や晩生のカンキツの意味である。なお，ウンシュウミカン以外のカンキツを雑柑類とよぶこともある。

〈注25〉
この2品種はミカン類（tangerine）とオレンジ類（orange）の雑種のタンゴール（tangor）である。

表2-Ⅱ-14 ウンシュウミカンのおもな品種の特性

早晩性	品種名	来歴・交配親	育成地（者）など	収穫期	その他
極早生	宮本早生	宮川早生の枝変わり	和歌山県・宮本氏	9月中下	
	日南1号	興津早生の枝変わり	宮崎県・野田氏	9月中下	
	上野早生	宮川早生の枝変わり	佐賀県・上野氏	9月下～10月上	
	豊福早生	大浦早生×パーソンブラウンの珠心胚実生変異	熊本県果樹研	9月下～10月上	熊本県のみ
	岩崎早生	興津早生の枝変わり	長崎県・岩崎氏	9月下～10月上	
早生	宮川早生	在来系温州の枝変わり	福岡県・宮川氏	10月中下	
	興津早生	宮川早生の珠心胚変異	農水省果樹試	10月中下	
	原口早生	宮川早生の1樹変異	長崎県・原口氏	10月中下	
中生	向山温州	和歌山県伊都郡で発見	和歌山県・向山氏	11月上中	和歌山県多い
	南柑20号	愛媛県宇和島市で発見	愛媛県・今城氏	11月上中	
	させぼ温州	宮川早生の枝変わり	長崎県・尾崎氏	11月中下	長崎県多い
普通	杉山温州	静岡県静岡市の尾張系温州園で発見	静岡県・杉山氏	11月中下	
	石地	杉山温州の1樹変異	広島県・石地氏	11月下～12月上	浮き皮少
	大津4号	十万温州の珠心胚実生変異	神奈川県・大津氏	11月下～12月上	
	南柑4号	愛媛県北宇和郡で発見	愛媛県・薬師寺氏	11月下～12月上	
	林温州	尾張系温州の枝変わり	和歌山県・林氏	12月上	貯蔵性高
	尾張系温州	在来系の1系統	愛知県	12月上	
晩生	青島温州	尾張系温州の枝変わり	静岡県・青島氏	12月中	長期貯蔵

注）品質を重視する場合は収穫期をおくらせることも多い

②ウンシュウミカン

　原産地は鹿児島県の長島付近と推定されている(注23)。一般に雄性および雌性の不稔性が強く無核であり，果皮はうすくむきやすいなどの優れた特徴がある。品種は，その成熟期から極早生，早生，中生，普通，晩生に分類され，極早生は九州で，晩生は静岡県で生産が多い（表2-Ⅱ-14，図2-Ⅱ-20）。

　生産量は1960年代に急増し，1975年には366万tに達したが，その後は需要の低迷や輸入自由化の影響で減り，2009年には約100万tとピーク時の3分の1以下になっている。生産地は南関東以西で，主産地は図2-Ⅱ-21のとおりである。

③中晩柑類

　ウンシュウミカンは早熟系であり，わが国ではウンシュウミカンより後に成熟するカンキツ類を総称して中晩柑類(注24)とよんでいる。

　ウンシュウミカン以外のミカン類や中晩柑類の種や品種は表2-Ⅱ-15にまとめて解説した。この中で2009年の生産量が1万tを超える種は，イヨカン（6.8万t），ナツミカン（4.5万t），ハッサク（3.9万t），ポンカン（$C.\ reticulata$：3万t），ユズ（$C.\ junos$：2.8万t），ブンタン（$C.\ maxima$：1.2万t）で，品種単独では'不知火'（4.7万t）と'清見'（1.9万t）がある(注25)。

表2-Ⅱ-15 ウンシュウミカン以外のおもなカンキツ類と品種の特性

グループ	種	品種名	由来・特性など
ミカン類	ポンカン	吉田ポンカン	台湾から導入した大葉・高しょう系※の優良系統。大果で食味がよく、収穫期は1月。タターリーフウイルスフリー
		太田ポンカン	静岡県・太田氏が芭原ポンカンの早生化した枝変わりとして発見。低しょう系※で12月が収穫期
	シークワシャー		沖縄に自生し、古くは芭蕉布の洗濯に利用したという。生食やジュース利用され、血圧や血糖値を下げ、発癌抑制作用などをもつノビレチン含量が高いことが注目されている。生産量は3,000t強(2009年)で、ほとんどが沖縄産
	雑種	カラ	カリフォルニア大のフロスト氏が尾張系温州×キングマンダリンから育成。果面はややあらいが、味は濃厚。4月以降収穫の晩生のミカン。愛媛県の島しょ部や三重県で栽培
オレンジ類	スイートオレンジ		オレンジは普通系オレンジ、無核でへそのあるネーブルオレンジ、赤色系のブラッドオレンジ、酸の低い無酸オレンジに分けられる
		バレンシア	晩生の普通系オレンジで世界的に最も栽培が多いが、わが国では和歌山県で400t程度の栽培
		清家ネーブル	愛媛県・清家氏が、ワシントンネーブルの早生化した枝変わりとして発見した豊産性品種。12月に収穫し年内出荷が可能
		白柳ネーブル	静岡県・加茂氏がワシントンネーブルの枝変わりとして発見した、大果で豊産性品種。年内に収穫し1～3月に出荷
		森田ネーブル	静岡県・森田氏がワシントンネーブルの枝変わりとして発見した、大果で食味濃厚な品種。貯蔵性が高く3～5月に出荷
	サワーオレンジ	ダイダイ	インド原生で、わが国には古くに中国から導入。名称は1樹に新旧代々の果実がなることに由来。正月飾りや食酢に利用。カブスや臭橙などともよばれ、耐寒性や耐病性が強い。生産量は約1,000t(2009年)、主産地は和歌山県や静岡県
ブンタン類	ブンタン(文旦)	晩白柚	サイゴン植物園から台湾を経て鹿児島県に導入された大果(約2kg)品種で、自家不和合性で単為結果性もあるが肥大促進のため受粉樹が必要。12月下旬～1月に収穫し、2～4月に出荷。主産地は熊本県
		土佐ブンタン	鹿児島県在来品種の法元ブンタンが高知県に導入・普及後に土佐ブンタンの名が広まった。果実肥大促進のため受粉樹が必要で、12月に収穫し、3～4月に出荷。主産地は高知県。熊本県や鹿児島県で生産の多い大橘は類似品種
		安政柑	広島県で安政年間に偶発実生として発見された、大果(600g)で酸の少ない品種。12月に収穫し、2～3月に出荷。広島県の島しょ部で栽培多い
その他の中晩柑類	ナツミカン(夏橙)		山口県の西本氏が1700年ころに偶発実生として発見した、ブンタンの血をひく雑種と考えられる。晩生で収穫期は4～5月
		川野ナツダイダイ	大分県の川野氏が1樹変異として発見した品種で、普通ナツミカンとくらべて減酸が早く食味に優れるため、一般に「甘夏」とよばれる
	ハッサク(八朔)		広島県で1860年ころに偶発実生として発見された、ブンタンの血をひくタンゼロと考えられている。自家不和合性で単為結果性は弱いので、ナツミカンなどを受粉樹として混植する。寒害防止のため年内に収穫し、2月以降に出荷
		農間紅八朔	広島県の農間氏が発見した普通ハッサクの枝変わりで、普通ハッサクとくらべて果皮や果肉の橙色が濃く、甘味比も高い
	イヨカン(伊予柑)		山口県の中村氏が1887年に偶発実生として発見したもので、以前はタンゴールとされていたがブンタンの血をひくタンゼロと考えられる。愛媛県に導入後に普及したためイヨカンとよばれるようになった。果皮は赤橙色でむきやすく、じょうのう膜は厚いが、果肉は柔軟多汁で芳香・食味ともに優れる。12月～1月に収穫し、3～4月に出荷
		宮内イヨカン	愛媛県の宮内氏が発見した普通イヨカンの早生化した枝変わりで、普通イヨカンにくらべて果実はやや扁平で大きく、着色が20日以上早く、酸の減少も早い。12月～1月上旬収穫、2～3月出荷
	ヒュウガナツ(日向夏)		宮崎県の真方氏が偶発実生として発見したもので、その特性からユズの血をひくと考えられている。自家不和合性で単為結果性は低いので受粉樹の混植が必要である。果皮は淡黄色で厚いが、アルベド部分も食用とされる。減酸が遅く、収穫は4～5月であり、回青しやすい。地域により「日向夏」や「小夏」、「ニューサマーオレンジ」などとよばれる
		はるか	福岡県の石井氏がヒュウガナツの実生から選抜・育成。ヒュウガナツよりも減酸が早く、清涼感のある甘味がある。2～3月に収穫
	カワチバンカン(河内晩柑)		熊本県の西村氏が偶発実生として発見したブンタンの血をひく雑種で、自家不和合性のため受粉樹を必要とする。果実は500g前後の短卵形の大果で、黄色の果皮は平滑で柔らかく、果肉は柔軟多汁でわずかに苦みがある。収穫期は4月以降。主産地の愛媛県では「美生柑」ともよばれる

グループ	種	品種名	由来・特性など
その他の中晩柑類	サンボウカン（三宝柑）		由来は不明であるが，江戸時代から和歌山城内に原木があり，その名は三宝にのせて殿様に献上したことに由来する。果実は250～300gで果梗部に突起ができるのが特徴。2～3月に収穫し，3～5月に出荷される和歌山県の特産カンキツ
	タンゴール	清見	農水省果樹試興津支場で宮川早生×トロビタから育成された，日本で最初のタンゴール品種。果実は200g前後の偏球形で，果皮は黄橙色でややむきにくい。オレンジの芳香をもち，果肉は橙色で多汁であり，じょうのう膜は薄い。単胚性で育種親として利用され，新品種育成に貢献している。主産地は愛媛県や和歌山県
		不知火	農水省果樹試口之津支場で清見×中野3号ポンカンから育成。果実は250g前後で果梗部に突起ができやすい特徴があるため「デコポン」の商標をもつ。果皮は黄橙色でむきやすく，果肉は柔軟・多汁でじょうのう膜は薄い。主産地は熊本県や愛媛県
		はるみ	農水省果樹試興津支場で清見×F-2432ポンカンから育成。隔年結果性が強く，果実の大きさは着果量によって大きくかわる。果皮はむきやすく，果肉の食感はポンカンに類似する。収穫期は1月で，遅れると果皮障害を発生しやすい。主産地は愛媛県や広島県
		せとか	農水省果樹試口之津支場で（清見×アンコール）×マーコットから育成され，2001年に登録された新品種。果実の大きさは250g前後で扁平。果皮は濃橙色で薄く，滑らかで，ややむきやすい。じょうのう膜は薄く，果肉は柔軟多汁で食味は濃厚であり，種子は少ない。収穫期は2～3月である。強いトゲが多く，果皮が日焼けしやすい。主産地は愛媛県
		はれひめ	農水省果樹試興津支場で（清見×オセオラ）×宮川早生から育成され，2004年に登録された新品種。果実の大きさは180g前後で，果皮はむきやすく，じょうのう膜は薄い。果肉は柔軟多汁であるが，糖・酸ともにやや低い。収穫期は12月で，かいよう病に弱い。主産地は愛媛県
		肥の豊	熊本県果樹研究所で不知火×マーコットから育成され，2003年に登録された新品種。果実は大きく，果形は球であり，果皮はむきやすい。じょうのう膜は柔らかく，多汁で甘味が強い。収穫期は1月下旬～2月上旬で，主産地は熊本県
		タンカン	中国広東省原産といわれ，オレンジとミカン類の雑種と推察される。果実は150g前後の球形で，果面は橙黄色でややあらく，果肉は濃橙色で甘味が強く芳香がある。1～2月に収穫し，2～5月に出荷。主産地は鹿児島県と沖縄県
	タンゼロ	セミノール	アメリカ農務省でダンカングレープフルーツ×ダンシータンゼリンから育成された品種。果実は180g前後の扁球形で，果皮は赤橙色でなめらか。果肉は濃橙色で柔軟多汁であり，糖は高いが酸が強い。3～4月に収穫し，5月以降に出荷。主産地は和歌山県や大分県
		スイートスプリング	農水省果樹試興津支場で上田温州×ハッサクから育成された品種。果実は250g程度の扁球形で，果皮は黄橙色で果面はあらく，果皮はややむきにくい。じょうのう膜は厚く，肉質も硬いが，糖度が高く食味はよい。収穫期は1～2月で，主産地は熊本県や長崎県，鹿児島県
香酸カンキツ	レモン		インドのヒマラヤ東部山麓が原生地で，わが国には明治時代に導入され，瀬戸内海を中心に栽培された。1964年の輸入自由化で一時壊滅しかけたが，その後輸入レモンに使用される防腐剤への忌避感などから国産レモンの需要が回復している。2009年の生産量は1万t弱で，主産地は広島県や愛媛県の島しょ部
		リスボン	ポルトガル原産でわが国の主要品種であり，耐寒性が強く，豊産性であるが，かいよう病やそうか病に弱い。果実は長球形で，果頂部に乳頭状の突起をもち，収穫期は10～12月が主体
		ユーレカ	イタリアからカリフォルニアに導入された果実の実生から選抜された品種で，四季咲き性が強く豊産性であるが，耐寒性がやや弱く，かいよう病にも弱い。果実は長球形～倒卵形で乳頭はやや小さく，収穫期は10～12月が中心
	ライム		インド北東部からビルマ，マラヤにかけての地域に原産し，メキシカンライムやタヒチライムがメキシコや西インド諸島で生産されている。わが国の生産は少なく4t程度
	ユズ（柚）		中国の長江上流に原産し，わが国にも古くから伝わり，調理用として普及した。耐寒性や耐病性に優れ，各地に多くの系統がある。果実は扁球形で，果頂部は平らで周囲に凹環があり，果面は黄色で凹凸が激しい。大果やトゲの少ない系統も選抜されている。2009年の生産量は2.8万tで，主産地は高知県や徳島県，愛媛県
	スダチ		ユズの近縁種で，ユズに似た香気があり，トゲや種子の有無により4系統がある。果実は30～40gの球形の小果で，成熟すると橙黄色になるが，緑色果で収穫・出荷する。2009年の生産量は約6,000tで，ほとんどが徳島県産

グループ	種	品種名	由来・特性など
香酸カンキツ	カボス		来歴は不明であるが，大分県で300年前ころから栽培されている。果実は100～150gの球形で，果肉は柔軟多汁で酸が強く独特の風味がある。収穫期は8～12月で幅があるが，最も風味がよいのは9～10月である。2009年の生産量は7,000tで，大分県が主産地
キンカン類	キンカン		キンカン属には6種あるが，食用として重要なのはナガキンカンとネイハキンカンの2種。果皮に甘味があり，室数が少なく，開花期が遅く，花が小さいなどの特徴をもつ。四季咲き性だが，7月の開花が多い。果実は小果で，皮ごと生食するほか，糖果やマーマレードに加工される。2009年の生産量は約4,000tで，主産地は宮崎県や鹿児島県
		ぷちまる	農水省果樹試興津支場でナガキンカン×4倍体ネイハキンカンから育成された3倍体の無核品種で，2002年に登録。果実は11g前後の長球形で，果皮はなめらかで濃橙色。果皮の甘味は強く，酸味は少ない
カラタチ類	カラタチ		中国長江上流に原産し，1属1種であり，カンキツ属との交配は可能である。落葉性で3出葉であり，前年夏に花芽分化して前年枝上に直接着花し，果実は表面に細毛を生じ，苦みが強く食用に適さないなどの特徴をもつ。鋭いトゲをもち，古くから生け垣やカンキツの台木として用いられた
		ヒリュウ（飛竜）	カラタチの変異系統で，枝やトゲがねじれ，その形状から命名された。普通カラタチとくらべてわい化性が強い
	雑種	トロイヤーシトレンジ	アメリカ農務省でワシントンネーブル×カラタチから育成された雑種である。カラタチのトリステザウイルス抵抗性を受け継ぎ，カラタチより強勢なため，カリフォルニアやスペインなどで台木として利用される

注）※高しょう系果実：腰高で果形指数（果実の横径÷果実の縦径×100）が120未満のもの，低しょう系果実：扁平で果形指数が120以上のもの

表2-Ⅱ-16　ビワの主要品種とその特性

早晩性	品種名	来歴・交配親	育成地（者）など	収穫期	大きさ	その他
早生	長崎早生	茂木×本田早生	長崎県果樹試	5月中下	50g	耐寒性低いが糖度高く香気がある
中生	茂木	中国系ビワの偶発実生	長崎県・三浦氏	5月下～6月上	50g	耐寒性はやや低いが，豊産性で糖度高い
	大房	田中×楠	農水省果樹試	5月下～6月上	70～80g	開花期が遅く寒害が少ない大果品種で，減酸早いが糖度低い
	希房	田中実生の4倍体×長崎早生	千葉県暖地園芸試	5月下～6月上	70g	開花前と開花35～60日後にGAとCPPUの混合液処理で無核果生産
晩生	田中	偶発実生	東京都・田中氏	6月中下	60～70g	耐寒性高いが酸が強い

注）GA：ジベレリン，CPPU：ホルクロルフェニュロン（合成サイトカイニン剤）

2 ビワ

　ビワ（*Eriobotrya japonica*）は中国と日本の原産である。日本に自生する野生種は10g程度の円形の小果実で，利用価値は低い。大果系栽培品種の起源は，江戸時代末期に中国から持ち込まれた果実の偶発実生である'茂木'に由来し，現在も'茂木'が栽培面積の半分以上をしめている。果実中の種子の割合が高いが，最近3倍体で無核の'希房'が育成されている（表2-Ⅱ-16）。生産量は約6,700tで，長崎，千葉，鹿児島が主産県である（図2-Ⅱ-22）。

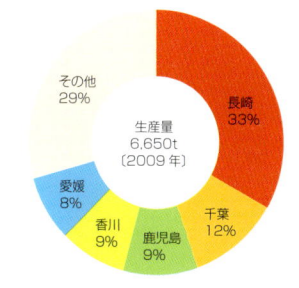

図2-Ⅱ-22
ビワ生産量の都道府県別割合

生産量 6,650t（2009年）
長崎33％　千葉12％　鹿児島9％　香川9％　愛媛8％　その他29％

3 その他の常緑果樹

　100t以上の生産量がある常緑果樹を表2-Ⅱ-17に紹介した。

表 2-Ⅱ-17　その他の常緑性亜熱帯および熱帯果樹

和　名	英　名	学　名	生産量(t)	主産地	特　性
マンゴー	mango	*Mangifera indica* L.	2,800	沖縄, 宮崎	ミャンマーからインド原産の高木で, 生育適温は 22～30℃。果実は核果類に似た構造で, 硬化した内果皮の内側に種子があり, 単胚性品種と多胚性品種がある。近年, 南九州を中心にハウス栽培されている
パッションフルーツ	passion fruit	*Passiflora edulis* Sims	590	鹿児島, 沖縄	ブラジル原産で, 亜熱帯性の多年生つる性植物。果実は成熟すると紫色になり, 種子のまわりの果汁を含む仮種皮を食べる。生食よりもジュース加工が多い
ピタヤ（ドラゴンフルーツ）	pitaya	*Hylocereus undatus* (Haw.) Britton & Rose	390	沖縄	メキシコ原産の熱帯森林性サボテン。ドラゴンフルーツは商業上の名称で, 他種の果実も含む。果皮は成熟すると赤色になり, 果肉は白色半透明でほのかに甘い
パパイア	papaya	*Carica papaya* L.	270	沖縄, 鹿児島	中央アメリカ原産の多年生草本で, 生育適温は 25～30℃。一般には雌雄異株だが, 両性花着生品種もある。果実は成熟果を生食するほか, 未熟果も野菜として利用する
バナナ	banana	*Musa* spp.	250	沖縄, 鹿児島	マレーシア原産の多年生草本で, 生育適温は 27℃。経済栽培の中心は 3 倍体の無核品種。緑熟状態で収穫し, 消費地でエチレン処理して追熟させる
オリーブ	olive	*Olea europaea* L.	210	香川	地中海沿岸原産で小豆島の特産品。風媒花で自家不和合性。果実は生食せず, 塩漬けやオリーブ油に加工

III 果樹の育種

1 果樹育種の特徴

　永年生木本植物である果樹の育種には，1，2年生草本植物の育種にはない次のような特徴がある。

①実生が開花結実するまでの期間（幼若相，juvenile phase）がきわめて長い。

②個体が大きくなるため，育成に広大な圃場と，多大な労力や経費が必要である。

③育種目標となる果実形質の多くは，量的形質（quantitative trait）(注1)で微動遺伝子（ポリジーン，polygene）(注2)によって支配されており，環境の影響を受けやすく変動しやすい。また，果実形質は樹齢によっても変動するので，選抜に長期間かかる。

④果樹は雑種性が強く，世代促進も容易でないため，有用形質についての遺伝情報が乏しく，計画的な育種がすすめにくい。

⑤自家不和合性，他家不和合性，花粉不稔性，雌雄異株などの種・品種が多く，優良品種間での交雑が困難な場合が多い。

⑥優良個体がいったん得られると，栄養繁殖により増殖できるので，種子繁殖性植物のように遺伝形質を固定する必要がない。

⑦枝変わりなどの突然変異による品種が多い。

〈注1〉
複数の遺伝子の組み合わせによって決定される，連続的な変異を示す形質のこと。収量や品質など，農作物の有用な形質には量的形質が多いが，果樹では果実の成熟期，大きさ，糖度などがある

〈注2〉
量的形質は1つ1つの遺伝子の効果が小さいいくつかの微動遺伝子に支配されているが，質的形質は効果が大きい一対の主働遺伝子に支配されている。

2 育種年数の短縮と効率化

1 果樹育種の課題

　果樹の育種は，一般に品種や系統間の交雑によって実生を育成し，その実生群から優良個体を選抜して新品種を育成する，交雑法によって行なわれる。交雑育種法による果樹の育種は，交雑から種苗登録による命名発表までに約20年間もの年月を必要とする。したがって，果樹育種では，できるかぎり育種年数を短縮し，育種効率を高めなければならない。

　育種効率を高めるためには，育種目標となる諸形質をもつ実生を多数育成し，選抜効率を高めるとともに，早期検定により育種過程にかかる時間や労力を短くする必要がある。近年では多くの果樹で，育種目標のそれぞれの形質に連鎖したDNAマーカー（DNA marker）(注3)や，目標になる遺伝子自体が開発されつつあり，DNAマーカーを利用した早期選抜による効率化も試みられている。

〈注3〉
品種や個体ごとに特有のDNAや遺伝子の塩基配列を持っており，その塩基配列のちがいを目印にして識別すること。

2 早期検定法

　実生や幼植物の段階で目的の形質を検定して，育種効率をあげる方法である。病害虫抵抗性，わい化性，耐凍性，養分吸収性などについて研究さ

A 胞子接種　　　　　　　　　　　　　　B　幼植物の茎へのAK-1毒素処理

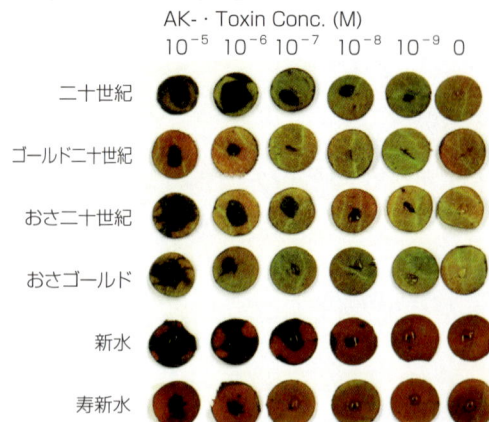

図2-Ⅲ-1　ナシ黒斑病の毒素を用いた早期検定
ナシ黒斑病感受性品種とその抵抗性変異体品種の胞子接種とAK-1毒素処理に対する反応
感受性品種は幼植物の茎へのAK-1毒素処理への反応が大きく，抵抗性品種の反応が小さいので，黒斑病の感受性の検定ができる

〈注4〉
カラムナー型は，播種して4～5年すると外観的にはっきりわかるようになるが，カラムナー遺伝子に連鎖したDNAマーカーが開発されており，これを利用すると1年目の実生でも選抜が可能である。

れていて，耐病性の早期検定法が一部の果樹で実用化されている。

ニホンナシでは，実生苗の本葉に胞子懸濁液を接種して、黒斑病と黒星病の抵抗性の早期検定ができる。リンゴの斑点落葉病や黒星病も同様に検定できる。また，ニホンナシの黒斑病やリンゴの斑点落葉病では特定の毒素（宿主特異的毒素，host specific toxin）が産生されて病害が引き起こされるので，これらの毒素を用いた早期検定も行なわれている（図2-Ⅲ-1）。

リンゴでは，交雑によって側枝があまり伸びない，省力化樹形のカラムナー型（columnar type）の早期選抜が行なわれ(注4)，良好な果実品質をもつ系統の選抜が検討されている（図2-Ⅲ-2）。

3 DNAマーカーの利用
①すすむDNAマーカーの開発

育種目標となる形質とその形質に密接に連鎖するDNAマーカーや遺伝子を調べれば早期選抜が可能になり，育種の効率化ができる。そのため，多くの果樹でDNAマーカーの開発がすすめられている。

リンゴでは，黒星病，うどんこ病，斑点落葉病，アブラムシなどの病害虫抵抗性，カラムナー形質，果皮着色遺伝子，自家不和合性遺伝子，果実の成熟・貯蔵性に関与するエチレン合成系遺伝子（図2-Ⅲ-3）などに連鎖するDNAマーカーや遺伝子が明らかにされている。

カキでは，果実の甘渋に密接に連鎖しているDNAマーカーの開発がすすめられ，幼植物段階で甘ガキだけを選抜することが試みられている。

②今後の可能性

今後，果実の成熟や品質成分に関係する遺伝子が次々に明らかにされ，これらの遺伝子やDNAマーカーを利用して幼植物の段階で果実品質を判断・選抜する，早期選抜技術が急速にすすむことが予想される。

図2-Ⅲ-2　リンゴのカラムナー系統

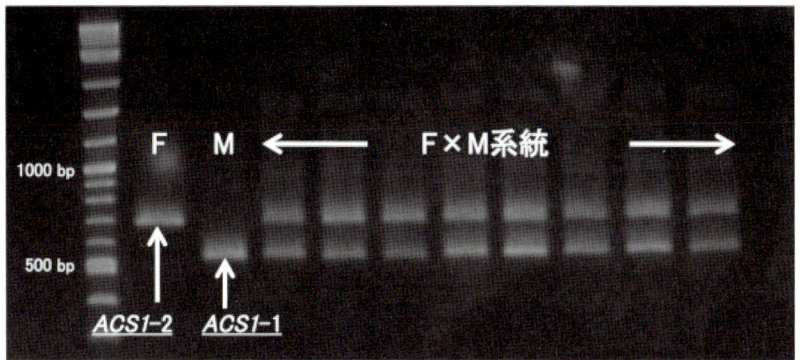

図 2-Ⅲ-3　リンゴ品種 'ふじ（F）' と 'メイポール（M）' の交雑系統（F×M）のエチレン合成酵素遺伝子型（ACS-1）

'ふじ' は果実のエチレン生成が少ない ACS-1-2 のホモ型，'メイポール' はエチレン生成が多い ACS-1-1 のホモ型なので，交雑系統はすべてエチレン生成が中程度のヘテロ型になる

　さらに，近年リンゴ，モモ，ブドウなどで全ゲノムが解読されるとともに，多数の遺伝子やその配列が明らかにされ，個々の遺伝子の機能も推定されるようになっている。また，DNA マーカーの開発にともない，多くの果樹で SSR（simple sequence repeat，マイクロサテライト）〈注5〉などを利用した DNA マーカーによるマッピングや，主要な果実形質などに関連した量的形質遺伝子座（QTL; quantitative trait loci）〈注6〉の解析もすすみつつある。

4　開花促進

　交雑した実生の若木の枝を成木に高接ぎすると，開花・結実までの期間を短くできる。また，若木の枝や高接ぎした枝を水平方向に誘引すると，花芽がつきやすくなる。

　この性質を利用して，リンゴ，ニホンナシ，カンキツ類では，実生樹や高接ぎした枝をななめに 2～3 m 伸長させてから棚に水平に誘引して，開花・結実を促進し，果実品質を判断している。高接ぎする実生樹の枝は，なるべく先端部の成木相（adult phase）に近いものを用いると，より開花が促進される。

〈注5〉
遺伝子の前後や遺伝子と遺伝子のあいだに，2～3塩基のくり返し配列が複数回並んでいる部分のことで，集団遺伝学や DNA 鑑定のための遺伝マーカーとして利用されている。

〈注6〉
量的形質を決定している染色体上のいくつかの遺伝子の位置のことで，連鎖地図を利用することにより，その形質との連鎖の程度や効果の大きさを知ることができる。

遺伝資源の収集と保存

　交雑などで目標の遺伝子を導入して新品種を育成するには，可能性のある遺伝資源をより多く確保することが第一歩となる。現在，広く普及している品種ばかりでなく，過去の在来品種や野生種も交雑材料になるので，遺伝資源として収集・保存する必要がある。

　樹が大きくなるので，果樹の遺伝資源の保存には，広大な土地と労力や費用がかかる。国内外から収集された遺伝資源は，公共の試験研究機関や大学で保存され，育種の重要な材料として提供されている。（独）農業・食品産業技術総合研究機構果樹研究所では，種々の果樹の品種・系統の保存を行なっており，同機構の生物資源研究所が遺伝資源銀行（gene bank）の窓口になっている。

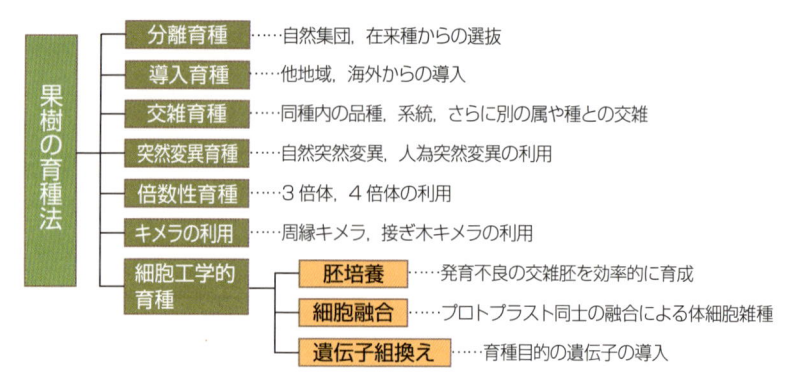

```
                ┌─ 分離育種 ……自然集団, 在来種からの選抜
                ├─ 導入育種 ……他地域, 海外からの導入
  果             ├─ 交雑育種 ……同種内の品種, 系統, さらに別の属や種との交雑
  樹             ├─ 突然変異育種 ……自然突然変異, 人為突然変異の利用
  の             ├─ 倍数性育種 ……3倍体, 4倍体の利用
  育             ├─ キメラの利用 ……周縁キメラ, 接ぎ木キメラの利用
  種             └─ 細胞工学的 ┌─ 胚培養 ……発育不良の交雑胚を効率的に育成
  法                 育種      ├─ 細胞融合 ……プロトプラスト同士の融合による体細胞雑種
                                └─ 遺伝子組換え ……育種目的の遺伝子の導入
```

図2-Ⅲ-4 果樹の育種法

3 育種方法

果樹の育種方法には，分離育種，導入育種，交雑育種，突然変異育種，倍数性育種などがある。近年はバイオテクノロジー技術を利用した細胞工学的手法や，遺伝子組換えを利用した育種も試みられている（図2-Ⅲ-4）。

1 分離育種と導入育種

分離育種（breeding by separation） その地域で自生している自然集団，または在来品種のなかから優良形質を選び出して新品種をつくる方法である。在来品種や民間育成品種には，この方法で選抜されたものが多い。

導入育種（introduction breeding） その地域になかった品種を他の地域または海外から導入して，そのまま品種として用いる方法である。明治初期にわが国に導入されたリンゴ，ブドウ，セイヨウナシ，オウトウなどの多くの品種はその好例である。

2 交雑育種（crossbreeding）

果樹育種の基本になる育種法であり，計画的に新品種を育成する場合，ほとんどが交雑育種によって行なわれている。現在栽培されている品種の

表2-Ⅲ-1 種間雑種による品種の育成例

果樹の種類	交 雑 親		育成品種
カンキツ	宮川早生 (C. unshiu) ×	トロビタオレンジ (C. sinensis)	清見
	上田温州 (C. unshiu) ×	ハッサク (C. hassaku)	スイートスプリング
	ダンカングレープフルーツ (C. paradisi) ×	ダンシータンゼリン (C. reticulata)	セミノール
	清見 (C. unshiu × C. sinensis) ×	ポンカン (C. reticulata)	不知火(デコポン)
ブドウ	センテニアル (V. vinifera) ×	石原早生 (V. labrusca × V. vinifera)	巨峰
	巨峰 V. v × (V. l × V. v) ×	カノンホールマスカット (V. vinifera)	ピオーネ
	ベーリー (V. labrusca) ×	マスカットハンブルグ (V. vinifera)	マスカットベーリーA

多くは，交雑育種によって育成されたものである。

　交雑育種は，同種内の品種や系統間の交雑によって行なわれることが多い。しかし，別の属（genus）や種（species）との植物間の交雑により品種が育成されることもある。カンキツ類，ブドウ，核果類，クリなどでは，種間雑種（interspecific hybrid）あるいはその後代から育成された個体が品種として経済栽培されている（表2-Ⅲ-1）。

3 ▎突然変異育種（mutation breeding）

　突然変異には，枝変わり（芽条変異，bud sport または bud mutation）などによって自然にできる自然突然変異と，人為的に放射線照射などによって誘起される人為突然変異がある。

　自然突然変異　果皮の着色やその早晩，果形，種子の有無，樹形など目につきやすい形質が枝や樹単位でおこり，その形質が優良であれば選抜される。カンキツ類，リンゴ，モモ，ブドウには，枝変わりから育成された品種が多い。ニホンナシ'二十世紀'の自家和合性突然変異品種'おさ二十世紀'のように，目につきにくい形質が変異した例もある。

　人為突然変異　X線，γ線，熱中性子などの照射や化学物質で，人為的に突然変異を誘発する方法である。ニホンナシ'二十世紀'にγ線照射して，黒斑病耐病性突然変異品種'ゴールド二十世紀'が育成された。その後，同様にして，'おさ二十世紀'から'おさゴールド'，'新水'から'寿新水'が育成された（注7）。

　また，グレープフルーツの無核品種'スタールビー'は有核品種'ハドソン'に熱中性子を照射して育成された。

〈注7〉
元の品種は黒斑病感受性遺伝子型が優性ヘテロ（Aa）であるが，γ線照射によって感受性遺伝子（A）が不完全な抵抗性遺伝子（a'）へと変化し，抵抗性になったためである。

4 ▎倍数性育種（polyploidy breeding）

　カキやセイヨウスモモなどの一部を除き，多くの果樹は2倍体である。2倍体の樹種でも，自然に染色体が倍加して3倍体や4倍体が発生することがあり，品種として栽培されるものも少なくない。

　倍数性育種は，自然に発生した倍数体や，人為的にコルヒチン処理してつくった4倍体を育成して行なう。なお，4倍体は2倍体と交雑させて，3倍体をつくる育種素材としても用いられる。

　ブドウの4倍体品種には'巨峰'，'ピオーネ'など大粒で優れた品種が多いため，育種目標の1つとなっている。また，カンキツやブドウは無核が望まれているので，3倍体は無核品種をつくる育種目標にあげられている。しかし，3倍体品種も単為結果性が備わっていないと，果実の肥大は望めない。

混在キメラ　　区分キメラ　　周縁キメラ

図2-Ⅲ-6　キメラの種類

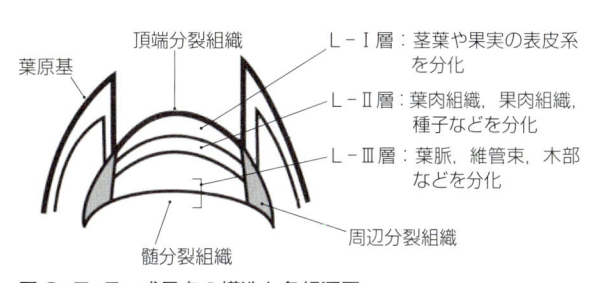

葉原基　頂端分裂組織
L-Ⅰ層：茎葉や果実の表皮系を分化
L-Ⅱ層：葉肉組織，果肉組織，種子などを分化
L-Ⅲ層：葉脈，維管束，木部などを分化
周辺分裂組織
髄分裂組織

図2-Ⅲ-7　成長点の構造と各起源層

葉序と咲き分け

モモなどの咲き分けには，1本の枝で白とピンクの花が互いちがいに咲く現象がみられる。これには，枝の葉のつき方(葉序)が関係している。葉序のどの程度の部位に変異があるのかによって，咲き分けの程度が異なってくる。

モモを含め，リンゴ，ナシなどバラ科の多くの果樹は5分の2の互生葉序で，葉は144度の開度でらせん状についており，ある葉から数えて6枚目の葉がその真上にくる(図2-Ⅲ-5)。したがって，区分キメラ(図2-Ⅲ-6参照)によって着色系などの有用な形質が安定しない場合，その部分の芽から発生する枝をそのつど切り返すことでキメラを解消し，安定した枝変わり品種が育成できる。

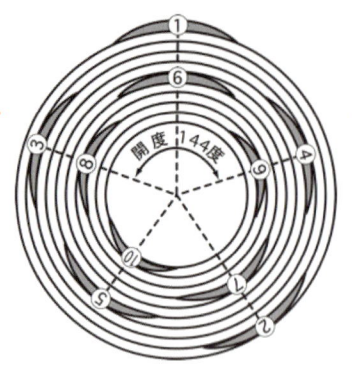

図2-Ⅲ-5　バラ科植物の葉序
注)葉は144度の開度でらせん状に順序正しく着生し，ある葉から数えて6枚目の葉がその真上にくる

5 キメラの利用
①キメラと周縁キメラ

遺伝的に異なる組織が混在する個体をキメラ(chimera)という。植物のキメラには，混在キメラ，区分キメラ，周縁キメラの3種類(図2-Ⅲ-6)あるが，周縁キメラは形質が変化しにくく安定している。

植物の茎頂は，茎葉や花器を分化する3層の起源層(germ layer)からなる。最外層の第1層(L-Ⅰ)は茎葉や果実の表皮系，第2層(L-Ⅱ)は葉肉組織や果肉組織，種子など，第3層(L-Ⅲ)は葉脈，維管束，木部などを分化する(図2-Ⅲ-7)。起源層が，その植物と遺伝的に異なる組織になっている場合，周縁キメラ(periclinal chimera)となる。

②周縁キメラによる枝変わり品種の例

周縁キメラは，リンゴ，ナシ，ブドウ，モモ，カンキツなどで知られており，枝変わりなどによる果皮や果肉の着色形質が変異した例が多い。

セイヨウナシの'マックスレッドバートレット'は'バートレット'，'スタークリムソン'は'クラップス フェイボリット'からの着色系枝変わり品種である(図2-Ⅲ-8)。'マックスレッドバートレット'はアントシアニン生成の変異がL-Ⅱ層にまでおよんでいるので，着色形質が後代に遺伝するが，'スタークリムソン'は変異がL-Ⅰ層に限られており後代に遺伝しない。

グレープフルーツの'トムソンピンク'は表皮由来の果肉(砂じょう)を分化するL-Ⅰ層に，その枝変わりの'レッドブラッシュ'はL-Ⅱ，L-Ⅲ層にもリコピン生成の変異が生じた品種である(図2-Ⅲ-9)。

③接ぎ木キメラの利用

果樹のキメラでは，接ぎ木の癒合部からキメラが発生することがある。小林ミカンは，L-Ⅰ層がウンシュウミカン，L-Ⅱ層がナツダイダイ(ナツミカン)の接ぎ木キメラ(接ぎ木雑種)とされている。

カンキツではこの接ぎ木キメラを利用し，そうか病に抵抗性の'川野ナ

図2-Ⅲ-8　セイヨウナシ品種バートレット(左)の着色系枝変わりマックスレッドバートレット(右))

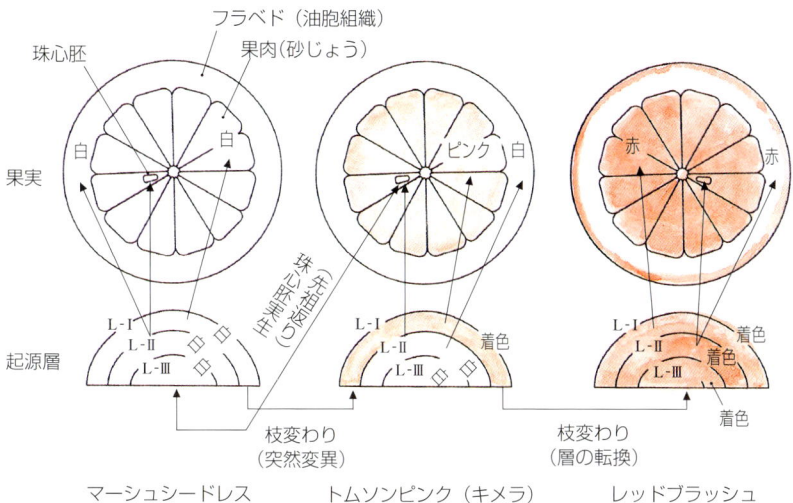

図2-Ⅲ-9 グレープフルーツ'マーシュシードレス'とその着色変異系での起源層の遺伝組成と果実の着色（岩田ら，1978）

カンキツの果肉（砂じょう）は心皮内壁の表層（表皮系）から発達したL-Ⅰ層起源であるのに対し，果皮のフラベド（油胞組織）や珠心胚はL-Ⅱ層起源なので，この変異は遺伝して果肉は白色になる

ツダイダイ（甘夏）'と果実品質良好な'福原オレンジ'を用いて，接ぎ木による人為的合成周縁キメラが育成された。また，寛皮性（果皮がむきやすい性質）でかいよう病抵抗性のウンシュウミカンに，品質良好なオレンジを接ぎ木して，寛皮性と耐病性をもつオレンジの開発も行なわれている。

6 細胞工学的手法による育種

バイオテクノロジーの急速な発展にともない，果樹でも細胞工学的手法を用いた育種が試みられている。

①細胞工学的育種の現状と課題

細胞工学的育種技術には，茎頂培養法を用いたウイルスフリー化や大量増殖の技術から，特定の遺伝子を組み込んで新しい植物をつくる遺伝子組換え技術までさまざまな技術がある。

永年生木本植物の果樹は，短年生草本植物にくらべ，プロトプラストや細胞などから植物体再分化が困難なことが多く，細胞工学的育種の大きな障壁になっている。そのため，この育種技術を進展させるには，基礎になる培養技術や植物体再分化技術を確立する必要がある。しかし，果樹は栄養繁殖性なので，種子繁殖性植物のように遺伝形質を固定する必要はなく，多少再分化効率が低くても，優れた形質をもつ植物が育成されれば接ぎ木などで大量に増殖できる利点がある。

果樹で細胞工学的育種技術が確立されているのは，カンキツ類である。カンキツ類では，母親と同じ形質をもつ珠心胚（nucellar embryo）(注8) 由来のカルスに高い胚発生能（embryogenesis）があり，これを利用して

〈注8〉
カンキツ類には1種子内に複数の胚があるものがあり、そのなかに受精と関係なく珠心組織からできる胚があり、それが珠心胚である。受精していないので、珠心胚からの実生の遺伝的形質は母親と同じである。

細胞融合による体細胞雑種の育成などを効率的に行なうことができる。

カンキツ類以外の果樹では，プロトプラストや細胞を培養してカルスまで成長させることは可能であるが，カルスから植物体再生が困難なものが多い。

しかし，一部の品種で胚発生能の高いカルス（embryogenic callus）の選抜や，カルスからの植物体再分化技術が確立されつつあり，今後，細胞工学的手法を用いた育種が期待される。

②胚培養による交雑胚の救済（embryo rescue）

交雑によって受精した胚の発育が不良になった場合，幼胚を試験管内で培養して交雑個体を育成することができる。これを胚培養（embryo culture）というが，培養に用いる交雑胚は，魚らい型（torpedo stage）以降の胚で成功率が高い。

カンキツ類では，珠心胚の発育は旺盛であるが，受精胚の発育は不良になりやすいので，交雑個体を効率的に育成するのに胚培養が用いられる。また，カンキツ類やブドウの3倍体無核品種の育成にも有効な方法になっている。

種間交雑や属間交雑では，遠縁のため幼胚が早期に退化して種子が得られなかったり，種子が得られても発芽が不良であったり，幼苗時に枯死することが多い。しかし，胚培養を利用して，属がちがうリンゴとナシを交雑した，属間雑種（intergeneric hybrid）が育成されている。

③細胞融合による体細胞雑種の育成

植物細胞から細胞壁を取り除いてプロトプラストの状態にし，ポリエチレングリコール（PEG）または電気パルスを作用させるとプロトプラスト同士が融合する。このようにして得られた体細胞雑種（somatic hybrid）は，染色体と細胞質がともに融合した雑種になる。

果樹の体細胞雑種の成功例は，カンキツ類で多くみられる。トロビダオレンジとカラタチの体細胞雑種がOhgawara（1985）により作出されて以来，種間や近縁野生種との組み合わせで，多くの体細胞雑種が育成されている。カンキツ類以外では，カキ品種間で体細胞雑種が得られている。

4 果樹の遺伝子組換え

1 果樹と遺伝子組換え育種

交雑育種では，目的とする遺伝形質以外の不必要な形質まで取り込まれることが多いため，育種効率があがりにくい。これに対し，遺伝子組換えは，対象植物の特性を変えることなく目的の形質のみを導入したり，植物以外の遺伝子でも導入することができ，とくに雑種性が強く育種期間の長い果樹では新しい育種法として期待されている。

果樹の遺伝子組換えでは，土壌細菌のアグロバクテリウムのプラスミドを用いて遺伝子を導入する，アグロバクテリウム法が一般に用いられる。

2 アグロバクテリウム法

①アグロバクテリウム法とは

　土壌細菌のアグロバクテリウムは，細胞内に自己複製できるプラスミドとよばれる環状DNAをもち，植物ホルモンや非タンパク態アミノ酸のオパインなどの合成遺伝子を含むT-DNA領域を植物の染色体に組み込んで，毛根病や根頭がんしゅ病などを発生させる。

　植物の遺伝子組換えは，アグロバクテリウムのベクター（vector）としての性質を利用して，T-DNAを植物の染色体に導入して行なう。遺伝子組換えに利用されるアグロバクテリウムには，毛根病菌（*Agrobacterium rhizogenes*）のRiプラスミドと根頭がんしゅ病菌（*A. tumefaciens*）のTiプラスミドが用いられる。

②バイナリーベクター法の開発

　近年，目的の外来遺伝子を導入する方法として，操作が簡便なバイナリーベクター法（binary vector）が開発され，一般的に用いられている。この方法は，T-DNA領域をあらかじめ取り除いたアグロバクテリウム（*A. tumefaciens*）に，感染に必要なvir領域を取り除いて外来遺伝子を導入したプラスミドを再導入する方法である（図2-Ⅲ-10）。

　果樹でも，この方法による形質転換体（transformant）が多数つくられている（図2-

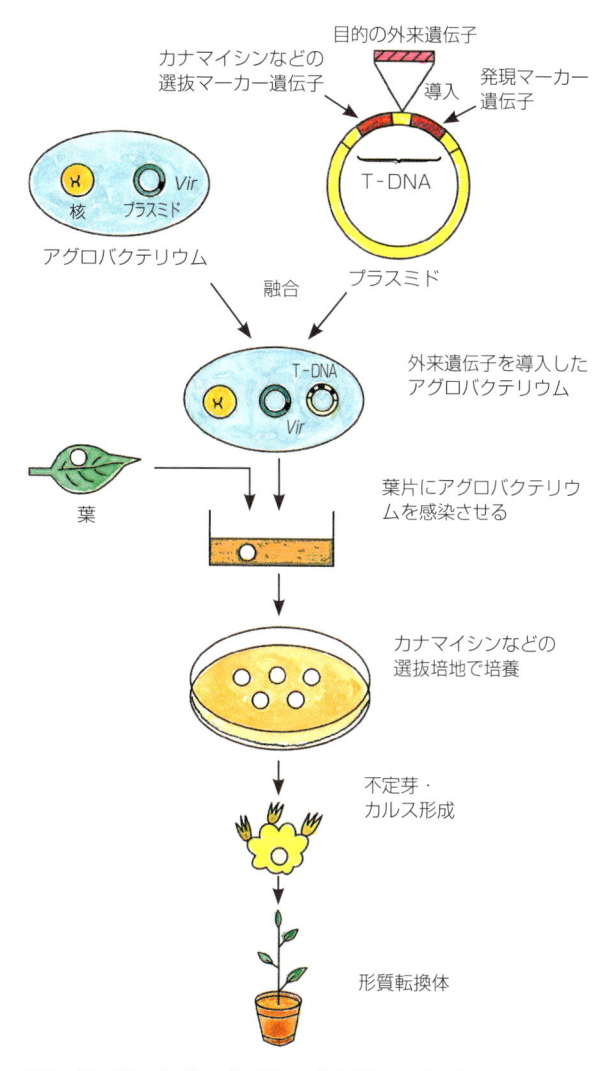

図2-Ⅲ-10　アグロバクテリウムを用いたバイナリーベクター法による遺伝子組換え植物の作出方法

遺伝子組換え作物の安全性評価

　遺伝子組換え作物の開発と利用には，世界各国でほぼ共通した安全基準が設けられ，この基準を満たさなければ商品化できないように規制されている。わが国でも，開発から商品化の各過程で，作物の特性や安全性を調査・評価するシステムが確立されている。

　最初の実験段階では，「遺伝子組換え生物等の使用等の規制による生物多様性の確保に関する法律（カルタヘナ法）」にもとづき，ベクターとして使用されるアグロバクテリウムによる汚染や，組換え植物の花粉などが戸外へ飛散しないよう，閉鎖系の実験室や温室で，目的遺伝子の発現と安定性，生育特性，花粉稔性などが調査される。その後，通常の温室で，従来の植物との成分の比較や花粉の飛散などの評価がされる。

　次の実用化のための研究段階では，農林水産省の「農林水産分野等における組換え体の利用のための指針」をもとに，隔離圃場での他の生物相への影響や雑草化などの環境に対する安全性評価がされ，その後，一般圃場で実用化作物として特性評価が行なわれる。最終的に食品としての安全性は，厚生省の安全性評価の指針にもとづき，食品としての栄養成分の比較，導入タンパク質の発現と安定性，アレルギー性や発癌性についての評価がされ，この段階で安全性が確認された作物のみが実用化に移される。

図2-Ⅲ-11 BT毒素タンパク質遺伝子（Cry IA（c））を導入したカキ'次郎'の形質転換体の作出と耐虫性の評価（Tao ら,1997）
A：アグロバクテリウム接種後8週目のカルス形成
　1：カナマイシン無添加培地の無接種区
　2：カナマイシン添加培地の無接種区
　3：カナマイシン添加培地の接種区での形質転換体カルス形成（矢印）
B：形質転換カルスからの不定芽再生
C：形質転換個体の育成
D：イラガの食害に対する形質転換体の耐虫性の評価
　1：対照
　2,3：形質転換体（食害がほとんどない）

表2-Ⅲ-2　遺伝子組換えでつくられた形質転換体の例

種　類	導入遺伝子	形質転換体
カ　キ	土壌細菌 Bacillus thuringiensis の殺虫性毒素タンパク質遺伝子（Cry IA（c））	イラガに高い殺虫活性を示す形質転換体（図2-Ⅲ-11）
マンシュウマメナシ（ナシ台木）	イネキチナーゼ遺伝子	白モンパ病耐病性の系統
リンゴ	エチレン生合成系遺伝子をセンス（sense）法で導入	日持ち性を付与した系統
セイヨウナシ	エチレン生合成系遺伝子をアンチセンス（antisense）法で導入	日持ち性を付与した系統
カラタチ（カンキツ台木）	わい化性を付与する rol C 遺伝子	わい化を示すカラタチ

注）センス法は，タンパク質を合成する mRNA の鋳型となる cDNA 配列を遺伝子導入し，その遺伝子を過剰発現させる方法である。アンチセンス法は，mRNA の配列に対して相補的な配列を合成，導入することで mRNA の二重鎖を形成させ，遺伝子の発現を抑制する方法である。

Ⅲ-11）（表2-Ⅲ-2）。

このように多くの果樹で遺伝子組換え植物がつくられているが，実用化には，遺伝子組換え作物の安全性評価や社会的受容性（パブリックアクセプタンス；public acceptance）も含め検討すべき課題も多い。

5　育種の現状

果樹の育種には，生産者や民間育種家による民間育種と，公的試験場で一定の育種目標のもとに行なう官庁育種がある。

果樹では，枝変わりや偶発実生（chance seedling）の発見による品種が多く，これらの品種のほとんどが民間育種によって育成されている。とくに，モモ，ブドウ，カンキツ類の栽培品種は，民間育種の割合が高い。

（独）農業・食品産業技術総合研究機構果樹研究所では，リンゴやニホンナシなどの多くの栽培品種が育成されている。また，各県の試験研究機関では地域の特性を生かした，特色ある新品種が育成されている。

種苗法と品種登録制度

植物品種の育成者にも特許の発明者と同じように，育成者の権利を保護する，国際的な「植物新品種保護に関する国際条約」（UPOV 条約；union internationale pour la protection des obtentions végétales）が締結されている。わが国でも UPOV 条約にもとづき「植物品種保護制度（種苗法）」が制定され，新品種育成者の権利が保護されている。

育成された新品種は種苗法にもとづいて出願，審査された後，品種登録される。新品種の育成者権は，永年生作物の果樹では品種登録の日から 30 年間保護される。

第3章 果樹栽培の適地と開園

I 果樹栽培の適地

　果樹は永年生作物であり，1，2年生作物とちがい，1回植えると同じ樹を同じ場所で長年栽培しなければならない。しかも，植付けた苗が開花・結実するのに数年かかる（第4章，表4-I-1参照）(注1)。

　そのため，果樹と環境との関係を十分に検討したうえで樹種や品種を選び，適地で栽培することが重要である。ここでは，高品質果実の安定生産に最も関係の深い，気温や降水量などの気候，地形，土壌などの自然環境と果樹の生態について概説する(注2)。

〈注1〉
年数だけでなく，樹種によって棚などの設備投資も必要であり，開園による初期投資を回収し，利潤があがるようになるには10年近くかかる。

〈注2〉
適地の判断には，労賃や消費地からの距離など経済的要因もある。

1 気温条件

　気温は果樹の生育に最も大きく影響する環境要因であり，施設栽培を除いて人為的な制御が困難である。

1 年平均気温

　気温は果樹の生育期間全体に影響するので，年間の平均気温と栽培適地

表3-I-1　主産地の年平均気温と主要果樹の分類（小林，1982を改変）

分類	果樹の種類	年平均気温	主産地（年平均気温℃）
北部温帯果樹	リンゴ	8〜12℃	青森（10.4），長野（11.9），岩手（10.2），山形（11.7）
	オウトウ	8〜14℃	山形（11.7），北海道（8.9），青森（10.4），山梨（14.7）
中部温帯果樹	ニホンナシ	12〜15℃	千葉（15.7），茨城（13.6），福島（13.0），栃木（13.8）
	カキ	11〜17℃	和歌山（16.7），奈良（14.9），福岡（17.0），福島（13.0）
	ブドウ	11〜17℃	山梨（14.7），長野（11.9），山形（11.7），岡山（16.2）
	モモ	11〜17℃	山梨（14.7），福島（13.0），長野（11.9），和歌山（16.7）
	クリ	13〜17℃	茨城（13.6），熊本（16.9），愛媛（16.5）
	ウメ	12〜17℃	和歌山（16.7），群馬（14.6），福井（14.5）
南部温帯果樹	ウンシュウミカン	16〜17℃	和歌山（16.7），愛媛（16.5），静岡（16.5）
	ビワ	15〜18℃	長崎（17.2），千葉（15.7），鹿児島（18.6）

との関係を概観する方法がある。その1つが，長年の栽培実績をもとに確立された主産地の年平均気温を指標とするもので，大きく北部温帯果樹，中部温帯果樹，南部温帯果樹の3つに分類される（表3-Ⅰ-1）。

おもな果樹の経済栽培が可能な環境条件として，農水省が設けた基準もある（表3-Ⅰ-2）。これには，年平均気温のほかに生育期（4～10月）の平均気温と降水量，冬期の最低気温，自発休眠打破に必要な低温要求時間なども加えられている。

なお，近年の温暖化の進行によって，適地が大幅に移動するとのシミュレーション結果も出ている（図3-Ⅰ-1）。

2 積算温度

多くの植物の成長は10℃前後から始まるので，生理的零度を10℃におき，日平均気温から10℃を引いた値を積算するのが有効積算温度（effective

表3-Ⅰ-2　果樹栽培に適する自然的条件に関する基準（農水省平成22年度果樹農業振興基本方針より抜粋）

果樹の種類	平均気温 年	平均気温 4月1日～10月31日	冬季の最低極温*	低温要求量**	降水量 4月1日～10月31日	備　考
ウンシュウミカン	15℃以上 18℃以下		−5℃以上			
イヨカン，ハッサク	15.5℃以上		−5℃以上			
ナツミカン，ヒュウガナツ，ポンカン，'清見'，'不知火' など	16℃以上		−5℃以上			12月から収穫前に−3℃以下にならないこと
ブンタン	16.5℃以上		−3℃以上			
ユズ	13℃以上		−7℃以上			
レモン	15.5℃以上		−3℃以上			11月から収穫前に降霜少ないこと
ビワ	15℃以上		−3℃以上			
パイナップル	20℃以上		7℃以上			
リンゴ	6℃以上 14℃以下	13℃以上 21℃以下	−25℃以上	1,400時間以上	1,300mm以下	最大積雪深が2m以下 蕾〜幼果期に降霜少ないこと
ブドウ	7℃以上	14℃以上	−20℃以上，欧州種は−15℃以上	'巨峰'は500時間以上	1,600mm以下，欧州種は1,200mm以下	
ニホンナシ	7℃以上	13℃以上	−20℃以上	'幸水'は800時間以上	'二十世紀'は1,200mm以下	最大積雪深が2m以下 蕾〜幼果期に降霜少ないこと
セイヨウナシ	6℃以上 14℃以下	13℃以上	−20℃以上	1,000時間以上	1,200mm以下	
モモ	9℃以上	15℃以上	−15℃以上	1,000時間以上	1,300mm以下	最大積雪深が2m以下 蕾〜幼果期に降霜少ないこと
オウトウ	7℃以上 15℃以下	14℃以上 21℃以下	−15℃以上	1,400時間以上	1,300mm以下	最大積雪深が2m以下 蕾〜幼果期に降霜少ないこと
甘ガキ	13℃以上	19℃以上	−13℃以上	800時間以上		発芽・展葉期に降霜少ないこと
渋ガキ	10℃以上	16℃以上	−15℃以上	800時間以上		最大積雪深が2m以下 発芽・展葉期に降霜少ないこと
クリ	7℃以上	15℃以上	−15℃以上			展葉期に降霜少ないこと
ウメ	7℃以上	15℃以上	−15℃以上			最大積雪深2m以下 幼果期に降霜少ないこと
スモモ	7℃以上	15℃以上	−18℃以上	1,000時間以上		最大積雪深が2m以下 蕾〜幼果期に降霜少ないこと
キウイフルーツ	12℃以上	19℃以上	−7℃以上			発芽・展葉期に降霜少ないこと

注）＊：当該果樹園での，1年をとおして最も低い温度
　　＊＊：当該地域の気温が7.2℃以下になる期間の延べ時間

ウンシュウミカンの適地の変化

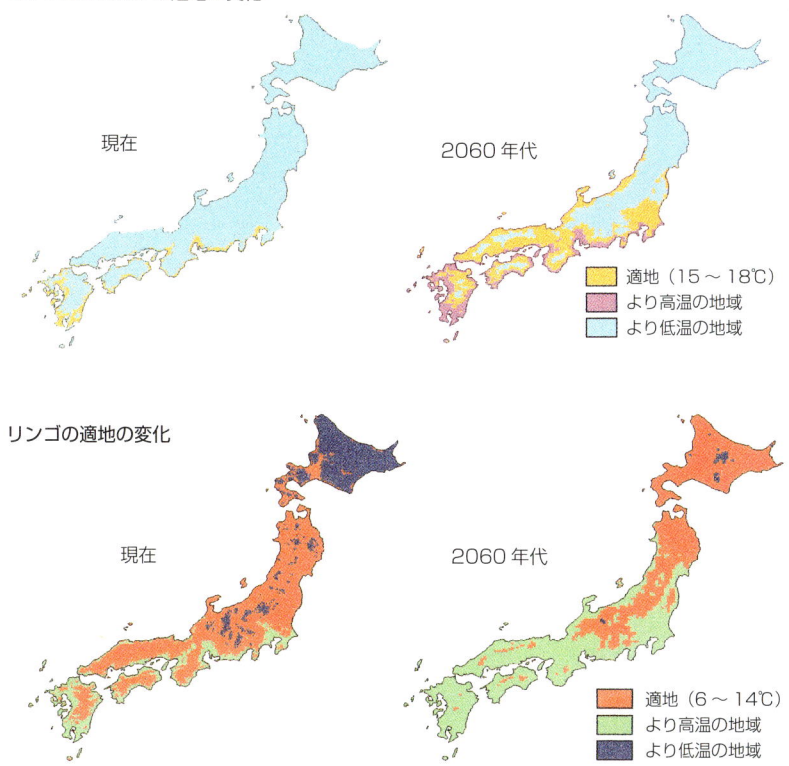

現在　　　2060年代

適地（15〜18℃）
より高温の地域
より低温の地域

リンゴの適地の変化

現在　　　2060年代

適地（6〜14℃）
より高温の地域
より低温の地域

図3-Ⅰ-1　温暖化によるウンシュウミカンとリンゴの栽培適地の変化（杉浦ら，2009）

accumulative temperature）である。積算の期間は目的によってさまざまであるが，開花期から成熟期までの成熟積算温度は，果実が正常に成熟できるかを評価するもので，栽培の北限を判定するためによく利用される〈注3〉。

3　四季の気温と果樹の生態

温帯には四季があり，年平均気温が同じでも，地域によって各季節の温度の変化は大きくちがう。ほとんどの温帯果樹は，春に発芽・開花し，夏から秋にかけて成長や成熟して，冬に葉を落として休眠する成長サイクルをとるが，樹体や果実の成長や生理への温度の影響は各成長段階によってちがう。そのため，果樹の生態とともに各地域の季節ごとの温度変化を熟知し，適地判定に生かす必要がある。

①春の気温と生態

春に気温が高くなると，果樹は成長開始に向けて細胞内の溶質濃度を低下させる。そのため，氷点が上がって細胞内凍結（intracellular freezing）しやすくなり，耐寒性（cold hardiness）が低くなって〈注4〉，晩霜害（late frost damage）を受けやすくなる（図3-Ⅰ-2）。降霜の多い場所での栽培は避けるべきであるが，やむをえない場合には適切な霜害対策を実施する（第7章Ⅱ-2参照）。

〈注3〉
30℃以上の高温は，果実の成長や成熟にマイナスに影響することが多いが，すべてプラスに評価されてしまうため，高温期間が長い地域では値が高くなりすぎる欠点がある。

〈注4〉
果樹が生理的に耐寒性を高めていく過程をハードニング（hardening），耐寒性を弱めていく過程をデハードニング（dehardening）という。

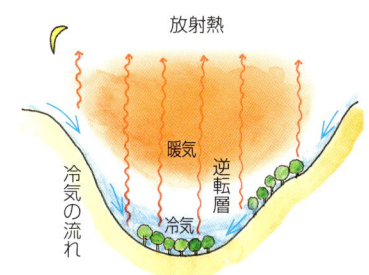

図3-Ⅰ-2
降霜と盆地への冷気停滞の模式図
放射冷却による地表面温度低下→比重の大きい冷気は斜面下降→盆地の底に冷気がたまる→暖気を押し上げ逆転層形成→霜害

凍結核活性細菌による凍害

植物は本来−10℃以下まで過冷却（supercooling）状態（氷点以下でも凍らない状態のこと。純水であれば−40℃まで可能）で生きられるが、野外では−2〜−3℃程度で凍り始める。これは凍結の核になる小粒子が樹体表面に多数あるからである。Pseudomonas syringae など一部の細菌は、果樹に直接害は与えないが、樹体表面に存在して一定濃度以上になると凍結の核として作用し、霜害発生に関与する。このような細菌を凍結核活性細菌（ice nucleation active bacteria）という。

〈注5〉
光合成の最適温度は、カキやクリが20℃、ウンシュウミカンやブドウが25℃、モモやイチジクが30℃。

〈注6〉
新梢の成長適温は20〜25℃、果実の肥大適温はリンゴが16〜18℃、ウンシュウミカンやナシ、カキ、モモ、ブドウでは20〜25℃である。

図3-Ⅰ-3　モモの双子果

図3-Ⅰ-4　ガムテープを用いたカンキツ'せとか'の日焼け防止

②夏の気温と生態

・成長や花芽分化への影響

　果樹のほとんどは C_3 植物で、高温になるとみかけの光合成速度（純生産）は低下する（注5）。そのため、30℃以上の真夏日が続くと、新梢や果実の成長が一時的に抑制される（注6）。

　多くの落葉果樹は7〜8月に花芽分化するが、リンゴでは7月中旬の平均最低気温が高いと花芽分化率が低下する。また、モモやオウトウでは花芽分化期の高温が形態異常を引き起こし、双子果（double fruit）の発生を増加させる（図3-Ⅰ-3）。

・果実の障害

　高温時の強い日光の照射は主枝や果実に日焼け（sunburn）をおこすので、枝に石灰乳を塗布したり、果実の袋かけや陽光面への紙製ガムテープ貼付などが行なわれている（図3-Ⅰ-4）。

　ニホンナシの'新高'は夏期の高温でみつ症状（watercore）が発生しやすいが、'豊水'は冷夏で気温が低いと果肉の成熟が先行してみつ症状を発生する。リンゴの'王林'、'陸奥'、'つがる'などは、30℃以上の高温で早期みつ症状（early watercore）が発生する。

・果実の着色への影響

　夏季に成熟するブドウでは、高温でアントシアニン色素の蓄積が抑制されるため、西南暖地では'巨峰'など黒色系品種の赤熟れや赤色系品種の着色不良が問題になり、環状はく皮やアブシジン酸（ABA）処理による改善が検討されている。

　高温期に成熟するハウスミカンでは、カロテノイド色素の蓄積不足やクロロフィルの分解遅延によって着色が抑制される。そのため、成熟期に土壌を乾燥させて、糖の上昇と着色の促進をはかっている（図3-Ⅰ-5, 6）。

③秋の気温と生態

・気温の低下と休眠、耐寒性

　秋は徐々に気温が下がっていく季節であり、果樹は成長を止めて自発休眠（endodormancy）（「④冬の気温と生態」参照）にはいり、耐寒性を高めていく。

　自発休眠にはいるには20℃以下の温度遭遇が重要で、多くの落葉果樹は8月ごろから徐々に誘導され、9月下旬〜11月上旬に最も深くなる（図3-Ⅰ-7）。

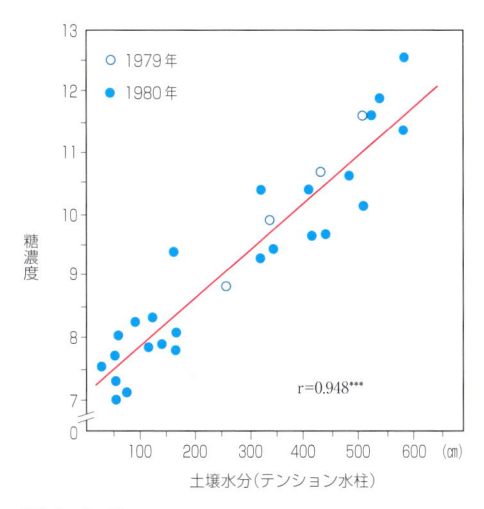

図3-I-5
土壌水分とハウスミカンの糖含量との関係
（川野，1984）
注）土壌水分は満開後85日〜収穫までの平均値

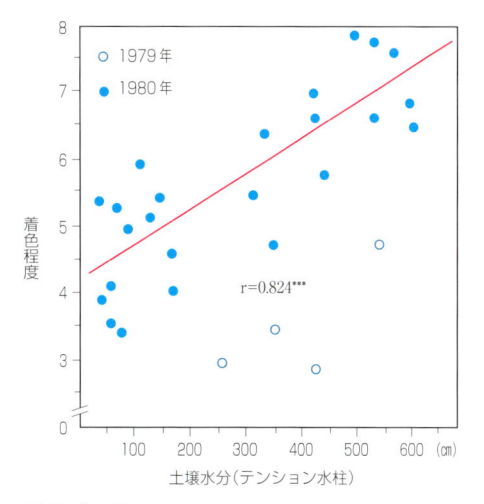

図3-I-6
土壌水分とハウスミカンの着色度との関係
（川野，1984）
注）土壌水分は満開後85日〜収穫までの平均値。着色度は農水省果樹試験場作成のカラーチャートによる

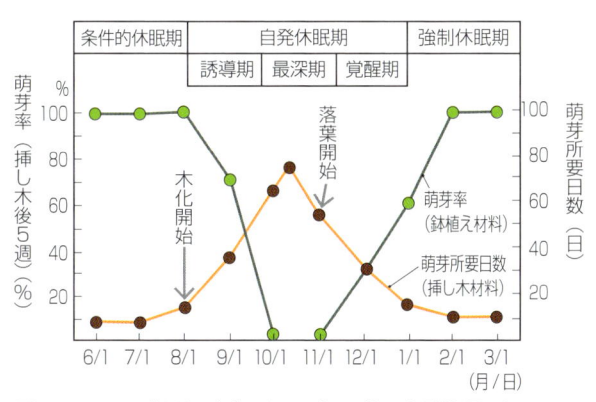

図3-I-7　ブドウ'デラウエア'の芽の自発休眠の深さの季節的変化（堀内ら，1981）

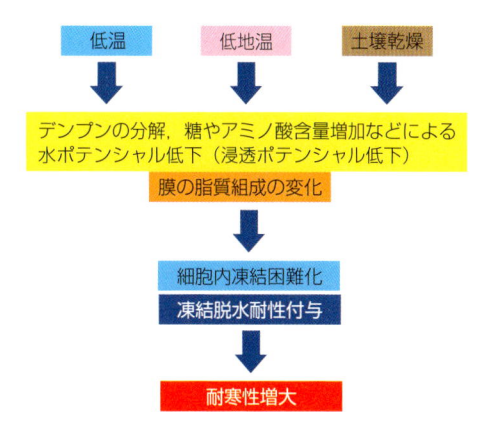

図3-I-8　果樹の耐寒性獲得のメカニズム

果樹は，秋の低温や低地温，土壌乾燥によって組織内のデンプンを分解して糖やアミノ酸含量を増加させ，樹体の水ポテンシャルを低下させるとともに，膜の脂質組成をかえて耐寒性を高める（図3-I-8）。秋が温暖で新梢が二次伸長すると，枝の充実が遅れて耐寒性も低くなる。

・秋の気温と果実の成熟

秋は多くの果樹の成熟期でもある。秋が温暖な地域や年次には，アントシアニンやカロテノイドなどの蓄積不足による着色不良になりやすい。また，ウンシュウミカンでは浮き皮（rind puffing）が誘発されたり，リンゴでは収穫前落果（preharvest drop）の増加や，後期みつ症状（late watercore）の発生遅延がおこる。

一方，秋に早くから気温が低下する地域では，成熟積算温度が不足し，とくに晩生品種の栽培北限が規定される（注7）。

〈注7〉
甘ガキは年平均気温が13℃以下では渋味が残り，リンゴの'ふじ'やブドウの'甲州'は北海道では完熟できない。

I　果樹栽培の適地　53

〈注8〉
常緑のカンキツ類は－4～－8℃で北陸～関東が，落葉果樹は－15～－25℃で東北北部～北海道中南部が北限（表3-Ⅰ-2冬季の最低極温参照）。

④冬の気温と生態
・耐寒性と果樹栽培の北限
　秋から冬の低温によって順調にハードニングがすすむと，各樹種が遺伝的にもつ最大の耐寒性を獲得し，それが栽培の北限を規定する(注8)。
　植物の耐寒性は大きく2つの戦略からなっている。1つは過冷却や氷点降下などの凍結回避（freezing avoidance）で，もう1つは細胞外凍結や器官外凍結などの耐凍性（freezing tolerance）である。耐寒性の強い植物はこれらの戦略を駆使して，成長点や形成層などの重要組織で細胞内凍結がおこらないようにしている。
　栽培的には，窒素の遅効きによる二次伸長，早期落葉，高着果負担，収穫の遅延などは，炭水化物蓄積を低下させて耐寒性を弱める。
・自発休眠と低温要求量
　落葉果樹の芽は，冬の過酷な環境条件に耐えるため休眠状態で越冬する。休眠には，秋から冬前半にかけての自発休眠と，冬後半の他発休眠（ecodormancy）がある。
　自発休眠は，樹体の内発的な要因による休眠で，発芽や生育に適した環境条件でも発芽しない現象である。自発休眠から覚めるには一定期間以上低温にあう必要があり，それを低温要求量（chilling requirement）という。
　なお，最近では，温度による自発休眠打破効果のちがいを加味して低温要求量を積算するチル・ユニット（chill-unit）モデルが利用されている（第5章Ⅰ-2-3-②参照）。
　わが国では，平年であれば1月ごろに自発休眠は完了しているが，気温が高くなる春まで発芽せず休眠している。これは，温度が発芽に適さないために休眠している他発休眠であり，自発休眠とは質的にちがう。
・落葉果樹栽培の南限と自発休眠の人為的打破
　自発休眠は落葉果樹栽培の南限を規定し，低温要求量を満たせない熱帯や亜熱帯，あるいは温帯でも冬季温暖な地域では，春の発芽・開花の遅れや不ぞろい，結実不良，枝の枯れ込みがみられる。
　わが国でも，自発休眠が十分に完了していない年内に加温を開始するような早期加温促成栽培では同様の現象がみられ，とくに近年の地球温暖化によって低温不足の問題が顕在化している。こうした地域や作型で安定した生産を実現するために，自発休眠を人為的に打破する方法が開発されている（第3章Ⅳ-2-2-②参照）。

2 降水量

1 果樹とわが国の降水量

　果実成分の80～90％は水であり，土壌水分の多少と果実の肥大には密接な関係がある。
　わが国の大部分は温暖湿潤気候（温帯モンスーン）で，夏半期（4～10月）の降水量が800～2,000mmもあり，果樹の生育には十分である。しかし，夏の降雨が少ない地中海性気候の地域が原産の果樹にとっては多すぎ，

しかも梅雨期や初秋に集中していることが問題になる。

一方，梅雨明け後の盛夏期に長期間降水がないと，樹体や果実の生育障害がおこるので，必要に応じて灌水しなければならない。

2 多雨の問題

梅雨期の降雨は，高温や日照不足によって光合成作用が低下するため，枝葉を徒長的に成長させ，病虫害の発生を助長する。とくにヨーロッパ系ブドウの露地栽培では，病虫害の多発や品質低下がいちじるしい。また，梅雨期に成熟するオウトウは，雨によって容易に裂果する。これらの栽培には，雨を遮断する施設が不可欠である。

図3-I-11　土壌乾燥（水ストレス）によるカンキツの品質向上を目的としたマルチ栽培

秋季の降雨によって品質低下や浮き皮などの生理障害が誘発されるウンシュウミカンでは，糖度をあげるために，水蒸気は通すが液体の水は通さない特殊なシート（透湿性マルチシート）を用いたマルチ栽培が行なわれている（図3-I-11）。

このように，降水量が多すぎる負の影響も考慮して適地を判断する必要があり，表3-I-2の基準にも夏半期の降水量の制限がはいっている。

3　地理的・地形的条件

果樹園の地理的・地形的条件は，おもに気温，日照，風などの気象条件への影響を通して果樹の成長に影響する。わが国は海に囲まれているため，大陸性気候にくらべて最低極温が高く最高極温が低く，気温の日変化や年変化の幅が小さい。地域を狭めても同様の傾向があり，たとえば瀬戸内海の島しょ部は内陸部より秋の夜温が下がりにくく，ウンシュウミカンの着色が遅れる。

果樹園の地形は，作業性からは平坦地が望ましいが，わが国では平坦地はおもに水田や野菜畑として利用され，果樹園は傾斜地に立地することが多い。傾斜地では，斜面の方位や地形によって影響される日当たりや温度などの局地的な小・中気候の変化が重要である（図3-I-12）。

4　土壌条件

果樹は同じ土壌で長年栽培されるため，土壌条件は適地判定に重要である。土壌の性質は，土層の深さや排水性，保水性などの物理的性質と肥沃度や酸度などの化学的性質に分けられるが，開園後は改善が困難な物理的性質がとりわけ重要である。

根が伸びる有効土層が深く，保水性と排水性を兼ね備えた壌土（loam）や砂壌土（sandy loam）が最も適している。重粘土壌で排水が悪い水田

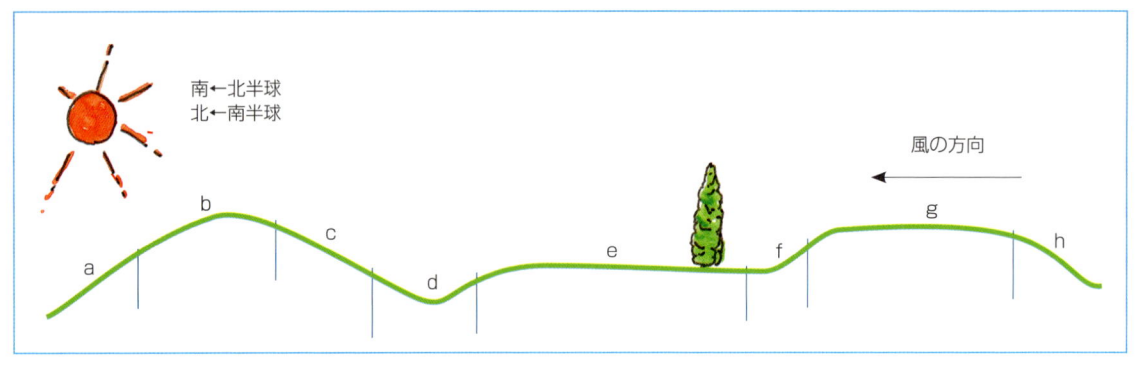

図3-Ⅰ-12 モデル的な地形での気候(Jackson and Looney, 1999)
a：太陽光を多く受け暖かい。冷気は下降するので霜害はない。風も受けない
b：高度上昇によりaの利点が相殺される
c：霜害はないが，太陽光を受けにくく，風にさらされて積算温度が低い
d：冷気が停滞し，霜害を受けやすい
e：やや霜害を受けやすいが，防風林によって風の影響が緩和される
f：防風林によって日陰が生じ，冷気の流れが遮断され，霜害を受けやすい
g：eより霜害少ないが，寒風が吹き，高度が高く積算温度が低い
h：c以上に寒い

　転換園などでは，開園前に不透水層の破壊や暗きょ排水（underdrainage）の強化，客土（soil dressing）などによる排水性の改善が必要である。
　表土が浅く下層土が岩盤などの場合は，深耕して岩盤を破壊し，有機物を投入するなど土壌物理性の改善をはかることが望ましい。

II 苗木の生産と植付け

1 繁殖の方法と苗木生産

1 苗木の繁殖方法

　果樹苗木の繁殖には，種子繁殖（実生繁殖，有性繁殖，seed または sexual propagation）と栄養繁殖（無性繁殖，vegetative または asexual propagation）の2種類の方法がある。

　種子を播種して行なう種子繁殖は，接ぎ木用の台木を養成するときだけに用いられる。果樹類は遺伝的に雑種性が強く，種子で繁殖すると親とはちがった形質の個体になるためである（注1）。

　栄養繁殖は，親と遺伝的に同じ形質である枝や芽などの栄養器官の一部を台木に接ぎ木したり，挿し木や取り木によって行なう。

〈注1〉
例外として，多胚性であるカンキツ類の珠心胚由来の実生は，母親と同じ形質になる。

表3-II-1　果樹の繁殖方法と使用台木の特性（水谷ら，2002）

種類	苗木の繁殖方法	使用台木		
		種類	繁殖方法	台木の特性
リンゴ	接ぎ木	マルバカイドウ	挿し木	繁殖容易，強勢，耐乾性，耐水性
		M系（M.9, M.26）	取り木	わい性，耐水性弱い，支柱必要
		JM系（JM 1, 5, 7）	取り木，挿し木	わい性
ニホンナシ	接ぎ木	マンシュウマメナシ	実生	強勢，耐寒性，耐ゆず肌症
セイヨウナシ	接ぎ木	カレリアーナ	実生	耐水性，耐ゆず肌症
		マルメロ（EM-A, EM-B）	挿し木	わい性，接ぎ木親和性低い
モモ	接ぎ木	野生モモ	実生	ネコブセンチュウ抵抗性
		ニワウメ	実生	わい性，耐水性，接ぎ木親和性が問題
ウメ	接ぎ木	共台	実生	
オウトウ	接ぎ木	マザクラ	挿し木	強勢
		マハレブ	実生，取り木	わい性
		マメザクラ	挿し木，実生	わい性，台負け，支柱必要
ブドウ	接ぎ木	グロアール，101-14, 3306, 3309, 420A, テレキ 5BB, テレキ 5C	挿し木	フィロキセラ抵抗性，わい性
	挿し木			
カキ	接ぎ木	共台	実生	
		マメガキ	実生	耐寒性
クリ	接ぎ木	共台		
ブルーベリー	挿し木			
キイチゴ類	株分け			
	取り木			
	根挿し			
イチジク	挿し木			
カンキツ	接ぎ木	カラタチ	実生	わい性
		ヒリュウ	実生	極わい性
ビワ	接ぎ木	共台	実生	

2 接ぎ木苗の生産

①接ぎ木の目的

接ぎ木繁殖（grafting propagation）は，果樹類で最も広く用いられている方法である（表3-Ⅱ-1）。接ぎ木は，枝や芽など植物体の一部を切り取って別の個体に接ぎ，新しい植物体をつくる方法で，接ぐほうを穂木（scion），接がれるほうを台木（rootstock）という。

接ぎ木は表3-Ⅱ-2のような目的で行なう。

②高接ぎによる品種更新

接ぎ木は，高接ぎ（top-grafting）による品種更新の方法としても用いられ，短期間で品種更新できる（第3章Ⅲ-3-2参照）。完成した植物体は，台木，既存の古い品種，高接ぎ更新で接ぎ木した新品種と3種類の異なった起源の植物体が共存することになる。既存品種の部分は，中間台（interstock）とよばれる。

③接ぎ木の仕組み

接ぎ木は，穂木と台木の樹皮と木部のあいだにある黄緑色の形成層同士を接着させて行なう（図3-Ⅱ-1）。接ぎ木後，接着面の形成層からカルスがつくられ，接着面の空隙を埋めるように発達しながら，相方のカルスは機械的に結合しあう。カルスを分化するのは，おもに形成層と木部の外側にある師部放射組織であるが，師部や皮層の柔組織からも分化する。

その後，癒合したカルス内に，台木と穂木の形成層を結ぶ連絡形成層が分化し，台木から穂木へ養水分の供給が始まる。この時期は，カルスによる結合なので結合力は弱く，少しの力でも簡単に剥離する。しかし，接着した形成層同士は，それぞれ内側に木部，外側に師部をつくり結合しあうようになるので，物理的にも強度が増し，接ぎ木が完成する。

④接ぎ木親和性（graft compatibility）

接ぎ木に用いる穂木と台木は，植物分類学上近縁な同種のものを用いる

表3-Ⅱ-2　果樹の接ぎ木の目的

①挿し木や取り木で発根困難な果樹を繁殖する
②樹勢や樹形を調節したり，結果年齢を早くする
③抵抗性台木の選択により，耐水性，耐乾性，耐寒性などの形質を付与し，不良環境での栽培を可能にする
④抵抗性台木の選択により，根に寄生する病害虫の被害を回避する

図3-Ⅱ-1　台木と穂木の理想的な接着（模式図）

のが一般的である。同種の台木を共台（own rootstock）といい、穂木と台木の活着や生育がいいので、接ぎ木親和性に問題はない。しかし、わい化栽培に用いられるわい性台木は、別の種や属を用いることが多く、品種によっては強い接ぎ木不親和（graft incompatibility）を示す(注2)。

接ぎ木不親和の程度はさまざまで、接ぎ木そのものが不可能なもの、接ぎ木はできるがその後の生育が異常になるもの、不親和の現象は明確にあらわれるが生育や果実生産には影響がないものまである。わい性台木は、台勝ちや台負けなどの不親和の現象は出ても、果実を早期に結実させたり品質を向上させるなど、果実生産によい影響を与える台木が選抜され、使われている（図3-Ⅱ-2）（囲み参照）。

台勝ち（カラタチ台）　　正常（ユズ台）　　台負け（ヤマミカン台）

図3-Ⅱ-2　カンキツの台木と穂木の接ぎ木親和性の関係

〈注2〉
接ぎ木不親和の原因は、台木と穂木間の不十分なカルス形成、通導組織の未発達、台木と穂木の養分要求性のちがい、有毒物質の生成、免疫タンパクによる非自己認識などがあげられているが、決定的な原因は明らかではない。

⑤台木の養成

台木が栄養繁殖可能な場合は、優れた系統を選抜し、栄養繁殖で増殖する。この台木は遺伝的に均一なので、栄養系あるいは系統台木（クローン台木）という。リンゴ、ブドウ、オウトウなどの台木品種はこの方法で養成されており、均質な台木が利用されている。

台木が栄養繁殖しにくい場合は、実生法で養成する。成熟した果実の種子を用い、果肉をよく洗い落とした後、湿らせた砂の中に入れて冷蔵し（層積処理、stratification）、春に苗床に播種する。カンキツ類の台木のカラタチは種子繁殖されるが、親と遺伝的形質が同じ珠心胚実生（nucellar seedling）が容易に得られるため、実生でも親と均質な台木になる。

⑥接ぎ木方法

接ぎ木の方法は樹種や目的によってちがうが、穂木の形態によって枝接ぎ（scion grafting）と芽接ぎ（budding）に大別される。

図3-Ⅱ-3
カンキツわい性台木'ヒリュウ'（上）とヒリュウ台を用いたウンシュウミカンの立ち木栽培（下）

わい性台の利用と接ぎ木不親和

カンキツ類（*Citrus*）では、属のちがうカラタチ台やヒリュウ台（*Poncirus*）が使用され、明確な台勝ちになるが、結果樹齢や果実の成熟期が早くなり、果実品質も向上するなど、果実生産に優れた特性をもっている（図3-Ⅱ-3）。

モモのわい化栽培にも、種のちがうニワウメやユスラウメ台が使用されるが、品種によって接ぎ木不親和を示すことがある。また、セイヨウナシ（*Pyrus*）のわい性台木に、一部でマルメロ（*Cydonia*, EM-A, EM-B）が用いられているが、品種によって不親和を示すものがあるので、マルメロと親和性の高いセイヨウナシ品種'オールドホーム'を中間台に用いている（二重接ぎという、⑦参照）。

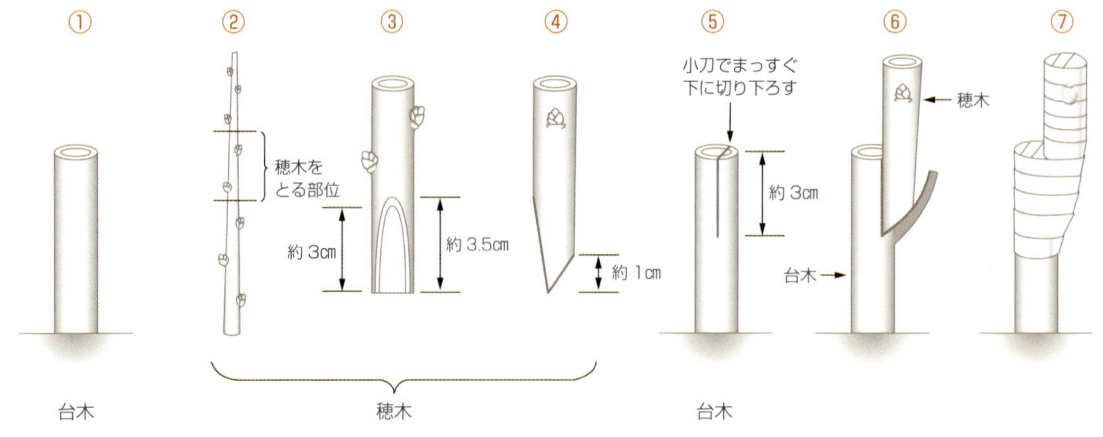

図3-Ⅱ-4 切り接ぎの手順
①台木を地表5cm程度の高さで切る
②穂木は枝の中央部の充実した部位を使う
③穂木には1～3芽つけ，基部の3.5cmくらいを小刀でまっすぐになるように一気にそぐ
④そいだ反対側の部位を約1cm，45度くらいの角度で斜めに切る
⑤穂木の形成層の幅と同じ幅になるように，台木の部分を小刀でまっすぐ下に切りおろす
⑥切り込みをした台木の部分に，台木と穂木の形成層をあわせて穂木をさし込む
⑦接ぎ木用の伸長性のあるテープ（パラフィルム）で接ぎ木部分をしっかり固定し，穂木全体を覆う
　接ぎ木部分をビニールテープなどで固定した後，土をかぶせてもよい

〈注3〉
穂木の芽に葉柄をつけて接ぐと，活着後，葉柄が自然にとれるので，活着の目安になる。

図3-Ⅱ-5　根接ぎ（脚接ぎ）の例
根自身や台木との接ぎ木親和性に原因があって樹が衰弱した場合，樹勢を回復させるために台木の根や発根しやすい枝を接ぐことがある

　枝接ぎは，接ぎ方によって，切り接ぎ，腹接ぎ，割り接ぎなどに分けられる。このうち一般的な接ぎ方は，春季の切り接ぎで，その手順は図3-Ⅱ-4に示すとおりである。芽接ぎも，接ぎ方によってT字芽接ぎとそぎ芽接ぎに分けられる。芽接ぎの適期は，台木の生育が停止し，樹皮を容易にはがすことができる8月下旬から9月中旬に行なわれる(注3)。
　このほか，衰弱した樹勢を回復させる目的で，寄せ接ぎや根接ぎ（脚接ぎ）（図3-Ⅱ-5）なども用いられている。
　接ぎ木には習熟が必要であり，技術の巧拙は活着だけではなく，穂木の生育にも大きく影響する。

⑦二重接ぎ
　おもに，リンゴのわい化栽培用の苗木生産に用いられる。わい性台木のM.9やM.26は繁殖効率が劣るので，繁殖容易なリンゴ台木のマルバカイドウの挿し木苗に接ぎ木し，それに穂木品種を接ぎ木する（二重接ぎ）。その後，わい性台木の部分まで土中に埋めて発根させてから，マルバカイドウ台木を切り離して苗木にする（図3-Ⅱ-6）。
　また，マルバカイドウ台木をつけたまま，わい性台木を中間台木として，地上部30cm程度の高さになるように植えるわい化栽培（中間台木法）も行なわれている。
　しかし，二重接ぎ法では，中間台木法だけでなくマルバカイドウ台木を切り離しても樹が大きくなりやすい。そのため，現在では繁殖効率が少し悪くても，取り木で繁殖したわい性台木の自根苗に，穂木品種を接ぎ木する方法が推奨されている。

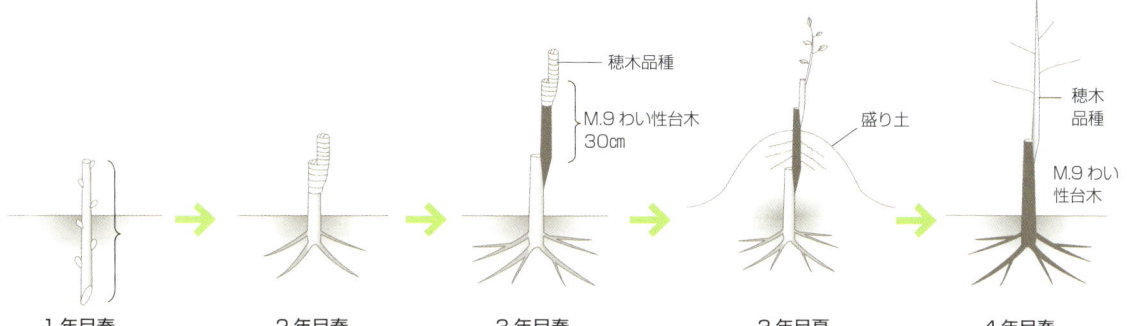

図3-Ⅱ-6　二重接ぎ法によるM.9わい性台リンゴ苗木の生産

1年目春　マルバカイドウを挿し木
2年目春　M.9わい性台木を接ぎ木
3年目春　穂木品種を接ぎ木
3年目夏　盛り土してわい性台木から発根させる
4年目春　マルバカイドウ台木を切り離して苗木を定植する

3 挿し木苗の生産

挿し木（cutting）は、枝，葉，根などの栄養器官の一部を母樹から切り離し，挿し床で不定根や不定芽を発生させて繁殖する方法である。挿す部位によって枝挿し，葉挿し，根挿しがあるが，果樹ではおもに枝挿しが行なわれている（図3-Ⅱ-7）。枝挿しは，挿し穂の採取時期によって休眠枝挿しと緑枝挿しに分けられる。

①休眠枝挿し（hardwood cutting）

地温が上がりはじめる3月中下旬に，休眠中の充実した1年枝を15～20cmの長さに切って挿し穂にし，約3分の2くらいを挿し木床にさす(注4)。休眠枝挿しは，緑枝挿しより挿し穂の貯蔵養分が多いため，発根後の生育も良好である。挿し床をフィルムで覆って蒸散を防ぐ密閉挿しも行なわれることがある。

②緑枝挿し（softwood cutting）

生育が停止する6～7月に新梢を採取し，挿し穂にする。10～15cmの長さに切り，葉からの過度の蒸散を防ぐため，上位2～4葉を残し他の葉を取り除いて挿し床にさす(注5)。発根前の挿し穂の乾燥を防ぐのに，通常，ミスト（人工細霧，mist）装置が用いられる。発根しにくい種類でも，インドール酪酸（IBA）など合成オーキシン剤で挿し穂の基部を処理すると発根が促進される（図3-Ⅱ-8）。

③不定根の形成

挿し木の発根は，挿し穂基部に不定根（adventitious root）が分化・発達する現象である。不定根の起源は根原体（根原基，root primordium）であるが，その由来や発生部位は樹種によりちがう。

図3-Ⅱ-7　休眠枝挿しによって発根したリンゴの台木（マルバカイドウ）

図3-Ⅱ-8　インドール酪酸（IBA）処理したナシ台木（マンシュウマメナシ）の緑枝挿しによる発根状態
注）IBAの濃度は，上から0，25，50，100ppmで，24時間挿し穂の基部を浸漬した

〈注4〉
イチジク，キウイフルーツ，ブドウ，マルバカイドウ（リンゴ台木）など比較的発根しやすい果樹で行なわれている。

〈注5〉
ブルーベリー，スグリ，キウイフルーツなどで行なわれる。

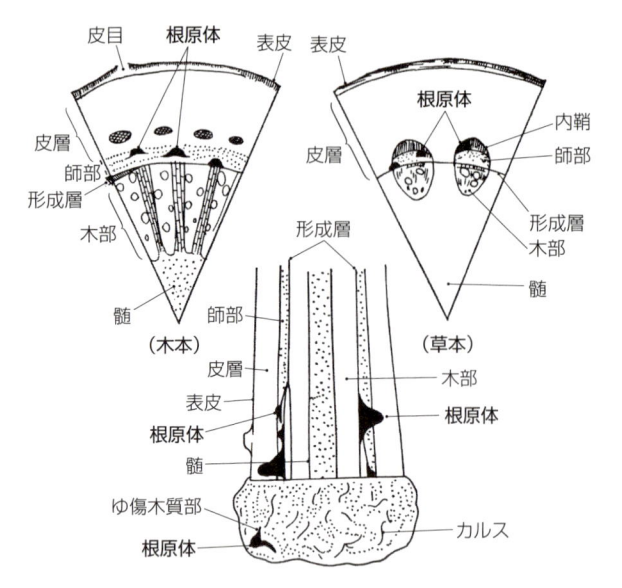

図3-Ⅱ-9 根原体の発現部位の模式図（猪崎ら，1989）

リンゴ，マルメロ，スグリなどは，枝の組織内にあらかじめ根原体があるのに対し，ブドウやイチジクでは根原体をもたず，挿し木後に根原体が分化し発根する。また，キイチゴ類では，挿し木によって挿し穂基部の切断面にカルスがつくられ，カルス内に根原体が分化し発根する。これらの根原体の多くは，枝内の形成層，形成層と接した師部内射出組織，師部などから発生してくる（図3-Ⅱ-9）。

不定根の形成は，挿し穂の採取時期や部位，母樹の幼若性（juvenility），挿し床の環境条件などに大きく影響される。また，オーキシンが主要因となり，フロログルシノールなどのフェノール化合物が補助要因として，オーキシンとの相互作用で不定根が形成されると考えられている。

4 取り木苗の生産

親株についたままの枝から発根させた後，切り離して独立した個体にする繁殖法である。取り木の方法には，枝を土やもみがらで覆って発根させる横伏せ法（圧条法，tip, trench layering），盛り土法（mound

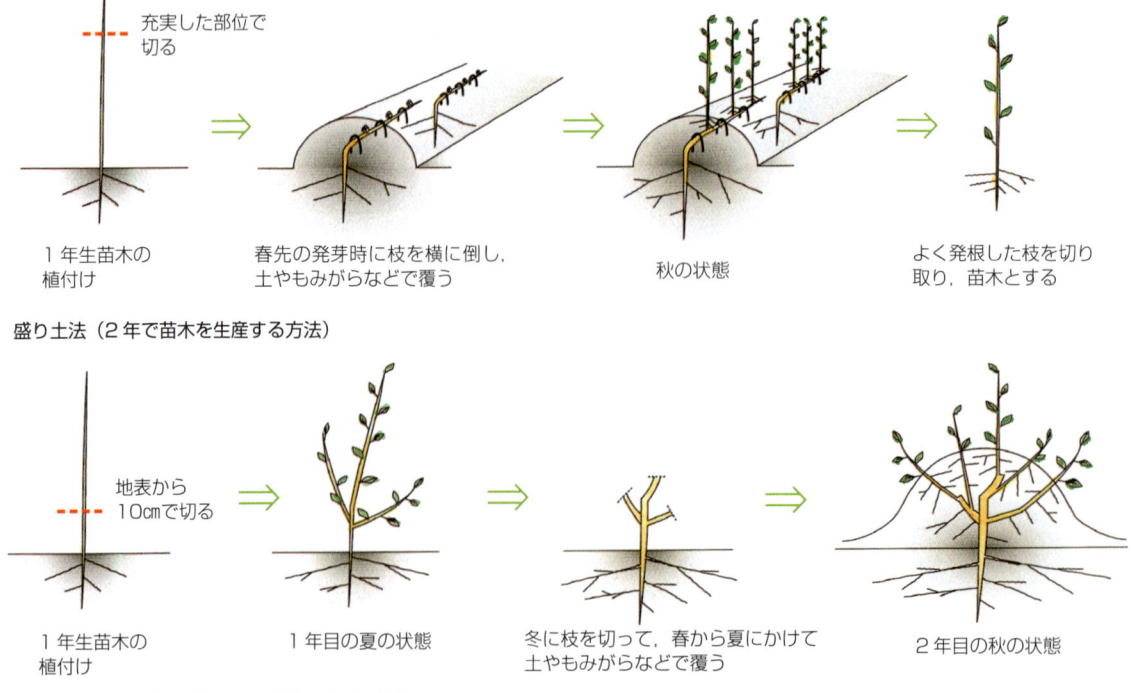

図3-Ⅱ-10 取り木による苗木の生産方法

layering, stooling)，枝を環状はく皮した後，その部分をミズゴケなどで包んで発根させる高取り法（air layering）がある。挿し木発根が困難なリンゴのわい性台木は，横伏せ法や盛り土法で繁殖する（図3-Ⅱ-10）。

5 ウイルスフリー苗の生産

接ぎ木や挿し木，取り木などの栄養繁殖では，穂木や台木がウイルスに汚染していると，繁殖した苗木はすべてウイルス保毒苗になる。したがって，栄養繁殖ではウイルス除去とその確認のための検定が必要である。なお，ウイルスは種子繁殖では伝染しない。

果樹のウイルスフリー（ウイルス無毒，virus-free）化の技術には下記の方法があり，現在では熱処理法や茎頂培養法，または両者の併用（図3-Ⅱ-11）によってウイルスフリー化された苗が生産されている。

①熱処理法
（heat treatment）

植物体の生育限界に近い高温（約38℃）で，3カ月前後熱処理を行なう（樹種やウイルスによって，処理温度や期間はちがう）。熱処理によって伸びた新梢の先端部をウイルスフリー台木に接ぎ木し，ウイルス検定を行ない，フリー化が確認されてから繁殖用として利用する。

②茎頂培養法
（apical meristem culture）

茎頂培養法は，ウイルス罹病植物からウイルスフリー化植物をつくる手段として，モレル（Morel）とマーチン（Martin）（1952年）によってダリアで開発され，その後この方法によって多くの植物でウイルスが除去できることが明らかにされた。

植物がウイルスに汚染されていても，成長点付近の組織は汚染されていないの

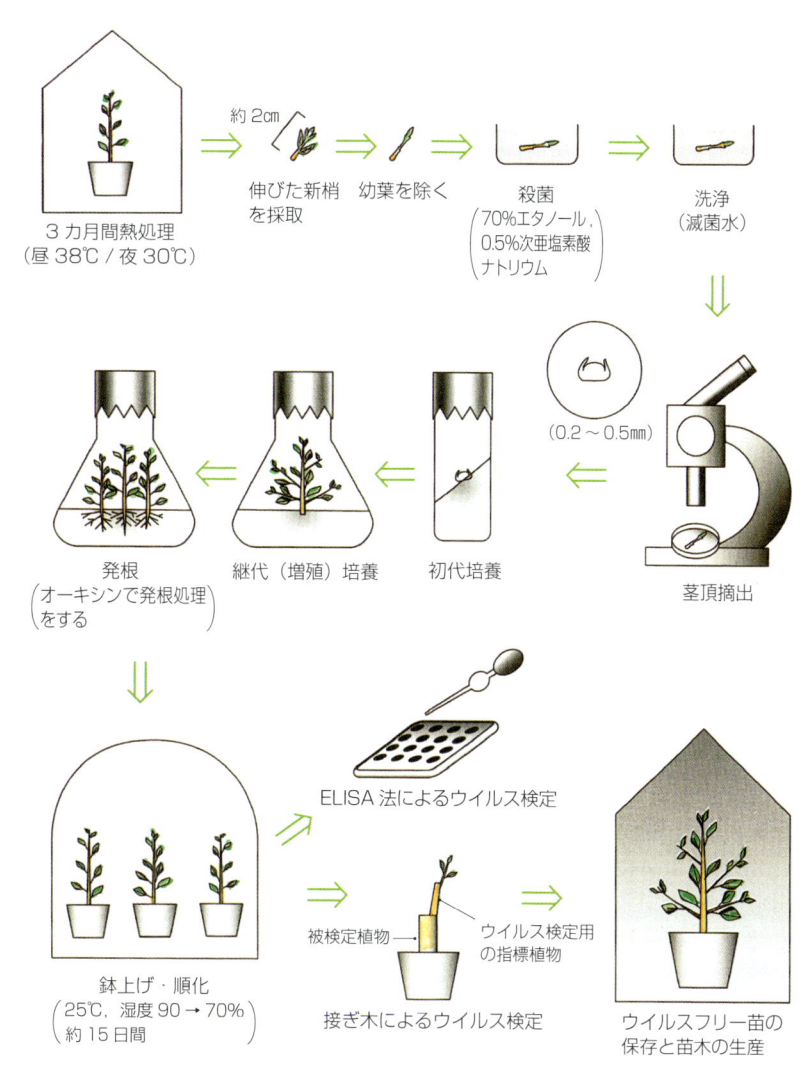

図3-Ⅱ-11 熱処理法と茎頂培養法を利用したウイルスフリー苗の生産

で，茎頂組織を摘出し試験管内で培養すればウイルスフリー化植物が得られる。ウイルスフリー化に用いる茎頂組織は，除去しやすいウイルスでは0.5mm，除去しにくいウイルスでは0.2〜0.3mmの大きさのものが用いられる。リンゴやナシが潜在的に保毒するASGV（リンゴステムグルービングウイルス，apple stem grooving virus）などのような除去しにくいウイルスでは，熱処理法と茎頂培養法を併用してウイルスを除去する。

茎頂培養法はウイルス除去と同時に，苗木を大量に増殖する方法としても利用されている。

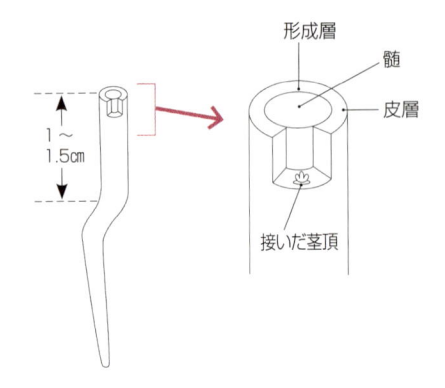

図3-Ⅱ-12 茎頂接ぎ木の方法

③茎頂接ぎ木法と珠心胚実生法

茎頂接ぎ木法（micrografting） 茎頂培養が困難なカンキツ類で，熱処理で除去できないエクソコーティスウイロイドを除去する方法として開発された。試験管内で無菌的に育成した実生台木に0.2〜0.3mmの茎頂を接ぎ木し，ウイルスフリー化個体を得る。（図3-Ⅱ-12）(注6)。

珠心胚実生法（nucellar seedling） ウイルスやウイロイドは種子伝染しないので，多胚性のカンキツでは珠心胚実生を育成してウイルスフリー苗が得られる(注7)。

④ウイルス検定（virus indexing）

ウイルスフリー化して育成された植物は，実際にウイルスが除去されているか確認する必要がある。果樹類のウイルス検定には，接ぎ木検定法と抗血清法（ELISA法）がよく用いられる。

接ぎ木検定法は，特定のウイルスに対して病徴を発現する植物（指標植物，indicator plant）に接ぎ木し，病徴の有無を調べて検定する。果樹の種類によって，各ウイルスに対する指標植物が開発されている。

抗血清法は，個々のウイルス特有の抗原抗体反応を利用して，ウイルスの抗血清と被検植物の汁液を反応させ，反応の有無によって検定する。微量のウイルスの存在でも短時間で確認できるが，抗血清が得られていないウイルスでは検定できない欠点がある。

6 組織（茎頂）培養による大量増殖

植物は茎頂組織を含め，葉，茎などの器官や，脱分化したカルスからも再生する能力（分化全能性，totipotency）をもっており，組織培養を利用して大量に増やすことができる。なかでも，茎頂培養による大量増殖は草本植物で広く行なわれてきたが，近年果樹の繁殖方法としても利用されるようになってきた。

茎頂培養は，茎頂（apical meristem）から葉条（シュート，shoot）を育成し，その葉条から腋芽を発生させて増殖する(注8)。この方法で繁殖した個体は，茎頂からの栄養繁殖体（clone）なので，メリクロン（mericlone）とよばれる。この方法では，挿し木などによる栄養繁殖が困難な植物も繁殖でき，繁殖された植物も遺伝的に安定している（図3-Ⅱ-13）。

〈注6〉
結果年齢に達した成木の茎頂を用いれば，得られる植物は若返りしないので，開花・結実までの期間が短い利点がある。

〈注7〉
珠心胚実生から育成した植物は若返りして，幼若相（juvenile phase）にもどるので，開花・結実までに長くかかる。

〈注8〉
培地へサイトカイニンを添加して，葉条の頂芽優勢性を弱め，腋芽の発生をうながす。

茎頂培養による大量増殖法は，次の４つの過程から成り立っている。

①培養確立の過程：茎頂を無菌的に培養し（初代培養，primary culture），健全な葉条を得る。

②増殖過程：葉条をくり返し培養して増殖する（継代培養，subculture）。

③発根過程：葉条を培養器内で発根させる。

④順化過程：発根した植物を培養器外に出して順化させた後，畑に移植する。

図3-Ⅱ-13 組織培養を利用したナシ台木（カレリアーナ）の大量増殖
① 茎頂培養法によって育成したシュート（葉条）を継代培養で大量に増殖する
② IBA（インドール酪酸）で発根させる
③ 発根した幼苗を鉢上げし，湿度を少しずつ下げて順化する
④ 順化した幼苗を大きな鉢に植え，苗木として育てる

2 苗木の植付け

永年作物の果樹は，いったん植付けると長年同じ場所で栽培するので，栽培環境や立地など将来的な見通しを立てて植栽する。改植で同じ果樹を植付ける場合は，「忌地」（第３章Ⅲ-3-①参照）対策が必要である。

1 栽植方式と栽植密度

①果樹の栽植方式

果樹の栽植方式には，正方形植え，長方形植え，五点形植え，並木植えなどがある。これまでは正方形植えが多かったが，トラクターやスピードスプレアーなどの大型機械の普及にともない，機械作業しやすい長方形植えや並木植えが多くなっている。

②栽植距離と栽植密度（普通樹）

栽植距離は，果樹の種類や品種，台木の種類，仕立て方，土壌の肥よく度などによってちがう（表3-Ⅱ-3）。単位面積当たりの栽植本数を栽植密度（planting density）といい，10 a 当たりの栽植本数であらわす。

表3-Ⅱ-3
主要果樹の栽植距離と10a当たり最終栽植本数のおよその基準

種類・品種		やせ地		肥よく地	
		栽植距離(m)	10a本数	栽植距離(m)	10a本数
ウンシュウミカン	早生	3×4	83	4×5	50
	普通	4×5	50	5×5	40
リンゴ（普通樹）	強勢品種	7×9	16	8×10	13
	弱勢品種	7×8	18	7×9	16
ナシ	強勢品種	9×9	12	11×11	8
	弱勢品種	8×8	16	10×10	10
ブドウ	強勢品種	10×10	10	14×14	5
	弱勢品種	5.5×5.5	33	7×7	20
モモ・ウメ・スモモ・アンズ		5×7	28.5	8×7	18
オウトウ		7×7	18	9×11	10
カキ	強勢品種	7×9	16	8×12	10
	弱勢品種	5×7	28.5	6×9	18.5
クリ		6×8	21	8×10	12.5
クルミ		7×9	16	8×10	12.5
ビワ		6×7	24	8×10	12.5

一般に，栽植密度が低いと収量は少なくなり，高いと混み合って日当たりが悪くなり，果実品質が低下するとされている。しかし，実際の栽培では，初期収量を確保するためにある程度密植に植付け，樹が大きくなるにしたがって計画的に間伐する方法（計画的密植栽培）がとられる（図3-Ⅱ-14）。

果樹の種類や品種によって，花粉をもたないものや自家不和合性のものがある。このような場合，花粉供給用の品種（受粉樹，pollinizer）を適度に混植する必要がある。

③わい化栽培（dwarf tree culture）

わい化栽培は，樹高を低くして作業効率を高めたり，密植にして早期成園化することを目的に，わい性台木を用いて行なわれる。

M.9台木を用いたリンゴのわい化栽培では，支柱やトレリスを用いた並木植えで，列間4m，樹間1.5〜2mの密植栽培が一般的である。

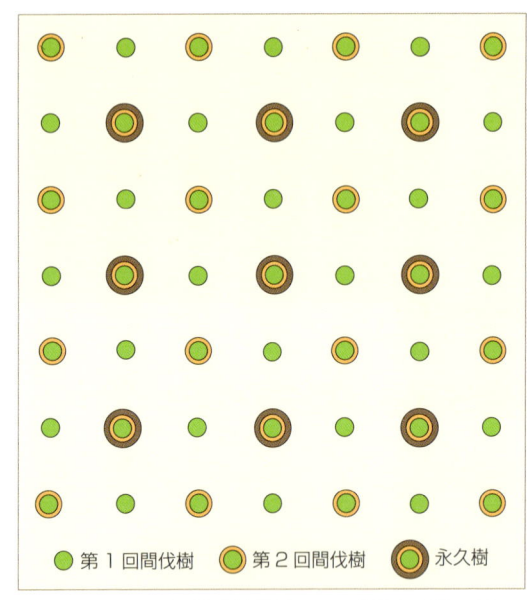

図3-Ⅱ-14 計画的密植栽培による栽植と間伐の例（● 第1回間伐樹　◉ 第2回間伐樹　◉ 永久樹）

2 苗木の植付け時期

落葉果樹の植付けは，落葉直後（秋植え）か発芽前（春植え）に行なう。秋植えは，発芽前に新根が発生するので活着がよい。しかし，寒冷地や豪雪地では，凍害や雪害を受ける危険があるので春植えが望ましい。春植えでは，新根の成長が始まっていることが多いので，根を傷めないように注意して植える。

常緑果樹は，秋植えすると寒風で落葉・枯死する危険が大きいので，春の発芽直前に植える。また，春枝の成長が終わった，梅雨期に植付けることもある。

苗木は市販か自家生産したものを用いるが，購入したり掘り上げたら，根が乾燥しないようすぐ仮植して十分灌水する。苗木を早掘りすると，充実不良で植付け後に枯死しやすいので，落葉後の11月以降に行なう。

3 苗木の植付け

①植付け方

植付けた苗木は，できるだけ早く大きくする必要がある。そのためには根を広く張らせることが大切で，150cm四方，深さ50cm程度となるべく大きな植え穴を掘り，やせた下層土に有機物，石灰，リン酸などを入れて土壌改良する（図3-Ⅱ-15）。掘った後，苗木の根が乾燥しないようにすばやく植付ける。

植付けた苗木は，風で倒れないようにしっかりと支柱で固定する。十分に灌水した後，根の乾燥害や寒害を防ぐために敷きわらを行なう。

図3-Ⅱ-15 苗木の植付け方法

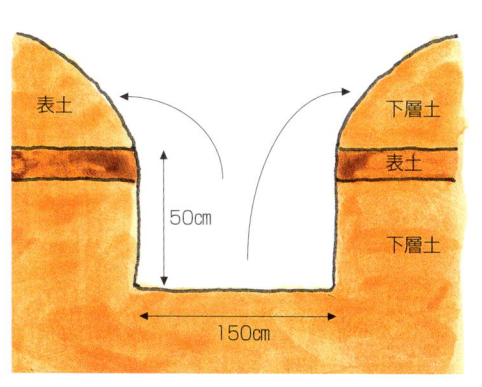

① 表土と下層土を分けて植え穴を掘る

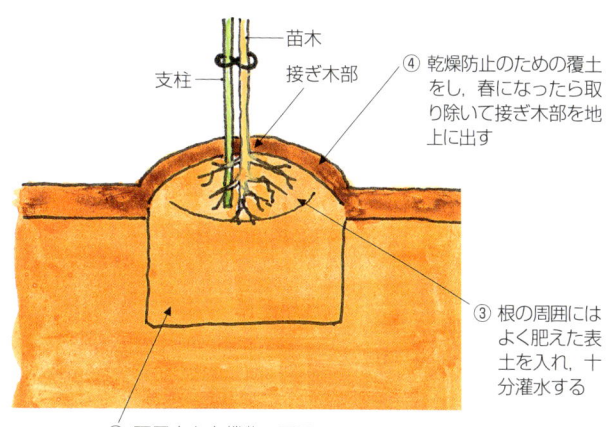

② 下層土と有機物，石灰，リン酸などをよく混和して，足で軽く踏みながら入れる

③ 根の周囲にはよく肥えた表土を入れ，十分灌水する

④ 乾燥防止のための覆土をし，春になったら取り除いて接ぎ木部を地上に出す

②植付け時の注意

　苗木の太根の切断面がささくれているときは，少し切り返して切断面をなめらかにすると新根の発生がよい。根が根頭がんしゅ病（クラウンゴール，crown gall）に侵されている場合は，がんしゅのかなり上部の根まで切り捨ててから植付ける(注9)。

　苗木の植付けは浅いほうがよく，接ぎ木部が地表面にでるようにする。深植えすると，接ぎ木部から病原菌が侵入したり，穂木品種から根が発生して台木の特性が発揮できなくなることもある。

　掘上げによって切られた根と地上部の均衡を保つために，枝も切り返す必要がある。切り返しの程度は，根の量，枝の充実度，主幹の長さによってもちがうが，地上60〜80cmの位置で行なうのが一般的である。

〈注9〉
苗木とはさみは薬剤（ストレプトマイシンなどの抗生物質）で十分に消毒して用いる。

III 果樹園の開設・整備

1 果樹園の開設

1 地形と開園

①平坦地の場合

平坦地は，大型機械の導入が容易で作業性がよいが，地下水位が高く，下層に不透水層があり，生育不良や枯死しやすい。そのため，土壌改良して排水をよくする必要がある。

排水路には，地表面に溝を掘る明きょ排水（open ditch drainage）と，土中に素焼き土管などを埋設する暗きょ排水（underdrainage）がある。

②傾斜地の場合

傾斜地は，土壌の流失防止に留意する。そのため，傾斜が約15度以下なら等高線植えにし，それ以上の場合には階段植えとする（図3-III-1）。

傾斜の下部には土止め草を植えたり，誘水溝をつくり水を排水溝へ導くようにする。また，傾斜の頂部には水源林を残すことを忘れない。

排水はいいが，夏季に干害が発生しやすいので，灌水や薬剤散布のための貯水槽を設置する。

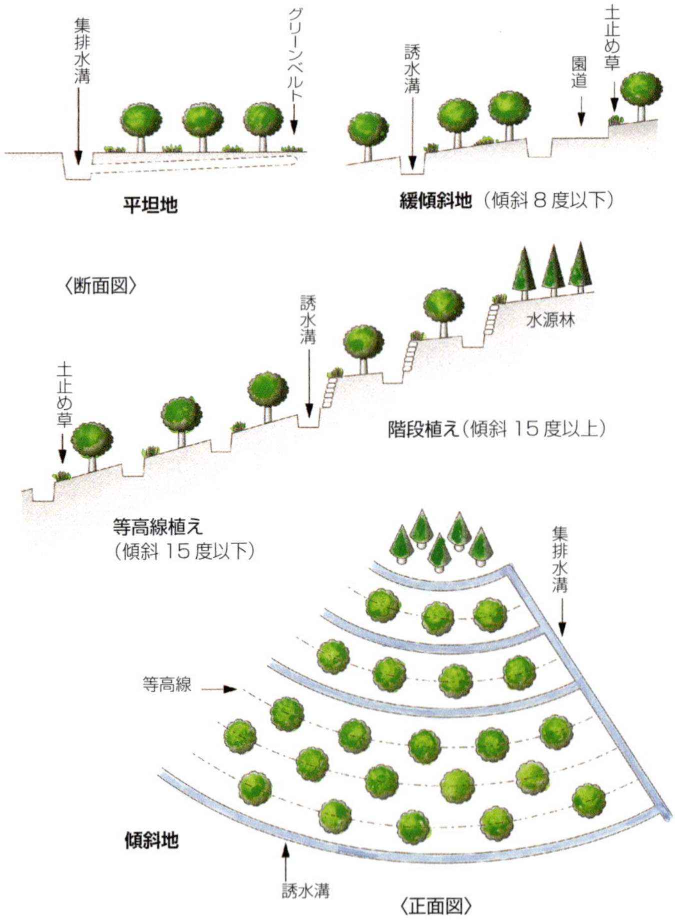

2 気象災害対策と設備

防風対策 台風が多い地域や風当たりが強い場所では，防風林や防風垣を設置して風害を防ぐ（図3-III-2）。海岸地帯では潮風に強い樹種を選ぶ。

晩霜害対策 春先に発芽・開花してから低温にあうと，新芽や花，幼果が凍害を受け，収量や商品価値がいちじるしく低下する。このような地域では，冷気がはいったり，停滞しやすい場所を避けて植える。晩霜害を受けやすい地域では，上層の暖かい空気を送って地表面に停滞した冷気を撹拌する，防霜ファンの設置も有効である（図3-III-3）。

農道の整備など 収穫した果実や

図3-III-1 平坦地と傾斜地での果樹園の開設

表3-Ⅲ-1　各果樹におけるわい性台木

果樹の種類（学名）	わい性台木の種類（学名）
リンゴ (Malus x domestica)	M.9, M.26 (M. pumila Mill. var. paradisiaca)
	JM系 (M. 9 x M. prunifolia　マルバカイドウ)
セイヨウナシ (Pyrus commnis)	マルメロ EM-A, B, C(Cydonia oblonga)
	マメナシ選抜系統 (P. calleryana)
ブドウ (Vitis vinifera, V. labrusca)	グロワール (V. riparia)
	テレキ系 (V. berlandieri x V. riparia)
モモ (Prunus persica)	ユスラウメ (P. tomentosa)
	ニワウメ (P. japonica)
ヨーロッパスモモ (Prunus domestica)	サンジュリアンスモモ (P. inisitia)
カンカオウトウ (Prunus avium)	マザクラ (P. lannesiana)
	コルト (P. avium x P. pseudocerasus)
	マメザクラ (P. incisa)
カンキツ (Citrus spp.)	カラタチ, ヒリュウ (Poncirus trifoliata)

図3-Ⅲ-2　果樹園の防風林の例

図3-Ⅲ-3　果樹園に取りつけられた防霜ファン

生産資材の運搬，作業機械の運行には，農道の整備やモノレールなどの設備が必要である。

2 わい化栽培園

わい性台木を用いたリンゴのわい化栽培が成功してから，多くの果樹でわい化栽培が検討されている。また，わい性台木の利用以外にも，不織布などを利用した根域制限によるわい化栽培もみられる（第3章Ⅳ-4参照）。

①わい性台木の種類

果樹のわい性台木（dwarfing rootstock）の種類を表3-Ⅲ-1に示した。

・リンゴのわい性台木

リンゴでは，イギリスのイースト・モーリング（East Malling）試験場でM系が選抜された後，各国でわい性台木が育成されてきた。わい化程度は，M系では，M.27が最わい性，M.9とM.26がわい性である。M.26は，気根束（burrknot）が多発して，樹勢が衰弱しやすく，M.9は根頭がんしゅ病にかかりやすい。M.9は，世界で最も普及している台木で，潜在ウイルスをフリー化した多くの系統がある。

わが国では，（独）農業・食品産業技術総合研究機構果樹研究所で，M.9とマルバカイドウを交雑したJM系台木が育成されている。

・その他の果樹のわい性台木

モモでは，ユスラウメ，ニワウメ，ウェスタンサンドチェリーに，オウトウではマメザクラ（緑桜，おしどり桜）に，セイヨウナシではマルメロから選抜されたEM-A, EM-B, EM-Cに，それぞれわい化効果があり，わい性台木として利用されている。

カンキツでは，わが国で利用されているカラタチが半わい性であり，この変異系のヒリュウはカラタチよりもわい化性が強い。

図3-Ⅲ-4
スレンダースピンドルブッシュ（左）とフリースピンドルブッシュ（右）の樹形

〈注1〉
植付け後，早期から収量を上げるには，フェザー（feather）とよばれる分岐角度の広い落ち着いた副梢が多数の発生した，1～2年生の苗木を用いることが望ましい（図3-Ⅲ-5）。

図3-Ⅲ-5
2年生大苗を利用したリンゴのわい化栽培（定植後3年目，M.9ナガノ台'シナノゴールド'）

②リンゴのわい化栽培

わが国のリンゴのわい化栽培は，1975年以降M.26を中間台木とした栽培が急速に普及した。しかし，20年を経過すると樹勢が強くなりすぎ，過繁茂や高樹高化が問題となった。そのため，よりわい化度の強いM.9を自根で用いた栽培法が奨励されている。しかし，M.9は根系が浅く，耐水性も劣るので，乾燥地や水田転換園では，マルバカイドウ台木に接いだ中間台木によるわい化栽培が行なわれている。

M.9台木を用いたリンゴ樹は，スレンダースピンドルブッシュ（細型紡錘形，slendar spindle bush），強い樹勢の品種やM.26台木ではフリースピンドルブッシュ（free spindle bush）とよばれる整枝法が普及している（図3-Ⅲ-4）〈注1〉。

③わい化栽培の利点と欠点

わい性台木を用いたわい化栽培の利点は，以下のとおりである。
① 低樹高化により作業効率が高まる。
② 早期成園化により投資の回収が早まる。
③ 樹冠内の日当たりがよくなり，果実品質が向上する。
④ 果実の成熟期が早まり早期出荷ができる。
⑤ せん定などのむずかしい技術がより単純化でき，能率が高まる。

欠点は以下のとおりである。
① 苗木代，支柱代，灌水設備など，開園に必要な経費が多くなる。
② わい性台木は，湿害，干害，凍害などに弱く，土壌改良や排水対策が必要になる。
③ 樹高が低く，豪雪地帯では雪害を受けやすい。
④ 台木と穂木の組み合わせによっては，接ぎ木不親和性により活着率が低くなったり，栽培後に枯死するものがある。

3 品種更新

1 改植による更新
①更新と忌地

老木化がすすみ生産性が低下した園地では，新しい苗木に改植（replanting）しなければならないが，現在栽培している樹を全部切って更新したのでは，収益が上がるまでかなりの年数がかかる。そこで，栽培している樹のあい

だに苗木を植え，老木から若木へと計画的に更新することが多い。しかし，同じ種類の果樹を連作したり，別の果樹を植えても生育が悪くなり，生産が上がらない場合がある。

この現象を連作障害（replant problem）または忌地（soil sickness）といい，モモ，イチジク，ビワなどで認められる。

②忌地の原因と対策

忌地の原因には，毒物質，土壌線虫，土壌病害などがあげられる。モモ，ウメ，スモモなど核果類は樹体内にプルナシンやアミグダリンとよばれる青酸配糖体を多く含んでいる(注2)。

青酸配糖体が分解すると，青酸，ベンズアルデヒド，安息香酸などの毒物質がつくられ，根の呼吸を阻害して樹を衰弱させる。ネコブセンチュウやネグサレセンチュウなどの線虫類は，根を食害するだけでなく，青酸配糖体を分解して根の機能を低下させることも知られている。

対策は，①別の種類を植える，②前作の根をていねいに取り除く，③薬剤で土壌消毒をする，④新しく苗木を植えるところに客土する，⑤土壌の通気や排水をよくして有害物質が発生しないようにする，などがある。

〈注2〉
とくに忌地と関係の深いプルナシンは，根に多く含まれている。

2 高接ぎ更新

現在栽培している品種の収益性が低下し，収益性の高い別の品種に更新する場合，現在の品種の樹齢が若いときは，その枝に新品種の穂木を接ぎ木（高接ぎ，top-grafting）して品種更新することがある。これを高接ぎ更新といい，新しく苗木を植えるよりもはるかに早く成園化できる。

高接ぎ更新には，次の3つの方法がある（図3-Ⅲ-6）。

一挙更新 現在栽培している品種の結果枝をすべて切り落とし，新品種の穂木をできるだけ多く高接ぎして，すべて新品種に更新する。

漸進更新 新品種の穂木が多量に入手できない場合，1樹当たり数本高接ぎし，穂木の成長にともなって現在の品種の枝を切りつめ，数年かけて樹全体を新品種に更新する。

部分更新 新品種の特性や収益性が明確になっていない段階で，試験的に栽培する場合，樹の一部分に高接ぎする。

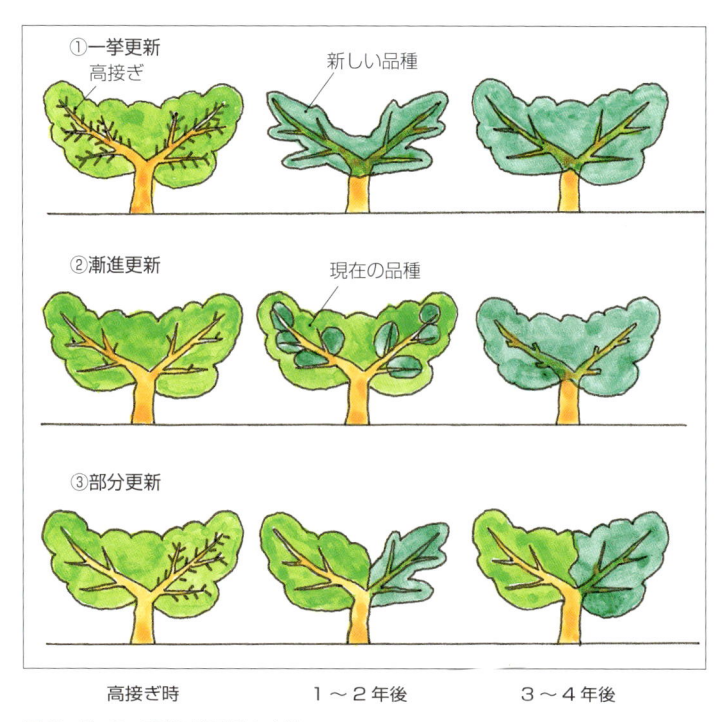

図3-Ⅲ-6　高接ぎ更新の方法

IV 施設栽培

1 果樹の施設栽培

1 施設栽培の現状

わが国の果樹の施設栽培（protected cultivation）は，1886年に岡山県でブドウ'マスカット・オブ・アレキサンドリア'をガラス室で栽培したことから始まった。しかし，ガラス室栽培はその後あまり普及せず，施設栽培の1％程度にすぎない。これに対して，プラスチックハウス（以下ハウス）栽培は1960年代後半以降，天井だけ被覆して降雨の遮断のみを目的とした雨よけ栽培は1983年以降急速に普及した（図3-Ⅳ-1, 2, 3）(注1)。

樹種別ではブドウが最も多く，オウトウ，カンキツと続く（表3-Ⅳ-1）。施設化率はオウトウが65％で最も高く，ブドウ32％，イチジク13％の順である。ブドウでは加温促成目的のハウス栽培と雨よけ栽培の両方あるが，オウトウでは雨よけ栽培，カンキツではハウス栽培が主体である。

果樹の施設栽培の作型は表3-Ⅳ-2のように分類される。

2 施設栽培の目的と特徴

①目的

施設栽培の目的は多様であるが，以下のように要約できる。

①耐寒性が弱く，露地栽培が困難な熱帯・亜熱帯果樹を栽培する。
②病虫害の発生を抑制する。
③早期出荷によって高値販売する。
④出荷期間の拡大や作業の分散化をはかる。
⑤高品質果実を安定的に生産する。

〈注1〉
1997年には全施設栽培面積が12,000haを超えたが，その後は増加が止まっている。なお，施設を利用して高品質果実を時期はずれに生産する集約的栽培は，日本の果樹栽培の大きな特徴である。

図3-Ⅳ-1　ブドウのガラス室栽培

図3-Ⅳ-2　カンキツのハウス栽培

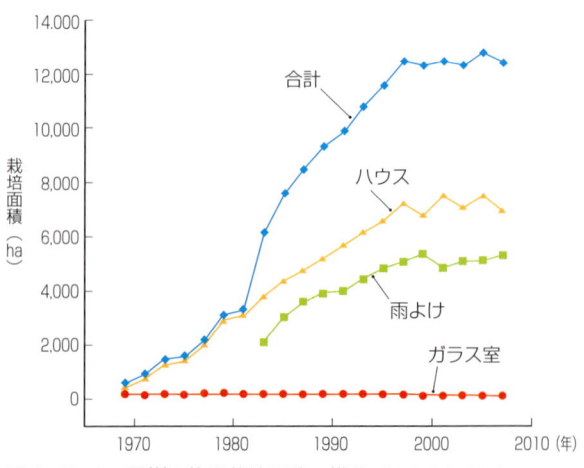

図3-Ⅳ-3　果樹の施設栽培面積の推移（農水省生産局）
注）雨よけは1983年から統計がとられた

表3-Ⅳ-1　果樹の施設別・樹種別栽培面積（ha）と施設化率（2006～2007年）

種類・品種	ガラス室	ハウス	雨よけ	合 計	施設化率*（%）
カンキツ類					
ウンシュウミカン	3	943	―	946	1.9
その他	1	833	―	834	5.5
小　計	4	1,776	187**	1,967	3.0
ブドウ					
デラウエア	0	1,441	388	1,829	49.1
キャンベル・アーリー	0	66	234	300	29.4
巨峰	0	963	553	1,516	23.8
その他	127	1,036	1,206	2,369	30.4
小　計	127	3,506	2,381	6,014	31.8
モモ	0	95	―	95	0.9
ビワ	0	92	―	92	5.2
オウトウ	0	615	2,303	2,918	65.0
カキ	0	29	―	29	0.1
イチジク	0	96	45	141	13.0
ニホンナシ	0	276	299	575	3.9
その他果樹	1	483	115	599	0.7
合　計	133	6,967	5,330	12,430	5.5
施設別割合（%）	1.1	56.0	42.9	100.0	

注）＊：結果樹面積に対する比率
　　＊＊：種類別データなく，カンキツ類全体の面積

表3-Ⅳ-2
果樹の施設栽培での作型の分類

加温の有無	加温条件	作型	備考
有	時期	超早期加温	最も早い出荷を目的としたごく早期の加温
		早期加温	標準加温より早期の加温
		標準加温	普通加温とよぶこともある
		後期加温	半加温，準加温に分類する場合もある
	程度	普通加温	積極的に好適条件に温度設定する
		少加温	低温障害を回避する程度に設定する
無		簡易被覆	春先の保温などを目的とする
		雨よけ	降雨遮断を目的とし，「屋根かけ」ともよばれる

②特徴

　果樹の施設栽培は，野菜や花卉とくらべて以下のような特徴がある。
　①樹高が高いため，棟や軒が高い。
　②不整形な園地での既存の結実樹を対象とすることが多く，施設の形状が不整形になる。
　③傾斜地が多いため，傾斜施設や簡易雨よけ施設が多い。
　④通年被覆は少なく，ある期間は露地にすることが多い。

③構造

　施設の型式は、その「形」と「主骨材料」，「棟数」を組み合わせてよばれ，傾斜地の施設では園地の形状などによってさらに多様な構造や形態をとる（図3-Ⅳ-4，5）。

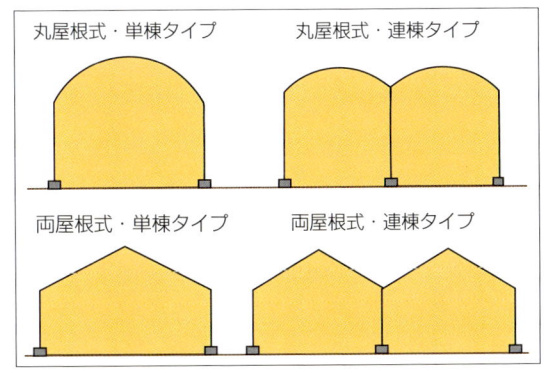

図3-Ⅳ-4　施設の構造とタイプの例

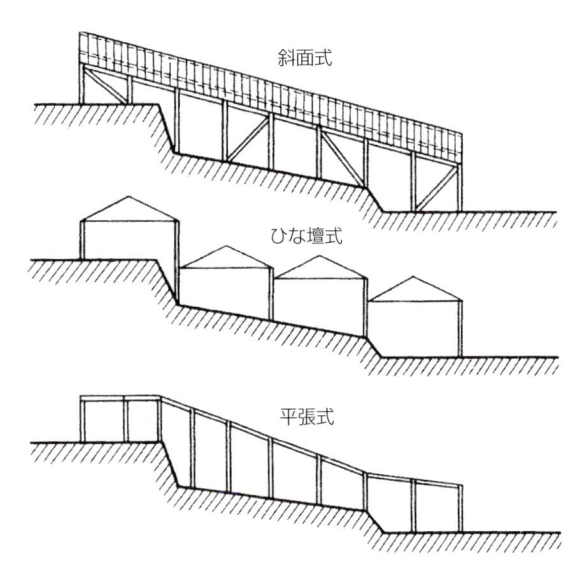

図3-Ⅳ-5　傾斜地の施設の例

2 ハウス栽培

1 光の調節
①被覆資材

加温促成を目的とした栽培は，プラスチックフィルム(注1)を被覆したハウス栽培が中心となる。フィルムによって光量，直達光と散乱光の割合，紫外線透過率，光合成有効放射，熱線（長波長域）透過率などがちがうため，樹種や栽培目的に応じて選ぶことが大切である（図3-Ⅳ-6）。

たとえば，ブドウ，イチジク，モモ，スモモなどアントシアニン系色素の蓄積で着色する果樹は紫外線が必要であり，紫外線透過率の高いフィルムが望ましい。また，ハウス栽培のウンシュウミカンは露地栽培より多収になるが，これは陰樹のため被覆フィルムによる光量の低下に順応しやすく，さらに散乱光の利用効率が高いことが要因の1つと考えられている。

②電照栽培

ブドウは二期作（double cropping）が一部で行なわれているが（図3-Ⅳ-7），二期作目の新梢や果粒の成長期が短日条件になるため，新梢の伸長停止が早まり，果粒肥大に悪影響を与える。そのため，600～680nmの波長域のランプで長日処理や暗期中断を行ない，十分な葉面積確保と果粒肥大促進をはかっている（図3-Ⅳ-8）。

〈注1〉
おもに農業用ビニルフィルム（農ビ）が用いられ，農業用ポリエチレンフィルム（農ポリ）や農業用エチレン酢酸ビニル共重合樹脂フィルム（農サクビ）も利用される。

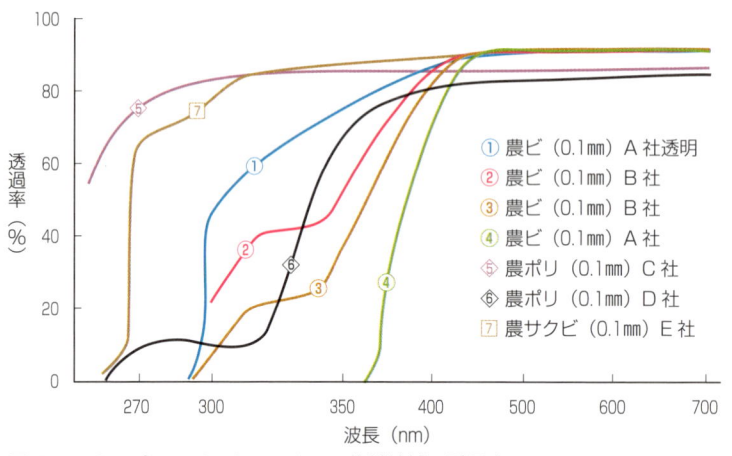

図3-Ⅳ-6　プラスチックフィルムの紫外線域の透過率（鴨田，1984）

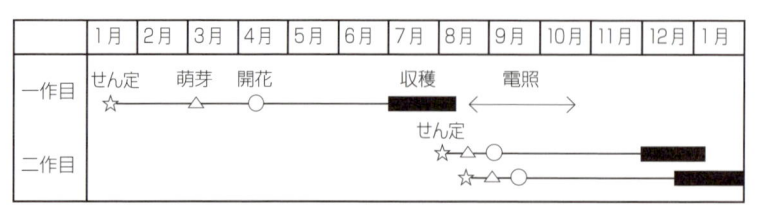

図3-Ⅳ-7　ブドウの'巨峰'と'ピオーネ'の二期作栽培の生育周期
（小野，1996を改変）
注）電照（補光）は4～5葉期から目標葉面積指数確保まで

2 温度の調節
①装置

暖房機は重油温風暖房機が一般的だが，配管して暖房する温湯暖房機も一部で利用されている。保温効果を高めるため，ハウス内に農ビや農ポリの内張りやカーテンを設置することもある。

異常昇温の防止と湿度の調節を目的に，換気扇による強制換気や，天窓や側窓による自然換気を行なう。

②自発休眠と加温開始

落葉果樹の超早期や早期加温促成栽培では，自発休眠の完了の確認が必要で，低温要求量やchill-unit（第3章Ⅰ-3-④参照）の積算をしておくことが望ましい。自発休眠完了以前に加温を

開始する場合は，石灰窒素やシアナミド剤を，休眠完了後に加温する場合にはメリット青や硝安を処理して発芽の促進や斉一化をはかる（表3-Ⅳ-3）。

③温度管理

加温直後から急激に温度を上げても地温は同じようには上がらないため，生育のバランスがくずれ，花器の成長が順調にすすまず，生理的落果や奇形果を誘発する。加温開始から生育初期は温度を低めに設定し，徐々に上げていくことが望ましい（表3-Ⅳ-4）(注2)。

夏季のハウス内は30℃以上の高温になり，光合成の低下や成熟期の果実が着色不良になるため，換気の強化や屋根フィルムの取り外しなどの対策が必要である。

ウンシュウミカンのハウス栽培では，加温前に花芽分化させる必要がある。花芽分化には低温遭遇が必要であるが，地上部が高温であっても地温が低ければ促進されるので，地中配管に冷却水を循環させて地温を下げることが一部で行なわれている。

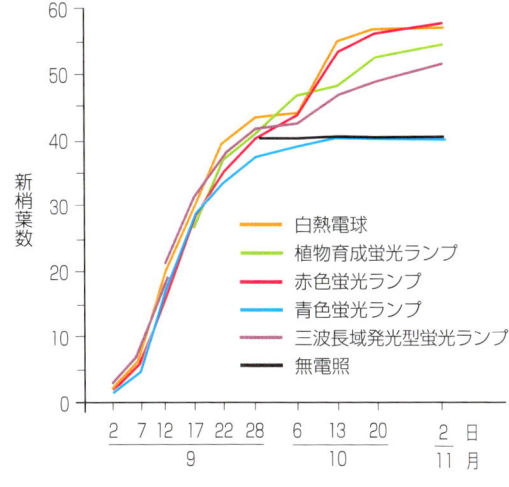

図3-Ⅳ-8 'ピオーネ'二期作目の新梢成長への電照用光源の影響（岡山農試，1992）
注）白熱電球と植物育成用，赤色，三波長域発光形が600〜680nmの波長域の光をもつ

3 その他の管理

①樹勢衰弱と対策

落葉果樹のハウス栽培では，加温開始が早くなるほど樹勢が衰弱しやすく，花芽形成が悪くなり，収量や品質が低下する。そのため，収穫後の早期落葉や枝の2次伸長を防いで貯蔵養分を増やすとともに，土壌管理や着果量，せん定などの適正化によって樹勢維持をはかる必要がある。また，樹勢が衰弱する前に，後期加温や無加温など樹の負担が少ない作型とのローテーションを行なう(注3)。

〈注2〉
ブドウの超早期加温促成栽培では，積極的に地温を25℃程度まで高めて，新梢や花穂の成長を促進して収穫時期を早めている例もある。

〈注3〉
ブドウでは超早期加温で1〜2年，早期加温で3〜4年，普通加温で5〜6年連作すると樹勢衰弱があらわれる。

表3-Ⅳ-3 休眠打破剤の種類と特徴

種類	処理時期	処理方法	促進日数	備考
石灰窒素20％上澄み液	11月下旬〜12月上旬	塗布・散布	1〜3週間	有効成分はシアナミド
シアナミド1〜2％	収穫後発芽前	塗布・散布	10〜14日	芽枯れが発生しやすい
ニンニク汁液	11月下旬〜12月上旬	塗布	約10日	有効成分は硫黄化合物
メリット青2倍液	1月中下旬	塗布	約7日	自発休眠打破後の発芽促進剤
硝安	1月中下旬	塗布・散布	約5日	自発休眠打破後の発芽促進剤

促進日数は処理時期や温度条件により異なる

表3-Ⅳ-4 各果樹の加温促成栽培での生育時期別温度管理（単位：℃）

樹種	被覆後	加温開始期	発芽期	開花期	果実肥大期		着色期	成熟期
					前半	後半		
ウンシュウミカン	12〜25	18〜30	18〜28	15〜25	18〜28	20〜30	20〜30	20〜30
ブドウ（デラウエア）	自然温〜25	7〜30	7〜28	8〜25	15〜28	15〜28	15〜28	15〜30
モモ	3〜20	5〜20	5〜25	10〜20	15〜25	15〜30	12〜30	自然温〜30
ナシ	自然温〜20	5〜28	5〜28	8〜25	10〜28	15〜28	自然温	自然温
カキ	3〜28	5〜28	8〜28	15〜28	15〜28	18〜30	20〜30	自然温〜30
オウトウ	自然温〜20	2〜20	5〜22	6〜22	7〜22	10〜25	12〜25	自然温〜25

〈注4〉
短日，低日照で栽培する，ブドウの二期作栽培の二期作目や抑制栽培では，果実品質が改善されるが，その他の作型や樹種では必ずしも品質向上につながらないので，実施面積は少ない。

〈注5〉
ネーブルオレンジは，果頂部側の果皮がうすく，へそ付近から裂果しやすいので，開花期の温度を20℃程度にしてへその発達をおさえるとともに，土壌水分の変動を少なくする。

〈注6〉
その他，カンキツでは冬季のマシン油剤の不散布や天敵の発生が少ないためコナカイガラムシ類やチャノホコリダニが，ブドウでは発生回数の増加などからスリップス類やフタテンヒメヨコバイなどが露地栽培よりも多くなる。

② CO_2 施用

密閉したハウス内は光合成で吸収された CO_2 の補充がないので，CO_2 濃度が低下する。そのため，液化 CO_2 や白灯油，プロパンガスなどで CO_2 施用して，ハウス内の CO_2 濃度を1,000ppm程度に上げると光合成速度が高まる〈注4〉。

③土壌管理

・土壌水分の管理

ハウス栽培では降雨を遮断しているため，小型スプリンクラーや多孔パイプなどを設置して適宜灌水する。土壌の乾燥は，果実肥大の抑制や裂果〈注5〉などの障害の原因になるので，土壌水分が変動しない管理が大切である。

一方，土壌水分を制御しやすいので，ウンシュウミカンでは土壌を乾燥して水ストレスを与え，糖度や着色の向上，花芽分化促進が行なわれている。

・施肥

ハウス栽培では，露地よりも施肥量を増やして早期に施用するとともに，深耕と有機物の補給によって根の活性を高めることが大切である。また，塩類集積をおこしやすいので，表層土と下層土を反転混和させるとともに，収穫後は適度な降雨にあてて塩類を溶脱させることが望ましい。

④せん定

落葉果樹のハウス栽培では，発芽の不ぞろいや樹勢衰弱がおこりやすいため，露地栽培よりやや強めに切り返し，結果母枝を多めに残す。

ウンシュウミカンのハウス栽培では，その結果習性から作型によってせん定方法がちがう。12月から加温する早期加温促成では，収穫後7月中にせん定する。せん定後に発生した夏枝は充実して翌年の結果母枝になる。しかし，1月から加温する後期加温促成では収穫が8～9月になるので，収穫後に発生する秋枝は気温が低いため充実が不十分で花芽ができにくい。そのため，加温後に発生した春枝を翌年の結果母枝として利用する。そして，収穫後は秋枝をなるべく発生させないように無せん定にし，加温開始前後に軽くせん定する程度にする（表3-Ⅳ-5）。

⑤病虫害

施設栽培では，露地栽培で問題になる雨で伝染する病害は少なくなるが，多湿で発生しやすい灰色かび病などは多くなる。一方，施設は高温・乾燥になりやすく，害虫ではハダニ類の多発が特徴的で，増殖率が高く薬剤抵抗性が発達しやすいため，計画的な防除が必要である〈注6〉。

表3-Ⅳ-5 ウンシュウミカンのハウス栽培の作型

作 型	加温開始時期	品種	せん定時期	収穫時期
早期加温型	11月下旬	極早生	7月中下旬（収穫終了後）	5月中旬～6月下旬
		早生		6月中旬～7月中旬
	12月上旬	極早生		6月上～下旬
		早生		7月上～下旬
後期加温型	12月中旬	早生	12月～1月（加温開始前）	8月中旬～9月上旬
	12月下旬			8月下旬～9月中旬
	1月上中旬			9月上～下旬
	1月下旬～2月上旬			9月中旬～10月上旬

3 雨よけ栽培

屋根だけフィルムで被覆する雨よけ栽培（rain protected culture）のおもな目的は，病害の抑制と裂果防止である。

ヨーロッパブドウやその血が濃い品種は，高温多湿な日本の気候では病害が多発する。また，ヨーロッパブドウ，オウトウ，プルーンは，成熟期に降雨が直接果実にあたると裂果する（第7章 I - 2参照）(注7)。多くの雨よけ栽培は，これらを防ぐ目的で行なわれている。

雨よけ栽培には，一定の面積や樹全体に屋根をかける方式と，着果部位周辺だけトンネル状に屋根をかける方式がある（図3-Ⅳ-9, 10）(注8)。ブドウでは発芽期から被覆することが多いが，オウトウでは果実の軟化，着色の遅れ，樹勢の衰弱などの悪影響を避けるため，成熟期の短期間に限定することが多い。

図3-Ⅳ-9　H字型整枝ブドウのトンネル状の雨よけ栽培

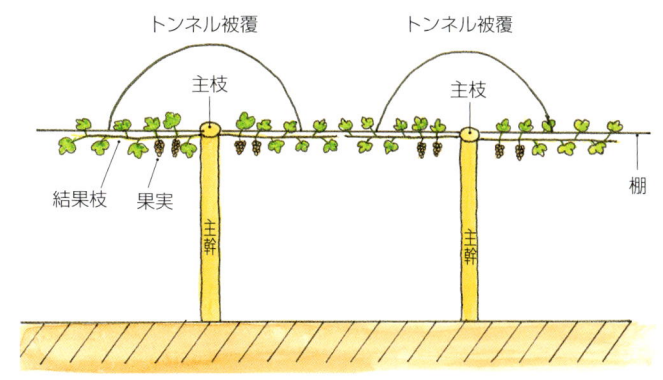

図3-Ⅳ-10　ブドウのトンネル状の雨よけ栽培
（一文字整枝の例：主枝が手前から奥に伸びている）

4 その他の特殊な栽培法

ハウス栽培のような大型の施設は設けないが，糖度の高い高品質果実の生産や省力化を目的にさまざまな栽培法が開発され，ハウス栽培と組み合わせたり，露地で利用されている。

1 根域制限栽培（root restriction culture）

①ねらいと特徴

果樹の地上部と地下部の成長は相互に密接な関係があり，一定のバランスを保っている。この栽培法は，地下部の根域を物理的に制限して地上部の栄養成長を抑制し，樹高を低くして省力化をはかり，果実品質を向上させることがねらいである。人為的わい化栽培ともいえ，ウンシュウミカン，ブドウ，カキ，オウトウ，ニホンナシなどで試みられている。

この栽培法の利点（①〜⑥）と課題（⑦⑧）は以下のとおりである。

①樹高が低くコンパクトな整枝ができる。
②早期結実と密植による早期成園化が可能である。
③根域が限定されているので肥培管理を効率化できる。
④成熟期に水ストレスを与えるなど，生育段階に応じた土壌水分の制御が容易である。
⑤ハウス栽培と組み合わせると根域の温度制御も可能である。
⑥コンテナは移動可能であり，大型冷蔵施設などでの低温処理による自

〈注7〉
オウトウは土壌水分の急激な変動によっても裂果するので，土壌水分の管理にも注意が必要である。

〈注8〉
トンネル方式は，短梢せん定するブドウのH字型や一文字整枝で行なわれており，資材費や労力がかからない利点がある。

表3-Ⅳ-11
ウンシュウミカンの大型ポット栽培

〈注9〉
標高の高い場所に移動して、早く自発休眠打破に必要な低温要求量を満たさせる方法。

表3-Ⅳ-12
カンキツの高うね栽培

表3-Ⅳ-13
カンキツの高うねマルチ栽培（マルチをはいだところ）

〈注10〉
土壌水分張力（pF）の測定センサーが一般的だが、樹幹内の蒸散流を測定して樹の水分状態を直接測定する方法も検討されている。

表3-Ⅳ-14
水ストレスの程度を測定するための特殊シートを貼付したようす

発休眠打破も可能である。
⑦高品質果実を安定して生産するための水分や施肥管理技術の開発。
⑧根や培土の更新技術の開発。

②コンテナ栽培（container culture）
　植木鉢などで果樹を栽培する方法は、研究や鑑賞用では古くから行なわれてきたが、近年、大型のプラスチック製ポットや果実収穫用のコンテナを利用した栽培が行なわれている（図3-Ⅳ-11）。
　早期結実や密植による早期成園化が可能であり、水分や肥培管理を適切に行なえば、高品質果実の安定生産が可能である。また、山あげ（注9）や大型冷蔵施設での低温処理によって自発休眠を打破し、早期加温促成栽培することも可能である。
　小型コンテナでは植え替えができ、培土や根の更新が容易であるが、大型コンテナでは困難なので、定期的な断根処理や樹の更新を行なう。

③盛り土（高うね）栽培（raised bed planting）
　植付け時にプラスチックフィルムや不織布などのシートを敷き、その上に30～40cm盛り土して栽培する方法である（図3-Ⅳ-12）。プラスチックフィルムは根域を完全に制限できるが、地下からの毛管水を遮断するので、根域の水分管理がむずかしい。不織布は毛管水遮断を回避できるが、根がシートの外に出る可能性があり、最適な資材の開発が望まれる。
　盛り土栽培では、土壌水分センサー（注10）をセットした自動灌水装置を設置することが多い。さらに、培土内に配管して温水や冷水を循環させ、根域の温度環境を制御することも可能である。ウンシュウミカンでは、マルチ栽培と組み合わせた方式も検討されている（図3-Ⅳ-13）。

2 マルチ栽培（multing culture）

　カンキツでは、成熟期に適度な水ストレスを与えると果実の糖含量が顕著に高まる。そのため、透湿性マルチシートで土壌を乾燥させるマルチ栽培が普及している（第3章Ⅰ-2-2参照）。ストレスが強すぎると酸含量も高くなるため、マルチの開始時期、期間、敷設割合などが重要である。
　適度なストレス維持と肥培管理を目的に、マルチの周年全面敷設と点滴灌漑（ドリップ・イリゲイション）を併用した栽培技術（マルドリ方式）も開発されている。

> **簡易な水ストレスの診断方法**
>
> 　マルチ栽培などでは水ストレスの診断が重要であるが、葉に貼り付けるだけで測定できる特殊シート（水ストレス表示シート）が開発されている（図3-Ⅳ-14）。これは、塩化コバルトが葉から蒸散した水分を吸うと青色から薄紫色や淡赤色に変化する性質を利用したものである。正午前後に、日光が十分に当たっている葉の裏にシートを貼り付けて、5分後に色の変化を調べることによって推定する。

第4章 果樹の成長と生産力

I 果樹のライフサイクルと年間の成長

1 果樹のライフサイクルと生育相

1 実生の生育相

　果樹は，種子が発芽した実生の場合，着花・結実まで一定の年数がかかる。この期間を幼若相（juvenile phase）または幼木相とよび，比較的短いモモやクリで2～3年，リンゴやナシ，カキで7～9年，比較的長いカンキツでは10年以上かかることもある(注1)。

　果樹に幼若相があることは，交雑育種の長期化の原因になっている。そのため，高接ぎや枝の水平方向への誘引などによる期間短縮が行なわれている。なお，幼若相の期間は，刺が発生しやすいとか，挿し木で発根しやすいなどの特徴がある。

　幼若相を経た実生は，移行相（transition phase）を経て成木相（adult phase）に達し，安定的に花芽をつけるようになる（図4-I-1）。

2 接ぎ木苗の生育相

①幼木期

　果樹栽培に利用される苗は，通常，接ぎ木によって繁殖される。穂木は成木相に達した樹から採取されるため，たとえ台木が幼若相であっても接ぎ木部から上は成木相にある（図4-I-1）。

　1年生の苗を定植すると，1～4年程度は栄養成長が旺盛でほとんど着花しない期間があり，幼木期（nonbearing vegetative period）とよばれる（表4-I-1）。これは幼若相にもどったのではなく，移行相への

〈注1〉
カンキツの一部の種類は，1年目の実生が低温にあうと先端に着花することがあり，これを幼樹開花（precocious flowering）という。ただし，この開花は一過性であり，その後は通常の実生と同様に数年間の幼若相が続く。

[実生]

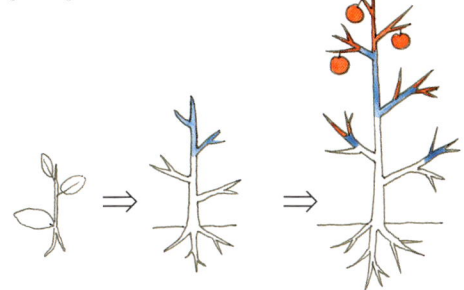

[接ぎ木苗（実生台木）]

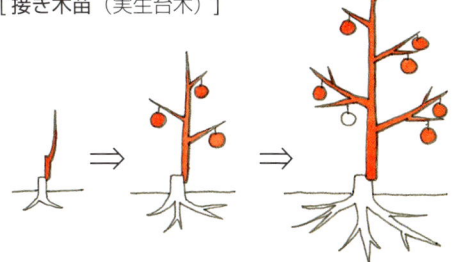

図4-I-1　実生と接ぎ木苗の生育相のちがい
□幼若相　■移行相　■成木相

表4-I-1　おもな果樹の幼木期と盛果期の長さ（単位:年）

種類	幼木期	盛果期
モモ	2～3	8～20
ブドウ	2～3	8～25
イチジク	3～4	8～25
ニホンナシ	3～4	10～30
クリ	3～4	8～15
ウメ	3～4	10～30
オウトウ	4～5	10～25
ビワ	4～5	12～30
ウンシュウミカン	4～5	15～40
カキ	4～6	15～40
セイヨウナシ	5～6	15～30
リンゴ	5～6	15～40

注）一般的な台木を使用した場合

〈注2〉
わい性台（dwarfing rootstock），環状はく皮（girdling），断根処理（root pruning），成長抑制剤（growth inhibitor）の利用などで栄養成長を抑制できる。

一時的な生理的移行と考えられ，樹勢調節管理によって短縮できる(注2)。

②若木期－盛果期－老木期

　幼木期を経て結果年齢（bearing age）になり，最初に収穫された果実を初成り（first crop）という。初成り後の数年間の若木期（young tree period）は品質のばらつきが大きいが，年々収量が増すにつれて品質も安定し，品種固有の特性を示すようになる。

　この時期を盛果期（high productive period）とよび，比較的短いモモでは8～20年，長いリンゴ，カキ，カンキツでは40年近く続く（表4-I-1）。盛果期の長さは，品種や台木，環境条件によってもかわるが，盛果期を長く保って高品質果実を連年生産するためには，さまざまな栽培技術を駆使して栄養成長と生殖成長のバランスを維持することが重要である。

　樹齢がさらにすすむと，栄養成長も結実も劣る老木期（senescent tree period）をむかえ，更新が必要になる。

2　年間の成長サイクル

　温帯の果樹は，春の発芽や開花に始まり，枝葉の成長や果実の肥大・成熟が続き，秋から冬に落葉や休眠するといった，おおまかな年間の成長サイクルをもつ。細かな成長サイクルは樹種によってちがうが，落葉樹のリンゴと常緑樹のウンシュウミカンの成長サイクルとおもな栽培管理を図4-I-2，3に示した。

1　春から夏の成長

　春は貯蔵養分を利用して成長をスタートさせる。新しい枝（新梢とよぶ）を伸ばし葉を増やしていくとともに，花が咲き受粉・受精し，幼果の発育が始まる。開花後1～2カ月は生理的落果（physiological fruit drop）（第5章Ⅱ-5参照）でかなりの数の幼果が落果する。

2　夏から秋・冬の成長

　新梢は開花・結実後も成長を続けて葉数を増やすが，やがて伸長を停止して光合成を活発化するとともに，果実へ多くの光合成産物を分配するようになる。成長点と果実は養分の競合関係にあるので，新梢の伸長停止時期が遅れると，果実への光合成産物の分配量が少なくなり，生理的落果や果実の発育に大きく影響する。

　果実が成熟して収穫されると，果樹は翌年の成長の準備を始めて枝や根に光合成産物を蓄積し，落葉果樹では気温の低下とともに自発休眠にはいり落葉する。

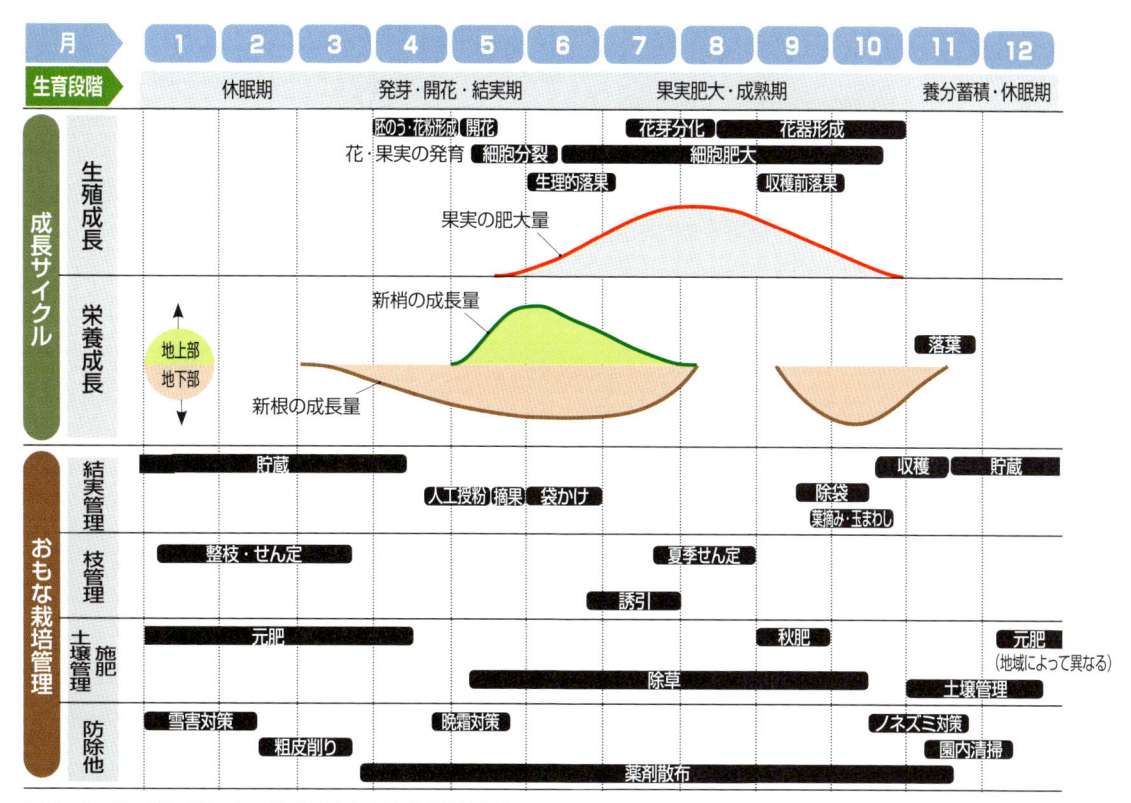

図4-I-2　リンゴの成長サイクルとおもな栽培管理

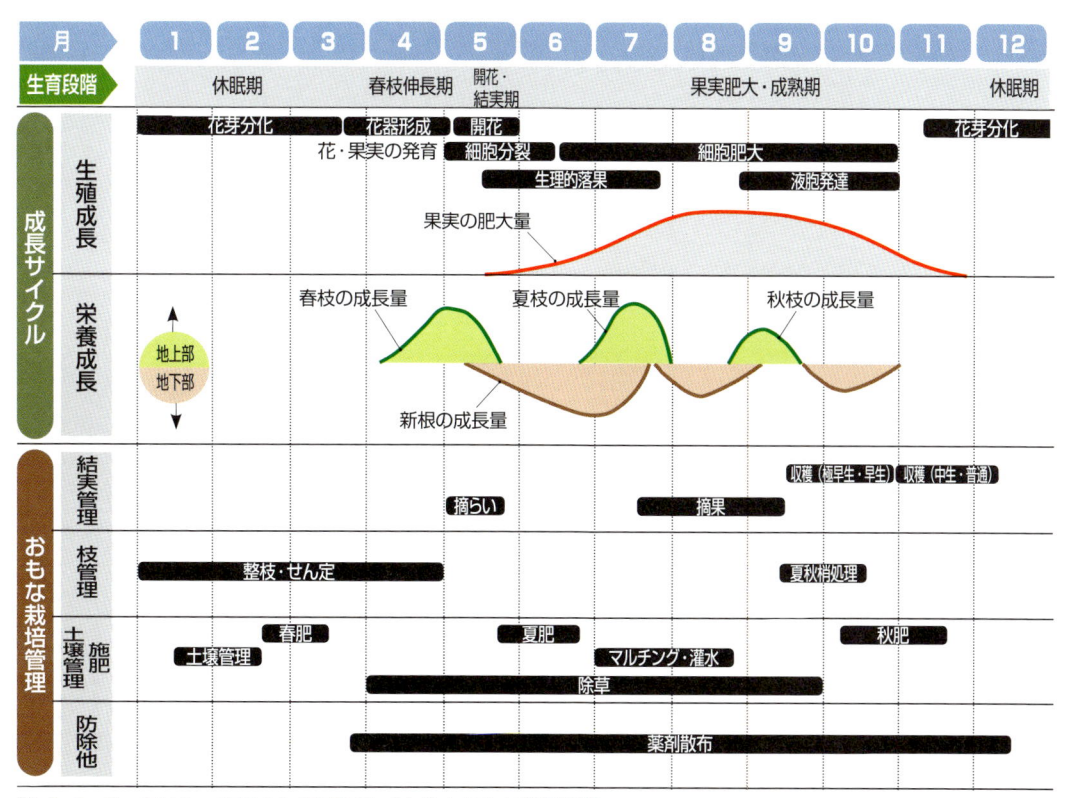

図4-I-3　ウンシュウミカンの成長サイクルとおもな栽培管理

I　果樹のライフサイクルと年間の成長

3 地下部の成長サイクル

地下部の成長サイクルは，地上部の成長サイクルに対応している。

多くの落葉果樹は，発芽の前後に根が伸び始めて，樹液の流動を活発化する。新根は，新梢が伸びるとともに伸びるが，秋にも伸びて貯蔵養分を蓄積する。常緑果樹のカンキツの根は，春枝，夏枝，秋枝の伸長停止後に伸びる。

成長サイクルは，気温や降水など環境条件や栽培条件によってかわる。そのため，それぞれの地域の気象条件や樹種，作型での成長サイクルを十分に理解したうえで栽培管理を行なう必要がある。

II 果樹の物質生産と生産力

　果樹が成長し果実生産するためには，光合成（photosynthesis）で栄養をつくり出す必要があり，この過程を物質生産（dry matter production）という。光合成の能力を最大限に発揮させ，果実を毎年安定的にできるだけ多く生産することが，栽培技術の目標となる。

　光合成はおもに葉の葉緑体（図4-II-1）で行なわれるが，若い茎や果実など葉緑体を含む器官でも，量的には少ないが行なわれている。

1 光合成

1 光合成と呼吸

　果樹を含む緑色植物は，太陽エネルギーを吸収して水（H_2O）と二酸化炭素（CO_2）から有機物（CH_2O）を合成し，酸素（O_2）を放出する。この過程が光合成であり，次式のようにあらわす。

$$CO_2 + H_2O \xrightarrow{光エネルギー} CH_2O + O_2$$

　これに対して，有機物に固定されたエネルギーを取り出して生活に必要なエネルギーを獲得する過程が呼吸（respiration）であり，次式のように光合成とは逆の反応になる。

$$CH_2O + O_2 \rightarrow CO_2 + H_2O \rightarrow エネルギー（ATP）\text{（注1）}$$

2 光合成の仕組み

　光合成は，光による明反応（light reaction，光化学反応）と光によらない暗反応（dark reaction，炭酸固定反応）に大別できる（図4-II-2）。

①明反応

　明反応は葉緑体（chloroplast）のグラナ（granum）を構成するチラコイド（thylakoid）膜で行なわれる反応である。クロロフィル（chlorophyll）によって吸収された光エネルギーを用いてH_2Oを分解し，還元型助酵素であるNADPH（注2）とATPおよびO_2を生成する（図4-II-3）。

②暗反応

　明反応で生成されたNADPHとATPを

〈注1〉
アデノシン三リン酸（adenosine triphosphate）。生体内で用いられるエネルギーの貯蔵，供給，運搬に関係する物質。

〈注2〉
ニコチン（酸）アミドアデニンジヌクレオチドリン酸の還元型で，酸化型はNADP。光合成経路や解糖系の電子伝達酵素。

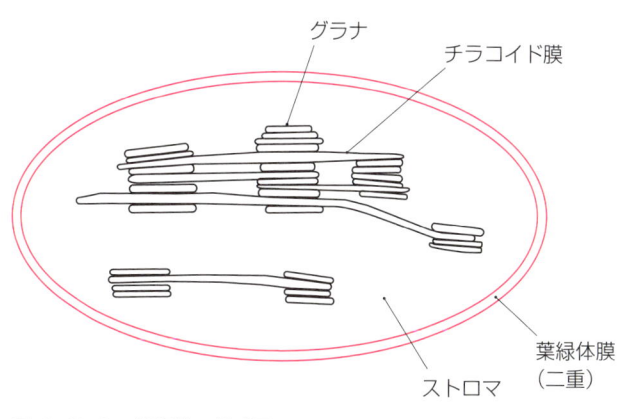

図4-II-1　葉緑体の模式図

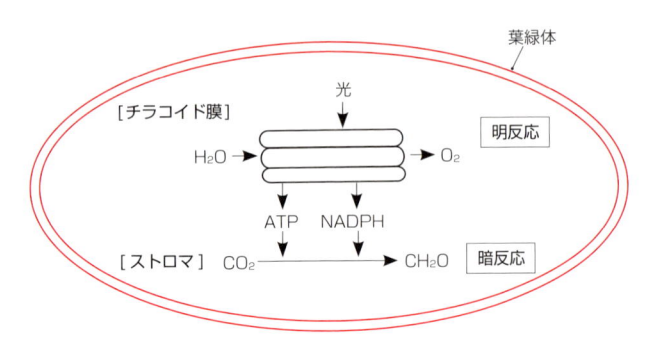

図4-Ⅱ-2 光合成反応の概略図（和田，1995）

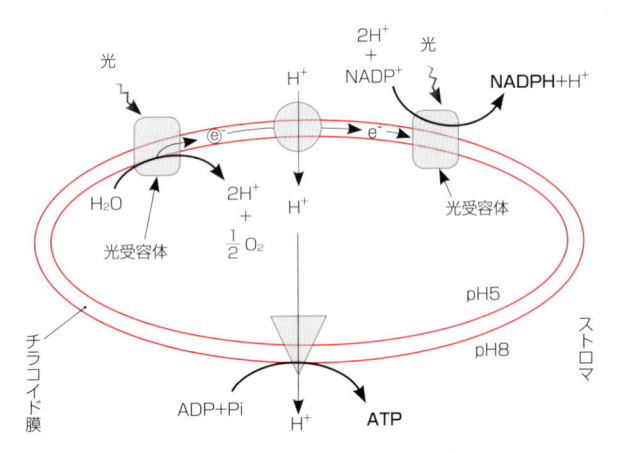

図4-Ⅱ-3 明反応の概略図（山本・桜井，2007）
左の系で光エネルギーによって水（H₂O）が分解されて酸素（O₂）が発生し，光エネルギーから変換された電子（ⓔ⁻）はストロマからチラコイド内への水素イオン（H⁺）の輸送に使われ，さらにH⁺がストロマに出るときのエネルギーを使ってATPが合成される
右の系では2回目の光による電子エネルギーでNADPがNADPHになる
ADP：アデノシン二リン酸。無機リン酸（Pi）と結合してATPになる
ⓔ⁻：電子がもつエネルギーがe⁻よりも大きいことを示す

〈注3〉
リブロース二リン酸（RuBP）カルボキシラーゼ／オキシゲナーゼ酵素の略。葉中タンパク質の約半分をしめ，CO₂の固定を触媒する。しかし，CO₂濃度が低下すると，O₂とRuBPを結合するオキシゲナーゼ反応を触媒してホスホグリコール酸を生成し，CO₂を発生させる。この反応を光呼吸という。

〈注4〉
CO₂固定の方法がC₃植物とちがうC₄植物とCAM植物がある。果樹のほとんどはC₃植物で，C₄植物にはパイナップル，CAM植物にはピタヤなどがある。

用いて，CO₂を炭水化物（グルコースなど）に還元する過程が暗反応で，葉緑体のストロマ（stroma）で行なわれる（図4-Ⅱ-4）。暗反応はCO₂濃度と温度に大きく影響されるが，光とは無関係に進行する。

気孔から吸収されたCO₂は，RuBisCO（ルビスコ）酵素（注3）によって，炭素数5のリブロース二リン酸（RuBP）に取り込まれ炭素数6の化合物になるが，すぐに分解して炭素数3のホスホグリセリン酸（PGA）になる。これにNADPHとATPが作用して，グリセルアルデヒド-3-リン酸になり，その一部がブドウ糖などの炭水化物にかえられる。

暗反応は発見者の名前にちなんでカルビン・ベンソン回路またはカルビン回路，またCO₂が取り込まれて最初にできる有機物が炭素数3の化合物なので，C₃回路ともよばれる。この回路でCO₂を固定する植物をC₃植物という（注4）。

3 光合成を左右する要因
①光

光は明反応に不可欠な要因であり，光以外の要因が一定であれば，光の強さを増す

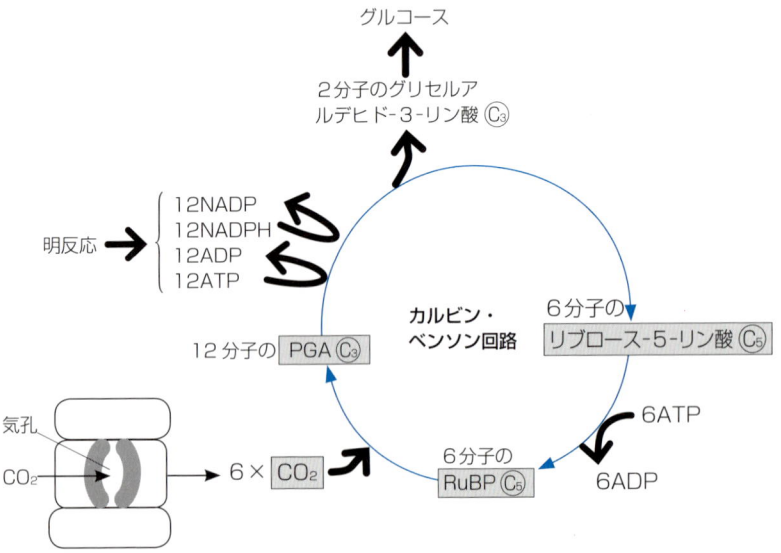

図4-Ⅱ-4 暗反応（カルビン・ベンソン回路）の概略図（山本・桜井，2007）
明反応で生成されたATPとNADPHを用いてCO₂を炭水化物（グルコース）に還元する（炭水化物の生成）

と光合成速度（photosynthetic rate）は上昇する。暗黒条件から徐々に光の強さが増していくと，呼吸作用によるCO_2の放出と光合成によるCO_2の吸収が等しくなり，CO_2の出入りがゼロになる（図4-Ⅱ-5）。このときの光の強さを光補償点（light compensation point）といい，果樹では1～3kluxである。

引き続き光強度が増していくと光合成速度は上昇するが，ある光強度以上になると上昇が止まる。このときの光強度を光飽和点（light saturation point）といい，果樹では30～42kluxとされており，夏の晴天時の太陽光の20～30％程度に相当する。光飽和点での光合成速度は9.5～16.3 $mgCO_2 \cdot dm^{-2} \cdot h^{-1}$ (注5)と，果樹の種類によって大きく異なる（表4-Ⅱ-1）。

② 陽樹と陰樹

落葉果樹にはリンゴやナシ，モモ，クリなどのように陽樹（sun tree）が多いが，常緑果樹にはカンキツ類など陰樹（shade tree）が多い(注6)。

陽樹では，日向にある陽葉は日陰にある陰葉より光補償点が高いので，弱光域での光合成速度はやや低い。しかし，光飽和点が高いため，強光域では光合成速度が高まる（図4-Ⅱ-6）。

樹冠内部は日当たりが悪く陰葉の割合が高いので，光合成量が低下して

〈注5〉
光合成速度は，単位時間（1時間）当たりに，単位葉面積（1 dm^2）当たりで吸収されるCO_2の重さ（mg）であらわす。最近はCO_2の重さをモル量（1 mole = 44g）であらわすことが多い。

〈注6〉
陽樹：耐陰性が劣り，日当たりのいい場所を好む。
陰樹：ある程度受光量が低い場所でも生育できる。

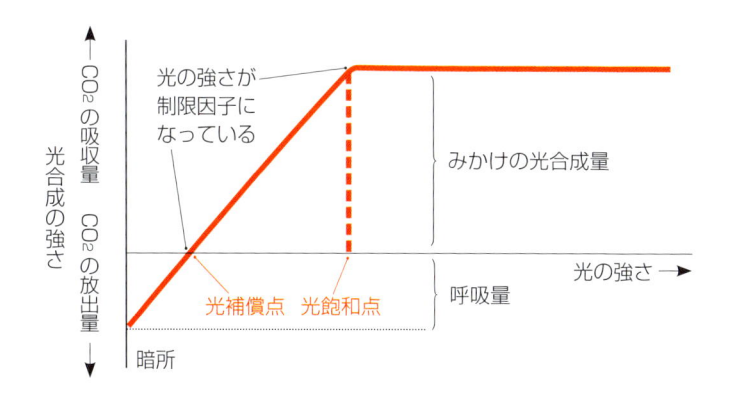

図4-Ⅱ-5 光の強さと光合成の関係（山本・桜井, 2007）

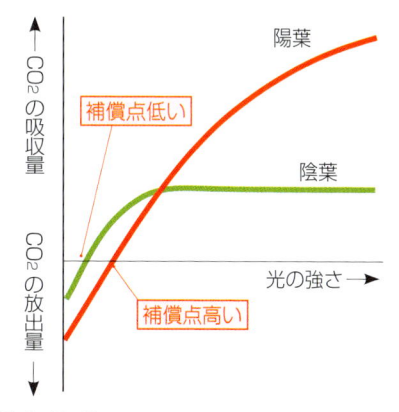

図4-Ⅱ-6 陽葉と陰葉の光強度に対する光合成反応のちがい（山本・桜井, 2007）

表4-Ⅱ-1 おもな果樹の光補償点と光飽和点，光合成速度（松井, 1989）

果樹（品種）	光補償点（klux）	光飽和点（klux）	飽和点での光合成速度（$mgCO_2 \cdot dm^{-2} \cdot h^{-1}$）
リンゴ（ふじ）	1.5	42	15.0
ニホンナシ（二十世紀）	2.0	35	16.3
モモ（大久保）	2.6	40	15.5
ブドウ（デラウエア）	2.6	30	10.5
カキ（富有）	1.3	40	15.5
ウンシュウミカン（南柑4号）	1.3	40	9.5
イチジク（桝井ドーフィン）	1.0	40	12.5
クリ（筑波）	3.0	40	13.0

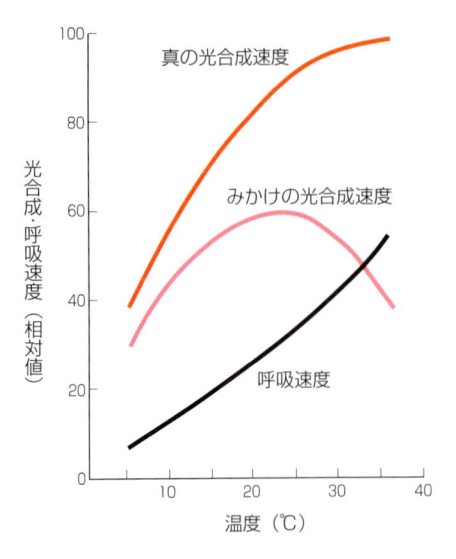

図4-Ⅱ-7
温度と葉の光合成速度，呼吸速度の関係の模式図
（和田, 1995）

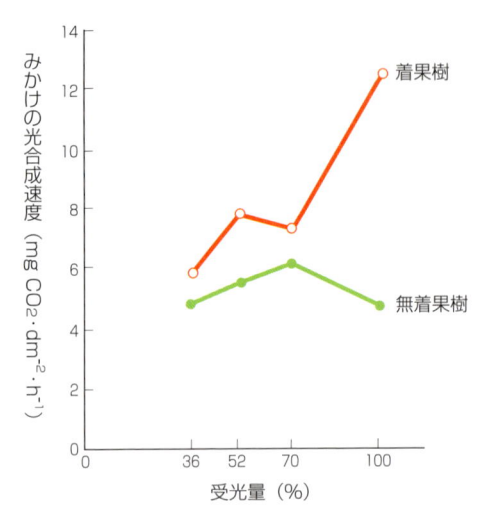

図4-Ⅱ-8
ウンシュウミカン'南柑4号'の光合成速度への着果の有無と受光量の影響（小野, 1985）

枝の充実や果実品質が劣る。整枝・せん定によって，樹冠内部まで十分日が当たるようにする必要がある(注7)。

③温度

光合成の最適温度は樹種によってちがうが，同じ樹種でも時期によってかわる。植物の暗呼吸速度は高温ほど高くなり，10～35℃の生育温度域では，温度が10℃高くなると呼吸速度は2倍になる。そのため，真の光合成速度（総光合成量）はかなりの高温まで上昇を続けるが，同時に呼吸速度も上昇するため，差し引きしたみかけの光合成速度（純光合成量）には適温域がある（図4-Ⅱ-7）。

④葉齢

展葉直後の葉は呼吸速度が光合成速度を上回るため，みかけの光合成速度はマイナスであり，葉の成長に必要な養分は成葉や貯蔵器官から供給を受ける。成葉へと葉齢がすすむにつれて光合成速度が高まり，展葉開始から約1カ月後ころに最大となる。

秋には，気温の低下と老化によって光合成速度は徐々に低下する。

⑤無着果樹と着果樹

葉の光合成速度は無着果樹より着果樹で高い。この傾向は受光量が多いときほど強く（図4-Ⅱ-8），陽光部の果実温度上昇によってシンク活性が高まり，ソースとしての葉の光合成速度が一層高まると推察される。

〈注7〉
ウンシュウミカンのハウス栽培で連年多収が実現しているのは，陰樹としてプラスチックフィルムによる散乱光をうまく利用していることも一因と考えられている。

2 光合成産物の分配と利用

1 シンク,ソースと分配

　葉でつくられた光合成産物（photosynthate）は,師管（sieve tube）を通って各部位に転流し分配される（注8）。葉のように光合成産物を供給する器官をソース（source,供給器官），受け取る器官をシンク（sink,受容器官）とよぶ（図4-Ⅱ-9）。

　シンクは自らの生活や成長のために,ソースから光合成産物を引き寄せるが,分配量は各器官のシンク力（sink strength）によってかわる。活発に成長している,茎の先端部や幼果などはシンク力が強い（注9）。とくに春から夏は,新梢の成長と果実の成長が同時に進行しており,限られた光合成産物を器官間で奪い合う競合が避けられない。

　果樹栽培は果実生産が目的なので,いかに果実への光合成産物の分配を多くするかが栽培技術上の課題である。しかし,永年生作物として長期間生産を維持するために,樹体成長も確保しなければならないので,栄養成長と生殖成長のバランスを維持することが大切である（図4-Ⅱ-10）。

2 分配を左右する環境要因

　光合成産物の分配には,温度などの環境要因も大きく影響する。樹体の温度が一定であれば,果実の温度が高いほど果実のシンク力が強くなり,光合成産物が多く分配される。ただし,果実の温度が高くなると呼吸作用も活発になり,取り

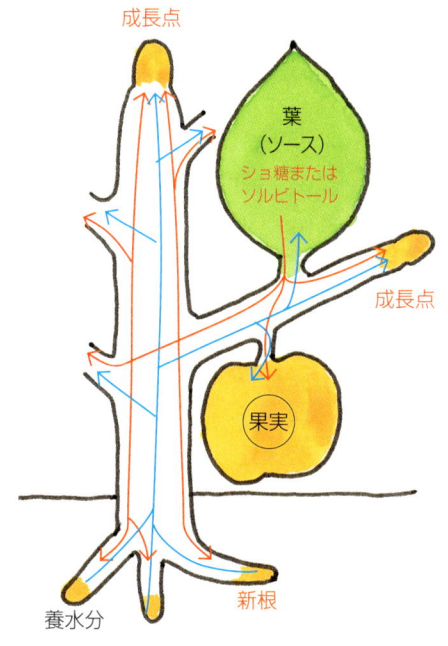

図4-Ⅱ-9
果樹の光合成産物と養水分の流れの模式図
（高橋,1988を改変）
赤線は師管,青線は導管,オレンジ色塗りは強いシンク,緑色はソース

〈注8〉
多くの果樹はおもにショ糖で,リンゴ,ナシ,モモなどのバラ科果樹ではソルビトールで転流する。

〈注9〉
これらの器官ではオーキシンやジベレリン,サイトカイニンなどの成長促進ホルモンのレベルが高く,強いシンク活性をもつ。

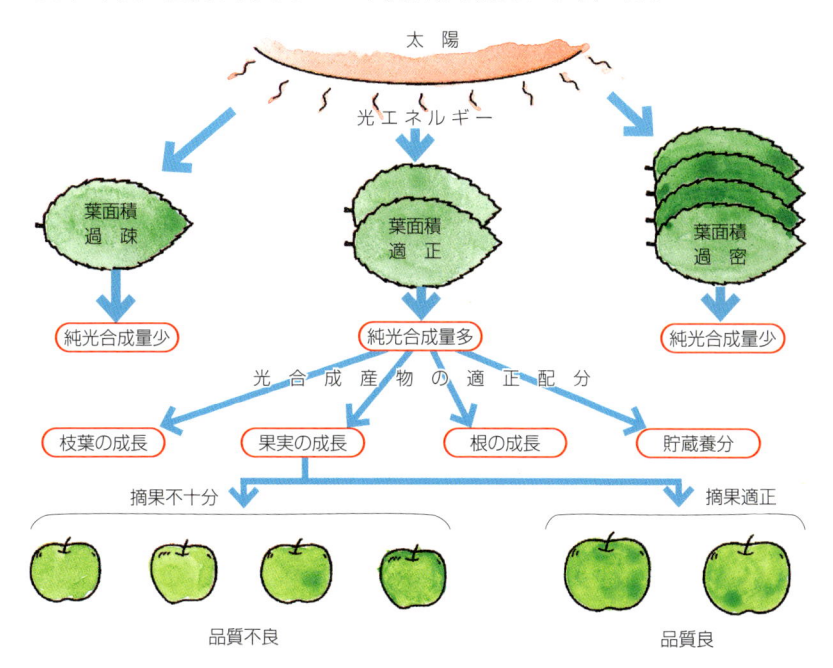

図4-Ⅱ-10　**高品質果実の安定生産のための光合成産物の分配様式**
（『果樹栽培の基礎』農文協より）

Ⅱ　果樹の物質生産と生産力

表4-Ⅱ-2 果実周辺の温度が光合成産物（^{14}C）の分配と呼吸におよぼす影響（早生ウンシュウミカン）
（門屋，1982）

果実周辺温度	葉	果皮	果肉	1果実当たり排出 ^{14}C
30℃	105	83	108	231
20℃	100	100	100	100
15℃	179	71	87	84

注）樹体温度は20℃。数値はいずれも20℃を100とした場合の比数

込まれた光合成産物が呼吸によって消費されるため，果実に残る光合成産物は少なくなる（表4-Ⅱ-2）。したがって，20～25℃程度の温度が，長期的な光合成産物の蓄積には望ましいと考えられる。

光合成産物の転流速度は，転流物質や果樹の種類によっても大きくちがい，24～290cm・h^{-1}程度の幅がある。

3 光合成産物の利用

各シンク器官に運ばれた光合成産物は，その器官の成長や生活に利用されるばかりでなく，一部はデンプンなどの形で貯蔵される。

果樹の地下部や太い枝などに貯蔵された養分は，次年度の春には新梢や花・幼果に再分配されて利用される（注10）。したがって，秋に台風や病虫害によって早期落葉すると，樹体内の貯蔵養分が減少し，翌春の新梢，花，幼果の成長が抑制され，結実も低下する。

3 果樹の収量を左右する栽培要因

果樹の物質生産力やその分配は，光を中心とした環境要因によって大きく影響されるが，せん定（pruning）を含む整枝（training）法や栽植密度（planting density）などの栽培方式（planting system）は，樹冠（canopy）の光条件に大きく影響し，収量（yield）を左右する。

1 最適葉面積指数

単位面積当たりの収量を高めるには，純光合成量を高めることが重要である。葉数が増えると総光合成量は増えるが，過繁茂になって受光状態が悪くなると総光合成量が増えなくなる。葉の呼吸消費量は葉数が増えるとともに直線的に増えるため，純光合成量はある段階をピークにその後は減少する（図4-Ⅱ-11）。

葉の繁茂状態をあらわす指標として葉面積指数（leaf area index，LAI）（注11）がよく利用される。単位土地面積当たりの純光合成量が最大になる葉の繁茂状態を，最適LAIという。ただ，生態学的な最適LAIでは，枝の充実が悪く結実や果実品質が低下するため，高品質果実の連年多収が目的である果樹栽培の最適LAIはそれよりも低い。

果樹では，陰樹であるウンシュウミカンは4～7（注12）であるが，陽樹の落葉樹ではリンゴは2前後（わい性台）～4（マルバカイドウ台），棚仕立てのブドウやニホンナシ，キウイフルーツで2～3と比較的小さい。

〈注10〉
この場合，貯蔵器官はソースとして重要な役割をはたしている。

〈注11〉
全葉面積をその土地の面積で除した値である。全葉面積の測定には，全葉をサンプリングして直接測定する，新梢長と葉面積の関係式を利用する，光の遮蔽や透過率を魚眼レンズでとらえて推定する，などの方法がある。果樹では樹冠占有面積当たりの葉面積を指標として用いる場合もあり，比較する場合には注意が必要である。

〈注12〉
収量だけを視野に入れた場合は7程度だが，高収量を上げている経済栽培園の調査では4～5程度である。すなわち，商品性の高い高品質果実を生産するためには，やや低いLAIが望ましい。

図4-Ⅱ-11 葉の繁茂度と純光合成量との関係および最適葉面積指数

A：全葉の分布

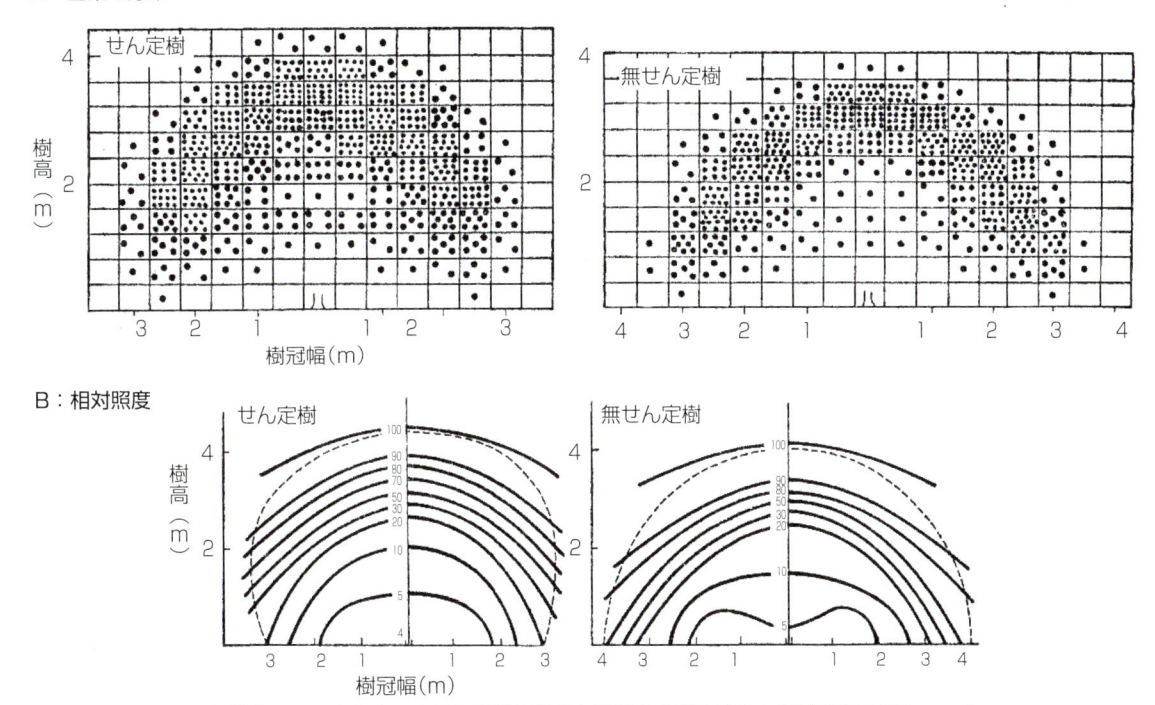

B：相対照度

図4-Ⅱ-12　35年生ウンシュウミカンのせん定樹と無せん定樹の全葉の分布と相対照度（森岡，1978）

2 整枝・せん定

各果樹の成長特性にもとづいた受光態勢のよい樹形にすることが整枝の目的であり，適度なせん定によってそれを維持・改善することが，高品質果実の連年生産の基本である。たとえば，ウンシュウミカンの連年せん定樹と無せん定樹を比較すると，連年せん定樹は樹冠内部まで葉が分布し，分布密度の高い範囲が広く（図4-Ⅱ-12），幹からの距離が近い部位を中心にLAIも高く，結果層もより厚い。

3 栽培方式

①計画密植栽培とLAI

栽植密度もLAIに大きく影響し，収量を左右する。

初期生育が劣るカンキツでは，樹冠の小さい若木のうちは密植にしてLAIを確保し，果実生産力を高める。樹冠が拡大して過繁茂になると，着葉層が上部に移動して果実生産力が低下するため，計画的に間伐を行なって常に最適LAIを維持する（図4-Ⅱ-13）。これを計画密植栽培という。

近年は，初期生育が比較的旺盛な落葉果樹でも，早期成園化による生産力向上をめざして計画密植栽培が取り入れられている。

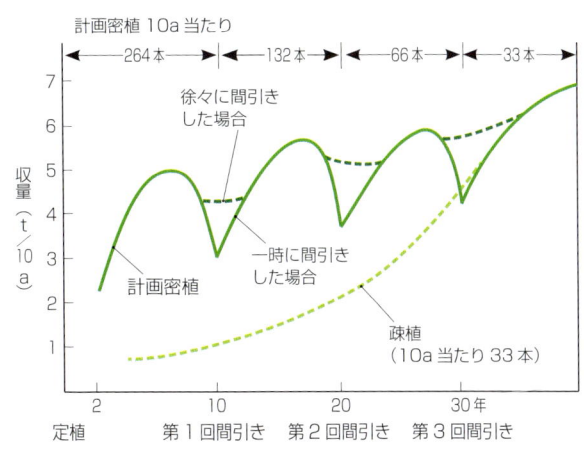

図4-Ⅱ-13　ウンシュウミカンの計画密植栽培と疎植栽培の収量比較（薬師寺，1966を改変）

〈注13〉
開心形の疎植栽培では樹冠下も作業通路として利用できるため，圃場全体を樹冠で覆うことができるが，わい化密植栽培では栽植列のあいだに作業通路が必要なため，樹冠占有面積率が低くなる。

② リンゴのわい化密植栽培と LAI

マルバカイドウ台リンゴの開心形の疎植栽培で，4～7 t/10a の収量を上げている優良園では，LAI が 2 から 4 に上昇するにつれて収量が高まる。これに対して，4～5t/10a の成園収量を上げているわい化密植栽培園では，LAI が 2 前後のことが多く，2.5 程度になると過繁茂とされる。疎植栽培よりかなり低いが，これは圃場の樹冠占有面積率が疎植栽培の平均 88％に対して，密植栽培は 50～70％ と低いためである〈注13〉。

4 隔年結果

1 隔年結果とは

成り年（on-year）または表年ともよばれる結実の多い年と，不成り年（off-year）または裏年ともよばれる結実の少ない年が，1年おきにくり返される現象を隔年結果（biennial（alternate）bearing）という。カンキツやカキ，リンゴの'ふじ'などは隔年結果が強くあらわれるので，これらの樹種や品種では毎年安定した生産をするための工夫が必要である。

2 隔年結果の原因と仕組み

着花が多い年に十分な摘花・摘果をしなかったための結果過多（成り年）と，晩霜害や高温など開花期の異常気象による結果不足（不成り年）の，どちらも隔年結果の引き金になりうる。

隔年結果を栄養面からみると，成り年には過剰に結実した果実に多くの養分が奪われるため，枝や根の養分の蓄積が少なくなり，花芽の分化や発達が抑制される。

樹体生理の面からみると，果実はジベレリン生産能力が高く，果実からまわりの枝（芽）に移行して花芽分化を抑制する。また，成り年には根への炭水化物の蓄積が低下するが，これによって根の成長が抑制されてサイ

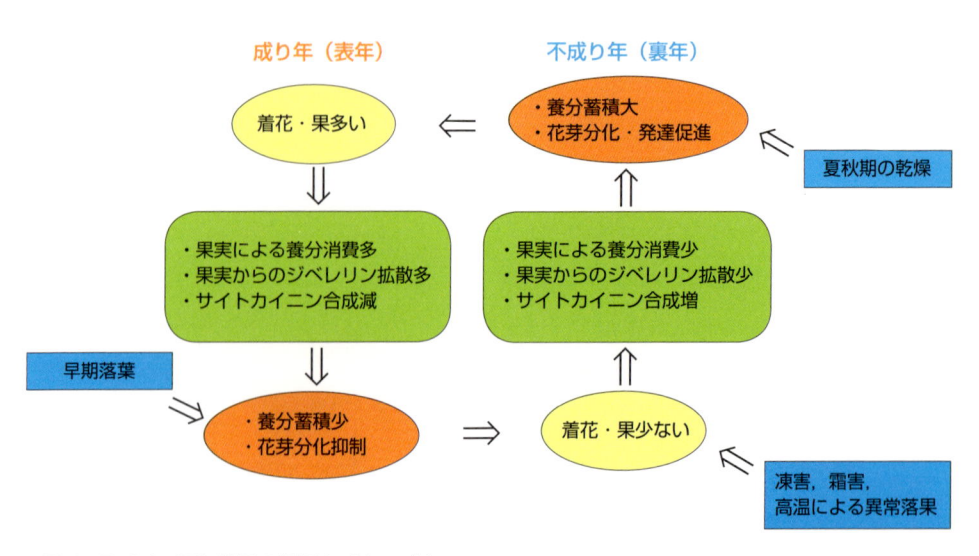

図4-Ⅱ-14　隔年結果の誘因とメカニズム

トカイニンの合成が低下する。そのため，地上部へのサイトカイニンの移動も減って，一層花芽分化が抑制される。このような樹体の栄養・生理的変化によって，翌年の着花が減って不成り年になる。

　不成り年には，果実による養分消費やジベレリン拡散が低下し，根からのサイトカイニンの供給も増えるため，貯蔵養分の増加や花芽の分化・発達が促進されて，翌年の開花数や結実の増加へとつながる。こうして隔年結果のローテーションがくり返される（図4-Ⅱ-14）。

3 隔年結果の防止

　隔年結果を防止するには，摘蕾・摘花・摘果による着果量の調整やせん定，施肥管理など総合的な対策が必要であるが，なかでも成り年の着果量の調整が重要である。当年の果実品質を高めつつ隔年結果を防ぐ着果量の指標として，適正な葉果比（number of leaves per fruit）が各果樹で定められている（表4-Ⅱ-3）。

　ウンシュウミカンは隔年結果性が強いが，翌年度が成り年の場合は，せん定時期を早め，切り返しを多くし，2～3年生枝まで切りもどして予備枝(注14)を設定する。さらに，摘果剤や手による摘蕾・摘果によって早期に最適葉果比に調整する。近年は摘果作業の省力化や高品質化を目的に表4-Ⅱ-4のような摘果方法が開発されている。

〈注14〉
翌年の結果母枝となる発育枝のことで，極端な成り年にはほとんどが結果母枝になって，翌年の結果母枝になる発育枝が不足するため，結果母枝を元から切って強制的に発育枝を出させる。

表4-Ⅱ-3　おもな果樹の適正葉果比（1果実当たりの葉数）

樹　種		適正葉果比	その他の基準
ウンシュウミカン		25～35	
イヨカン		80～100	
リンゴ	中玉品種	40	3～4頂芽に1果
	大玉品種	60～70	4～6頂芽に1果
ニホンナシ		20～30	2～3果そうに1果
ブドウ	小房品種	7～10	3.3㎡当たり50房
	大房品種	12～16	3.3㎡当たり10～15房
モモ		20～30	長果枝に2果，中果枝に1果，5短果枝に1果
カキ		15～25	

表4-Ⅱ-4　ウンシュウミカンの摘果方法のいろいろ

摘果法	摘果の方法
枝別摘果	主枝単位で全摘果する方法で，3本のうち1～2本の主枝に着果しているすべての果実を摘果する
樹冠上部摘果	着果程度に応じて樹冠の上部1/3～1/2に着果している果実をすべて摘果する
後期重点摘果	高品質化を目的に，9月中旬まで着果負担をかけた後，一気に葉果比25～30まで仕上げ摘果をする
隔年交互結実方式	半分の園地では成り年として大量に着果させて，やや小玉ながらも糖度の高い果実を生産し，残りの半分の園地では摘果剤などを利用してほとんどの果実を落とし，不成り年にする方法。翌年は園地の成り年と不成り年が逆になる

III 果樹の成長と植物ホルモン

1 植物ホルモンとは

　植物ホルモンとは，植物自身が生産し，成長や形態形成などの生理現象に微量で作用する物質のことで，成長調節物質や生理活性物質とほぼ同義語である。おもな植物ホルモンには，オーキシン，ジベレリン，サイトカイニン，アブシジン酸，エチレンの5種類があるが，ブラシノステロイドやジャスモン酸，また最近発見されたストリゴラクトンなどを加える場合もある。各ホルモンは独自の生理作用をもつが，植物の成長現象の多くは複数のホルモンの複合作用によって制御されている。

表4-Ⅲ-1　果樹で利用されている植物生育調整剤（植物ホルモンおよび合成の成長調節物質）

生理活性	剤　名	商品名	対象樹種	使用目的
オーキシン	1-ナフタレン酢酸ナトリウム水溶剤	ターム水溶剤	ウンシュウミカン	摘果，夏秋梢伸長抑制
		ヒオモン水溶剤	リンゴ，ナシ	収穫前落果防止
	MCPB乳剤	マデック	カンキツ，リンゴ，ニホンナシ	ヘタ落ち防止，収穫前落果防止
	ジクロルプロップ液剤	ストッポール液剤	リンゴ，ナシ	収穫前落果防止
	エチクロゼート乳剤	フィガロン乳剤	カンキツ，カキ	摘果，熟期促進，夏秋梢伸長抑制など
	インドール酪酸液剤	オキシベロン液剤	リンゴ台木	挿し木発根促進
ジベレリン	ジベレリン水溶剤，液剤	複数のメーカーから数剤	ブドウ，カンキツ，ビワ，アセロラ，カキ	無核化，肥大促進，着果安定，花芽抑制など
	ジベレリン塗布剤	ジベレリン協和ペースト	ニホンナシ，パパイヤ	熟期促進，肥大促進
ジベレリン生合成阻害	メピコートクロリド液剤	フラスター液剤	ブドウ	新梢伸長抑制，着粒増加
	パクロブトラゾール水和剤	バウンティフロアブル	モモ，オウトウ，ウンシュウミカン，ヤマモモ	新梢伸長抑制
サイトカイニン	ベンジルアミノプリン液剤	ビーエー液剤	リンゴ，ブドウ，ウンシュウミカン，オウトウ	側芽発生促進，花振るい防止，着花促進
	ホルクロルフェニュロン液剤	フルメット液剤	ブドウ，キウイフルーツ，ナシ，ビワ	着粒（果）安定，肥大促進，みつ症軽減
エチレン	エテホン液剤	エスレル10	ナシ，モモ，カキ，パイナップル，イチジク，カンキツなど	熟期促進，摘花・果，開花促進など
ジャスモン酸	プロヒドロジャスモン液剤	ジャスモメート液剤	リンゴ，ブドウ，ウンシュウミカン	着色促進，浮き皮軽減
カルシウム剤	塩化カルシウム・硫酸カルシウム水溶剤	セルバイン	ウンシュウミカン	浮き皮軽減
	ギ酸カルシウム水溶剤	エコルーキー	リンゴ	摘花
	炭酸カルシウム水和剤	クレフノン	カンキツ，カキ，ナシ，リンゴ，ブドウ，モモなど	浮き皮軽減，銅水和剤による薬害軽減
その他	キノキサリン系・MEP水和剤	ジョンカラープロ	リンゴ	摘葉
	コリン液剤	サンキャッチ液剤30S	モモ，オウトウ，スモモ	果実肥大・着色促進
	シアナミド液剤	CX-10	ブドウ，ナシ，モモ，オウトウ	休眠打破
		ヒットα13，ヒットα10	ブドウ，オウトウ	休眠打破
	ストレプトマイシン液剤	アグレプト液剤，ヤシマストマイ液剤20	ブドウ	無核化
	NAC水和剤	デナポン水和剤	リンゴ	摘果
	マラソン・NAC水和剤	リンナックル水和剤	リンゴ	摘果
	石灰硫黄合剤	石灰硫黄合剤	リンゴ	摘花

注）簡略化のため個々の農薬の名称と対象果樹，使用目的は代表的なもののみ記載し，対応も省略しているので，実際の使用にあたっては，ラベル等で確認のこと

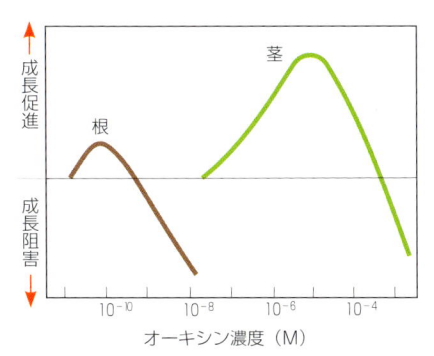

図4-Ⅲ-1 オーキシンの濃度と茎と根の伸長成長 (保尊, 1992)

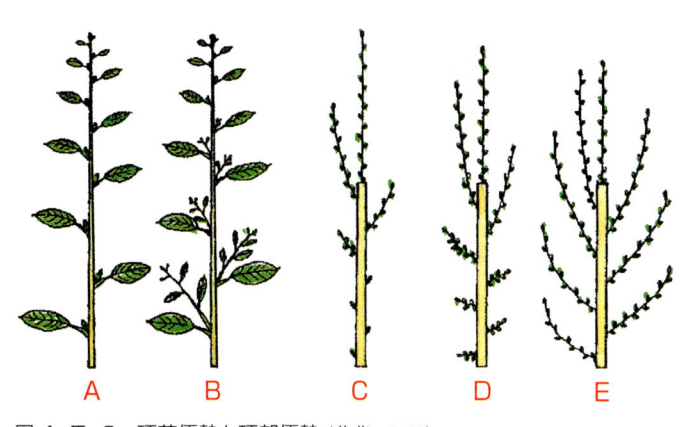

図4-Ⅲ-2 頂芽優勢と頂部優勢 (若菜, 2002)
頂芽優勢：Aは強く，Bは弱い　　頂部優勢：Cが強く，Dは中程度，Eは弱い

果樹栽培では多数の植物ホルモンや合成された成長調節物質がさまざまな目的で利用されている（表4-Ⅲ-1）。

2 オーキシン

オーキシン（auxin）の基本的な生理作用は，細胞壁をゆるませて細胞の吸水力を高め，細胞を伸長させる作用である。オーキシンの伸長促進作用には最適濃度があり，しかも一定の濃度以上になると逆に伸長を抑制する特徴がある（高濃度阻害作用という）。また，器官によって最適濃度がちがい，茎は根よりも高い（図4-Ⅲ-1）。

オーキシンのもう1つの特徴は極性移動である。地上部では，茎頂から重力の方向（下）に向かって移動する。活発に成長している茎の成長点から下に向かって移動したオーキシンが側芽に蓄積すると，高濃度阻害作用によって側芽の伸長や発芽を抑制する。これが頂芽優勢現象（apical dominance）である。同様に，1年生枝の頂芽から発芽した新梢ほど旺盛に成長し，それより下の側芽から発生した新梢の成長が抑制されるが，この現象は頂部優勢（dominance of terminal shoot growth）とよばれる（図4-Ⅲ-2）。この作用により，通常多くの果樹は放任すると主幹形になる。

枝を水平近くまで誘引してオーキシンの濃度勾配を変化させると，頂部優勢が弱まり，側芽からの新梢発生や成長が促進される（図4-Ⅲ-3）。側芽から新梢を発生させる，摘芯や芽傷処理（図4-Ⅲ-4）技術もオーキシンの作用と密接に関係している。

その他のオーキシンの生理作用には，発根促進（注1）や器官の離脱抑制（注2），単為結

〈注1〉
組織培養では培地にオーキシンを添加して，増殖後のシュートに発根させる。挿し木もオーキシンで前処理すると発根が促進される。

〈注2〉
収穫前の落果防止剤として利用する。一方，幼果期には離脱促進作用があるので摘果剤としても利用される。

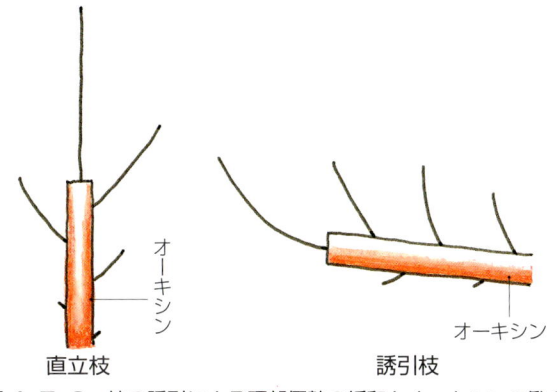

図4-Ⅲ-3 枝の誘引による頂部優勢の緩和とオーキシンの働き
・直立枝では，基部ほどオーキシン濃度が高く，側生新梢（側枝）の発芽や成長を抑制する
・水平近くに枝を誘引すると，頂部と基部のオーキシン濃度の差が小さくなって新梢の成長差も縮まるが，枝の上側と下側の濃度勾配が大きくなり，上側から発生する新梢の成長が旺盛になる

Ⅲ 果樹の成長と植物ホルモン　93

図4-Ⅲ-4
芽傷処理（矢印）によって発生したセイヨウナシの枝

〈注3〉
イチジクやブラックベリーなど多胚珠の果実で効果が認められているが実用化していない。トマトでは実用化している。

表4-Ⅲ-2
植物の形状によるオーキシンとジベレリンの作用性のちがい

	茎切片	無傷植物
オーキシン	◎	△
ジベレリン	△	◎

注）◎：顕著に促進
　　△：わずかに促進

〈注4〉
多くの果樹で可能であるが、実用的には無核ブドウ、無核ビワ'希房'に限られる。

〈注5〉
果樹では花芽分化を抑制し、樹勢が弱く着花過多になりやすいイヨカンで、利用されている。

〈注6〉
発見された順に番号がつけられ、2009年12月現在136種類ある。

〈注7〉
リンゴのわい化栽培で、早期側枝形成やフェザー苗（羽毛状枝（側枝）の発生した苗）生産に利用。

〈注8〉
ハウスミカンで利用されている。

〈注9〉
ジベレリンによる無核のブドウやビワを生産するときに、処理適期の拡大や結実・肥大促進を目的に添加されている。

果誘起（注3）などがある。

天然のオーキシンであるIAA（インドール酢酸，indole acetic acid）は不安定な物質で，植物に外から与えても容易に分解されて効果が持続しないため，果樹栽培では合成のオーキシンが利用される。

3 ジベレリン

ジベレリン（gibberellin；GA）の基本的生理作用もオーキシンと同様で，細胞伸長による茎の伸長促進であるが，作用性は大きくちがう。ジベレリンは，おもに細胞壁中のセルロース繊維の配列方向や細胞の浸透圧への作用によって，細胞の伸長を促進すると考えられている。また，オーキシンのように高濃度での成長抑制作用はなく（図4-Ⅲ-5），切片や無傷植物に対する成長促進作用もちがう（表4-Ⅲ-2）。

その他のジベレリンの生理作用には，種子の休眠打破，単為結果誘起（注4），花芽分化の促進と抑制（注5）などがある。

果樹に含まれるおもな天然ジベレリンは，GA_1，GA_3，GA_4，GA_7である（注6）。GA_3は馬鹿苗病菌など微生物の大量培養から抽出され，安価に利用できるので最も利用範囲が広い。GA_4とGA_7はリンゴやナシに多く含まれ，GA_3より効果が大きいため，これらの果樹で利用されている。

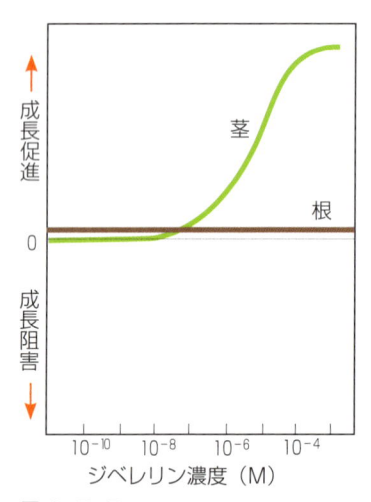

図4-Ⅲ-5
ジベレリンの濃度と茎と根の伸長成長
（谷本，1992）

4 サイトカイニン

サイトカイニン（cytokinin）の名前は有糸核分裂を意味するcytokinesisに由来し，基本的な生理作用は細胞分裂の促進である。カルス（callus）培養で，オーキシンを含む培地にサイトカイニンを加えると細胞分裂が著しく促進される。

サイトカイニンはおもに根端で合成され，蒸散流にのって地上部に移動し，オーキシンとともに頂芽優勢現象に関与する。サイトカイニンを側芽に処理すると，側芽の発芽や成長をうながして頂芽優勢を打破する（注7）。

その他の生理作用として，老化抑制や花芽形成促進（注8），結実や幼果の成長促進（注9），また孔辺細胞にカリウムイオン（K^+）を取り込ませて気孔を開かせる作用（図4-Ⅲ-6）などがある。

天然サイトカイニンは抽出や合成がむずかしく高価なため，一般にBA（ベンジルアミノプリン：6-（N-benzylamino）purine；BAPともよばれる）

などの合成サイトカイニンが利用されている。

5 アブシジン酸

アブシジン酸（abscisic acid；ABA）は，オーキシンやジベレリンなどの成長促進ホルモンの作用に拮抗して成長を抑制する。ABAは命名の由来（器官離脱や生理的落下を意味するabscissionが由来）にもなった器官離脱促進作用をもつが，これはABAの直接の作用ではなく，ABA処理によって合成が誘導されたエチレンの働きによる。また，発見当初は休眠芽の形成にABAが関与しているとされていたが，植物によっては関連がみられない場合もある。

これらにかわるABAの代表的な生理作用は，水不足などに対応した気孔の閉鎖で，サイトカイニンとともに気孔の開閉を制御している（図4-Ⅲ-6）。また，ブドウやカンキツなどの着色現象との密接な関係も知られている。

近年，微生物の大量培養からABAを抽出する技術がすすんでいるが，成長調節剤としてはやや高価で未登録のため，実際生産での利用はない。

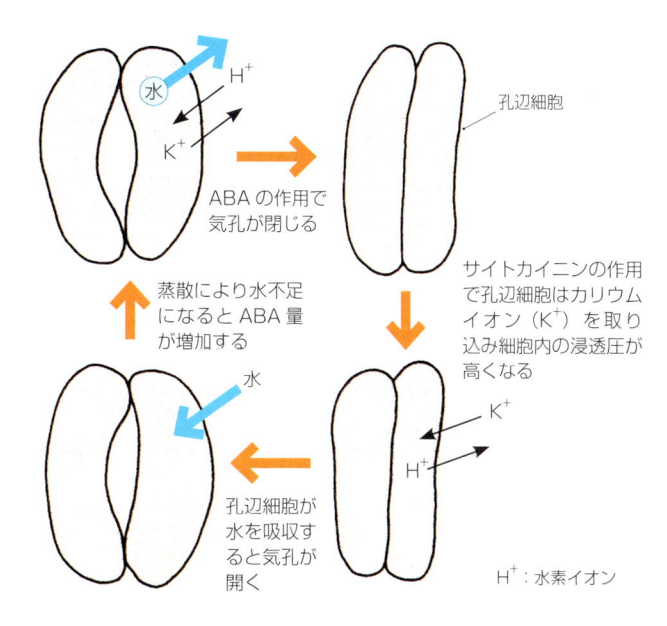

図4-Ⅲ-6　サイトカイニンとアブシジン酸（ABA）による気孔の開閉機構（西谷，1992）

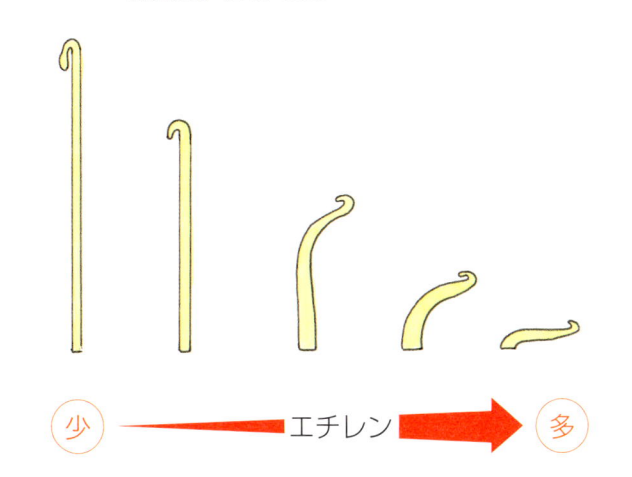

図4-Ⅲ-7　エチレンによるエンドウ芽生えの三重反応（保尊，1992）

6 エチレン

エチレン（ethylene）は前記の4種類のホルモンとちがい，気体である。基本的な生理作用は，エチレンの濃度が高まるにしたがって，①縦方向の伸長が抑制され，②横方向の肥大が促進され，③重力屈性を消失して横向きに倒れる，という三重反応（図4-Ⅲ-7）に代表される成長抑制であり，オーキシンの作用に拮抗することが多い。

エチレンの代表的な作用は果実の成熟促進で，クライマクテリック型果実の成熟ホルモンと考えられている。また，離層（abscission layer）形成促進作用があり，葉や果実などの離脱に直接関与している（注10）。

エチレンは気体のため，バナナの追熟室など密閉可能な場所で果実の追熟促進に利用されているが，圃場では植物に吸収されると分解してエチレンを発生するエテフォン（注11）が開発・利用されている。

一方，エチレン作用を阻害する1-MCP（1-メチルシクロプロペン：

〈注10〉
合成オーキシンによるウンシュウミカンの摘果効果は，オーキシンによって誘導されたエチレンの作用である。

〈注11〉
有効成分は2-クロロエチルリン酸（2-chloroethylphosphoric acid）で，植物に吸収されて弱酸性になると徐々に分解してエチレンを発生する。

Ⅲ　果樹の成長と植物ホルモン

〈注12〉
エチレンと同じ気体であるが，製剤は粉末状に加工されており，水を加えると 1-MCP を発生する。

1-methylcyclopropene）(注12) は，貯蔵性や日持ち向上に利用されている。

7 その他の植物ホルモン

　ブラシノステロイド：オーキシンやジベレリン，サイトカイニンなどの成長促進ホルモンの作用に類似して幅広く，より低濃度で働く特徴がある。合成費用が高く，外から与えても効果の持続性が短い。

　ジャスモン酸：基本的には成長阻害物質であり，ABA に類似した作用をもつ。リンゴやブドウの着色促進，ミカンの浮き皮防止に利用される。

　ストリゴラクトン：植物ホルモンとしての作用は，2008 年に発見されたばかりである。植物の分枝を抑制し，アーバスキュラー菌根菌との共生に関与している。

8 その他の成長調節物質

　植物自身が生産しないので植物ホルモンの定義には当てはまらないが，果樹に処理すると摘花・果，休眠打破，果実品質改善などの効果がある，いくつかの合成成長調節物質が実際栽培で利用されている（表4−Ⅲ−1）。

第5章 果樹の成長と栽培

I 枝・葉の成長と樹勢

1 新梢の成長と養分

1 栄養成長と生殖成長のバランス
①果樹の成長とバランスの維持

　枝葉や根などの栄養器官の成長を栄養成長（vegetative growth），花や果実などの生殖器官の成長を生殖成長（reproductive growth）という。

　幼木期から若木期にかけては，早く木を大きくするために栄養成長をある程度盛んにする必要があるが，栄養成長が盛んになりすぎると結果年齢（bearing age）や盛果期（high productive age）になるのが遅れる。逆に，早くから結果させすぎると栄養成長がおさえられ，木が大きくならない。また，盛果期に結果量を多くしすぎると隔年結果（biennial (alternate) bearing）したり，樹勢が衰えて盛果期が短くなる。果樹栽培では，拮抗する栄養成長と生殖成長のバランスを維持することが重要である（図5-I-1）。

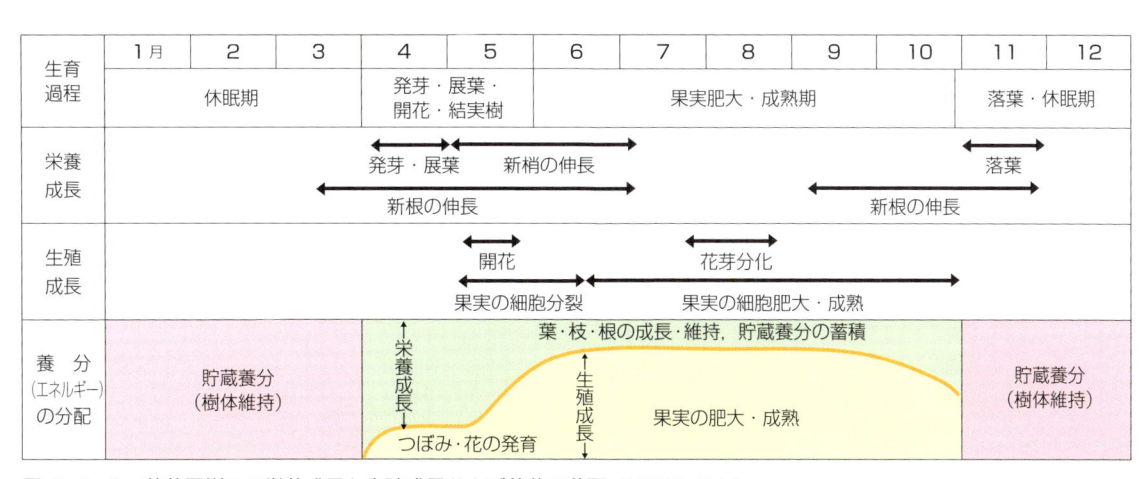

生育過程	1月	2	3	4	5	6	7	8	9	10	11	12
	休眠期			発芽・展葉・開花・結実樹		果実肥大・成熟期					落葉・休眠期	
栄養成長				発芽・展葉 ← → 新梢の伸長							← 落葉 →	
				← 新根の伸長 →					← 新根の伸長 →			
生殖成長					← 開花 →		← 花芽分化 →					
					果実の細胞分裂		果実の細胞肥大・成熟					
養分（エネルギー）の分配	貯蔵養分（樹体維持）			栄養成長／つぼみ・花の発育		葉・枝・根の成長・維持，貯蔵養分の蓄積／生殖成長／果実の肥大・成熟					貯蔵養分（樹体維持）	

図5-I-1　落葉果樹での栄養成長と生殖成長および養分の分配（杉浦編，2004）

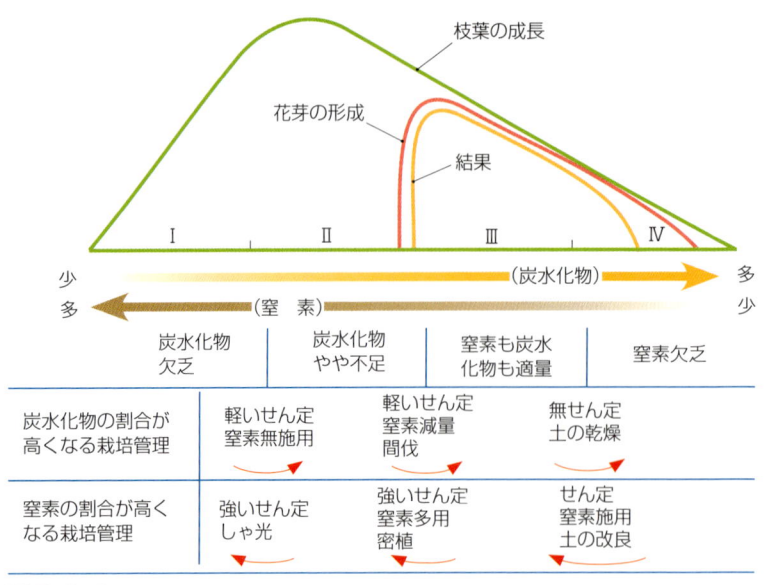

図5-Ⅰ-2
果樹の炭水化物－窒素関係と枝葉の成長，花芽の形成および結実の関係

は，たとえば，Ⅰの状態に軽いせん定や窒素無施用の栽培管理を行なえば，Ⅱの状態に変化することを示している

②炭水化物－窒素関係（C-N関係）

　栄養成長と生殖成長のバランスを説明する理論として，古くから樹体内の炭水化物（C）と窒素（N）の量的比率が密接に関係するという，炭水化物－窒素関係（C-N関係）によって説明がされてきた（図5-Ⅰ-2）。この理論は，1930年代に1年生野菜のトマトで説明されたものだが，その後，永年生の果樹に適用されるようになった。

　この説は，果樹の生育段階をⅠ（幼木期），Ⅱ（若木期），Ⅲ（成木期），Ⅳ（老木期）の4期に分けて，それぞれの時期の成長が樹体内の炭水化物と窒素の量的関係に左右されているというものである。実際の栽培管理にもよく適合するので，現在でも果樹の栽培場面で使われることがある。

2 枝葉の成長と養分転換期
①枝葉の成長と養分

　1年生作物は，葉を展開して，光合成が十分行なえる態勢ができてから開花・結実するが，永年生の果樹は新葉の展開と同時に開花・結実がすすむ。果樹では，新葉の展開・成長や果実の初期発育は，前年に蓄えられた貯蔵養分（reserve nutrient）によって行なわれるためである。

　春先の幼果は新葉が少ないほど発育がよいが，貯蔵養分の利用で新葉との競合が少ないためである。なお，新しい根や枝葉を展開したのちは，果実の発育は新しくできた葉の光合成によって行なわれる。果実発育は，前年の葉の働きによる養分と，本年の葉の働きによる養分に分けて考える必要がある。

　果実発育に働く，短果枝の果そう葉 (注1) や新梢（本年新しく伸びた枝）の10枚目までの葉は貯蔵養分で成長する。新梢の最初に出る葉（初生葉）は小さいが，上位の節になるにつれて大きくなり，9～12枚目がやや小さく，その後再び大きくなる傾向がある（図5-Ⅰ-3）。9～12枚目の葉が成長する時期が養分転換期（次項参照）で，この時期から本年の葉の光合成養分で成長する。貯蔵養分が少なく，この時期まで葉面積が十分確保できない新梢は遅くまで伸びやすい（遅伸び）（図5-Ⅰ-4）。

　展開した葉は，太陽の光を効率的に受けとめるよう自然に配置され，光合成や呼吸，葉温の調節などを盛んに行なうようになる。

〈注1〉
1つの花芽のなかから出る葉。

図5-Ⅰ-3
ニホンナシの新梢の養分転換期の葉（矢印）

②養分転換期と生理的特徴

　枝葉が充実し光合成を行なうようになると，樹体内の貯蔵養分量の低下がおさえられ，前年の貯蔵養分による発育から，本年の葉の光合成養分による発育へと移行する。この時期が養分転換期であり，リンゴやナシでは開花後１カ月ころにあたる。

　養分転換期は樹にとって生理的に不安定な時期であり，花や幼果と枝梢との養分競合が発生しやすい（図５-Ⅰ-５）。わが国では，梅雨と養分転換期が重なるので，とくに養分競合しやすい。梅雨には日照が少ないので，光合成による炭水化物の生産が少なくなる。したがって，根から吸収される窒素によってアミノ酸が蓄積されるが，タンパク質は合成されない。このため，枝梢は徒長気味になり，充実が悪く病気にもかかりやすくなる。しかも，植物体内に蓄積したアミノ酸は，病原菌の栄養として使われる。

　梅雨に生理落果や異常落葉が多発するのは，生理的に不安定な時期に，湿害によって根に障害を受けるためである。

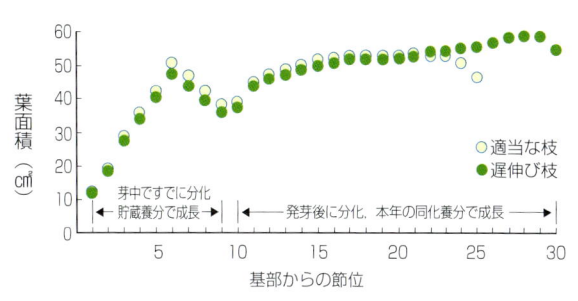

図５-Ⅰ-４　ナシ'二十世紀'の発育枝の節位別葉面積（熊代ら，1994）

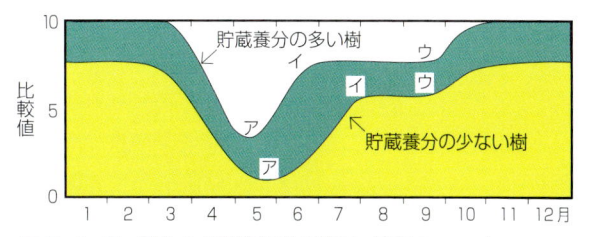

図５-Ⅰ-５　樹体内の貯蔵養分の消長（熊代ら，1994）
ア：養分転換期，ア～イ：生理的に不安定な時期，イ～ウ：果実に蓄積されるので樹体内には増えない
貯蔵養分の多い樹はイまでの期間が短く，早い時期から果実に養分が蓄積される

2　新梢成長の停止と休眠

1　自発休眠と他発休眠

　落葉果樹の芽は，夏から秋にかけて新梢の成長が停止し，生理的な休眠にはいっていく。休眠期は，生理的に２つの時期に分けられる。

　１つは，芽が生理的に眠っていて発芽に適した環境でも動きださない時期で，自発休眠（endodormancy）という。落葉前の９月ごろから自発休眠にはいり，10～11月に最も深くなり，その後低温にあうにつれて休眠からさめる（図５-Ⅰ-６）。２月ごろは，ほとんどの果樹の自発休眠はさめているが，気温が低いため発芽できない状態にある。これを他発休眠（ecodormancy）といい，適した温度になるとすぐに発芽してくる。

2　休眠の時期，深さの調査

　休眠の開始時期や深さは，摘葉した切り枝などを利用して，温室などで発芽するまでの日数や割合を調べることで推定できる。図５-Ⅰ-７は，７月から翌年の

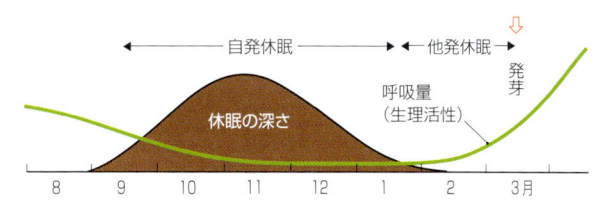

図５-Ⅰ-６　芽の自発休眠と他発休眠を示す模式図（熊代ら，1994）

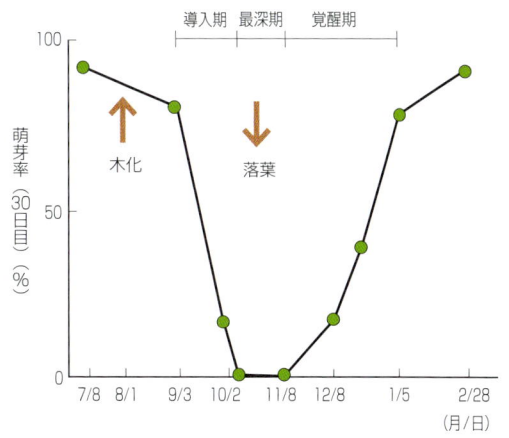

図５-Ⅰ-７　ブドウの芽の自発休眠の深さの季節的変化（中川，1978）

Ⅰ　枝・葉の成長と樹勢　　99

2月末まで，1カ月ごとに摘葉したブドウの苗を温室に入れて，30日後の発芽率を調べたものである。9月上旬から発芽率が80％以下になり，自発休眠のはいりはじめ，10月上旬の落葉期にはまったく発芽せず，最も休眠が深い。リンゴ，ナシ，モモなどでも，休眠の最深期は10月上旬から11月上旬である。

3 ┃ 休眠の仕組み

休眠は，短日，乾燥，低温などで誘導されることが知られている。

①日長と休眠

リンゴ，ナシ，モモなどの果樹は比較的日長には反応しにくいが，'デラウエア'や'ナイアガラ'など米国系ブドウやキイチゴは短日条件によって容易に成長を停止し，休眠にはいる。日長に反応しやすい植物では，一部の葉の短日処理で，植物全体が影響を受けて成長を止めるので，葉で受けた刺激や休眠を誘導する物質が芽に移動すると予想される。

実際に，植物が短日条件下におかれると，葉で成長抑制物質が生産され，芽に移動して休眠をうながすことが知られている。この抑制物質は，おもにアブシジン酸（ABA）であり，このほかに，ウメ，モモなどの核果類では青酸やその配糖体，ミカンやブドウでは種々の有機酸，その他アルカロイドやフェノール類なども知られており，ABAと相乗的に働いて休眠を誘導すると考えられている。長日条件下では成長促進ホルモンの一種であるジベレリン（GA）が若葉でつくられ，枝葉は成長を続ける。

GAとABAは，ともにメバロン酸からつくられ，フィトクロムという色素タンパクが日長に反応して，GAあるいはABAを合成するスイッチが切りかわると考えられている（図5-Ⅰ-8）。

②低温と休眠

・休眠打破には低温が必要

低温要求が満たされずに春をむかえると，正常な発育がさまたげられる。発芽や開花が遅れたり不ぞろいになり，結実や果実発育にも影響する。こうした現象は，アメリカ南部，中南米，オーストラリアなど，冬が比較的温暖な地域でみられる。わが国ではほとんどみられないが，施設栽培の普及によって，低温要求が満たされていない段階から加温する加温促成栽培でしばしば問題となる。

自発休眠が十分に破れていないと，枝の先端近くの芽だけが発芽して，残りの芽は発芽しないか，発芽しても生育が不ぞろいになる。加温促成栽培では，自発休眠を十分に打破してから加温する必要がある（3章Ⅳ-2-2-②参照）。

・有効な低温の基準とチル・ユニットモデル

落葉果樹では，自発休眠を完了するために一定

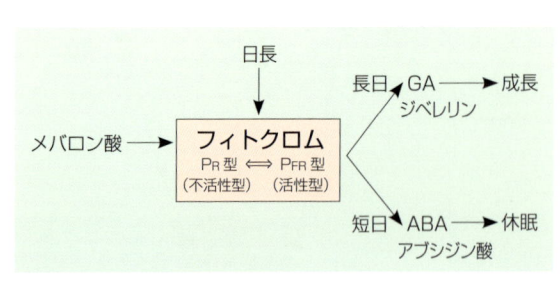

図5-Ⅰ-8　芽の休眠の仕組み
フィトクロムは植物の光応答に関与する色素タンパク質で，赤色光と遠赤色光の光を効率よく吸収する。暗所では，フィトクロムは不活性型の赤色光吸収型（P_R）で合成され，赤色光によって活性型の遠赤色吸収型（P_{FR}）へと変換される。逆に，P_{FR}は遠赤色光によってP_Rへともどる。このように，植物はフィトクロムで日長に反応し，生理反応にかかわっていると考えられている

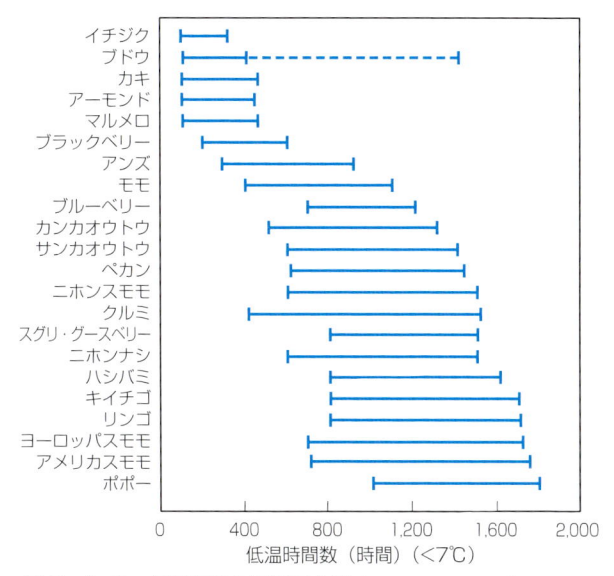

図5-Ⅰ-9　各種果樹の低温要求量（Westwood，1993）
樹種に表示されている範囲は，種内の低温要求量の少ない品種と多い品種の差異を示す。ブドウは短い低温時間でも成長するが，長くすると成長がきわめて早くなる

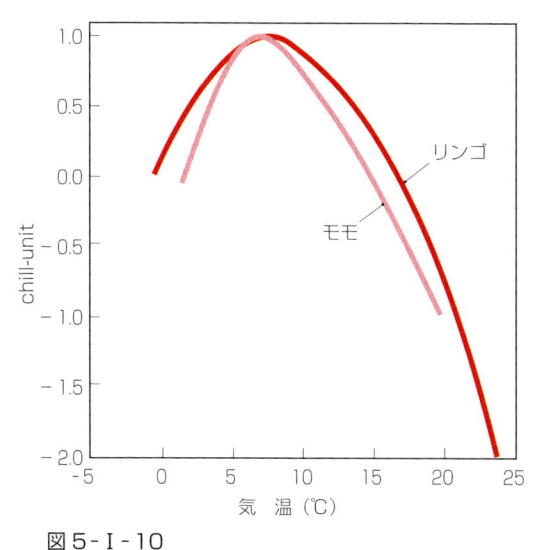

図5-Ⅰ-10　モモとリンゴのチル・ユニット（chill-unit）曲線
（Shaltout and Unrath, 1983）
7.2℃以下の温度でも低温になるほど効果が劣り，0℃以下になると効果がなくなる。また，7.2℃以上の温度でも12～13℃ぐらいまでは休眠打破に有効である

期間低温にあう必要があり，この低温要求量は果樹の種類や品種で大きくちがう。

自発休眠を打破するのに有効な低温は経験的に7.2℃（45°F）が基準とされ，7.2℃以下の温度の時間数を積算して各種果樹の休眠打破に必要な低温要求量が示されている（図5-Ⅰ-9）。しかし，同じ品種でも年次や場所によって低温要求量にかなりの差があるので，現在では自発休眠の完了を予測する方法として適切ではないとされている。

そのため，温度による自発休眠打破効果のちがいを加味して低温要求量を積算する，チル・ユニット（chill-unit）モデルが利用されており，自発休眠打破に最も効果の高い6～8℃に1時間遭遇した場合を1 chill-unitと定義している（図5-Ⅰ-10）。

③その他の要因

休眠打破には，温度以外に降雨や霧などの気象要因も影響する。休眠期に実験的に人工雨や細霧を降らせると休眠期間が短縮され，萌芽や開花が早くなる。これは，降雨により芽のなかの成長抑制物質が洗い流されたり，樹体温が低下するためと考えられている。

④休眠を打破する化学物質

自発休眠を打破する，いろいろな化学物質が知られており，一部実用化されている。外国の温暖地域では，機械油（鉱油），ジニトロクレゾール（DNOC），硝酸カリウム，チオ尿素，エチレンクロルヒドリン，シアナミドなどが実用化されている。硝酸カリやチオ尿素は，それ自体の休眠打破効果は低いが，機械油やDNOCと組み合わせて散布すると効果が高まる。

> **開花予想**
>
> 　果樹の開花予想では，開花前の気温と開花日に高い相関があることが指摘されてきた。種類や品種で多少ちがうが，大部分の果樹は満開前 40 日前後の平均気温または平均最高気温が高いほど早く開花する。しかし，この指標を用いた開花日の予測では誤差が大きく，実用上問題が多い。原因は，開花までの温度の効果が直線的ではなく曲線的になるので，起算日をいつにするのかによる誤差が出るためである。
>
> 　そこで，温度と生育速度との関係を考慮し，温度変換日数（注）を積算して開花日を予測するシステムが開発されている。そのうち，代表的な開花予測法は，起算日を0，開花期を1とする生育ステージ（DVI）で，日々の発育速度（DVR）を積算して予測しようとするもので
ある。
>
> 　開花日を予測するのに，花，とくに花粉の発育段階を指標とする方法もある。ブドウ'デラウエア'の，無核化のためのジベレリン処理適期は開花 14 日前であるが，この時期は花粉4分子期である。樹勢や枝の伸び方で花穂の大きさや形がちがうので，花粉の発育段階を調べることで的確な時期に処理することが可能である。また，ニホンナシの受粉用品種'長十郎'でも，花粉4分子期は開花 23〜25 日前にあたり，ある程度開花日を予測することが可能である。
>
> （注）温度に対する感受性は生育段階でちがうので，温度係数値を考慮した開花までの日数を積算することで誤差を少なくする。

　わが国では，石灰窒素（$CaCN_2$）の上澄液や，その主成分であるシアナミド（H_2CN_2）が用いられている（第3章Ⅳ-2-2-②参照）。

3 枝葉の成長と調節

1 早期展葉の重要性

　表5-Ⅰ-1は，徒長枝の発生程度のちがうナシ'二十世紀'の果実肥大と1果実当たりの葉数との関係をみたものである。ナシの果実の肥大・成熟には，1個当たり 25〜30 枚の葉が必要で，葉数の多いほうが果実肥大がよいとされている。しかし実際に調査してみると，葉数の多いほうが果実肥大が悪いことが多い。

　これは，果実の肥大は最終的な葉数よりも，果実肥大に結びつく葉数がいつ確保されたかが重要であることを示している。葉数が多くても，日陰にあったり，光合成産物が枝の成長に使われてしまっては，果実は肥大できないのである。葉を早く展開させて光合成能力の高い葉を確保するとともに，光合成産物をいかに果実の成長に結びつけるかが重要になる（注2）。葉を早く展開させることが早期展葉である（1-2-①参照）。

2 樹勢と栄養診断
①樹勢とは
　樹の成長する勢いのことを樹勢という。その年の新梢の生育状態を的確

〈注2〉
日当たりがよい葉は厚くて丈夫であるが，枝葉が繁茂し日当たりが悪い葉は，大型で薄い。日陰の薄い葉は，光合成能も低く，光飽和点も低い（第4章Ⅱの図4-Ⅱ-6参照）。

> **葉の構造**
>
> 　葉の表面は，乾燥や病原菌などの侵入を防ぐためクチクラで覆われている。クチクラの下には表皮組織があり，内部の組織を保護している（図5-Ⅰ-11）。表皮組織には，ガス交換や蒸散を行なう気孔があり，下部表皮に多い。
>
> 　葉肉組織は，整然と並んだ柵状組織と空隙の多い海綿状組織でしめられ，両組織で光合成を行なう。光合成能の高い厚い葉では海綿状組織が発達している。葉肉組織には，根からの養水分を運ぶ導管と光合成産物を運ぶ師管からなる維管束が張りめぐらされている。

表5-Ⅰ-1　徒長枝の程度からみた葉数と果実の大きさ（林ら，1991）

	徒長枝の多いふところ部分		徒長枝の多い先端部		樹全体	
	1果当たり葉数	果重(g)	1果当たり葉数	果重(g)	1果当たり葉数	果重(g)
A樹　徒長枝顕著	67	198	18	297	41	269
B樹　徒長枝やや多	46	259	17	314	30	286
C樹　徒長枝少	39	276	20	320	28	301

に判断して，施肥，着果量，せん定などの栽培管理に活かしながら，適度な樹勢を長く維持することが良品多収の基本となる。樹勢が強すぎると栄養成長過多になり，新梢が勢いよく伸び枝葉が過繁茂になって，果実の収量や品質が低下する。逆に，樹勢が弱いと新梢はあまり伸びなくなり，果実の収量は低下する。

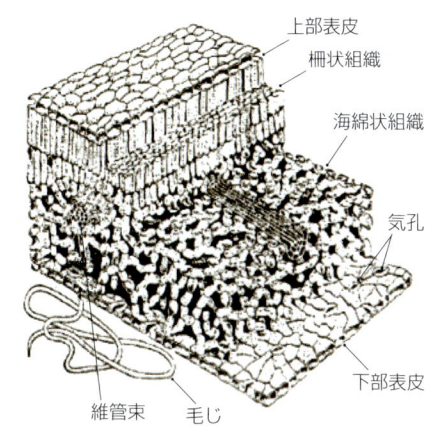

図5-Ⅰ-11　リンゴの葉の断面図

②新梢成長と栄養診断

　樹勢を判断するには，新梢の伸び具合や伸長停止時期が目安になる。適度な樹勢の樹では，新梢は30〜40cm程度の長さで，6月下旬から7月上旬には止まる。樹勢が強すぎると新梢はこれ以上に伸び，7月中下旬まで伸長する。樹勢が弱すぎるとこれより短くなり，早くから止まる（図5-Ⅰ-12）。

　樹勢には，前年に蓄えられた貯蔵養分の多少が関係している。貯蔵養分が多いほど早く展葉し，果実発育に働く葉が早くから確保される。しかし，貯蔵養分が少ないと，新梢は遅伸びし，果実の初期発育は不良になる（1-2参照）。

③落葉期の葉色と栄養診断

　落葉期の葉色は，樹体内の栄養状態をよくあらわしている。

　遅くまで落葉せずに褐変して落葉する樹は，窒素が遅効きし，樹体内が窒素過多になっている。栄養成長が旺盛な若木や，収穫後に礼肥として秋肥を多く施用した樹でよくみられる。こうした樹は，枝の登熟や耐凍性を高める炭水化物の蓄積がすすまず，冬の凍害を受けやすい。

　逆に窒素が不足している樹は，葉が秋の早い時期から紅色のはいった黄色に変わり，落葉も早くなる。葉の老化が早くなっているので，窒素施肥の方法や量を改善する必要がある。

　樹体内の窒素や炭水化物が適度であれば，晩秋にきれいな黄色になっていっせいに落葉する。このような園では，枝の長さや成長の停止時期がそろい，樹勢も落ち着いた状態にあり，均一な果実が生産され，果実生産力も高い。

　葉には乾物重当たり2〜3％の窒素が含まれているが，3割近くが落葉する前に枝や幹，根に転流して蓄えられ，翌年に再利用される。

①弱い新梢

②適度な強さの新梢

③強い新梢

図5-Ⅰ-12　ブドウの新梢の成長と診断

Ⅰ　枝・葉の成長と樹勢

紅葉と落葉の仕組み

　晩秋に緑の葉が紅色や黄色に変わることを紅葉という。紅葉を生じさせる要因はおもに日長と低温である。秋になって日長が短くなり，夜間の温度が10℃以下になると，葉中のオーキシンやジベレリンなどの成長促進ホルモンの合成が少なくなり，逆に葉の老化を促進するアブシジン酸（ABA）やエチレンなどのホルモンがつくられる。

　ABAやエチレンが多くなると，枝と葉をつないでいる葉柄の基部に離層組織が発達してくる（図5-Ⅰ-13）。離層組織は，柔細胞が盛んに分裂し，葉柄を横切る小さな細胞の層（離層）としてつくられる。離層の維管束には繊維細胞は発達しないので，物理的に脆弱な組織になっている。

　離層組織が発達すると，葉で合成された糖分が転流しにくくなり，葉に蓄積してくる。葉に蓄積された糖は，色素のもとになる成分（アグリコン）と結合してアントシアニン色素をつくる。同時に，クロロフィル（葉緑素）はエチレンの働きで分解され，葉は緑色から紅色に変化する。

　これに対し，黄色に変化する葉は，もともと葉中にある黄色の色素であるキサントフィルなどのカロテノイド系色素が，葉緑素の分解後もそのまま残るために黄色に変化したようにみえる。

　紅葉は晩秋の気候がよく光合成が十分に行なわれる環境で，しかも夜温が低下するほどすすむ。

　紅葉がすすむとやがて落葉する。葉で合成されたエチレンによってペクチナーゼやセルラーゼの酵素活性が高まると，細胞どうしを接着している中葉（middle lamella）や細胞壁を部分的に溶かして細胞が分離するが，離層組織の細胞は小さく，中葉や細胞壁が未発達なため，容易に分解されて葉が離脱し落葉する。

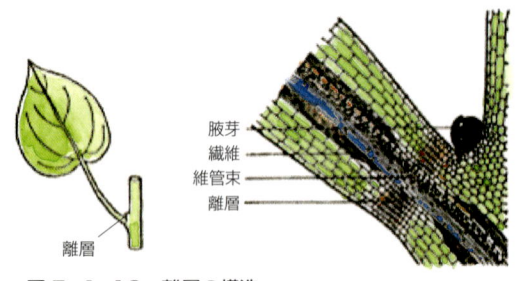

図5-Ⅰ-13　離層の構造
離層の部分では細胞が小さく，維管束の繊維がなく物理的に弱い

3 新梢成長の調節

①除芽（芽かき）

　春先の栽培管理として除芽（芽かき）がある。除芽は冬のせん定とちがい作業が簡単であるが（図5-Ⅰ-14），除芽をせずにそのまま放置しておくと，やがて強大な徒長枝となる。

　除芽は，徒長枝の発生によるむだな貯蔵養分の消費をおさえ，果実の発育に貢献する枝葉の展開を促進する。また，徒長枝の発生がおさえられることで，結果部分の日当たりがよくなったり，病害虫の発生も少なくなる。

図5-Ⅰ-14　芽かきの方法
指の先で簡単にかくことができる

②摘心

　結果部分に近い徒長枝や発育枝は，種子と養分競合をおこして，胚の発育をおさえてしいな（empty seed）の発生を助長し，生理落果や変形果の原因になる。

　側枝の基部付近の背面から発生する着果した新梢で強大になるものは，果そう葉を残して摘心する（図5-Ⅰ-15）。予備枝上の新梢は，先端の1～2本のみ伸長させ，他の強い新梢は除するか，4～5葉で摘心する。

図5-Ⅰ-15　摘心（ニホンナシ‘幸水’）
強く伸びそうな新梢は果そう葉の上で切る

Ⅱ 花芽形成と開花・結実

1 芽の種類と結果習性

1 芽の種類

①花芽と葉芽

その年に伸びた枝には，大きさや形が異なる芽がついている。この芽のなかに，翌年伸びる枝葉や花の原基がはいっている。花の原基がはいっている芽を花芽（flower bud）といい，枝葉だけのものを葉芽（leaf bud）という（図5-Ⅱ-1, 2）。もともと花芽も葉芽と同じ構造であったものが，その後に花芽分化（flower bud differentiation）することで花原基が分化し，葉芽とは異なる構造になったものである。花芽は葉芽より大きく，形も丸味を帯びているが，葉芽は小さく，先がとがっている。

②中間芽

花芽よりも小さくて丸味を帯び，花芽と葉芽の中間の形をしている芽が中間芽（transitory bud）である。中間芽は，完全に花芽分化せずに途中で発育が止まった芽である。外見は花芽と区別がつきにくいので，せん定のときは注意が必要であるが，春先には枝葉のみが伸長する。

③潜芽

その年につくられた芽が伸び出さず，そのままの状態にあるものを潜芽または陰芽（latent bud）という。潜芽は，せん定によって養分が送られるようになったり，樹勢が強くなると発芽する。

春先に枝の背上にある潜芽は大きくなり，徒長枝の原因となることが多いので，冬のせん定や春の芽かきで残さないように取り除く。

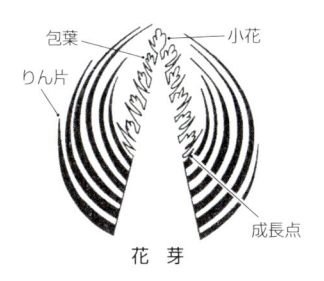

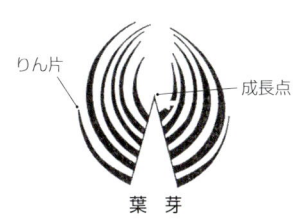

図5-Ⅱ-1 ニホンナシの花芽と葉芽の構造（模式図）

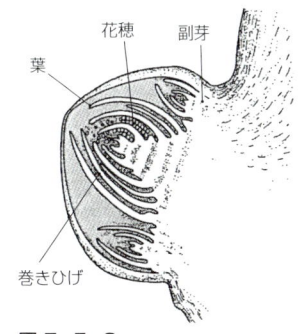

図5-Ⅱ-2 ブドウの発芽前の花芽の内部構造

2 花芽の種類と結果習性

①花芽の種類

花芽には，モモなど核果類のように芽から花しかあらわれない純正花芽（pure flower bud）と，花とともに枝葉もあらわれる混合花芽（mixed flower bud）がある。混合花芽には，リンゴのように芽からあらわれた枝の先端に花がつくものと，カキやブドウのように枝の葉腋に花がつくものがある（表5-Ⅱ-1）。

新梢の頂芽が花芽になる場合を頂生花芽といい，リンゴ，ナシ，ビワなど

表5-Ⅱ-1 おもな果樹の結果習性（熊代ら，1994を一部修正）

		花芽の種類		
		純正花芽	混合花芽Ⅰ	混合花芽Ⅱ
花芽の着生部位	頂生花芽	ビワ	リンゴ，ナシ，クルミ（雌花），ペカン（雌花）	
	頂腋生花芽		カンキツ類ときに，リンゴ，ナシ，クルミ（雌花），ペカン（雌花）	カキ，クリときにカンキツ類
	腋生花芽	モモ，スモモ，アンズ，ウメ，オウトウ，スグリ，フサスグリ，ペカン（雄花），クルミ（雄花），オリーブ	キイチゴ類	イチジク，ブドウ，キウイフルーツ
果実の着生状態		前年生枝に着果	本年生枝の先端に着果するが，葉枝が短い場合は前年生枝に着果したようにみえる	本年生枝の葉腋に着果

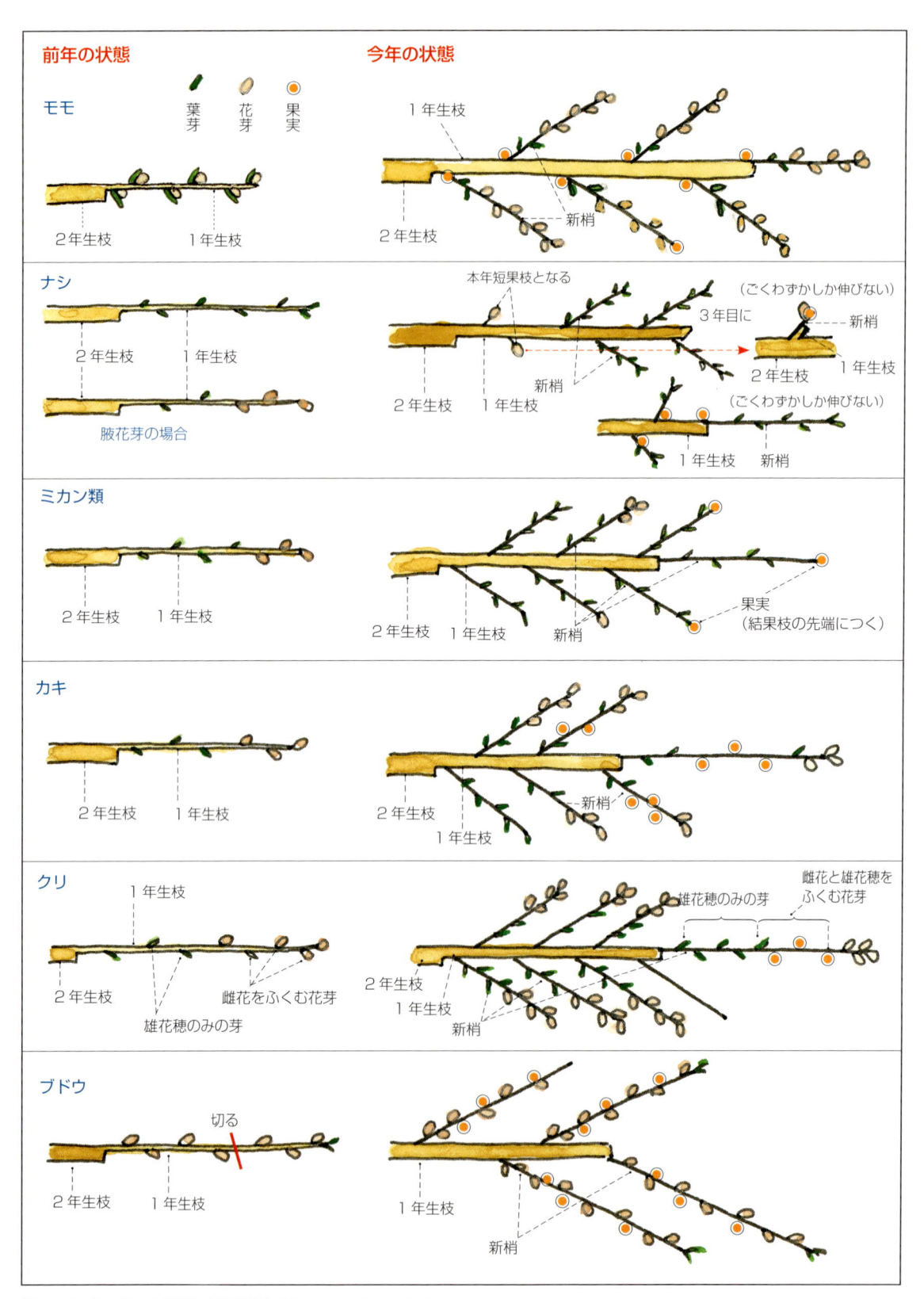

図 5-Ⅱ-3　おもな果樹の結果習性（金戸・永沢を一部改変）

があるが，品種や樹の栄養状態によって，頂芽に近い腋芽も花芽になることがある。新梢の頂芽とこれに近い腋芽が花芽になる場合を頂腋生花芽といい，カンキツ，カキ，クリなどがある。新梢の腋芽が花芽になる場合を腋生花芽といい，モモなどの核果類，ブドウ，イチジクなどがある。

純正花芽は，前年に伸びた枝に果実が直接つくが，混合花芽では，その年に伸びた新梢に果実がつく。

②結果習性とせん定

このような花芽や果実のつき方を結果習性（bearing habit）という。せん定は，それぞれの樹種の結果習性をよく知って行なう必要がある。枝の先端やそれに近い芽が花芽になるリンゴやカキなどでは，枝の先端を切り落とすと花芽がなくなるので，果実がつかない。

また，モモやウメなど核果類の枝の先端には必ず葉芽がついており，そこから新梢が伸び出すので，枝を途中から切らず，混んでいる場合は枝を元から取り除いて日当たりがよくなるようにせん定する（図5-Ⅱ-3）。

2 花芽形成

1 花芽分化

①花芽分化の時期

新梢の先端や葉腋には，枝葉を展開する芽（成長点）がある。この芽のなかに花の原基ができる現象を花芽分化という。花芽分化は，小さな成長点が膨らんで盛り上がることから始まり，この時期を花芽分化開始期という。リンゴ，ナシ，カキ，モモなど主要な果樹は，6月下旬から8月中旬にかけてが花芽分化開始期である。つまり，当年の果実が発育している最中に，翌年の果実の元になる花芽が分化する。

花芽分化した成長点では，急速に小花の原基が形成され，がく，花弁，雄ずい，雌ずいの順に，それぞれの原基が分化・発達していく（図5-Ⅱ-4）。

②新梢停止時期と花芽分化

6月下旬から8月中旬が花芽分化開始期であるが，実際には新梢の生育が止まって数週間から1カ月ほどして花芽が分化する。したがって，新梢が早く止まれば花芽も早く分化するし，逆に遅くまで伸びれば花芽分化も遅れる。花芽分化は新梢の先端から基部に向かってすすむため，1本の新梢でも花芽分化開始期が多少ずれる。

つまり，新梢が早く止まる短果枝ほど早く花芽分化し，

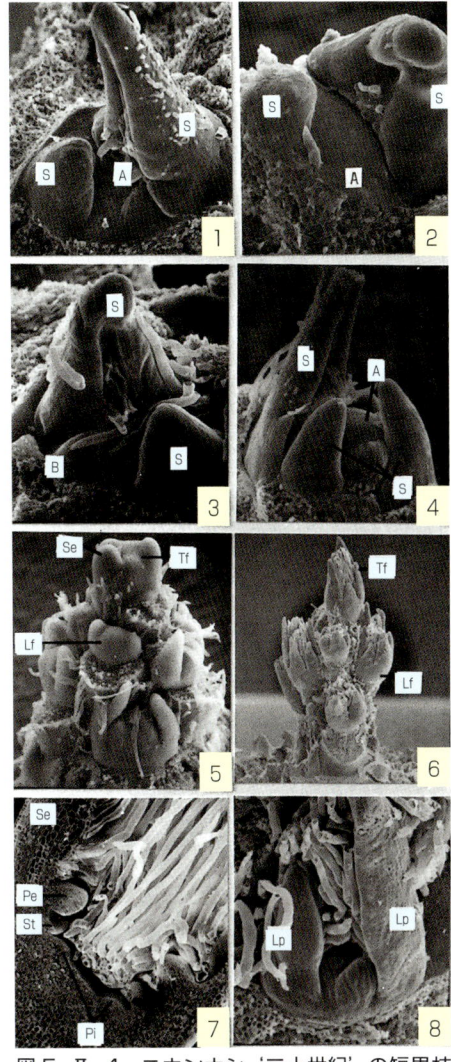

図5-Ⅱ-4 ニホンナシ'二十世紀'の短果枝での花芽の分化・発達
① : 未分化　6月10日（×250）
② : 分化第1期　6月20日（×350）
③ : 分化第3期　6月25日（×250）
④ : 側花発育期　6月30日（×170）
⑤ : 頂側花がく片形成期　7月10日（×130）
⑥ : 花弁・雄ずい形成期　7月30日（×40）
⑦ : 雌ずい形成期　8月10日（×220）
⑧ : 成長点分化　8月20日（×220）
S : りん片，A : 頂端分裂組織，B : 包葉，Lf : 側花，Tf : 頂花，Se : がく片，Pe : 花弁，St : 雄ずい，Pi : 雌ずい，Lp : 葉原基

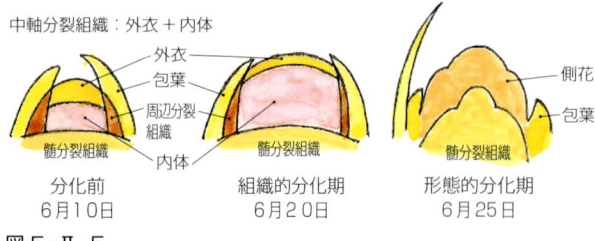

図5-Ⅱ-5 ニホンナシの花芽分化にともなう頂端分裂組織の変化（模式図）

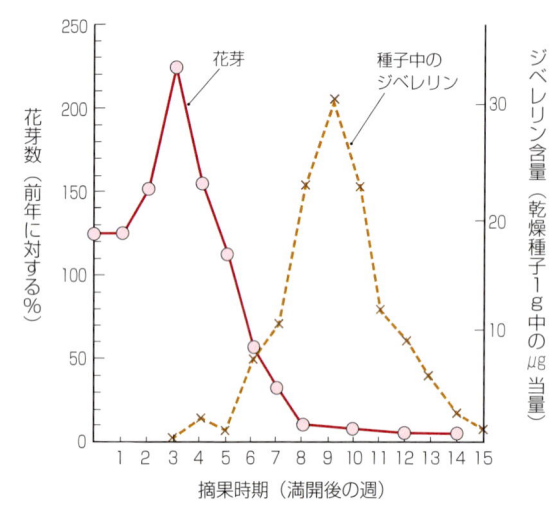

図5-Ⅱ-6 リンゴの摘果時期と花芽形成との関係および種子中のジベレリン含量の消長（Luckwillら，1969）

花の各器官の分化・発達も早い。果実発育に必要な葉を早く確保し，新梢成長ができるだけ早く止まるような栽培管理によって十分な花芽を確保できる。

2 花芽分化の仕組み

葉芽や花芽分化前の成長点は，中央部の小さな細胞の集まりである中軸分裂組織（central meristem），その下のリグニン化して硬い大きな細胞の集まりで，将来木部となる髄分裂組織（pith-rib meristem），新しく葉やりん片の原基を分化する周辺分裂組織（peripheral meristem）の3つの分裂組織に分けられる。さらに，中軸分裂組織は，7～8層の帯状に並んだ細胞の集まりからなる外衣（tunica）とその直下の不規則に並んだ小細胞の集まりからなる内体（corpus）に分けられる。

ニホンナシでは花芽分化前の外衣の直径は小さいが，分化直前には1.5倍ほどに大きくなると同時に，内体の細胞分裂が活発化し，細胞層数が8層から12層へと急激に増える。つまり，成長点が盛り上がって肥厚する形態的花芽分化の前に，外衣と内体の組織的な変化が始まる。内体で分裂した細胞はやがて大きくなるが，下層の硬い髄分裂組織には侵入できず，上層の柔らかい外衣の組織を押し上げて，成長点が盛り上がる（図5-Ⅱ-5）。

3 花芽分化と植物ホルモン
①花芽分化を左右する植物ホルモン

植物ホルモンと花芽分化との関係が研究され，果実内の種子で合成されるジベレリンが，リンゴやセイヨウナシの花芽分化を阻害することが明らかにされた（図5-Ⅱ-6）。ニホンナシでも，新梢の生育中にジベレリンを散布すると新梢が遅伸びし，花芽形成が抑制される。一方，合成サイトカイニンであるベンジルアデニン（BA）を散布すると花芽形成が促進され，両者の植物ホルモンと花芽形成との関係が推察される。

実際に，花芽のつきにくい'新水'とつきやすい'豊水'の新梢や腋芽の植物ホルモン含量を比較すると，'新水'の茎頂のオーキシン含量は'豊水'より高く，腋芽のジベレリン含量も高いが，逆にサイトカイニン含量は'豊水'のほうが高い。花芽のつきやすい'豊水'は細根量が多いので，根で合成されて芽に供給されるサイトカイニンも多くなり，花芽がつきやすくなる。しかし'新水'の茎頂は，オーキシン含量が高く頂芽優勢が強いため，新梢成長が遅くまで続くので，若い葉で合成されるジベレリンが

芽に多く供給され、花芽分化を抑制する。このように、ニホンナシの花芽分化にジベレリンとサイトカイニンが重要な役割をはたすと考えられる。

②ジベレリンとサイトカイニンの作用

ジベレリンをある時期に散布すると花芽形成が抑制されるが、この効果は新梢が遅伸びしたり、二次伸長する時期に限られる。このことから、花芽分化そのものをジベレリンが阻害するというよりも、新梢成長を促進して間接的に抑制すると考えられる。

これに対し、BAを'新水'の新梢に散布すると腋芽の節数が増加し、外衣の拡大や内体の細胞層が急激に増え、花芽形成も促進される。したがって、花芽分化は、芽の内体の細胞の分裂活性が増し、芽の節数が増加するか否かによって決定され、これらの過程に、根で合成されるサイトカイニンが重要な役割をはたしていると考えられる（図5-Ⅱ-7）。

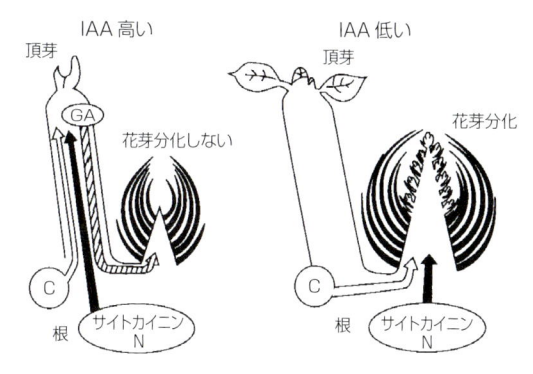

図5-Ⅱ-7 ニホンナシの花芽形成の機構（模式図）
C：炭水化物（ソルビトール），N：窒素（アミノ酸），GA：ジベレリン，IAA：インドール酢酸（天然オーキシン）
頂芽のオーキシン含量が高いと、C、N、サイトカイニンが頂芽に供給され、同時に頂芽でつくられたジベレリンが作用して花芽ができない。逆に頂芽のオーキシン含量が低いとC、N、サイトカイニンが芽に供給され花芽ができる

3 受精と結実

1 花粉と胚のうの形成と発育

花芽が膨らみ、りん片が脱落しはじめるころから、受精に直接関係する花粉と種子をつくる胚のうの発育が急速にすすむ。この時期は、凍害にきわめて敏感な時期であり、凍害にあうと雌ずいの成長が止まり、雌ずいのない受精不能の花になる。

①花粉

葯の内側につくられた花粉母細胞（pollen mother cell）が2回分裂して、1個の花粉母細胞から4個の花粉ができる。1回目の分裂は減数分裂

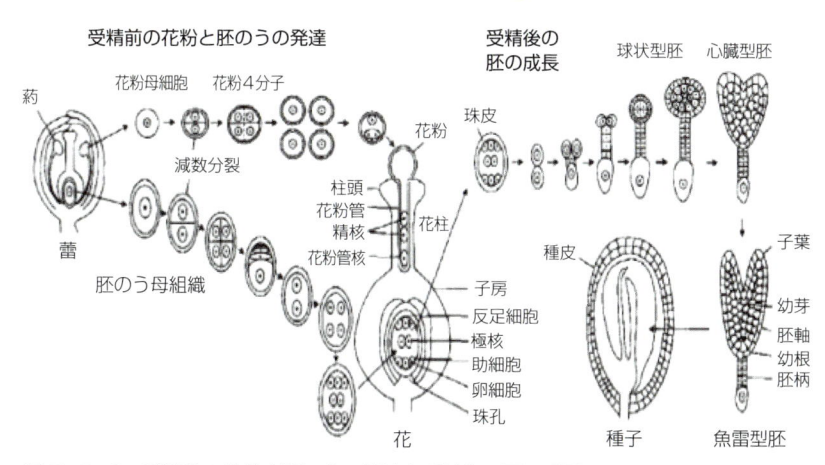

図5-Ⅱ-8 受精前の花粉と胚のうの発達と受精後の胚の成長

（meiosis）で染色体数が半数となるが，2回目の分裂は通常の体細胞分裂（somatic cell division）である。

花粉母細胞から4個の花粉ができた状態を花粉4分子というが，この時期は，リンゴやナシでは開花の約3週間前で，凍害の影響を受けやすい時期である。この時期以降に人工受粉用のナシの切り枝を採取すると，花粉量や発芽率への悪影響が少ない（注1）。

その後，花粉の内容物が充実し，各花粉の1個の核が分裂して受精に関係する2個の精核と1個の花粉管核ができる。開花10日前には，それぞれの花粉にデンプンが蓄積しはじめ，ヨード・ヨードカリ液で青く染まるが，開花直前にはこのデンプンが分解して糖にかわり，花粉の発芽に使われる（図5-Ⅱ-8，図5-Ⅱ-9）。

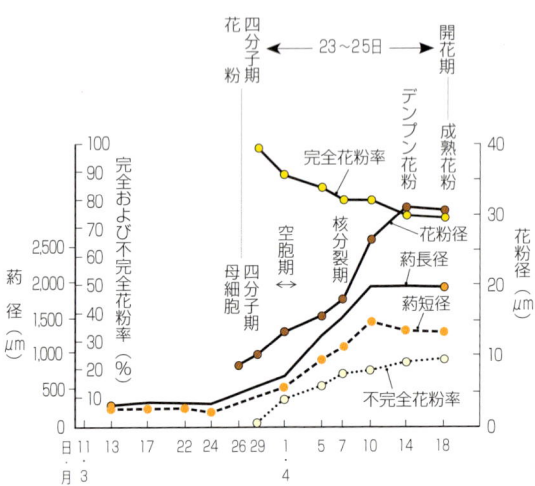

〈注1〉
ブドウ'デラウエア'の4分子期は，開花2週間前で，1回目のジベレリン処理適期の目安となる。

②胚のう

子房内部の胚のうには，胚のう母細胞があり，花粉母細胞と同じように減数分裂と体細胞分裂を行ない4個の細胞になるが，その後発育するのは1個だけである。この細胞は，さらに3回分裂して8個の細胞（核）をつくり，種子内の胚になる1個の卵核，胚を育てる胚乳になる2個の極核，受精を助ける2個の助細胞と3個の反足細胞に発育し，開花時には受精能力をもつ。

③開花と柱頭への花粉の着床

花内部でこのような準備がされ，温度が高くなるとしだいに開花する。

開花した花の柱頭では粘液を分泌し，花粉の着床と発芽を助ける。しかし，春先の低温やフェーン現象で柱頭が乾燥すると粘液の分泌が悪く，乾燥しやすくなり花粉の着床もわるくなる。

図5-Ⅱ-9　ニホンナシ'長十郎'の腋花芽の葯と花粉の発育（林ら，1991）

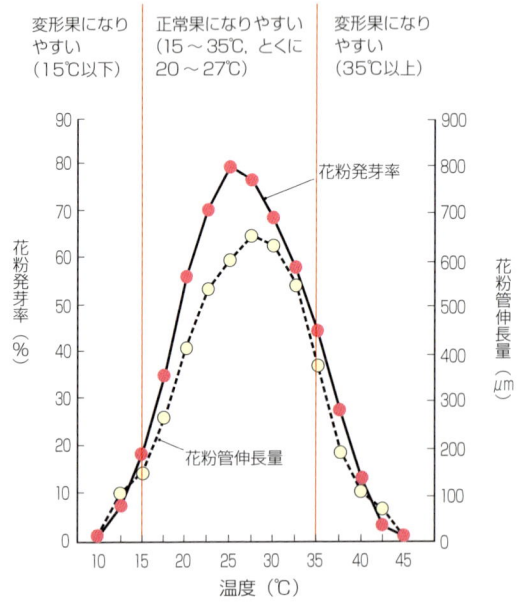

2　受粉と受精の仕組み

①受粉と花粉発芽

開花すると，葯は乾燥によって裂開し花粉が出てくる。花粉は，風や訪花昆虫，人工受粉によって柱頭に着床する。着床した花粉は水分を吸収して膨圧が高まり，その圧力で発芽孔から花粉管を伸長させ，柱頭の乳頭細胞のすき間から花柱に侵入し，胚のうへと伸びていき受精する。

花粉の発芽と花粉管の伸長は温度に大きく影響され（図5-Ⅱ-10），25℃前後が適温で，これより低いと悪くなり受精までの時間も長くなる。20～25℃ではほぼ2日で受精が完了するが，10～15

図5-Ⅱ-10　温度と花粉発芽率および花粉管伸長との関係（ニホンナシ'長十郎'花粉）（林ら，1991）

℃では3日以上かかる(注2)。なお，暖かい日には花粉は3時間程度で発芽し，花粉管を花柱に侵入させるので，受粉後5時間たてば雨が降っても受精にそれほど影響しない。

⟨注2⟩
花の受精能力は開花後3日目ごろまでなので，この期間が交配の適期となる。

②受精

花粉管内の2個の精核のうち，1個は胚のう内の卵細胞と融合して胚（embryo）になり，もう1個は2個の極核と融合して胚乳（endosperm）をつくる（図5-Ⅱ-8参照）。卵細胞だけでなく，極核も同時に融合するのは，果樹をはじめとする被子植物だけにみられる受精様式であり，重複受精（double fertilization）とよぶ。

重複受精が終わると，受精卵は細胞分裂をくり返し，種子内で幼植物へと発育する。この幼植物は，減数分裂で半数になった花粉と胚のうの染色体の両方をゆずり受けるので，2倍体にもどる。

リンゴやナシでは，開花後2カ月ころから胚乳の発育が止まり，子葉がいちじるしく発育するが，この時期は枝梢の伸長が旺盛な時期であり，樹体内の貯蔵養分が少ないと，種子と枝梢とのあいだで養分競合がおこり，種子が退化してしいなになりやすい。

3 不和合性

①自家不和合性

植物の多くは自分自身の花粉では正常な受精ができず，種子をつくれない。この仕組みは，自家受精によって子孫の遺伝子がホモ化し，多様性が失われないよう，進化の過程で獲得した種の保存のためのシステムである。

自己の花粉が自己の雌ずいによって認識され，拒絶される現象は，自家不和合性（self-incompatibility）とよばれ，リンゴ，ナシ，オウトウなどのバラ科果樹だけでなく，ナス科植物やアブラナ科植物などでもみられる。アブラナ科植物は，雌ずいの柱頭についた花粉が完全に発芽できない胞子体型不和合性（sporophytic self-incompatibility），バラ科果樹などは柱頭上で花粉は発芽・伸長するが，花柱の途中で伸長が止まる配偶体型不和合性（gametophytic self-incompatibility）である。

②他家不和合性

異なる品種間でも受精しない場合があり，この性質を他家不和合性（cross incompatibility）という。果樹栽培では，結実を確保するために受粉樹の混植や人

表5-Ⅱ-2　ニホンナシの自家不和合性遺伝子型

S遺伝子型	品　種
S_1S_2	独逸，早玉，赤穂
S_1S_3	雲井，世界一
S_1S_4	八雲，翠星
S_1S_5	君塚早生，長寿
S_1S_6	今村秋
S_1S_7	豊月
S_1S_8	市原早生，明月
S_1S_9	天の川
S_2S_3	長十郎，青竜，武蔵，青長十郎
S_2S_4	二十世紀，菊水，祇園，六月，早生長十郎，早生二十世紀
S_2S_5	須磨，駒沢，八里，早生幸蔵，きらり
S_2S_9	愛宕，サザンスイート
S_3S_4	清玉，新世紀，筑水，黄金梨，あきづき，なつしずく，秋麗
S_3S_5	丹沢，豊水，赤穂，真鍮，鞍月，あけみず
S_3S_9	石井早生，新高，越後
S_4S_5	早生赤，太白，旭，幸水，新水，秀玉，八幸，多摩，愛甘水，王秋
S_4S_8	平和
S_4S_9	新興，新星，南水，南月，新甘泉
S_5S_6	新雪
S_5S_7	晩三吉
S_5S_9	にっこり，かおり

> ### Sハプロタイプ
>
> 　近年, 不和合性の認識に1つの遺伝子しかないと思われていたS遺伝子座領域に, 実際は互いに密接に連鎖した花粉S遺伝子(花粉側因子)と雌ずいS遺伝子(雌ずい側因子)があることが明らかにされた。この両遺伝子のセットをSハプロタイプとよんでいる(図5-Ⅱ-12参照)。

工受粉が行なわれるが, 他家不和合性の品種には注意する必要がある。

　他家不和合性を説明するのに, ニホンナシでは, 古くから1つの遺伝子座にある複対立遺伝子によって支配されるS遺伝子の存在が示唆され, 表5-Ⅱ-2のような各品種のS遺伝子型が明らかにされている。'二十世紀'と'菊水', '幸水'と'新水'のように, 雌ずいと花粉が同じS遺伝子型の品種間では, 品種がちがっても不和合性になる。ニホンナシの栽培品種の多くは, '二十世紀'とその孫の'幸水'の子孫なので, S_2, S_4, S_5の対立遺伝子をもつものが多い。

　リンゴでも各品種のS遺伝子型が明らかにされ, これまで30種類にものぼるS遺伝子型が報告されている。日本の主要品種の多くは, '国光', 'ゴールデンデリシャス', 'デリシャス'などかぎられた品種を交雑親として用いてきたために, S_1, S_2, S_3, S_7, S_9型などに片寄った品種が多く, 他家不和合性の品種がきわめて多い。

③不和合性の仕組み

・リボヌクレアーゼが関与

　柱頭についた花粉が, 雌ずいと同じS対立遺伝子をもつ場合は,「自己」花粉として認識され, 発芽できないか花柱の途中で花粉管の伸長が止まる。この花粉と雌ずいの自己・非自己の認識には, 花柱内で花粉と雌ずいのS対立遺伝子によって合成される, 糖タンパクの一種であるリボヌクレアーゼ(S-RNase)が関与していることが明らかにされ, リンゴやニホンナシのS対立遺伝子のDNAの配列も解明されている。

　これらのS対立遺伝子の配列を調べると, ほとんど同じDNAの配列をもった5カ所の保存された領域(conserved region)のあいだに, 1カ所, 各S対立遺伝子間でかなり異なったDNA配列をもつ超可変

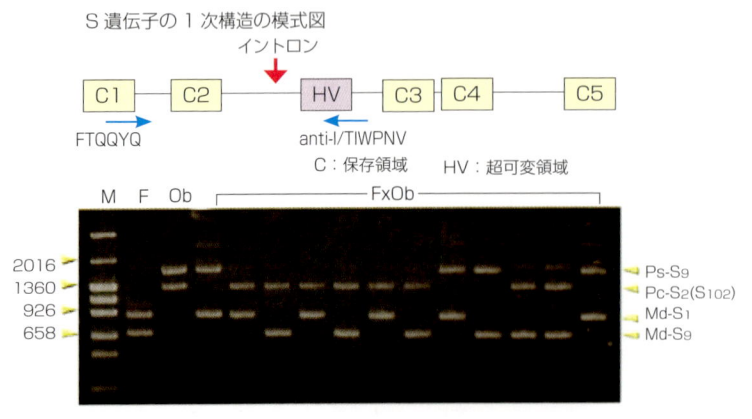

図5-Ⅱ-11
S遺伝子の1次構造の模式図とS遺伝子特異的PCRを用いた'ふじ'×'大原紅'交雑後代におけるS遺伝子型のジェノタイピング
M:分子量マーカー, F:ふじ, Ob:大原紅, F×Ob:交雑後代
S遺伝子特異的プライマー: FTQQYQ (5'-TTTACGCAGCAATATCAG-3'), anti-I/TIWPNV (5'-ACA/G/TTTCGGCCAAATAATT-3')
S遺伝子特異的PCR法を用いて, 属間雑種の'ふじ'×'大原紅'交雑後代のS遺伝子を増幅し, 両親双方からどちらの遺伝子を受け継いでいるかを調べることにより, 交雑後代の遺伝子型を判別すること(ジェノタイピング)ができる

領域（hypervariable region）とよばれる部分があり，この領域が花粉と柱頭の自・他認識に関与することが示された（図5-Ⅱ-11）。

自分と同じS対立遺伝子をもつ花粉が発芽し，花粉管が柱頭に侵入すると，雌ずいは合成されたS-RNaseによってそのことを認識すると同時に，S-RNaseを生産して花粉管のRNAを分解する。そのため，花粉管の伸長が途中で止まるものと考えられている（図5-Ⅱ-12）。

・自家和合性突然変異体の例

ナシでは，1980年に鳥取県で'おさ二十世紀'という，自分の花粉で受精・結実する自家和合性の'二十世紀'の花柱部突然変異体（stylar-part mutant）が発見され，その後，この性質が遺伝することが明らかにされた。

'おさ二十世紀'に'二十世紀'の花粉を受粉すると受精・結実するが，逆に'二十世紀'に'おさ二十世紀'の花粉を受粉しても受精・結実しない。そのことから，'おさ二十世紀'の不和合性を示すS_4の対立遺伝子が，突然変異によってS_4の花粉を認識できなくなり，受精すると予想された。

'おさ二十世紀'のS_4の対立遺伝子のDNA配列やS_4-RNase発現の有無を調べた結果，本来のS_4の対立遺伝子自体がなくなり，S_4の花粉を認識するS_4-RNaseがまったく転写・合成されていないことが明らかにされた。

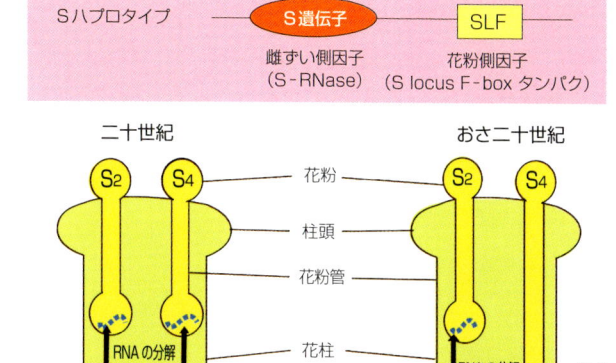

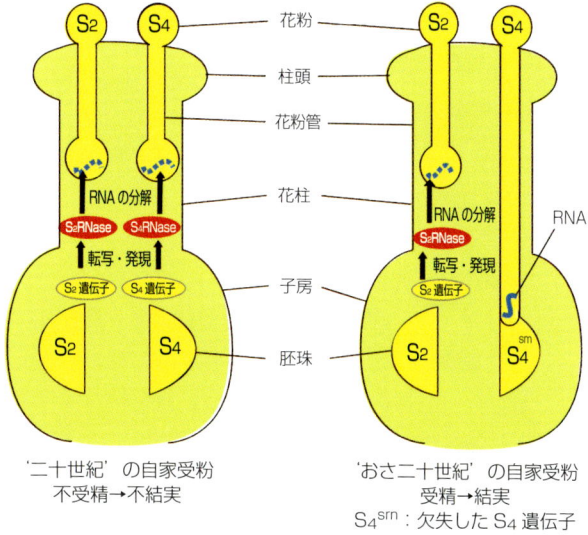

図5-Ⅱ-12　'二十世紀''おさ二十世紀'のS遺伝子による自家不和合性と自家和合性の仕組み

4 人工受粉（artificial pollination）

自家不和合性の果樹の結実の促進や，果実品質の安定化には人為的な受粉が必要となる(注3)。果樹の多くは虫媒花が多く，開花期が比較的遅いリンゴなどでは，ミツバチやマメコバチなどの訪花昆虫（flower visiting insect）の飼育・利用が行なわれている。訪花昆虫を利用する場合は，受粉樹（pollinizer）の混植が必要である。

人工受粉は人為的に花粉を受粉することで，開花期が低温で訪花昆虫の活動が期待できない場合でも確実な結実効果が得られる(注4)。

5 果実（種子）の発育と植物ホルモン

果実の発育は，オーキシン，ジベレリン，サイトカイニンなど生育を促進する植物ホルモンの働きに大きく依存している。これらの植物ホルモンは果実内の種子で生産され，他の部位から運び込まれることは少ない。受精後約1カ月までの，果肉細胞の分裂が盛んな果実発育初期は，サイトカイニンとオーキシンは珠心の発達最盛期に，ジベレリンは細胞分裂停止前

〈注3〉
リンゴやナシでは，果実内の種子の偏在によって果実が変形し，商品性を損ねる。また，不完全甘ガキの'西村早生'は，種子数が少ないと渋味が残る。

〈注4〉
人工受粉は，開花直前のつぼみから葯を採取し20〜25℃で開葯して，綿棒や羽毛で受粉したり，ふるい分けした花粉に石松子（ヒカゲノカズラの胞子）などの増量剤を混ぜて受粉器に入れて吹きつけて受粉する。

後の胚乳や胚の発育期に生産される。

種子で生産される植物ホルモンは，光合成産物を引きつけるシンク力（sink strength）として働く。とくに果実の発育初期は，種子数が多い果実ほどこれらの植物ホルモンの含量が高く，逆に種子の少ない果実ほど含量が少ない。そのため種子の多少によってシンク力に差がつき，果実肥大に差異が生じたり，変形果や生理落果の原因ともなる。

オーキシンやジベレリンは旺盛に成長する新梢でも合成されており，果実よりも強いシンク力をもっているため，新梢と果実のあいだで養分競合がおきやすい（図5-Ⅱ-13）。種子の胚が発育しはじめる6月上中旬に，新梢と養分競合がおこると種子の発育は停止してしいなとなる。

6 摘蕾・摘花

貯蔵養分の消耗を防ぐとともに，良好な新梢の成長と果実品質の向上のために，開花前の摘蕾（disbudding）や開花時の摘花（flower thinning）を行なう。摘蕾や摘花は，樹勢衰弱の防止や摘果作業の能率化にもつながる重要な作業である（注5）。

なお，摘蕾・摘花は，残った花を確実に結実させるために，凍霜害回避や人工受粉などの対策をすることが前提となる。

4 単為結果（parthenocarpy）

1 単為結果とは

多くの果樹は，受精して種子がつくられ果実が肥大・成長する。しかし果樹の種類や品種によって，受精しなくても子房壁や花床が肥大して果実をつくるものがあり，単為結果または単為結実とよんでいる。単為結果した果実には種子がつくられないため，無核果（seedless fruit）になる。単為結果には，自動的単為結果（vegetativeまたは autonomic parthenocarpy）と，他動的単為結果（stimulative parthenocarpy）がある。

2 自動的単為結果

受粉や外部からの特別な刺激がなくても，自然に子房や花床が発育して果実をつくるのが自動的単為結果で，イチジク，カキ，ウンシュウミカン，ネーブルオレンジ，バナナ，パイナップルなどでみられる。自動的に単為結果する種類は，イチジクやバナナのように，子房内に多数の胚珠を含むものや，ブドウの'ホワイトコリンス'のように開花期に胚珠が大きいものが多い。

また，ウンシュウミカンやネーブルオレンジは，花粉自体が健全ではないので受精して種子はできないが，他の種類の健全な花粉が受精すると種子がつくられて有核果になる。

図5-Ⅱ-13　葉と果実の水分競合
左：果実をつけた切り枝は，果実の水分が枝葉へ移動するために，すぐにはしおれない
右：果実のついていない切り枝はすぐにしおれる

〈注5〉
モモ：結実のよい品種では，長・中果枝の基部側を中心に50〜70％を目標に摘蕾。
ニホンナシ：主枝・亜主枝や長果枝の先端部には着果させないようすべて摘蕾。蕾が白くなりかけたころ，指先で花そうを軽くたたいて蕾を落とす「芽たたき」を行なう。
リンゴ：中心花を1花残して摘花する「一輪摘花」も行なわれる。また，腋芽花は果実品質が悪いので，腋花芽の満開時に石灰硫黄合剤100倍液を用いて薬剤摘花する。

3 他動的単為結果

受精に有効でない花粉や温度，植物ホルモンなどの外的な刺激によって単為結果することを他動的単為結果という。

カンキツやセイヨウナシでは，不和合性の花粉や放射線照射によって発芽力を失った花粉の受粉が刺激になって単為結果する。また，リンゴやセイヨウナシでは，開花期に霜害を受けると単為結果することがあり，開花期の低温や高温などの物理的刺激によって単為結果が誘導される。

イチジク，オウトウ，マンゴーなどで，オーキシン処理によって単為結果が誘起されることが確認されているが，他の果樹ではほとんど効果は認められない。

これに対して，ジベレリンは多くの果樹の単為結果の誘起に効果があり，ブドウ，ナシ，リンゴ，モモ，カキ，カンキツ，ビワなどで効果が確認されており，晩霜害を受ける危険性があるときの結実確保や無核果技術に利用される。

4 ジベレリンによるブドウの無核化

①ジベレリン処理の方法

現在実用化されている'デラウエア'などのブドウの無核果生産技術は，摘粒作業を軽減する目的で行なった，花穂を長くする実験から生み出された。

'デラウエア'は，開花前14日ごろの花房を，ジベレリン酸（GA_3）100 ppm 溶液に浸漬し無核化する。この処理が早すぎると花穂が伸びすぎて果粒のつき方があらくなり，逆に遅すぎると果粒のつき方が密になり，有核果を含む割合が高くなる。

しかし，この1回目のジベレリン処理だけでは果粒は発育しない。開花後10日目に，2回目のジベレリン処理を行なうことで果粒が発育し，成熟期も3週間以上早くなる（表5-Ⅱ-3）。

表5-Ⅱ-3 ジベレリン処理の方法と目的（杉浦編, 2004）

目的	品種	処理時期・処理濃度（ppm）・処理方法		方法
		1回目処理	2回目処理	
無核化と果粒肥大	デラウエア	満開約14日前（100ppm）	満開約10日後（100ppm）	浸漬・散布
	マスカットベーリーA	満開約10～15日前（100ppm）	満開約10日後（100ppm）	浸漬
	巨峰	満開時～4日後（10～25ppm）	満開約10日後（25ppm）	浸漬・噴霧
	ピオーネ	満開時～4日後（10～25ppm）	満開約10日後（25ppm）	浸漬・噴霧
果粒肥大	高尾	—	満開時～7日後（50～100ppm）	浸漬
	マスカットベーリーA	—	満開約10～15日後（100ppm）	浸漬
	ヒロハンブルグ	—	満開約10～15日後（50～100ppm）	浸漬・散布
	ヒムロットなどの無核品種	—	着粒後（100ppm）	浸漬
果房伸長	キャンベルアーリー	満開20～30日前（3～5葉展開時）（3～5ppm）	—	散布

ピオーネでは，1回目の処理にフルメット（合成サイトカイニン）2～5ppmを混用することもある（この場合，ジベレリンは12.5～25ppm）。また，1回目の処理時期の判断がむずかしいデラウエアやマスカットベーリーAでは，ジベレリンに抗生物質のストレプトマイシンを混用することもある。これにより，処理適期が広がる

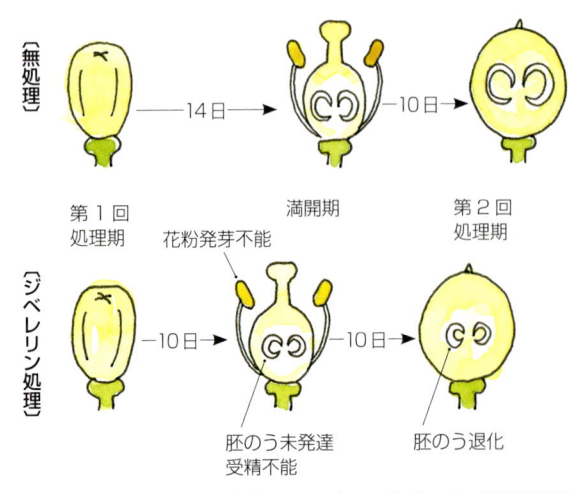

図5-Ⅱ-14 ブドウ'デラウエア'のジベレリン処理時期と無核化の仕組み（熊代ら，1994）

②処理による無核化の仕組み

1回目のジベレリン処理で果粒が無核化するのは，処理によって開花が4日ほど早くなるが，胚のうが未発達なので受精不能になる，ジベレリンによって花粉が発芽能力を失う，の2つの要因が関係している（図5-Ⅱ-14）。

また，ジベレリン処理した花穂は，ジベレリンのレベルが高く保たれるため，種子ができなくても，養分を引きつけるシンク力が維持され結実・肥大する。

③ストレプトマイシンの利用

ジベレリンによる無核化の処理適期は，展葉枚数，花穂の形態，花粉の発達程度などによって判定できるが，処理適期が限られることや樹勢のちがいなどによっても異なることがある。しかし，抗生物質のストレプトマイシン200 ppmをジベレリン溶液に加用することで，処理適期を拡大することができる（表5-Ⅱ-3）。

ストレプトマイシンの無核化の効果は，受精後の胚乳核の分裂を阻害することによる。この技術も，モモのせん孔性細菌病の防除に用いるストレプトマイシンが，隣接するブドウ樹に飛散して無核化の効果が偶然に発見され確立された。

④4倍体品種の無核化

ブドウの4倍体品種の'巨峰'や'ピオーネ'は，本来種子形成能力が低く単為結果性があり，ジベレリンへの反応性も高い。そのため，これらの品種は，満開から4日目にかけてジベレリンを10〜25 ppm程度の濃度で処理するだけで，無核化の効果が十分得られる。しかも，短梢せん定で樹勢を強めることで，さらにこの効果が安定する。

これらの品種でも，無核化した果実をそのままでおくと果粒の発育が劣るので，果粒を肥大させるために2回目の処理を1回目と同じ濃度で行なう。このとき，合成サイトカイニンの4-ピリジルフェニル尿素（4-PU，フルメット）を5 ppm程度の低濃度で添加すると，果粒肥大の効果をさらに高めることができる。4-PUによる果粒肥大効果は，果実の細胞分裂を促進し，細胞数を増加させることによる。

5 偽単為結果（stenospermocarpy）

カキの'平核無'や干しブドウにも加工される'トムソンシードレス'などの品種は，自然に無核になる。これらの品種の果実には，胚珠の発育不良で不受精になり種子をつくらないものと，受精しても胚乳核の分裂不良で胚の発育が停止し退化するものが混在している。'平核無'では，まれに小さな種皮だけの種子の痕跡が認められるが，これは後者の胚の発育

が途中で停止したものである。

このように，受精後胚の発育が途中で停止して結果する性質を，偽単為結果とよんでいる。

6 単為生殖と多胚性

単為生殖（parthenogenesis）は，受精しなくても種子がつくられる現象である。単為生殖には，配偶体単為生殖（apospory）と不定胚形成（somatic embryogenesis）によるものがある。

野生のリンゴ属植物では，減数分裂を経ない配偶体から種子が形成（無配偶生殖，apomixis）されることがある。カンキツ類やマンゴーなどでは，珠心細胞から不定胚がつくられる。1種子内に受精胚と複数の不定胚が存在することを多胚性（polyembryony）という。珠心胚は受精胚より生育が旺盛で，受精胚の発育を抑制する。このためカンキツ類の交雑育種では，受精胚を培養して後代を育成することが多い。

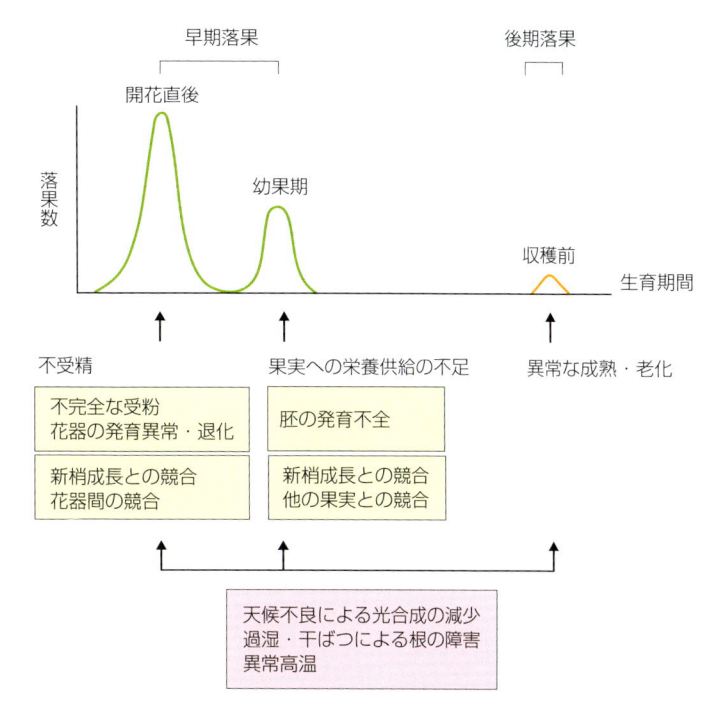

図5-Ⅱ-15 生理的落果の波相とおもな原因（水谷編，2002）

5 生理的落果

生理的落果（physiological fruit drop）は，開花直後から幼果期にかけてみられる早期落果と収穫前の後期落果に分けられる（図5-Ⅱ-15）。

早期落果は，開花直後のものが多く，ブドウでは花振るい（shatter）という。開花直後の生理落果は，不受精によるものが大半である。これに対し，幼果期の生理落果は，果実発育初期の胚の発育時に，果実同士や果実と新梢の養分競合によっておきる。樹勢低下による貯蔵養分不足や，梅雨の天候不良はこの生理落果を助長する。

6 隔年結果

隔年結果については第4章Ⅱ-4参照。

III 果実の発育と成熟

1 果実の発育と管理

1 果実の成り立ち

ひとくちに果実といっても，その植物学的な成り立ちは一様ではない。カキやブドウのように子房壁（ovary wall）が発達した真果（true fruit）もあれば，リンゴやナシのように雌ずい（pistil）の付属組織である花床（花たく，receptacle）や花柄（peduncle）が発達してできた偽果（false fruit）もある（第2章I-3-3参照）。また，クリなどナッツ類のように胚珠（ovule）や種子（seed）が発達して可食部になる場合もある。

果実になる肥大した子房壁は，外果皮（exocarp），中果皮（mesocarp），内果皮（endocarp）からなり，モモやブドウなどは中果皮，カキは中果皮と内果皮が可食部になる。また，カンキツ類の可食部は内果皮から発達した砂じょう（juice sac）とよばれる多汁な組織と考えられ，同じ真果であっても多様である。

そのほか，キイチゴ類のように1つの花に複数の子房がついた集合果（aggregate fruit）や，イチジクやパイナップルのように複数の花に由来する子房が集まってできた複合果（compound fruit）もある（第2章I-3-4参照）。

〈注1〉
果実の発育は果径や果重の増加などを指標にすることが多いが，新鮮重に対する乾物重の割合や，1日当たりの乾物あるいは水分の蓄積量などを指標にして解析すると，果径や果重の増加とは異なる成長パターンを示すことが知られている。

〈注2〉
例外として，ニュージーランドではキウイフルーツの一部の品種が，三重S字型成長曲線を描いて発育するという報告がある。しかし，それが同国特有の気候などの影響かどうかについてはよくわかっていない。

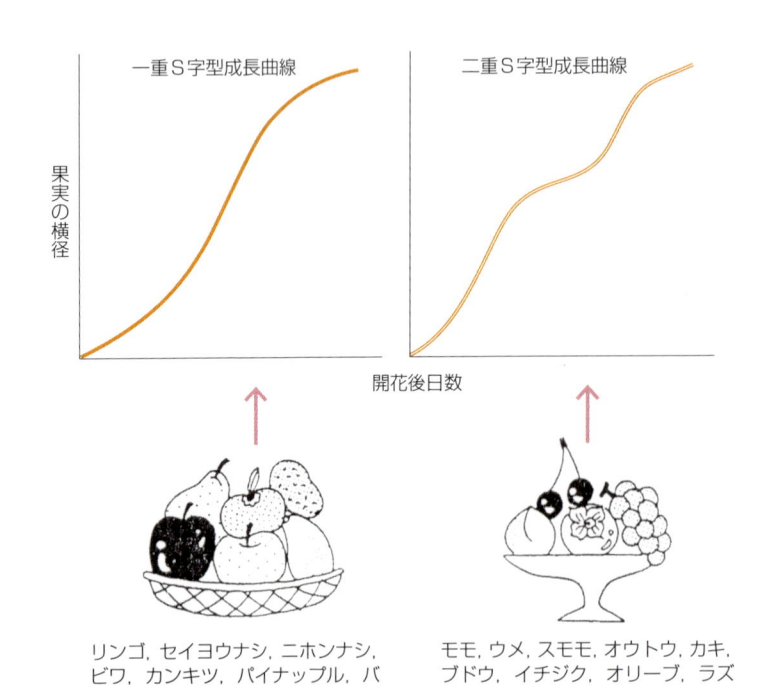

2 果実の成長パターン

① 2種類の成長パターン

果実の成り立ちはさまざまであるが，発育を果径（fruit diameter）や果重（fruit weight）の変化を指標に経時的に追跡すると，図5-III-1で示した2種類のパターンのいずれかになる（注1）。1つは一重S字型成長曲線（single sigmoid growth curve）で，もう1つは二重S字型成長曲線（double sigmoid growth curve）である（注2）。

② 二重S字型成長曲線の第2期の意味

図5-III-2からわかるように，二重S字型成長曲線を描く果実は，発育の半ばに発育速度が低下する期間がある。この期間を第2期，それ

一重S字型成長曲線：リンゴ，セイヨウナシ，ニホンナシ，ビワ，カンキツ，パイナップル，バナナ，アボカド，マンゴーなど

二重S字型成長曲線：モモ，ウメ，スモモ，オウトウ，カキ，ブドウ，イチジク，オリーブ，ラズベリー，ブルーベリーなど

図5-III-1 果実の成長パターン（模式図）（平，1995）

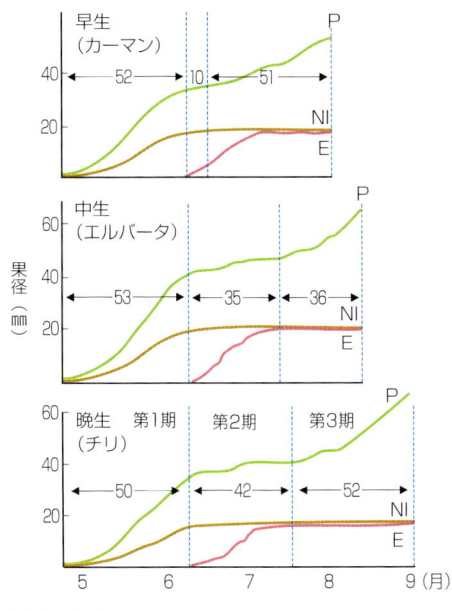

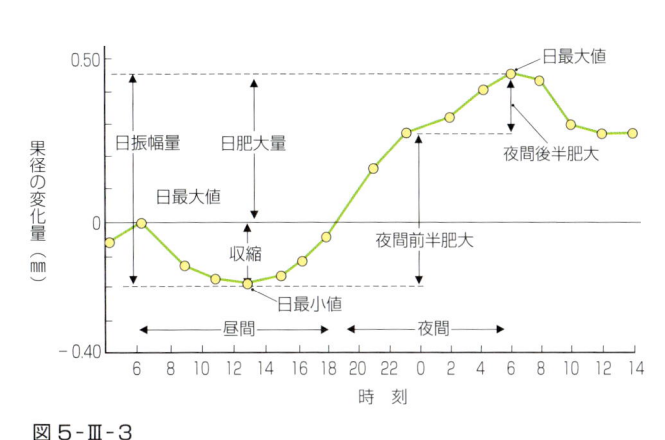

図5-Ⅲ-2
モモの早, 中, 晩生3品種の果皮, 種子, 胚の成長パターン (Tukey, 1933)
P：果皮, NI：種子, E：胚

図5-Ⅲ-3
ニホンナシ'二十世紀'の果実横径の日肥大周期 (遠藤, 1973)

以前を第1期, 以降を第3期とよぶ。第2期は早生品種ほど短く, 晩生品種ほど長い傾向があり, 果実の発育期間の長短はおもに第2期の長短によることがわかる。

モモ, オウトウなどの核果類やブドウなどでは, 第2期は種子が硬化（リグニン化）する硬核期（pit hardening stage）にあたる。したがって, 第2期に果実の発育が停滞するのは, 果肉の肥大よりも種子の充実が優先されるためと推察できる。しかし, カキの無核品種やジベレリン処理で種なしにしたブドウの果実でも, 第2期は短くなったり不明瞭になったりするが完全に消失することはなく, 第2期の役割については不明な点も多い。

③1日の肥大周期

受粉・受精後の果実は常に発育し続けているかのようにみえるが, くわしく観察すると, 毎日肥大と収縮をくり返しながら発育していることがわかる（図5-Ⅲ-3）。気温が上昇する昼間は収縮し, 夕刻から翌日の明け方にかけて肥大する。その差し引きした分が果実の日肥大量である。

3 果実の細胞分裂と肥大

果実がしだいに大きくなるのは, 果実を構成する細胞数が増えることと個々の細胞が肥大することの2つの要因による。

①細胞分裂とその期間

果実の細胞分裂は, 開花・受精時から旺盛になり, その後比較的短い期間で終了する。細胞分裂の期間は, 樹種や品種によって異なることが多い

表5-Ⅲ-1
果実（果肉）の細胞分裂の期間（開花後日数）
（杉浦，1991を一部省略）

種　類	期　間
リンゴ	3～4週間（多くの品種）
	6～7週間（コックス）
	12週間（ミラーズ・シードリング）
ナシ	
セイヨウナシ	6～8週間
ニホンナシ	25～30日（早生品種）
	45日（晩生品種）
モモ	3週間～1カ月
アンズ	4週間
スモモ	4週間
サンカオウトウ	10日
ブドウ	開花期まで（コリンズ）
	7～12日（デラウエア，キャンベル，ベーリーA，甲州）
	約25日（サルタナ）
	45日（マスカット）
カキ	1カ月（富有）
イチジク	6週間
クロスグリ	5週間
アボカド	収穫期まで
ナツメヤシ	16週間（基部分裂組織）
ウンシュウミカン	25～30日
レモン	果径20mmまで

（　）は品種名などを示す

〈注3〉
連続した生体膜で囲まれた空間をシンプラスト（symplast）といい，シンプラスト膜の外側の細胞壁を含む空間をアポプラストという。

が，スグリやキイチゴ類のように，細胞分裂が開花時にほとんど終了しているものや，アボカドのように収穫時期まで続くものもある（表5-Ⅲ-1）。

　細胞分裂期間の推定は，果肉細胞を顕微鏡で観察した結果によるが，果肉細胞のDNA量を測定した報告もある。図5-Ⅲ-4はニホンナシ果実の例で，開花後約4週間（4/20～5/26）で果実当たりのDNA量がほぼ一定になり，細胞分裂がほとんど終了したことがわかる。

　このように多くの果樹では，果実発育のかなり早い時期に果実を構成する細胞の数が決まるため，その後の果実の発育は，おもに個々の細胞が肥大することによって行なわれることになる（図5-Ⅲ-5）。

　ところで，果肉細胞の分裂は，果実のどこの部位でも均等におこっているわけではない。たとえば，未熟なカキ果実に図5-Ⅲ-6のように等間隔で線を引いておくと，肥大するにつれてへた（がく）に近いところほど間隔が広くなってくる。これは，カキ果実ではへたに近い部位の果肉細胞の分裂が遅くまで続いていることを意味している。

②肥大する仕組み

　果実が肥大する仕組みは以下のようである。

　葉から転流してきたショ糖（スクロース，バラ科果樹の場合はおもにソルビトール）は，維管束またはアポプラスト（apoplast）〈注3〉を経由して果肉細胞に取り込

図5-Ⅲ-4　ニホンナシ'豊水'の発育にともなうDNA量と果重の変化（Yamaki, 1983）
S₁：細胞分裂期，S₂：細胞肥大準備期，S₃：細胞肥大期，S₄：成熟老化期，開花日：4月20日

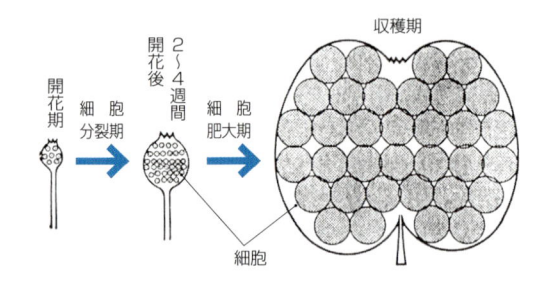

図5-Ⅲ-5　細胞の分裂と肥大からみた果実肥大の模式図
（熊代・鈴木, 1994）

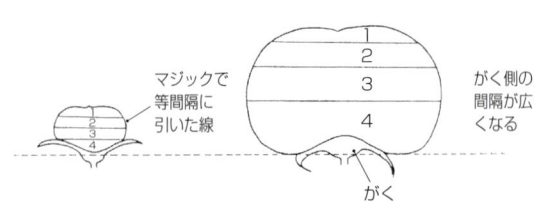

図5-Ⅲ-6　カキ果実の肥大の特徴（模式図）（平, 1995）

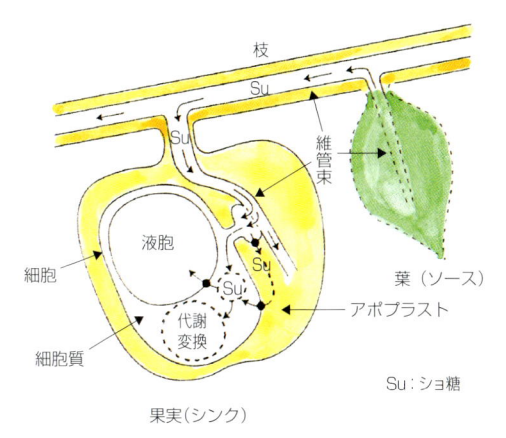

図5-Ⅲ-7 転流糖のシンク（果実）への取り込みと蓄積（模式図）（山木，2007 を一部改変）

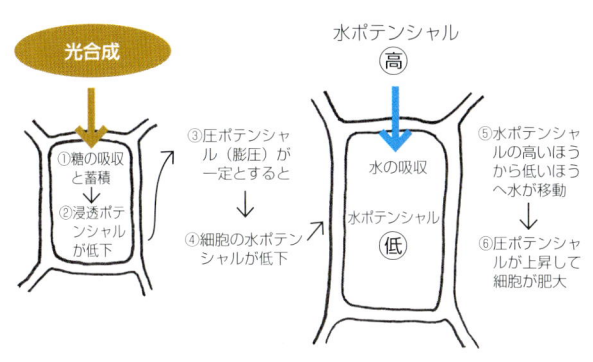

図5-Ⅲ-8 果実の細胞が大きくなる仕組み
表6-Ⅱ-1も参照

まれる。維管束経由はエネルギーを必要としない拡散現象（diffusion）による移動であるが，アポプラスト経由は細胞膜を通過するときに ATP エネルギーを必要とする能動輸送（active transport）である。果肉細胞にはいったショ糖は液胞膜を通過して液胞中に蓄えられるが，ブドウ糖や果糖に代謝変換されて蓄えられることもある（図5-Ⅲ-7）。

細胞の水ポテンシャル（water potential）は，圧ポテンシャル（turgor pressure）と浸透ポテンシャル（osmotic potential）の和であらわされる。果肉細胞の糖濃度が上昇すると，浸透ポテンシャルは低下する。その結果，水ポテンシャルが低下し，細胞膜を通して吸水がおこり，果肉細胞は肥大する（図5-Ⅲ-8）。なお，このとき細胞壁や細胞膜が伸張できることが不可欠である。

このような糖の取り込みと水の吸収が継続的におこることによって，細胞が肥大し果実はしだいに大きくなっていく。

〈注4〉
1種類の果実の発育過程を通して，複数の植物ホルモンの消長を同時に調査した報告はほとんどない。発育中の果実に，植物ホルモン活性がある成長調整物質を外生（exogenous）的に処理した実験によって植物ホルモンの役割を推察した報告が多い。

4 果実の発育と植物ホルモン

果実の発育には，内生（endogenous）の植物ホルモンが重要な働きをしていることはよく知られている〈注4〉。

図5-Ⅲ-9は，核果類の果実の発育にともなう内生ホルモンの動向を示したものである。これによると，細胞分裂を促進するサイトカイニンやジベレリンは，果実発育の初期にレベルが高く，この時期に重要な役割をはたしていると推察される。一方，オーキシンは，内果皮や胚の発育が盛んな時期にレベルが高く，種子形成と密接にかかわっていると考えられる。

なお，成熟ホルモン（ripening hormone）ともよばれているエチレンは，第3期の成熟期以降に重要な役割をはたしている。

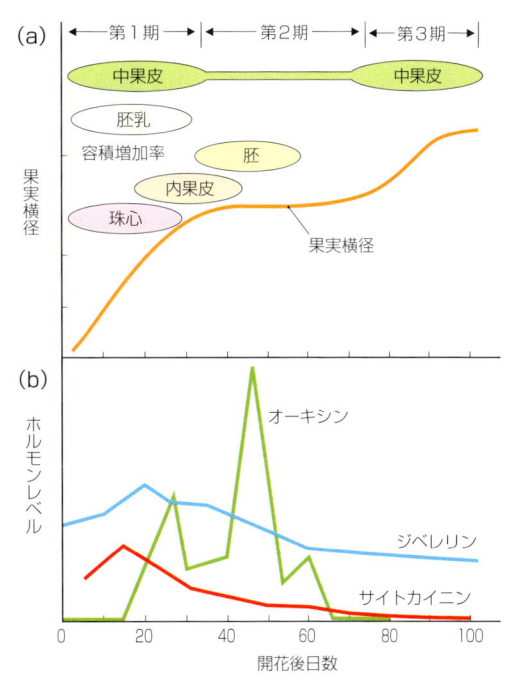

図5-Ⅲ-9 核果類の果実の発育（a）と内生ホルモン（b）の関係（模式図）（Crane, 1969）

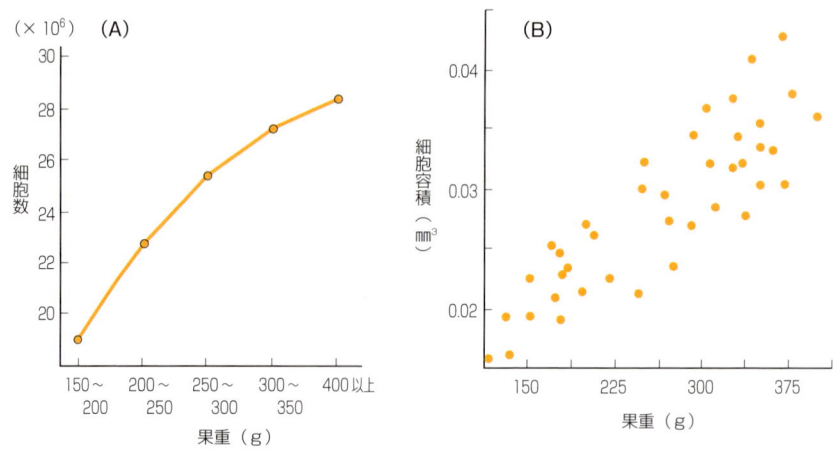

図5-Ⅲ-10
ニホンナシ '二十世紀' の果重と果肉細胞数 (A), 細胞の大きさ (B) との関係 （林, 1961）

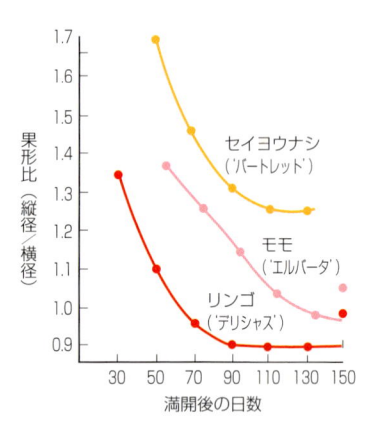

図5-Ⅲ-11
果形（縦径／横径）の季節的変化
（Westwood, 1962）

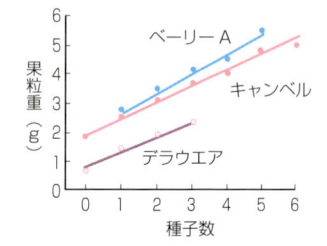

図5-Ⅲ-12
開花期から収穫期までの積算温度とリンゴ 'デリシャス' の果形との関係 （Westwood, 1993）

図5-Ⅲ-13
ブドウ3品種の種子数と果粒重との関係 （中川, 1962）

5 果実の発育を左右する要因

前述のように，果実の大きさは果実を構成する細胞の数と個々の細胞の容積で決まるが，図5-Ⅲ-10に示したように，大きな果実ほど細胞数が多く容積も大きい。

したがって，大きな果実を生産するには，細胞数と容積の両方か，いずれかが促進されるように発育させることが重要になる。

①果実のLD比と温度

多くの果樹の未熟果は縦長の果形（fruit shape）で，発育がすすむにつれて横方向の肥大がより盛んになる。つまり，果実のLD比（縦径／横径）は発育にともなって小さくなり，成熟期にはほぼ一定になる（図5-Ⅲ-11）。

果形は，種類や品種によって遺伝的にほぼ決まっているが，生育環境の影響を受けて変動する。たとえば，リンゴでは果実の発育期間中の積算温度が低いほどLD比は大きくなるので（図5-Ⅲ-12），寒冷地産のリンゴは暖地産のものより縦長の果形になる。

図5-Ⅲ-14　果実の種子形成と肥大のちがい（杉浦，2004）

図5-Ⅲ-15　摘果前（上）と後（下）の果そう（リンゴ）

図5-Ⅲ-16　摘果前（上）と後（下）の新梢（カキ）

②種子数と果実の発育

　種子の有無や数の多少が果実の発育に影響する。種子数が多いほど発育がよく（図5-Ⅲ-13），種子に近い部位は種子から離れている部位より果肉の肥大がよい（図5-Ⅲ-14）。これは，種子でつくられるオーキシンやジベレリンなどの植物ホルモンが，種子近くの果肉細胞の糖を取り込むシンク力を高めるためと考えられている。

　また，同じ種子数の果実でも，受粉時に柱頭に付着した花粉の量が多いほど発育がよいことも知られている。これは，花粉による柱頭への刺激が強いほど，果実の初期発育が促進されるためと考えられている。

③水分供給や葉数と果実数のバランス

　水分供給の多少や，シンク（葉）とソース（果実）の量的なバランスも果実の発育に影響する。発育期間中の土壌水分の不足は，葉の光合成能力を低下させ，結果として果実の発育を抑制する。ただし，ウンシュウミカンの施設栽培などでは，収穫前に故意に灌水をひかえ，適度な水分ストレスを与えることによって，果実の発育がおさえられて成分が濃縮されることで，糖含量の高い果実を生産している例もある。

　葉数に対して着果数が多すぎると，個々の果実に送られる光合成産物が少なくなるため果実が小さくなるが，摘果や摘花（第5章Ⅱ-3-6参照）によって果実当たりの葉数を多くすると肥大は促進される。

6 発育中の果実の管理技術

①摘果・摘花

　果実を健全に発育させるためには，1果実当たりに必要な葉数を適正に確保する必要がある。発育中に果実の数を減らすことを摘果（fruit thinning）という（図5-Ⅲ-15，16）。

　摘果は，樹種や品種ごとに，果実の適正な発育に必要な1果当たりの葉数（葉果比，number of leaves per fruit）にもとづいて行なう。たとえば，

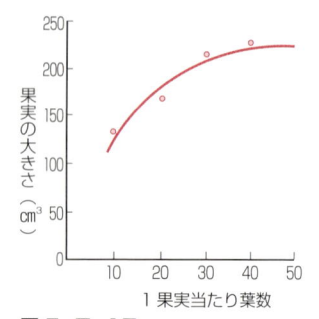

図5-Ⅲ-17
リンゴの1果実当たりの葉数と収穫期の果実の大きさ
（Magness and Overly, 1929）

リンゴは多くの品種で1果当たり40〜50葉程度が適正とされ，それより少ないと果実の発育が悪くなる（図5-Ⅲ-17）。摘果は着果後早く行なうほど効果が高い。また，処理時期が遅いほど，翌年の花芽分化率も低下する（図5-Ⅲ-18）。

リンゴやナシなど多くの花が咲く果樹では、摘花（flower thinning）を行なうことが多い。摘花を行なう場合は，結実確保のために受粉を確実にする必要がある。

②摘粒

'巨峰'や'ピオーネ'などブドウの大粒系品種では，着果してから着色が始まるころまでに，果房から果粒の数を減らす摘粒（berry thinning）を行なう。摘粒によって果房の形を整えるとともに，十分に肥大した品質の高い果粒を得ることができる（図5-Ⅲ-19）。

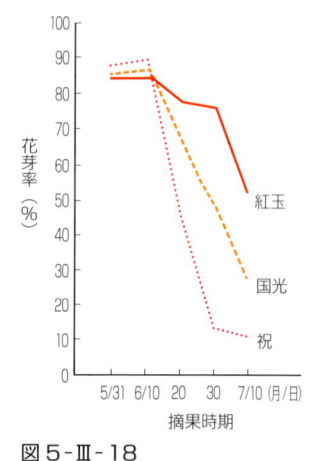

③袋かけ

袋かけ（bagging）は，明治時代に岡山県で，害虫防除のためモモに和紙袋をかぶせたのが最初だといわれている。リンゴ栽培では，果実の着色促進や果面の保護をはかる目的で，果実に赤色や青色の袋を内装した二重袋をかぶせる有袋栽培を行なうことがあるが，これは日本特有の技術である（図5-Ⅲ-20）。このほか，ニホンナシやブドウでは病害防除，ビワでは果実の葉ずれ防止などの目的で袋かけが行なわれている。

袋かけには多大な労力がかかることと，リンゴでは有袋果より無袋果のほうが糖やビタミンC含量がまさることが多いため，有袋栽培はしだいに減ってきている。

図5-Ⅲ-18
リンゴ3品種の摘果時期と翌年の花芽形成率
（青森りんご試の1941〜1946年の調査による。細貝，1961）

さまざまな果樹袋
果樹の種類や品種によって使い分ける

図5-Ⅲ-19
摘粒前の果房と摘粒後の果房（大粒系ブドウ）
左：摘粒前，右：摘粒後

リンゴ二重袋の例

リンゴ外袋をはずしたところ
内袋が赤色の例

図5-Ⅲ-20　果樹袋の種類とリンゴの袋かけ

2 果実の成熟

1 果実の発育段階
①発育－成熟－後熟(完熟)－追熟

果実の発育や成熟をあらわす用語は混同して用いられることがあるので，図5-Ⅲ-21のように整理しておきたい。

成熟（maturation）とは，果実がほぼ本来の大きさに発育して成分的にも充実し，収穫が可能になった状態で，その時点で可食可能か，その後の追熟などで可能になることをいう。

成熟した果実の多くはそのまま樹上においておくと，さらに後熟（ripening）して着色や果肉の軟化がすすみ，完熟（full ripe）状態になる。また，成熟した果実を収穫すると，収穫後の成熟，つまり追熟（postharvest ripening）がすすんで適熟（eating ripe）となり食べごろをむかえる(注5)。

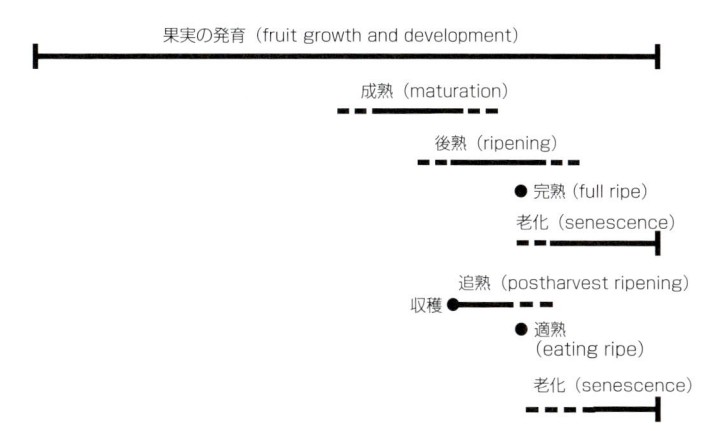

図5-Ⅲ-21 果実の発育における成熟段階を示す模式図
（Watadaら，1984を一部改変）

〈注5〉
本書では，樹上での「後熟」はripening，収穫後におきる「追熟」はpostharvest ripeningとして区別した。

②クライマクテリック型果実の成熟と追熟

収穫後の果実はその呼吸パターンによって，クライマクテリック型果実（climacteric fruit）とノンクライマクテリック型果実（non-climacteric fruit）に大別される。前者は，収穫後に呼吸の上昇（climacteric rise）がおこり，追熟が急速にすすむのに対して，後者は明らかな追熟現象が認められないまましだいに老化（senescence）がすすむ（詳しくは第5章Ⅳ-1参照）。

典型的なクライマクテリック型果実であるセイヨウナシやアボカドは，成熟段階を過ぎた果実をそのまま樹上に残しておいてもうまく後熟しない。これらの果実がそれぞれに特有な肉質（texture）や芳香（aroma）を獲得するには，適期に収穫して追熟させる必要がある。

2 果色と果肉硬度の変化
①果色の変化

未熟な果実の果皮にはクロロフィル色素が含まれ緑色をしていることが多いが，成熟がすすむにつれて分解し，果実特有の色素が蓄積してくる。

たとえば，リンゴやブドウ，ブルーベリーなどの赤や紫色の果実にはアントシアニン色素，カンキツやカキなどのオレンジや黄色の果実にはカロテノイド類の色素が生成・蓄積する（図5-Ⅲ-22，表5-Ⅲ-2）。なお，果実がきれいに着色するためには，クロロフィルの分解がとどこおりなく行なわれるとともに，各種色素の生成と蓄積がスムーズにすすまなければならない。

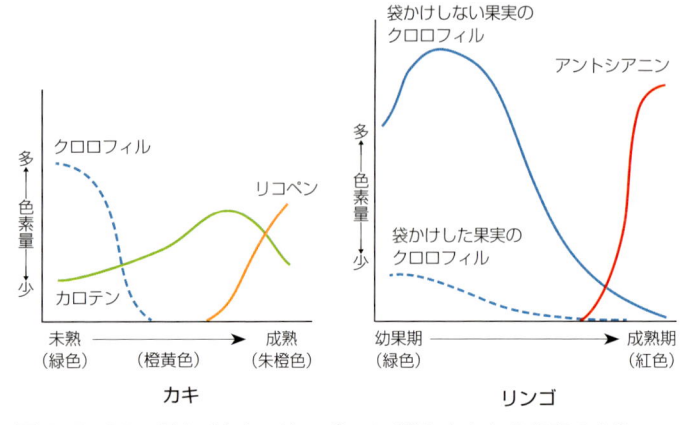

図5-Ⅲ-22 果実（カキ，リンゴ）の成熟にともなう色素の変化
（林・田辺, 1991を一部改変）

②果色変化の仕組み

このように，クロロフィルの分解と赤色や黄色をした色素の生成が，同時並行的におこることが多い。しかし，バナナでは，黄色のカロテノイド色素は未熟なうちから含まれており，成熟にともなって増えることはほとんどない。緑色のクロロフィルが分解することによって，黄色く色づいたようにみえるのである。セイヨウナシの一部の品種でも，収穫後の追熟過程でクロロフィルの分解がおこり，もともと含まれていたアントシアニンによって果皮が鮮やかな赤色に変化するものがある。

ブドウやスモモの一部の品種やキウイフルーツなどのように，成熟しても果皮や果肉にかなりの量のクロロフィルが残るものもある。

③果色に影響する要因

果色の変化に最も大きく影響する環境要因は温度である。クロロフィルの分解は高温で抑制されるため，熱帯地方産のカンキツ類には成熟しても緑色をしているものが多い。また，カロテノイド，アントシアニンの生成に適した温度は比較的低く15～20℃程度で，30℃以上では生成が顕著に抑制される。そのため，成熟期の気温が高い暖地では，ブドウやリンゴの着色が不良になることがある。

アントシアニンの生成には光条件も深くかかわっている。リンゴやオウトウの着色には，可視光線ではとくに赤色光が有効であるが，より効果的なのは紫外域の光である。赤色光と紫外線が同時に照射されると，アントシアニンの生成が著しく促進される〈注5〉。

〈注5〉リンゴやオウトウでは，着色開始期以降に樹冠下に反射シートを敷いて着色を促進することがしばしば行なわれている。

表5-Ⅲ-2 果実に含まれるおもな色素とその分布（平, 1995）

果実の種類	含まれる色素の種類 z					色素が含まれる部分
	アントシアニン（赤, 青, 紫色）y		カロテノイド		フラボノイド（無～白色）	
	シアニジン系	デルフィニジン系	カロテン類（赤色）	キサントフィル類（黄～黄赤色）		
リンゴ	◎ x			○	○		果皮，品種によっては果皮と果肉
ナシ			◎			果皮
オウトウ	◎					果皮，品種によっては果皮と果肉
モモ	◎					果皮，果肉
ブドウ	○	◎				果皮，品種によっては果皮と果肉
カキ			◎	◎		果皮，果肉
ミカン			◎	◎	○	果皮，砂じょう

z：果実に含まれるおもな色素としては，このほかにクロロフィル（葉緑素）があるが，ふつう果実の成熟にともなって分解し，消失する
y：アントシアニンには，このほかにイチジクやザクロなどに含まれるペラルゴニジン系の色素がある
x：◎はおもに含まれる色素，○は一部の品種に含まれる色素を示す

④果肉の軟化

　果実の成熟にともなって果肉が軟化する。細胞壁は多糖類，タンパク質，リグニンなどでつくられているが，果肉の軟化はおもにペクチンやヘミセルロース，セルロースなどの多糖類が，量的あるいは質的変化することによっておこる（詳しくは第5章Ⅳ-1-5③参照）。つまり，ヘミセルロースの分解やペクチンの水溶化（水溶性ペクチンの増加）によって軟化がすすむと考えられている。

　多くの果実は，このように成熟にともなって徐々に軟らかくなるが，ブドウのように第2期の終わりごろに急に軟化して（ベレゾーン，veraisonという），果粒への急激な糖の蓄積や果皮の着色が始まるものもある。

3 果肉成分の変化

①糖の蓄積と有機酸の減少

　成熟にともなう果肉成分変化の特徴で，多くの果実に共通しているのは，糖の蓄積と有機酸の減少である。

　成熟した果実は，数パーセントから多いもので20％程度の糖を含んでいる。おもにブドウ糖や果糖を蓄積する還元糖蓄積型果実と，おもにショ糖を蓄積する非還元糖蓄積型果実に分けられる。前者にはブドウやオウトウなど，後者にはモモやバナナなどがあるが，カキなどのように品種によってタイプがちがうものもあり，'富有'や'次郎'はショ糖を，'平核無'では還元糖を多く蓄積する。

　図5-Ⅲ-23はリンゴ果実の発育にともなう糖蓄積の例である。果糖が生育の初期から徐々に蓄積するのに対して，ショ糖は後期に急速に蓄積してくるのがわかる。

　有機酸は，4-1-②でも述べるようにクエン酸蓄積型果実とリンゴ酸蓄積型果実に分けられるが，果実の成熟にともなってしだいに減少する。図5-Ⅲ-24はブドウの例で，果実が発育するにつれて減るが，成熟期には約半分をブドウ特有の有機酸である酒石酸がしめているのが特徴である

②果実が甘くなる仕組み

・糖の蓄積と酸の減少で甘くなる

　果実が甘くなるのは，大きくなるのと同様，葉から運ばれてくる糖類の蓄積によるが，有機酸の減少がともなわなければならない。

　ショ糖の甘味度を100とすると，ブドウ糖

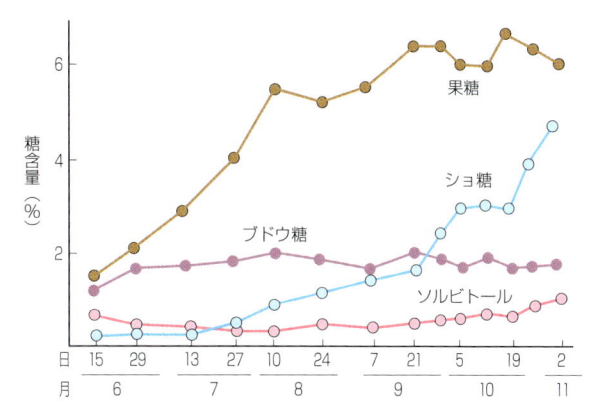

図5-Ⅲ-23　リンゴ果実の成熟にともなう糖含量の変化
（長井ら，1969）

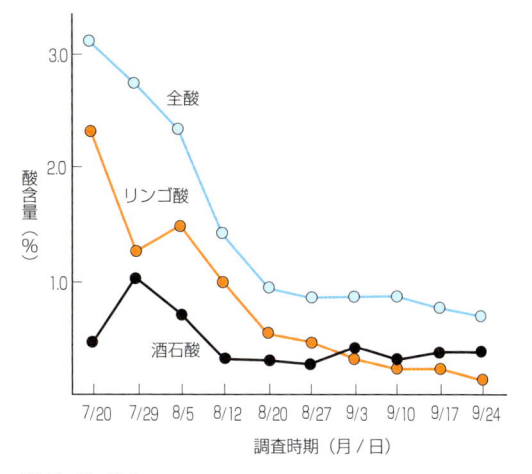

図5-Ⅲ-24
ブドウ'ネオマスカット'の果実の有機酸含量の季節的変化
（白石，1980）

表5-Ⅲ-3 各種糖質の甘味度

糖質	甘味度
ショ糖（スクロース）	100
ブドウ糖	64〜74
果糖	115〜173
ガラクトース	32
マンノース	32
キシロース	40
マルトース	40
トレハロース	45
ソルビトール	60

ショ糖を100としたときの相対値を示す

は約70，果糖は約120〜170なので，ショ糖がブドウ糖と果糖に分解されると，甘味度が1.5〜2倍に増える。また，ソルビトールの甘味度は60程度であるが，ブドウ糖や果糖に変換されるとより強い甘味を感じるようになる（表5-Ⅲ-3）。

有機酸は果実の成熟につれてしだいに減るが，1％以上の濃度で強い酸味を感じるとされているので，果実が甘くなるためには一定濃度以下に減ることも重要な要因である。

・糖の蓄積過程

葉から維管束を通って果実に運ばれてきたショ糖（スクロース）は，そのまま果肉細胞の液胞内に蓄積されるか，インベルターゼ酵素の作用によってブドウ糖と果糖に分解されてから蓄積される。また，いったんブドウ糖と果糖に分解された後，再びショ糖に合成されて蓄積される場合もある。

バラ科の果樹ではソルビトールが転流してきた後，ブドウ糖あるいは果糖に変換される。それらの糖がさらにショ糖に変換されて蓄積することもある。なお，蓄積した糖の一部は果実自身が呼吸するための基質として消費される（図5-Ⅲ-25）。

バナナやキウイフルーツなど，デンプンを蓄積する果実もある。蓄積されたデンプンは，成熟や追熟によって再び糖化され，甘味の増加に貢献する。

③アミノ酸の蓄積

果実に含まれる遊離アミノ酸（アミノ酸）は，果実独特のうま味や風味に深く関連している。アミノ酸は果実発育の後半，とくに成熟によって急激に蓄積することが，ブドウやモモなどで報告されている（図5-Ⅲ-26）。

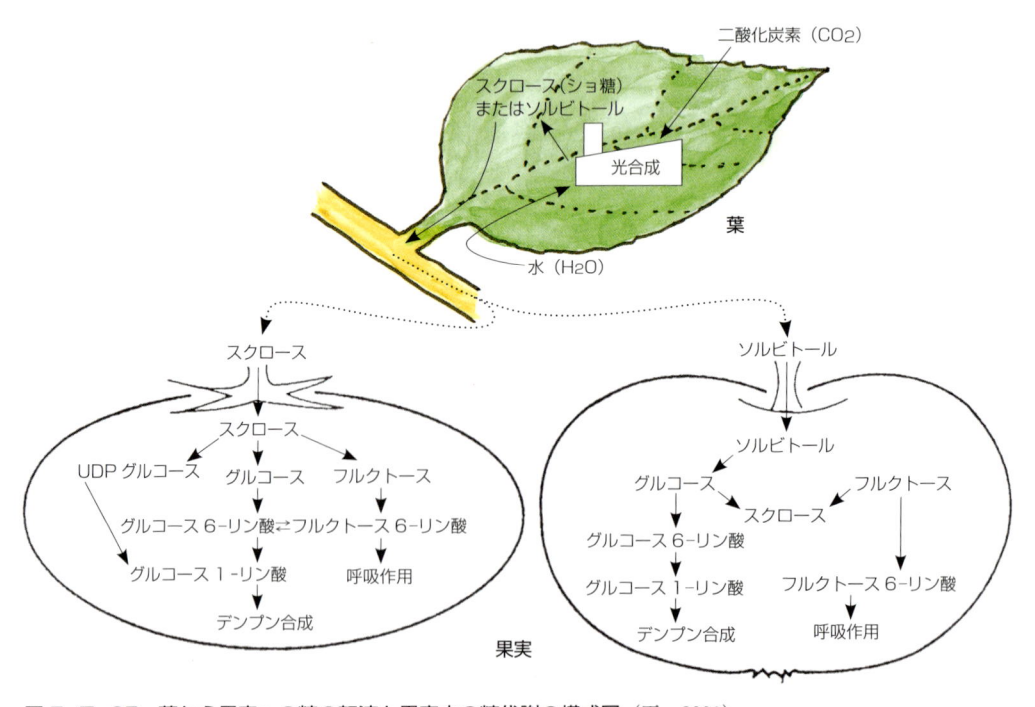

図5-Ⅲ-25 葉から果実への糖の転流と果実内の糖代謝の模式図（平，2001）

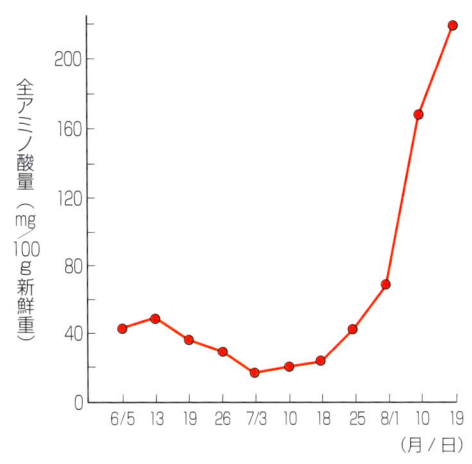

図5-Ⅲ-26
ブドウ'デラウエア'の果実の発育にともなうアミノ酸含量の変化（松井,1976）

図5-Ⅲ-27
ブドウ'マスカット・オブ・アレキサンドリア'の果汁の揮発性成分の季節的変化（平野ら,1996）
注）図中の縦線は標準誤差（n=3）

④果実の香り

　果実に独特の香りをもたらす香気成分（表5-Ⅲ-4）は，未熟なうちはごく微量であるが，成熟にともなって盛んに生成されるようになる。香気成分は，アルコール類，エステル類，テルペン類などの揮発性成分がおもなものであるが，成分の種類や多少，バランスが芳香を左右する。

　温室栽培の高級ブドウとして有名な'マスカット・オブ・アレキサンドリア'の香気成分について少し詳しくみよう。

　発育中の果汁の揮発性成分を，経時的にガスクロマトグラフィーで分析したのが図5-Ⅲ-27である。おもな成分として5種類のテルペン化合物が検出されたが，ゲラニオールは果実の発育にともなって生成量が徐々に増え，リナロールは成熟期以降急激に増えている。これらの成分が複雑に交じり合うことで，独特の芳香がつくられていると考えられる。

表5-Ⅲ-4　果実の香気成分の数と特徴的な香気成分（平,1995）

果実の種類	香気成分	特徴的香気成分
バナナ	225	イソアミルアセテート
ブドウ	466	メチルアントラニレート（品種：コンコード）
グレープフルーツ	261	ヌートカトン
パパイヤ	262	−
レモン	−	シトラール
セイヨウナシ	−	E-2, Z-4デカジエノエート（品種：バートレット）
リンゴ	−	エチル-2-メチルブチレート（品種：デリシャス）
ラズベリー	−	1-p-ヒドロキシフェニル-3-ブタノン

（山口編『おいしさの科学』朝倉書店，1994より抜粋して引用）

⑤果実の渋味

・渋味の原因物質

　未熟な果実には強烈な渋味があるものも少なくないが，普通は成熟によって消失する。ただし，渋ガキのように成熟期になっても強烈な渋味がある果実もある。

　渋味の原因物質は，タンニン（tannin）と総称される高分子ポリフェノール化合物で，プロアントシアニジン（proanthocyanidin）(注6)が重合(注7)してできた高分子の縮合型タンニン（condensed tannin）と，比較的低分

〈注6〉
塩酸酸性溶液中で加熱すると赤色のアントシアニジンを生じる，もとの化合物をプロアントシアニジンとよぶ。

〈注7〉
1種類の分子が2個以上結合して分子量の大きな新しい分子をつくること。

〈注8〉
プロアントシアニジンなどの加水分解を受けないタンニンを縮合型タンニン，複数のポリフェノールと糖が結合してできた，容易に加水分解を受けるタンニンを加水分解型タンニンとよぶ。

〈注9〉
モモでは，野生モモよりもユスラウメを台木に用いた果実のほうがポリフェノールを多く含み，渋味が生じることがある。

子の加水分解型タンニン（hydrolyzable tannin）(注8)がある。カキやモモなど多くの果実のタンニンは前者であるが，キイチゴ類は後者である。

タンニンの濃度は未熟な果実で高い。たとえばモモの未熟果には0.3％程度含まれているが，発育にともなって減り，成熟期にはほぼなくなる。ただし，第3期に極端に土壌が乾燥したり台木の種類(注9)によって，成熟果にも強い渋味が残って問題になることがある。

・甘ガキと渋ガキ

甘ガキでも渋ガキでも，未熟果には多くのタンニン（可溶性タンニン，soluble tannin，図5-Ⅲ-28）が含まれている。カキのタンニンは，タンニン細胞という特殊な細胞に高濃度で蓄積する。甘ガキでは果実の発育とともに希釈されて減り成熟期までになくなるが，渋ガキでは成熟しても

図5-Ⅲ-28　カキタンニンの化学構造
（松尾ほか，1977）

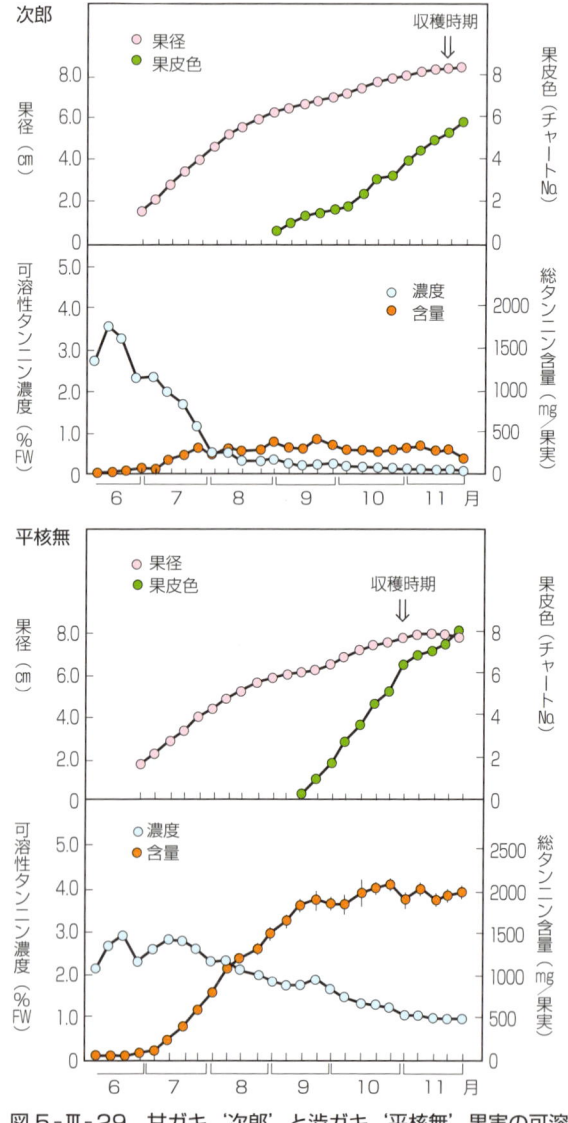

図5-Ⅲ-29　甘ガキ'次郎'と渋ガキ'平核無'果実の可溶性タンニン含量の季節的変化（Taira, 1995）

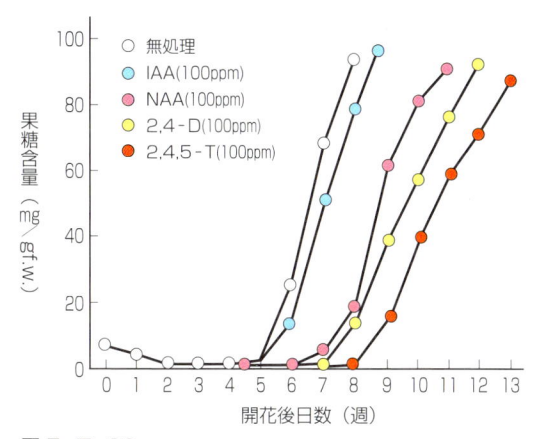

図5-Ⅲ-30 オーキシン処理がブドウ'デラウエア'果実（無核果）の成熟におよぼす影響（稲葉ら，1974）
IAA：インドール-3-酢酸，NAA：1-ナフタレン酢酸，2,4-D：2,4-ジクロロフェノキシ酢酸，2,4,5-T：2,4,5-トリクロロフェノキシ酢酸

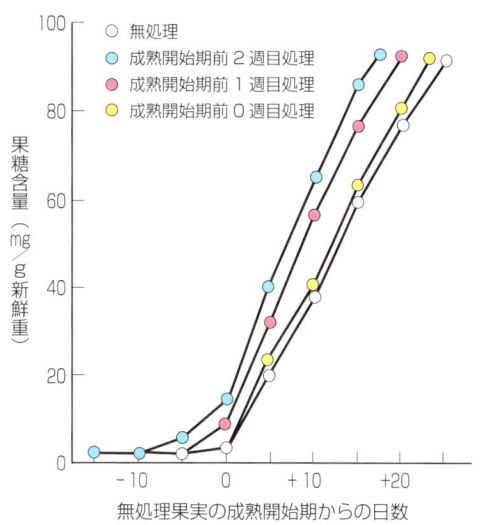

図5-Ⅲ-31 アブシジン酸（ABA）処理がブドウ'デラウエア'（無核）果実の成熟におよぼす影響（稲葉ら，1975）
ABAは1000ppmで1回処理

1%程度含まれ，強い渋味がある。

甘ガキには，種子の有無にかかわらず渋味がなくなる完全甘ガキと，種子がある個数以上できないと渋味が完全になくならない不完全甘ガキがある。完全甘ガキのタンニンは，果実の発育の比較的早い時期に生成が止まり，その後は果実内で希釈されて成熟時には渋味がほぼなくなる。

それに対して渋ガキは，第2期の終わりころまでタンニンの生成が続き，渋味がなくなるまで希釈されないので，成熟しても強烈に渋い（図5-Ⅲ-29）。

寒冷地で完全甘ガキを栽培すると，タンニンが完全に消失しきらず成熟しても渋味が残ることがあり，完全甘ガキの経済栽培の北限を決定するおもな要因になっている。

4 植物ホルモンによる発育と成熟の調節

果実の成熟は，外生の植物ホルモン処理によって影響を受ける。そのため，さまざまな果実の成熟調節が実用的なレベルで検討されてきた。

ブドウやキウイフルーツの未熟果に，ホルクロルフェニュロンなどのサイトカイニン活性をもつ物質を処理すると，果実の肥大が促進される。

ブドウ果実の成熟はオーキシン（NAA）処理によって遅れ，糖の蓄積が抑制されるが（図5-Ⅲ-30），アブシジン酸（ABA）を処理すると逆に促進される（図5-Ⅲ-31）。また，成熟開始期のABA処理はブドウ果実の着色（アントシアニン生成）を顕著に促進するが，NAAを処理す

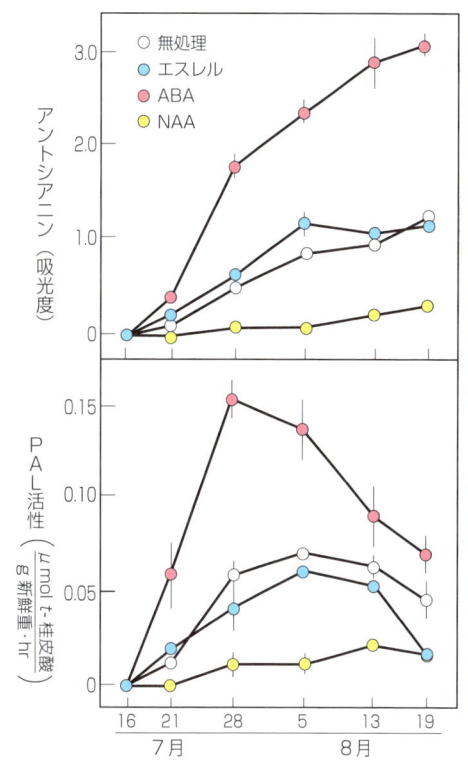

図5-Ⅲ-32 ブドウ'巨峰'果実の果実中のアントシアニン含量およびPAL（フェニルアラニンアンモニアリアーゼ）活性におよぼす成長調節物質の影響（片岡ら，1984）

7月16日（ベレーゾン）処理，エスレルは500ppm，NAA（オーキシン）は200ppm，ABA（アブシジン酸）は1000ppm処理
図中の縦線は標準誤差

Ⅲ 果実の発育と成熟

表5-Ⅲ-5 果実の収穫適期の判定のためのおもな指標の例 (村山, 1993を一部改変)

1. 収穫しようとする果実の形質に直接関係する指標
    (1) 物質的な指標
        ・果皮の着色…………着色の程度で判断する。あるいは果皮の緑色の抜けぐあいで判断する
        ・果肉の硬度…………「硬度計」の測定値をもとに収穫する
        ・果肉の離脱度………セイヨウナシやリンゴで一部利用される
    (2) 化学的な指標
        ・デンプン含量………ヨウ素デンプン反応の染色度で判断する
        ・糖 含 量……………一定以上になったら収穫する
        ・酸 含 量……………一定以下になったら収穫する
    (3) 生理的な指標
        ・エチレン含量………収穫後の発生ピーク量や時期で判断する
        ・呼　吸　量…………収穫後の二酸化炭素排出量で判断する
2. 収穫しようとする果実の形質に直接関係しない指標
        ・暦　　　日…………「この品種はこの地方では何月何日ごろ収穫」という程度の判断基準
        ・満開後日数…………たとえば山形県ではセイヨウナシ'ラ・フランス'なら165日前後が適期
        ・積 算 温 度…………満開後の積算温度が一定値に達したら収穫する

ると逆に抑制される。これはABAとNAAが，アントシアニン生合成の鍵酵素（key enzyme）であるフェニルアラニンアンモニアリアーゼ（PAL）の活性を，促進したり抑制したりするためと考えられる（図5-Ⅲ-32）。

エチレンやエチレン発生剤処理は，モモやイチジク果実の成熟を促進する。イチジクは果頂部にオリーブ油などを塗布する油処理（oiling）を行なうと成熟が促進されることが古くから知られているが，油の成分である脂肪酸が果実のエチレン生成を促進するためと考えられている。

3 収穫適期と収穫

1 収穫適期の判断指標

果実を収穫する時期を，客観的な基準によって判断するのは意外にむずかしい。収穫後すぐ食べる場合は，なるべく完熟（full ripe）するまで樹上において収穫することが望ましい。しかし，収穫後に追熟したり長期貯蔵する場合は，それらに見合った熟度（maturity）で収穫する必要がある。

表5-Ⅲ-5は，収穫適期判定のためのおもな指標である。生理的な指標はそのつど測定することが困難なことが多いため，よく採用されるのは果実の着色程度や糖含量である。

果実の着色程度は，樹種や品種ごとに開発された専用のカラーチャート（図5-Ⅲ-33）を用いて，また果肉の糖含量は屈折糖度計（図5-Ⅲ-34）で果汁の可溶性固形物（soluble solids）含量(注10)を測定することが多い。長期貯蔵を目的にしたリンゴ果実は，果肉にある程度のデンプンが含まれているほうが望ましいので，ヨウ素デンプン反応によって収穫時期を判断することもある（図5-Ⅲ-35）。

収穫後に追熟が必要なセイヨウナシは，果皮色で収穫適期を判断しにくいので，満開後日数や暦日による判断もよく行なわれている。

測定が手軽な果実硬度計で，果肉の軟化程度を測定して収穫適期を判断したり，追熟中の果実の食べごろの判定に利用したりすることもある（図5-Ⅲ-36）。

2 収穫作業

日本では，果実の収穫作業は1果ずつ手でていねいに行なうことが多いが，最近は専用の作業台のついたトレーラーや高所作業車などを使用して，

図5-Ⅲ-33
果実のカラーチャートと測定

〈注10〉
屈折糖度計で測定されるのは可溶性固形物全般であり，有機酸やアミノ酸など糖以外も含まれるが，ほとんどが糖であるため糖含量の指標にされている。

図5-Ⅲ-34 糖度計（屈折糖度計）と果汁糖度（可溶性固形物含量）の測定

1	2	3	4	5
全面染色	約75%染色	約50%染色	約25%染色	ほとんど無染色

図5-Ⅲ-35 リンゴ果実のヨウ素デンプン反応（熊代，1994）
販売するリンゴは4～5の段階で収穫し，貯蔵用のリンゴは3～4の段階で収穫する
セイヨウナシは3～4の段階で収穫して追熟させる

図5-Ⅲ-37 高所作業車（手前）による果樹の管理作業

図5-Ⅲ-36 果実硬度計と果肉硬度の測定

作業効率を上げる工夫がされている（図5-Ⅲ-37）。加工用のクリやオリーブなどでは，果実の収穫機械も導入されている。図5-Ⅲ-38は，振動によって果実を収穫するために，海外で開発されたアームの例である。

3 収穫時期と貯蔵性

前述したように，収穫時期は果実の貯蔵性に影響を与える。たとえば，リンゴやカンキツなどで長期貯蔵するときは，すぐ食べる場合よりやや早く収穫するのがよいとされている。

アルコール処理によって樹上で脱渋を完了させた渋ガキ果実を，フィルム包装して長期貯蔵すると，果面全体が着色する1週間ほど前に収穫した

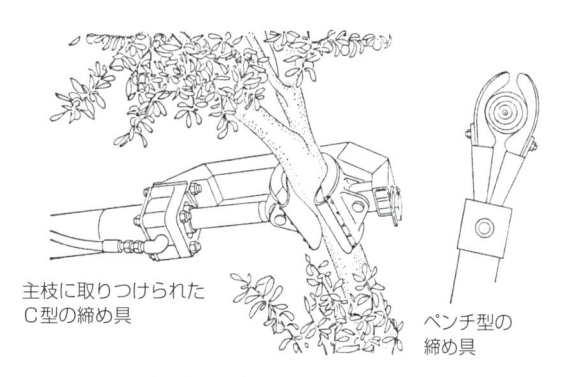

主枝に取りつけられたC型の締め具

ペンチ型の締め具

図5-Ⅲ-38 振動で果実を機械収穫するための締め具の例
（Westwood, 1989）

Ⅲ 果実の発育と成熟

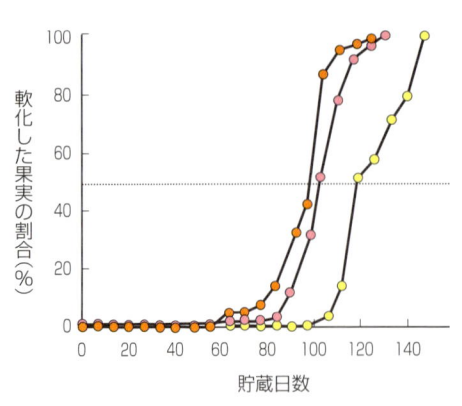

図5-Ⅲ-39
収穫時期とプラスチックフィルム包装したカキ
'平核無'樹上脱渋果の1℃貯蔵中の軟化のちがい
(平ら，2008)

● ：11月2日収穫
● ：11月10日収穫（果面全体が着色）
● ：11月16日収穫

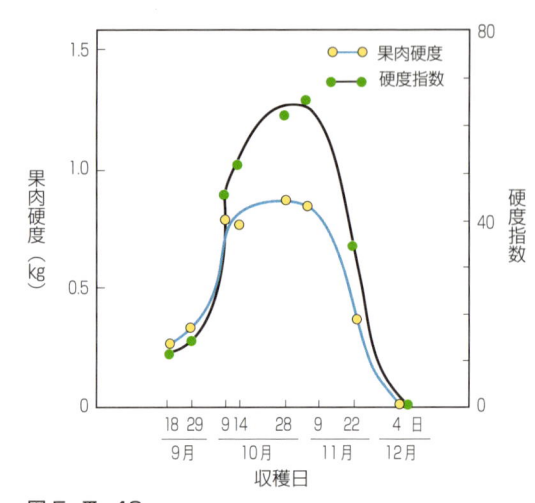

図5-Ⅲ-40
カキ'平核無'アルコール脱渋果の収穫時期と果肉硬度，
硬度指数の変化 (板村，1986)
果肉硬度はアルコール脱渋処理後7日の値，硬度指数は収穫時の果肉硬度を100としたときのアルコール脱渋処理後7日の果肉硬度の指数

果実の貯蔵性が優れている（図5-Ⅲ-39）。完全甘ガキの長期貯蔵も同様で，やや未熟な果実を収穫すると貯蔵性に優れることが知られている。

これに対して，収穫後にアルコール脱渋処理を行なった果実では，果面全体が着色した果実が最も果肉硬度が保たれており，収穫時期がそれより早くても遅くても貯蔵性が劣ることが報告されている（図5-Ⅲ-40）。

このように収穫適期は，貯蔵の有無や生食用か加工用かなどの利用目的に応じて的確に判断する必要がある。

4 果実の成分と品質

1 果実に含まれるおもな成分

①糖

果実に最も多く含まれる成分の1つである糖は，組成，含量とも種類によってさまざまである（表5-Ⅲ-6）。バナナのように果重当たり含量が20％を超えるものもあれば，レモンのように3％程度のものもある。

組成に注目すると，モモなどのようにショ糖をおもに蓄積する非還元糖蓄積型果実と，ブドウなどのようにブドウ糖と果糖をおもに蓄積する還元糖蓄積型果実に大別できるが，非還元糖と還元糖の両方を含むものも多い。オウトウ，ネクタリン，ニホンナシなどバラ科果樹の果実には，これらの糖のほかにソルビトールが含まれている。

表5-Ⅲ-6 果実に含まれる糖の種類と含量（g/100g果肉）
(間苧谷・田中，2005)

	全糖	ショ糖	ブドウ糖	果糖
アンズ	7〜8	〜5〜	〜2〜	少量
イチゴ	7〜8	〜1〜	〜2.5〜	〜2.5〜
ウメ	〜0.5〜	〜0.5〜	〜0.5〜	〜0.1〜
ウンシュウミカン	8〜12	5〜6	1〜2	1〜2
バレンシアオレンジ	8〜10	4〜5	2〜3	2〜3
カキ	〜14〜	〜7〜	〜4〜	〜2〜
キウイフルーツ	7〜10	〜0.5〜	〜4〜	〜4〜
グレープフルーツ	6〜8	3〜5	〜2〜	〜2〜
オウトウ	7〜10	〜0.5〜	4〜5	2〜5
スモモ	〜7〜	〜2〜	〜2〜	〜2〜
セイヨウナシ	10〜12	〜1〜	1〜2	〜7〜
ナツミカン	〜7〜	〜4〜	1〜2	1〜2
ニホンナシ	7〜12	2〜5	1〜2	3〜5
パイナップル	10〜18	6〜12	1〜3	1〜2
バナナ	〜23〜	15〜17	3〜5	2〜3
ビワ	10〜12	〜1〜	2〜3	〜5〜
ブドウ	12〜20	〜0.5〜	5〜10	6〜10
メロン	〜8〜	〜5〜	1〜2	1〜2
モモ	8〜9	5〜7	1〜3	1〜3
リンゴ	10〜13	2〜3	2〜4	5〜6
レモン	1〜3	1〜2	〜0.5〜	〜0.5〜

全糖≒ショ糖＋ブドウ糖＋果糖である

表5-Ⅲ-7　果実の有機酸含量とおもな有機酸
（g/100g果肉）（間苧谷・田中，2005）

	有機酸含量	おもな有機酸
アンズ	〜2〜	リンゴ酸（25〜90％），クエン酸
ウメ	4〜5	クエン酸（40〜80％以上），リンゴ酸
ウンシュウミカン	0.8〜1.2	クエン酸（90％），リンゴ酸
バレンシアオレンジ	0.7〜1.2	クエン酸（90％）
カキ	〜0.05〜	リンゴ酸，クエン酸
キウイフルーツ	1〜2	キナ酸，クエン酸
グレープフルーツ	〜1〜	クエン酸（90％），リンゴ酸
オウトウ	〜0.4〜	リンゴ酸（75％以上），クエン酸
スモモ	1〜2	リンゴ酸（大部分），クエン酸
セイヨウナシ	0.2〜0.4	リンゴ酸，クエン酸
ナツミカン	1.5〜2.0	クエン酸（60％以上），リンゴ酸
ニホンナシ	〜0.2〜	リンゴ酸（90％），クエン酸
パイナップル	0.6〜1.0	クエン酸（85％），リンゴ酸
バナナ	0.1〜0.4	リンゴ酸（50％），クエン酸
ビワ	0.2〜0.6	リンゴ酸（50％），クエン酸
ブドウ	〜0.6〜	酒石酸（40〜60％），リンゴ酸
モモ	0.2〜0.6	リンゴ酸，クエン酸
リンゴ	0.2〜0.7	リンゴ酸（70〜95％），クエン酸
レモン	6〜7	クエン酸（大部分），リンゴ酸

表5-Ⅲ-8　収穫適期の果実の各種遊離アミノ酸含量
（mg/100g F.W.）（垣内，1985）

アミノ酸	モモ	スモモ	ウメ
アスパラギン	269.4	86.4	189.2
グルタミン	7.7	−	7.6
アスパラギン酸	20.5	73.9	12.7
スレオニン	6.1	3.5	2.4
セリン	18.7	31.5	9.2
グルタミン酸	15.7	6.7	7.9
プロリン	＋	32.0	＋
グリシン	1.5	0.9	＋
アラニン	24.4	2.0	8.4
バリン	5.3	2.4	3.4
イソロイシン	3.6	1.7	2.4
ロイシン	0.4	0.5	1.0
フェニルアラニン	1.8	±	−
γ-アミノ酪酸	0.9	−	6.4
リジン	＋	0.2	＋
アンモニア	2.7	−	−
ヒスチジン	1.3	1.9	3.1
合計	380.0	242.4	252.4

②有機酸

　果実に含まれるおもな有機酸は，リンゴ酸とクエン酸である。リンゴやオウトウなどリンゴ酸蓄積型果実と，カンキツやパイナップルなどクエン酸蓄積型果実に分けられるが，両方を含むものも多い。

　ブドウのように酒石酸を含むもの，キウイフルーツのようにキナ酸を含むものもある（表5-Ⅲ-7）。

③遊離アミノ酸他

　遊離アミノ酸（注11）は，その組成や含量が果実独特の風味に影響を与えるが，多いもので0.3％程度の含量である。モモやウメにはアスパラギンが多く含まれ，スモモにはセリンやプロリンも比較的多い（表5-Ⅲ-8）。

　そのほか成熟果実に含まれる成分には，前述した色素や渋味物質，香気成分があげられる。

　特殊な成分として，ナツミカンやグレープフルーツの苦味成分であるナリンギンとよばれるフラボノイド配糖体や，アボカドやオリーブに含まれるオレイン酸やパルミチン酸などの脂肪酸がある。

〈注11〉
タンパク質などと結合している結合型アミノ酸に対して、単独で存在しているのが遊離アミノ酸である。果実の全アミノ酸の75％以上が遊離アミノ酸と考えられている。

2 果実品質の構成要素
①品質の構成要素

　食品の品質の構成要素には，栄養学的要素（一次機能），し好的要素（二次機能），生体調節的要素（三次機能）があるが，近年は安全性も重要な要素である（図5-Ⅲ-41）。農薬の残留や重金属，微生物などによる汚染がないことが安全性の必須要素であり，それが保障されたうえで品質が評

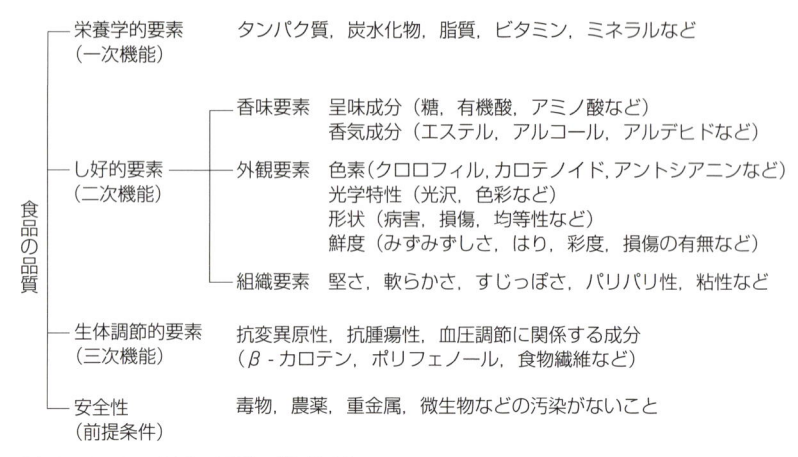

```
                   ┌─ 栄養学的要素      タンパク質，炭水化物，脂質，ビタミン，ミネラルなど
                   │  （一次機能）
                   │
                   │                  ┌─ 香味要素    呈味成分（糖，有機酸，アミノ酸など）
                   │                  │             香気成分（エステル，アルコール，アルデヒドなど）
                   │  ┌─ し好的要素 ──┤
食                 │  │  （二次機能）  ├─ 外観要素    色素（クロロフィル，カロテノイド，アントシアニンなど）
品                 │  │                │              光学特性（光沢，色彩など）
の ───┤            │                   │              形状（病害，損傷，均等性など）
品                 │                   │              鮮度（みずみずしさ，はり，彩度，損傷の有無など）
質                 │                   └─ 組織要素    堅さ，軟らかさ，すじっぽさ，パリパリ性，粘性など
                   │
                   ├─ 生体調節的要素   抗変異原性，抗腫瘍性，血圧調節に関係する成分
                   │  （三次機能）     （β-カロテン，ポリフェノール，食物繊維など）
                   │
                   └─ 安全性           毒物，農薬，重金属，微生物などの汚染がないこと
                      （前提条件）
```

図5-Ⅲ-41　食品の品質の構成要素

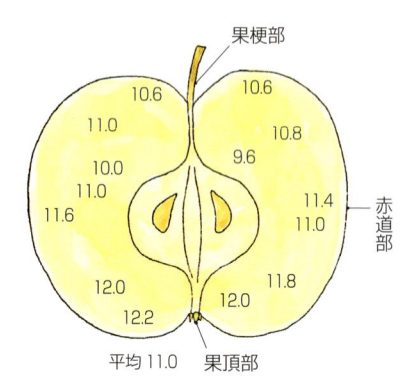

図5-Ⅲ-42
ニホンナシ'二十世紀'果実の糖度分布
（熊代・鈴木，1994）
果梗部より果頂部が高く，果皮に近いほど高い。赤道部の果皮と果心との中間が平均値に近い

価されることになる。

②食味を左右する要因

　果実の食味を最も左右する要因は，糖と有機酸のバランスであるといわれる。有機酸に対する糖の割合を甘味比（sugar acid ratio）というが，どの程度の割合がよいのかは種類や品種によってちがう。

　ただし，細かくみると1個の果実でも品質は一様ではなく，果肉の部位によってかなりちがう。たとえば，ニホンナシ果実の糖度（可溶性固形物含量）は，果頂部に近い部位の果肉のほうが明らかに高い（図5-Ⅲ-42）。

　また，食品としての特性だけでなく，食べる人の状態や知識・経験，食べるときの環境なども重要である（図5-Ⅲ-43）。

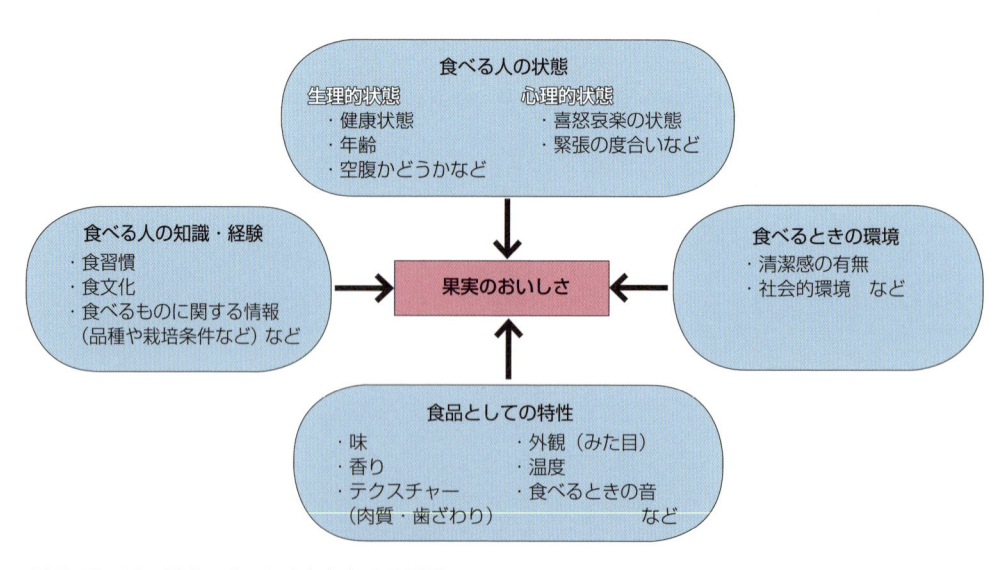

図5-Ⅲ-43　果実のおいしさを左右する要因（平，1995）

IV 収穫後の果実の取り扱い

1 収穫後の果実の生理

1 収穫後の果実の特性

果実は収穫されると,それまで樹体から供給されていた水分や光合成産物が断たれ,1つの独立した生命体として活動しはじめる。外部から新しいエネルギーの供給がないので,みずから蓄えていたものを消費しながら生命活動を営むことになる。

収穫後の果実の成熟現象を追熟（postharvest ripening）という。多くの果実は,樹上でまだ完熟（full ripe）していないやや未熟な段階で収穫しても,その後追熟がすすんで可食（edible）状態になる。ただし,アボカドやセイヨウナシのように,樹上では完熟せず,適期に収穫して追熟させた後にはじめて可食状態になる果実もある。

2 呼吸生理

生命活動の基本である呼吸は,糖や脂質,有機酸などを基質にして,生命活動に必要なエネルギーを生み出す過程である。発育中の果実の呼吸活性は,未熟なほど高く,成熟がすすむにつれて低下する。

①呼吸の3つのパターン

収穫後の果実の呼吸パターンは,図5-Ⅳ-1に示すような3つの型がある。1つは追熟中に呼吸が一時上昇して再び減少するパターンで,クライマクテリック（climacteric）型という。呼吸量のピークをクライマクテリック・マキシマム,またはクライマクテリック・ピークとよぶ。

2つ目は収穫後呼吸量がほとんど変化しないか,やや低下し続けるパターンで,ノンクライマクテリック（non-climacteric）型という。

3つ目は追熟中に呼吸がしだいに上昇するが,過熟（overripe）状態に

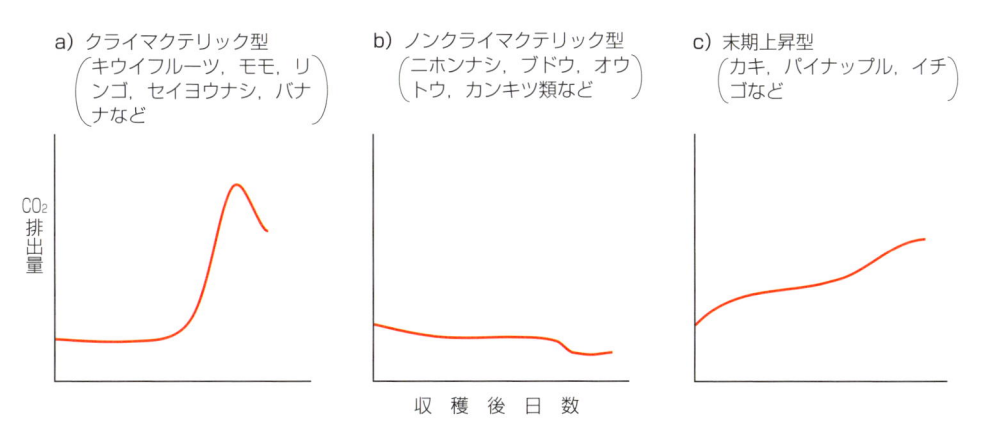

a) クライマクテリック型
（キウイフルーツ,モモ,リンゴ,セイヨウナシ,バナナなど）

b) ノンクライマクテリック型
（ニホンナシ,ブドウ,オウトウ,カンキツ類など）

c) 末期上昇型
（カキ,パイナップル,イチゴなど）

（縦軸：CO_2排出量／横軸：収穫後日数）

図5-Ⅳ-1　果実の収穫後の呼吸型の分類（模式図）（平,1995）

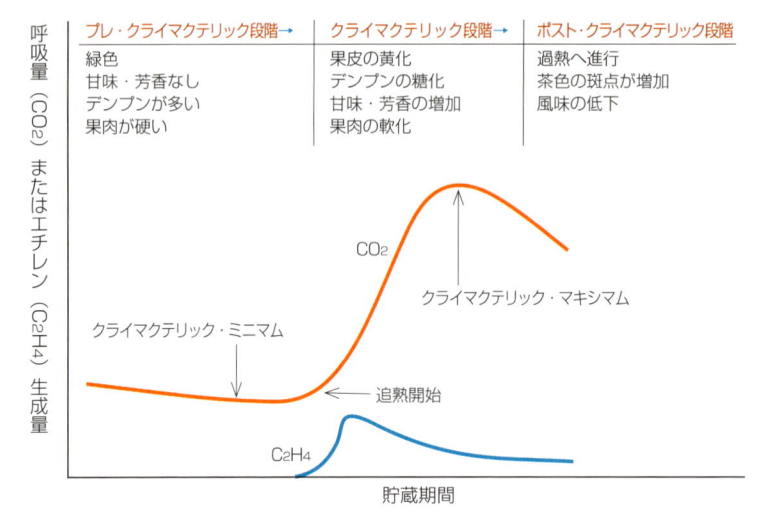

プレ・クライマクテリック段階→	クライマクテリック段階→	ポスト・クライマクテリック段階
緑色 甘味・芳香なし デンプンが多い 果肉が硬い	果皮の黄化 デンプンの糖化 甘味・芳香の増加 果肉の軟化	過熟へ進行 茶色の斑点が増加 風味の低下

図5-Ⅳ-2 収穫後のバナナ果実(クライマクテリック型)の成熟の様相
(茶珍,1992を一部改変)

なっても低下しないパターンで,末期上昇型という。末期上昇型は,呼吸のピークがないことがノンクライマクテリック型と共通しているので,最近はノンクライマクテリック型に含めることも多い。

② 呼吸パターンと追熟性

図5-Ⅳ-2のバナナの例のように,クライマクテリック型果実は追熟性に富み,収穫後の果実の成熟現象がドラマチックにすすむ。デンプンの糖化や果皮の着色,果肉の軟化などが,呼吸の上昇と並行して急激にすすむ。

これに対して,ノンクライマクテリック型果実は追熟性に乏しく,収穫後に顕著な追熟現象がみられず,長期貯蔵が可能なものが多い。末期上昇型の果実は,クライマクテリック型とノンクライマクテリック型の中間的な性質のものが多い。

③ 呼吸量を左右する条件

収穫後の呼吸量は,果実の種類によってかなりちがう(図5-Ⅳ-3)。同じクライマクテリック型果実でも,アボカドやバナナはリンゴより呼吸量が多いが,収穫後盛んに呼吸する果実ほど貯蔵性が乏しい。

果実の呼吸量は,収穫後の環境条件の影響を大きく受け,低温ほど呼吸量が少ない(図5-Ⅳ-4)。

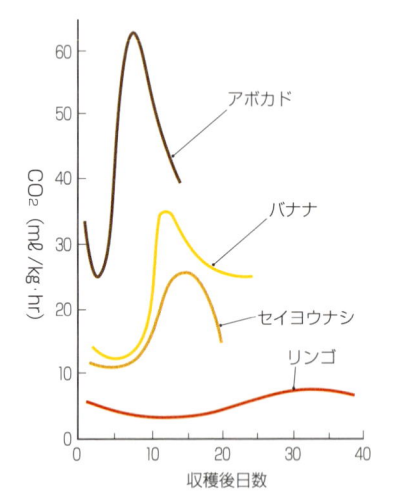

図5-Ⅳ-3
クライマクテリック型果実の呼吸量
(CO_2)の変化(Biale, 1950)

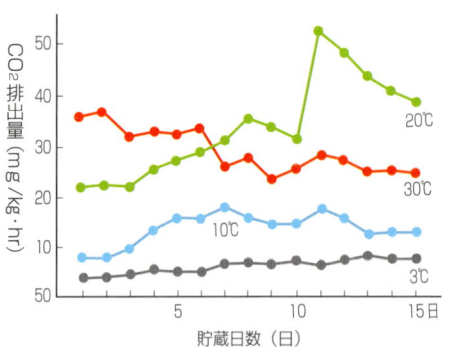

図5-Ⅳ-4
スモモ'ソルダム'の貯蔵温度別の呼吸量(CO_2)の変化(小宮山ら,1979)

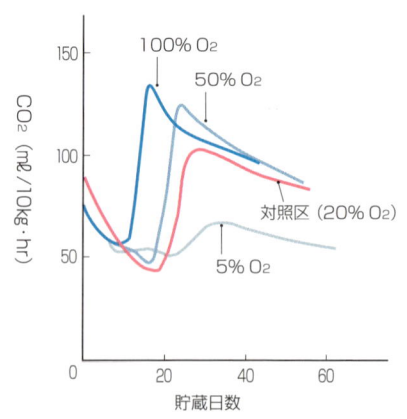

図5-Ⅳ-5
リンゴ果実の追熟中の呼吸量(CO_2)への酸素(O_2)濃度の影響
(Kiddら,1945を一部改変)
注)18℃で貯蔵

また，雰囲気ガス（ambient air）(注1)の酸素濃度が高いと呼吸量は増加し，クライマクテリック・ライズが促進されるが，低酸素条件では逆に抑制される（図5-Ⅳ-5）。これらの現象は，果実の貯蔵に応用される（「2．果実の流通と貯蔵」参照）。

〈注1〉
果実周囲の気体（環境）のこと。

3 追熟とエチレン

①エチレンが呼吸と追熟を促進

クライマクテリック型果実の追熟には，エチレンが深くかかわっている。呼吸のクライマクテリック・ライズに先行して，あるいはほとんど同時にエチレンの生成が顕著に増える。図5-Ⅳ-6はアボカド果実の例であるが，エチレン生成が増えるのとほぼ同時に呼吸量（二酸化炭素の放出）が増え始め，エチレン生成と呼吸のピークが一致しているのがよくわかる。

エチレンが呼吸量を増やす引き金になっていることは，収穫後まだエチレンを生成していない果実に人工的にエチレンを処理すると，呼吸のクライマクテリック・ライズが促進されることからもわかる。エチレンを処理した果実は，エチレン生成も促進され，結果として追熟が促進される。

このようなエチレン処理による果実の追熟促進は，バナナでは古くから行なわれているが，最近はセイヨウナシやキウイフルーツでも追熟の均一化や期間の短縮を目的に行なわれている。

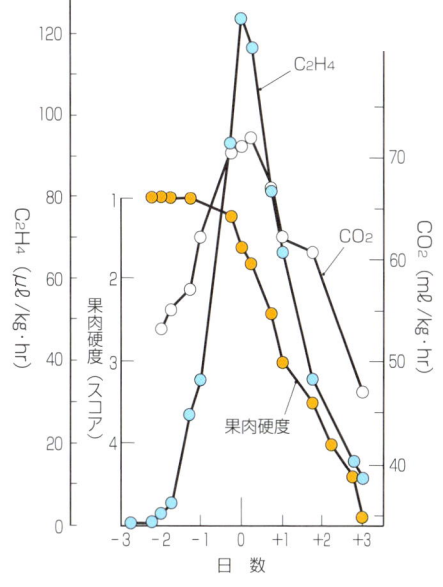

図5-Ⅳ-6
アボカド果実の収穫後のエチレン（C_2H_4）生成，呼吸（CO_2）ならびに果肉硬度の変化
（Adato・Gazit，1974）
注）果実収穫後エチレン生成量が最大に達した日を0日とした

②エチレン生成に影響する要因

収穫した果実のエチレン生成は，収穫後の環境に影響される。たとえば，カキ果実では，貯蔵中の湿度が低いとエチレ

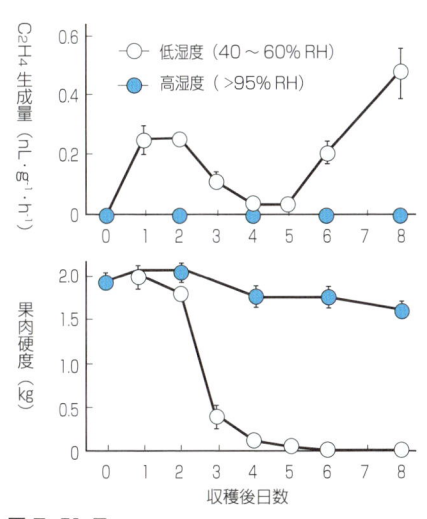

図5-Ⅳ-7
貯蔵湿度がカキ'刀根早生'果実のエチレン（C_2H_4）生成と軟化への影響 （Nakanoら，2002）
RH: 相対湿度

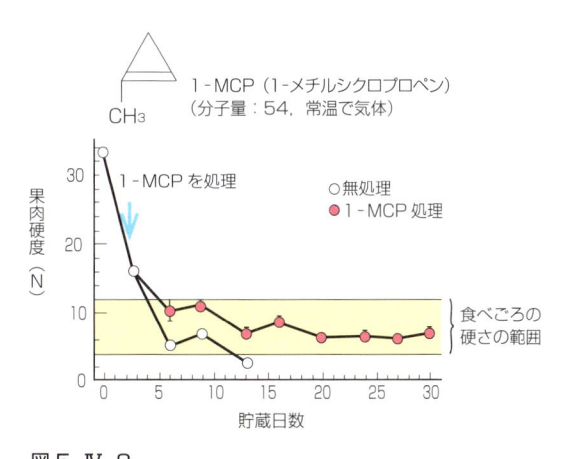

図5-Ⅳ-8
1-MCPの分子構造と処理によるセイヨウナシ'ラ・フランス'果実の食べごろ期間の延長 （Kuboら，2003）

Ⅳ 収穫後の果実の取り扱い

エチレン生成の仕組み（図5-Ⅳ-9）

エチレンは気体の植物ホルモンで，成熟ホルモン（ripening hormone）ともよばれる。

植物体内で，アミノ酸の一種であるメチオニンからS-アデノシルメチオニン（SAM），1-アミノシクロプロパン-1-カルボン酸（ACC）を経て合成される。SAMからACCができるときにできる5'-メチルチオアデノシンはヤン（Yang）回路（注）によって再びメチオニンにもどる。

エチレン生成には，ACC合成酵素が鍵酵素になっており，多くの果樹でACC合成酵素をコードする複数の酵素遺伝子が確認されている。これらの遺伝子の発現は，果実の成熟や老化，オーキシンなどの植物ホルモンに制御されるものもあれば，傷害や低温，乾燥ストレスなどの環境要因の影響を受けるものもある。

また，ACC酸化酵素の遺伝子も複数あり，発現には二酸化炭素や酸素の濃度，高温などの影響を受けることがわかっている。

生成したエチレンは，まず細胞膜にあるエチレン受容体タンパク質に結合する。すると，その信号がエチレン信号伝達経路によって次々に伝えられ，果肉の軟化や果皮の着色，落果や落葉にかかわる遺伝子の発現が促される。

（注）高等植物のエチレン生成経路は1984年にヤン（Yang）によって発見されたので，ヤン回路とよばれる。

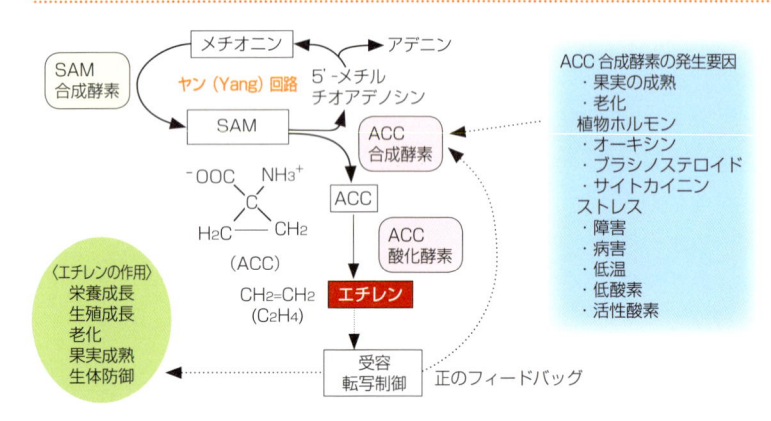

図5-Ⅳ-9　エチレン（C_2H_4）生合成の仕組み（西村, 2011）
SAM：S-アデノシルメチオニン，ACC：1-アミノシクロプロパン-1-カルボン酸

ン生成が誘導されて軟化がすすむが，高いと生成がおさえられて追熟が抑制される（図5-Ⅳ-7）。

また，追熟中のセイヨウナシ果実に，エチレンの作用阻害剤の1つである1-メチルシクロプロペン（1-methylcyclopropene，1-MCP）を処理すると，その後の追熟が抑制され，可食期間が延長される（図5-Ⅳ-8）。これは，エチレンの受容体タンパク質との親和性が強い1-MCPが，エチレンより先に受容体タンパク質と結合してしまうため，その後の信号伝達ができなくなるためと考えられている。1-MCPはごく微量（うすい濃度）で大きな効果を発揮する気体で，最近日本でもリンゴ，ナシ，カキ果実への使用が認可された。

4 蒸散作用

収穫後の果実からは水分も蒸発・発散しており，これを蒸散作用（transpiration）とよぶ。青果物は重量の約5％の水分を失うと，外観にしわができて商品価値を損ねるものが多い。果実からの蒸散量は，種類や品種で大きくちがう。低温条件で抑制されるものが多いが，オウトウやブドウの一部の品種のように，温度にかかわりなく激しいものもある（表5-Ⅳ-1）。

果実の蒸散の多少と追熟は密接に関係しているが，その例をセイヨウナシとカキでみよう。セイヨウナシ果実は，収穫後に追熟がすすみほどよく軟化して食べごろに

表5-Ⅳ-1　果実の種類による蒸散特性のちがい
（茶珍，1992を一部改変）

蒸散特性		果実	貯蔵性
A型	温度が低くなるにつれて蒸散量が極度に低下する	カキ，ミカン，リンゴ，ナシ，スイカ	大
B型	温度が低くなるにつれて蒸散量も低下する	ビワ，クリ，モモ，ブドウ（欧州種），スモモ，イチジク，メロン	中
C型	温度にかかわりなく蒸散がはげしくおこる	イチゴ，ブドウ（米国種），オウトウ	小

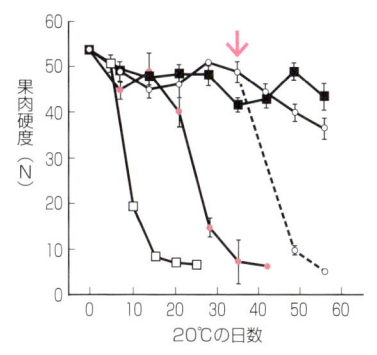

図5-Ⅳ-10
セイヨウナシ'ル・レクチェ'果実の湿度と果肉硬度の変化（Murayama, 2002）
- ○：収穫後20℃で相対湿度55％に保持
- ■：収穫後20℃で相対湿度75％に保持
- ●：収穫後20℃で相対湿度95％に保持
- □：1℃で2週間貯蔵後、20℃で相対湿度55％に保持

矢印：この時点でエチレン処理。処理した果実を以降点線で示す

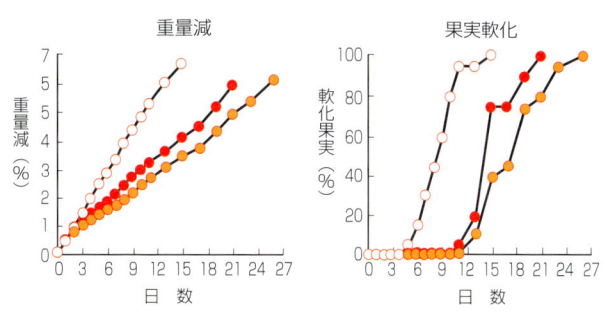

図5-Ⅳ-11 保湿によるカキ'刀根早生'果実の軟化抑制効果（播磨ら，2002）
○：慣行段ボール箱　●：保湿段ボール箱　●：有孔ポリエチレン包装

なるが、湿度が低いとスムーズにすすまない（図5-Ⅳ-10）。追熟は、果実からの蒸散が少ない、高湿度条件で行なう必要がある。

これとは逆に、脱渋後の渋ガキ果実では、蒸散がはげしくおこる低湿度条件で果肉の軟化が促進される。したがって、果肉硬度をなるべく長く保つには、包装などで蒸散をおさえることが重要になる（図5-Ⅳ-11）。

5 収穫後の成分の変化と軟化

①糖含量の変化

追熟中の果実は、自身に含まれている糖を基質として呼吸しているので、糖含量はしだいに減少していく。しかし、果実には、発育過程で蓄積したデンプンが追熟中に分解されて糖になったり、ショ糖がインベルターゼの作用によってブドウ糖と果糖に分解されることによって、かえって甘味が増えるものも多い。

たとえば、キウイフルーツは収穫時には10％近い濃度でデンプンが蓄積しているが、追熟がすすむと急速に糖化して糖含量が増える（図5-Ⅳ-12）。リンゴやセイヨウナシ果実にも2～3％程度のデンプンが含まれていて、追熟によって糖化する。そのため、収穫時には果肉が粉質（mealiness）であったものが、しだいに粉質感がなくなり甘味が増して食味が改善される。しかし、追熟性に乏しいノンクライマクテリック型の果実は、デンプン含量も少なく、収穫後に糖含量が増加することはほとんどない。

②酸の変化

果実の酸味と最も深く関係している有機酸含量も追熟中に変化する。呼吸代謝は有機酸代謝そのものなので、呼吸作用

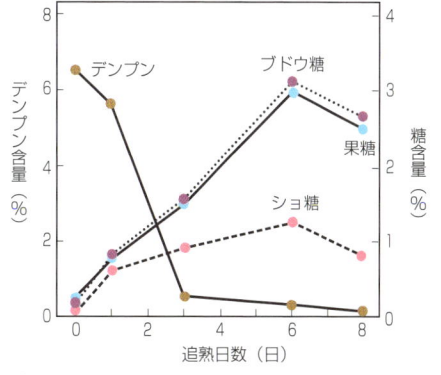

図5-Ⅳ-12
キウイフルーツ'ヘイワード'果実の追熟中の糖とデンプン含量の変化（稲葉、未発表）
10月15日採取、0～1日の間100ppmエチレン処理、追熟温度25℃

果実が軟らかくなる仕組み

植物の細胞壁は，多糖類（ペクチン，ヘミセルロース，セルロース），タンパク質，リグニンなどからできている。ペクチンは細胞どうしを接着させる役割をはたし，物理的な強度のおもな要因になっている。キシログルカンが主成分のヘミセルロースや，セルロースも細胞壁の骨格構造を形成している。これらの多糖類が質的・量的に変化して，果実が軟化する。

果実が軟化するときは，まずペクチンが可溶化（水溶化）や低分子化する。さらに，キシログルカンも低分子化するが，セルロースはほとんど変化しない。ペクチンの低分子化には，ポリガラクツロナーゼやペクチンメチルエステラーゼが重要な役割をはたす。また，ペクチン側鎖の切断には，β-ガラクトシダーゼやα-アラビノフラノシダーゼがかかわっており，これらの酵素もペクチンの可溶化に寄与していると考えられている。ヘミセルロース（キシログルカン）は，エンド型キシログルカン転移酵素・加水分解酵素（XTH）によって低分子化される。

そのほか，細胞壁の再構成や分解にかかわるエクスパンシンの存在が知られており，セイヨウナシ果実などでは軟化にともなって活性が上昇することが報告されている。

〈注2〉
長期貯蔵したリンゴなどでは有機酸含量が低下しすぎ，かえって食味が低下することもあるので注意が必要である。

が盛んなときは有機酸代謝も活発であると考えられるが，通常は追熟中に特定の有機酸が大きく増減することはない。しかし，ウンシュウミカンなどカンキツ類のなかには，貯蔵中に有機酸含量が低下して甘味が増すものもある（注2）。

③ 果肉の軟化

果肉が軟化するのも，追熟中の果実の大きな特徴の1つである。

果肉硬度は，食味や輸送性に大きく影響する。たとえば，セイヨウナシは，果肉がある程度軟化してメルティング質（とろけるような肉質）にならないと，本来の風味（flavor）が感じられない。カキ果実では，同じ糖含量でも果肉が軟らかいほうが甘味をより強く感じることが報告されている。

④ 色の変化

果実の色も収穫後に変化することがある。追熟中にもクロロフィルの分解がすすんで，果実の品種独特の色がより顕著になることがある。袋かけしたリンゴ果実を，収穫後一定時間太陽光に当てて果皮のアントシアニン生成をうながし，より鮮やかに着色させる技術も知られている。

2 果実の流通と貯蔵

1 出荷と流通の技術

① 選果

収穫した果実は，通常，選果場（packing house）に集められて選果（fruit grading）される。果重など大きさを基準にした階級（S, M, L, 2Lなど）と，着色の度合いや形のよしあし，傷の有無などを基準にした等級（秀，優，良，格外など）によって選別される。

従来，階級の選別は重量選果機で，等級選別は人が目視することによって行なわれてきたが，近年は，重量センサーや光センサー（注3）を搭載した選果機で，階級と等級選別を同時に，かつ高速で行なう自動選果システ

〈注3〉
果実に可視光線を当てて，反射光をCCDカメラでとらえて等級を判別するシステム。

図5-Ⅳ-13
光センサーを装備した果実選果機の例
カキ果実を選果しているところ

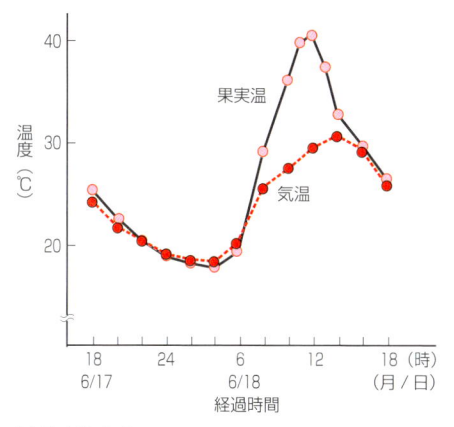

図5-Ⅳ-14
樹上にあるウメの果実温度の日変化（北野ら，1980）

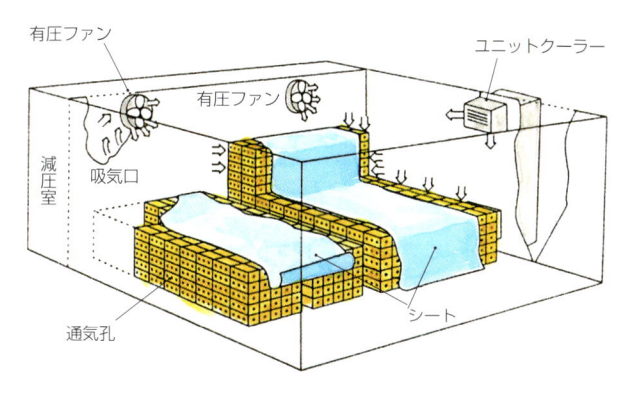

図5-Ⅳ-15　中央吸い込み方式の差圧通風冷却式の貯蔵庫（模式図）
（初谷，1991）

ムが開発されている（図5-Ⅳ-13）。

さらに，最近は，果実に近赤外光を照射し，その吸収程度によって糖度をかなり正確に，かつ非破壊的に推定できる技術が多くの種類の果実で採用されている。ニホンナシなどでは，果肉の内部褐変などの生理障害の有無や程度を，非破壊的に判定することも行なわれている。

② 鮮度保持－予冷とコールドチェーン

収穫後の果実の鮮度保持には，できるだけ早く果実温を下げることが望ましい。日差しの強い日中に収穫した果実の温度はかなり高いことがあるので（図5-Ⅳ-14），なるべく早く，かつ急速に果実温を下げる予冷（precooling）が有効である。予冷には，強制予冷や差圧予冷，真空予冷などのさまざまな方法があり，野菜や花卉などでよく利用されているが，青ウメやイチジク，スモモなど貯蔵性の乏しい果実にも効果が高い（図5-Ⅳ-15，表5-Ⅳ-2）。

予冷の後，果実は集荷施設の保管庫，市場や集配センター，トラックなどによる輸送，スーパーマーケットや小売店の店頭を経て食卓へ運ばれる。これら一連の過程を低温で行なうことをコールドチェーン（cold-chain）

表5-Ⅳ-2　園芸作物の予冷方法（茶珍，2007を一部改変）

方法	備考	適用作物
強制通風冷却 (Room cooling)	冷却速度遅い。コンテナーの積み方，入庫量によって冷却速度がちがう	すべての園芸生産物
差圧通風冷却 Forced-air cooling)	積み重ねたコンテナーと冷蔵庫内のあいだにファンを用いて圧差を生じさせて，冷気をコンテナーに導入する。冷却速度は比較的速い	すべての園芸生産物
真空冷却 (Vacuum cooling)	耐圧容器に生産物を入れ，減圧下で水を蒸発させ，その蒸発潜熱による冷却。冷却速度速く，均一，水分損失あり。水噴射真空冷却方式もある	葉菜，花菜，茎菜
冷水冷却 (Hydro-cooling)	冷水散水，冷水浸漬，冷却速度速く均一，濡れる問題あり。耐水性コンテナー使用，日本での採用は非常に少ない	葉菜，茎菜，ある種の果実
細氷冷却 (Package-icing)	冷却速度速い。細氷との接触に耐える生産物。耐水性コンテナー使用。日本での採用は非常に少ない	根茎菜，ネギ，花菜，芽キャベツ
輸送冷却 (Transit cooling)	冷却遅く不均一。冷凍機による冷却と細氷による冷却	特定の生産物

Ⅳ　収穫後の果実の取り扱い　143

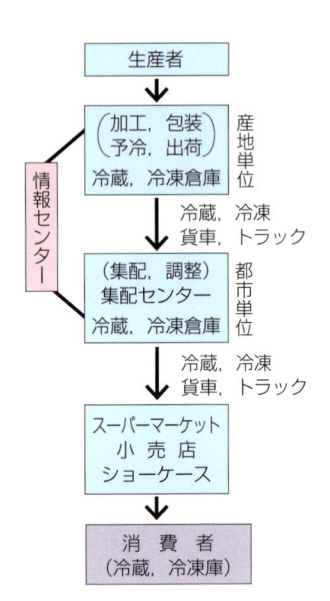

図5-Ⅳ-16
コールドチェーンシステムの模式図

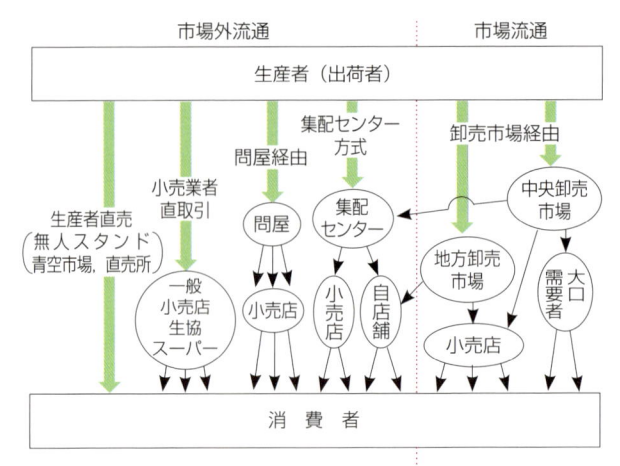

図5-Ⅳ-17　生鮮果実流通の流れ（伊庭，1985）

という（図5-Ⅳ-16）。コールドチェーンは，鮮度の低下が激しい野菜類でよく取り入れられているが，長期貯蔵後に出荷されたリンゴなどの品質保持にも効果を発揮する。

③果実の流通の仕組みとその変化（図5-Ⅳ-17）

　果実など青果物の流通経路は複雑で時代とともに変化しているが，大きく分けると，卸売市場を経由する市場流通と経由しない市場外流通がある。大半は市場流通であるが，最近は市場外流通が盛んになってきており，市場流通はここ10年ほどで1～2割程度減っているといわれる。

・市場流通

　市場流通では，生産者から直接，またはJAなどの団体を通して卸売業者（wholesale dealer）が集荷した果実が，競り（auction）にかけられる。最も高い価格をつけた仲買人（wholesale distributor）が買取り，さらにそれを小売業者（retailer）が購入して消費者（consumer）に販売する。

　価格決定は競売によるので，出荷者は安い価格がついても賠償請求はできない。ただし，リンゴなどでは卸売業者が価格を決めて買い取る，買い付け集荷が行なわれることもある。競売を通さない，先取り取引（注4）や相対取引（注5）などが近年増えている。

・市場外流通

　市場外流通で最もシンプルなのは，青空市場や無人販売など生産者が消費者に直接販売するものである。最近は，生産者グループや組合が経営する直売所や，産直とよばれる産地直送販売施設が増えている。流通経路が短縮され，新鮮な青果物をより安い価格で消費者に販売することが可能になるからである。

　なお，大型スーパーマーケットなどでは，産地に直結した独自の集配センターを設置して，流通の合理化をはかろうとしているところも多い。

2　おもな貯蔵法

　出荷が短期間に集中するのを防ぐため，果実を中長期に貯蔵する技術が

〈注4〉
競売の前に必要量を先取りする取引。

〈注5〉
必要な青果物の安定供給，安定価格の確保をするため，市場と協議して価格や数量などの条件を決めて契約する取引。

開発されている。リンゴは，長期貯蔵技術の進歩によってほぼ周年供給されているが，その他の果実類の出荷期間もかなり延長できるようになってきている（図5-Ⅳ-18）。

表5-Ⅳ-3は，果実のおもな貯蔵法と特徴をまとめたものである。

①予措

青果物を貯蔵する前に，貯蔵性を高めるために行なう前処理を予措（prestorage conditioning）といい，代表的なものに乾燥予措や催色（coloring）処理などがある。予冷も広い意味では予措の一種である。乾燥予措はおもにカンキツ類，催色処理はバナナやレモン，予冷は青ウメなどに行なわれる。

ウンシュウミカンの乾燥予措は，貯蔵前に温度約10℃，湿度60％前後に保ち，果重の3～5％程度を目安に乾燥させる。こうすることで，長期貯蔵中の腐敗や浮き皮（peel puffing）の発生を抑制することができる。ポンカンやイヨカンでは，10～20℃に2～3週間おいて着色を促進する催色処理が行なわれることがある。

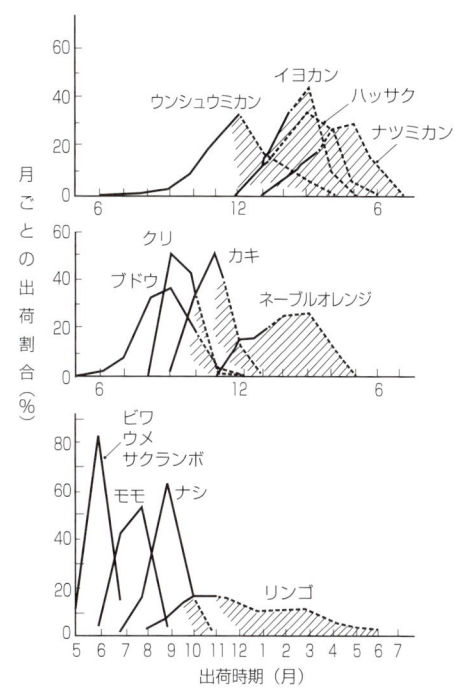

図5-Ⅳ-18 果実の時期別出荷割合（垣内, 1985）
斜線は貯蔵果の出荷を示す

②低温貯蔵

収穫後の果実の品質低下は，呼吸などの代謝作用による生理的な劣化，蒸散作用による萎ちょう，カビや細菌の繁殖による腐敗などによってすすむ。これらの要因のほとんどは低温によって抑制されるので，低温貯蔵は果実の貯蔵技術の基本になっている。

貯蔵温度は，果肉を凍結させない程度の低温である。糖などが多く含まれている果肉の凍結温度は0℃以下なので，−2～0℃付近に貯蔵の最適温度がある果実が多い(注6)。ただし，果実の種類によっては，数℃の温度でも障害を発生するものがあるので注意が必要である（「3 流通や貯蔵

〈注6〉
0℃以下の凍結しない温度域での貯蔵を氷温貯蔵という。

表5-Ⅳ-3 果実のおもな貯蔵方法と特徴（平, 2004）

貯蔵方法	特徴	適する果実	適さない果実
常温および保温貯蔵	温度や湿度コントロールに特別な設備を用いない 寒冷地では凍結を防ぐための保温 暖地では外気からの断熱に注意する	カンキツ，リンゴ カキ，ブドウ（欧州種）	オウトウ モモ ブドウ
低温貯蔵	冷却機で気温より低い温度条件にする 0℃以下の凍結しない温度で貯蔵する場合を氷温貯蔵とよぶ	リンゴ，ナシ，オウトウ など多くの果実	バナナなど低温障害をおこしやすい果実
冷凍貯蔵	果実を凍らせて貯蔵する方法 解凍後は果肉の肉質が変化するので，加工法の一種ととらえることもできる	パイナップル レイシなど	モモなど肉質が劣化しやすい果実
CA貯蔵	CA is controlled atmosphere の略で，制御されたガス環境での貯蔵のこと 通常は低濃度O_2＋高濃度CO_2条件	リンゴ セイヨウナシなど	リンゴ'紅玉'のようにCA条件で障害が出る果実
フィルム包装貯蔵	ポリエチレンなどのプラスチックフィルムの袋に果実を入れて貯蔵 蒸散が抑制され，袋内はCA状態になる 低温貯蔵と併用することも多い	カキ ブドウ ビワなど	ウンシュウミカン，ブドウ'マスカット・オブ・アレキサンドリア'など

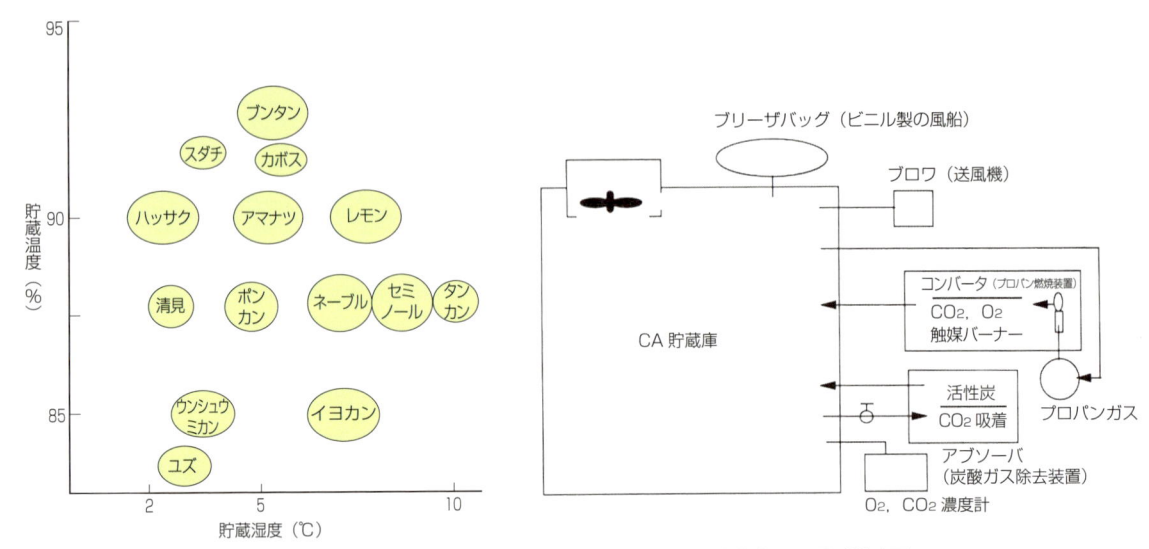

図5-Ⅳ-19 カンキツ類の最適貯蔵温度と湿度 (伊庭, 1985)

図5-Ⅳ-20 CA貯蔵庫の原理（模式図）

にともなう障害」参照）。また，カンキツなどは種類によって，貯蔵に最適な温度や湿度条件にかなり差がある（図5-Ⅳ-19）。

③ガス環境制御による貯蔵法

・CA貯蔵

　果実のなかには，低酸素＋高二酸化炭素濃度条件で効果的に呼吸や代謝作用が抑制され，品質保持期間が大幅に延長されるものがある。これを利用して，貯蔵庫内のガス組成を人工的に制御する貯蔵法をCA貯蔵（controlled atmosphere storage）という。CA貯蔵には，エチレンの除去を含む，ガス環境の制御システムを備えた冷蔵庫が必要になる（図5-Ⅳ-20）。

　表5-Ⅳ-4は，さまざまな果実のCA貯蔵条件である。果実の種類によって貯蔵可能期間の長短はあるが，ニホンナシの一部の品種やリンゴではCA貯蔵によって果実の周年供給がほぼ可能になっている。

・MA貯蔵

　CA貯蔵は画期的な効果があるが，膨大な設備投資が必要になる。それに対して，より簡便に貯蔵に適するガス環境をつくることができるのが，フィルム包装を利用したMA貯蔵（modified atmosphere storage）である。貯蔵する果実の生理活性にみあったフィルムで包装

表5-Ⅳ-4 果実のCA貯蔵での最適条件 (山下, 2000)

品目（品種）	温度(℃)	酸素(%)	二酸化炭素(%)	貯蔵期間(日)
アボカド	−	19	10	−
オレンジ	4～6	3～5	2～4	−
カキ（富有）	0	2	8	180
（平核無）	0	3～5	3～6	90
クリ（筑波）	0	3	6	210～240
セイヨウナシ（バートレット）	0	4～5	7～8	90
ニホンナシ（菊水，新興）	0	6～10	3	90～180
（二十世紀）	0	5	4	270～360
ブドウ	0	3～5	3	90
モモ（大久保）	0～2	3～5	7～9	28
リンゴ	0	2	2	180～270
レモン	12～14	5～10	5～10	−
ウンシュウミカン	3	10	0～2	180
青ウメ	0	2～3	3～5	−
（白加賀）	15	1.5～3.5	3～5	14
緑熟バナナ	12～14	5～10	5～10	180

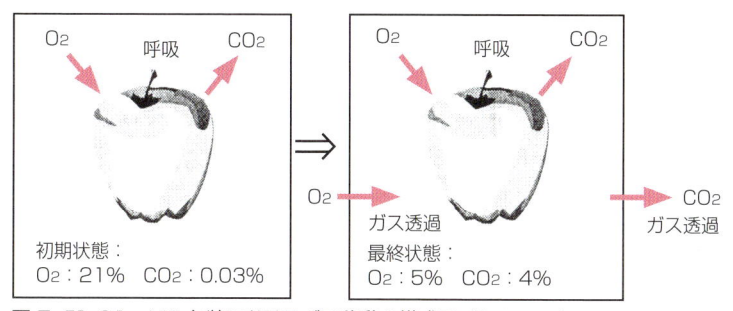

図5-Ⅳ-21 MA包装におけるガス移動の模式図（山下，2001）
果実が呼吸することにより，フィルム内のO_2が減少，CO_2が増加して，平衡状態に達する

図5-Ⅳ-22 プラスチックフィルムによるカキ果実の個別包装貯蔵の例
袋内にエチレン吸収剤がはいっている

し，フィルム内のガス環境を最適CA条件に近い状態で維持する方法である（図5-Ⅳ-21，図5-Ⅳ-22）。低温貯蔵庫とポリエチレンなどのフィルム資材があればよく，比較的安価にできる。

・CA貯蔵の原理

　低酸素＋高二酸化炭素濃度のCA条件で，なぜ果実の長期貯蔵ができるのか。生物の呼吸は低酸素条件で抑制されるので，CAの効果もおもに果実の呼吸活性の抑制にあると考えられる。ただし，酸素濃度が低すぎるといわゆる発酵（fermentation）を引きおこし，アセトアルデヒドやエタノールが生成して果実の品質が低下するため，そうならない濃度の設定が肝要である。また，低酸素はエチレン生成の最終段階であるACCの酸化過程も抑制するので，このことも果実の追熟を抑制していると考えられる。

　一方，高二酸化炭素濃度の効果は，従来，呼吸作用の抑制にあると考えられてきた。しかし最近の研究で，高二酸化炭素濃度で呼吸が抑制されるのは，そのときエチレンを生成している青果物に限られ，エチレンを生成していない青果物ではまったく抑制されないか，逆に促進されることもある事実が明らかになってきた。したがって，高二酸化炭素濃度の効果は呼吸の抑制ではなく，エチレン生成やその作用の抑制であると考えられる。

　なお，二酸化炭素も濃度が高すぎると，発酵などガス障害の原因になるので注意する。

④氷室や雪室の利用

　貯蔵を効果的に行なうには，温度やガス環境を正確に制御できる貯蔵庫が欠かせない。近年は，サーモスタット（温度感知装置）の精度や冷却装置の能力が向上し，貯蔵庫内の温度変動の幅が小さく保たれて貯蔵環境が改善されてきている。しかし，庫内の相対湿度を，果実の貯蔵に最適な90％前後に保ち続けることはむずかしいことが多い。

　この点，自然にできた洞窟や地下室などを利用して，冬期間に採取した氷や雪を入れて冷媒にする氷室や雪室は，温湿度環境がきわめて安定している。これらは古くから利用されてきた技術であるが，最近，省エネルギーの観点からもその価値が見直されている。

表5-Ⅳ-5 果実の低温障害の発生温度と症状
(郁田, 1980を一部改変)

果実の種類	発生温度（℃）	症状
アボカド	5～10	追熟不良，果肉変色
ウメ	5～6	ピッティング，褐変
オリーブ	7	内部褐変
オレンジ	2～7	ピッティング，褐変
グレープフルーツ	8～10	ピッティング
レモン黄熟果	0～4.5	ピッティング，じょうのう褐変
レモン緑熟果	11～14.5	ピッティング，追熟不良
ハッサク	5～6	ピッティング，こ斑症
ナツミカン	5～6	ピッティング
バナナ	13～14.5	ピッティング，果皮褐変，追熟不良
パイナップル	4.5～7	果芯褐変，追熟不良
パパイア成熟果	7.5～8	ピッティング
パパイア未熟果	10	ピッティング，追熟不良
パッションフルーツ	5.5～7	オフフレーバー
マンゴー	7～11	灰色焼け，追熟不良
リンゴ	2～3.5	内部褐変，焼け
カキ	5～7	果肉のゴム質化

表5-Ⅳ-6 長期間の低温（1℃）貯蔵によるセイヨウナシ果実の追熟後の肉質への影響（Murayama, 2002）

品種	1℃の貯蔵期間（月）					
	0	1	2	3	4	5
バートレット	○	○	×	×	×	×
マルゲリット・マリーラ	○	○	×	×	×	×
ゼネラル・レクラーク	○	○	○	×	×	×
ラ・フランス	○	○	○	×	×	×
シルバー・ベル	○	○	○	○	○	○
ル・レクチェ	○	○	○	○	○	○
ウインター・ネリス	○	○	○	○	×	×
パス・クラサン	×	×	○	○	○	○

○：メルティング質になる
×：メルティング質にならない
注）追熟は20℃，相対湿度ほぼ100%で行なった

3 流通や貯蔵にともなう障害

貯蔵中の果実に，微生物による腐敗や物理的な傷害以外の原因でおこる障害を，貯蔵障害（storage disorder）または生理障害（physiological disorder）とよんでおり，果実の生育環境に原因があるものと貯蔵環境に原因があるものがある。前者は，第7章の生理障害の項で詳述するので，ここでは後者のおもなものとして，低温障害（chilling injury）とガス障害（gas injury）を取り上げる。

①低温障害

5℃前後の低温で貯蔵すると，果面にピッティング（pitting）とよばれる小さな陥没状の褐変や果肉の褐変，変質などの低温障害があらわれる果実がある（表5-Ⅳ-5）。これらの障害は，果実の表皮や果肉細胞の生体膜に質的な変性がおきるために発生すると考えられている。

低温障害を防ぐには，発生しやすい低温に遭遇する時間を短くすることが大切であるが，一時的に温度を上げたり，徐々に低温にならしていくことで防げる場合もある。

品種にもよるがセイヨウナシ果実では低温で貯蔵する期間が長くなると，追熟後の肉質が本来のメルティング質にならないことが報告されている（表5-Ⅳ-6）。これも一種の低温障害と考えられる。

②ガス障害

酸素濃度が低すぎると低酸素障害（low oxygen injury）が，二酸化炭素濃度が高すぎると二酸化炭素障害（carbon dioxide injury）が発生する。前者は，嫌気呼吸による発酵現象を引き起こし，蓄積したアセトアルデヒドやエタノールが異味・異臭の原因になる。後者は，リンゴやセイヨウナ

表5-Ⅳ-7 果実の加工方法の種類とおもな果実の加工適性（平，2004を一部改変）

加工方法	おもな果実の加工適性															
	カンキツ	リンゴ	ナシ	ブドウ	モモ	スモモ	カキ	クリ	ウメ	オウトウ	イチジク	キウイフルーツ	ブルーベリー	キイチゴ類	パイナップル	オリーブ
缶詰（瓶詰）	◎	○	○		◎			○		◎			○		◎	
乾燥果実				◎			◎				○		○			
冷凍果実	○												◎	○	○	
ジャム	○	◎		○	○	○	○		○	○	○	○	◎			
ゼリー	○	○	○	○	○	○	○		○			○	○		○	
マーマレード	◎															
フルーツソース	○	○											○			
プレザーブ（糖漬果実）	○			○	○		○		○		○				○	
果汁（果肉入り果汁）	◎	○	○	◎									○		○	
果実酒（ワイン）		○		◎		○			◎							
果実酢	○	○		○			◎									
菓子類（ようかんなど）	○	◎	○	○			○	◎					○			
漬物							○		◎							◎

◎：優れた加工適性があるもの　○：加工適性があるもの

シなどに，果実内部の褐変障害などを引き起こすことが知られている。

3 果実の加工

1 加工のねらいと加工適性

　加工（processing）は，収穫後の果実になんらかの積極的な処理をすることによって，より貯蔵性や輸送性に富む食品をつくったり，生食用に向かない規格外の果実を有効利用することをいう。

　日本では，果実は生で食べるのが主流だったので，格外品や過熟（overripe）になった果実をむだにしないために加工用原料として利用することが多かった。しかし最近は，果実を原料にしたさまざまな新しい加工品の開発が盛んになり，加工の重要性に対する認識が高まってきている。それにつれて，生食用果実の余剰分を加工にまわすのではなく，当初から加工適性の高い品種を栽培したり，より高い加工適性をもつ品種や系統の育成も行なわれるようになってきた。

　干し柿や果実酢の製造などでは，特定の地域で栽培されている在来品種（native cultivar）が，一般の品種よりも優れた加工適性をもっていることも少なくない。また，加工適性には，収穫時の熟度や追熟条件が影響することもある(注7)。

2 おもな加工法

　表5-Ⅳ-7は，加工法の種類とおもな果実の加工適性（processing suitability）についてまとめたものである。

　図5-Ⅳ-23と図5-Ⅳ-24に，わが国の伝統的な果実の加工法である梅干と干し柿の製造のようすを紹介した。また，代表的な加工品の例として，

〈注7〉
たとえば，梅酒の製造では，成熟がすすんだ果実を収穫後3〜4日追熟させてから加工したほうが梅酒らしい香気に富み，かつ苦味の少ない製品が得られるという。

図5-Ⅳ-23
天日干しによる梅干し製造のようす

図5-Ⅳ-24 干し柿製造のようすと製品の例
左:「はせ」とよばれる天日干しの施設，中:白粉（ブドウ糖＋果糖）をふいた干し柿（「ころ柿」），右:半乾燥の「あんぽ柿」

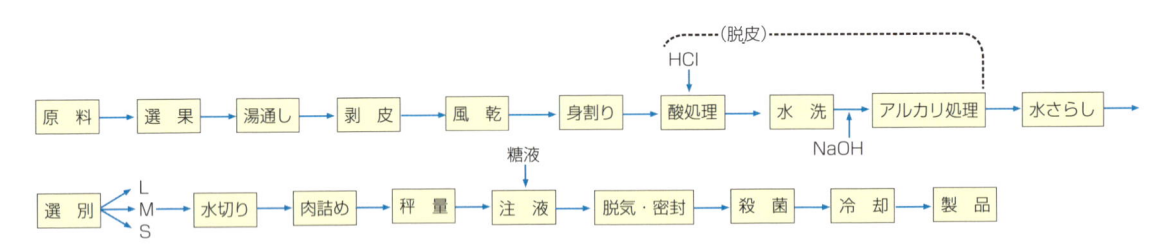

原料 → 選果 → 湯通し → 剥皮 → 風乾 → 身割り → 酸処理 → 水洗 → アルカリ処理 → 水さらし
（脱皮）
HCl　　　　　NaOH
糖液
選別（L/M/S）→ 水切り → 肉詰め → 秤量 → 注液 → 脱気・密封 → 殺菌 → 冷却 → 製品

図5-Ⅳ-25　ウンシュウミカンの缶詰の製造工程（伊藤，2011）

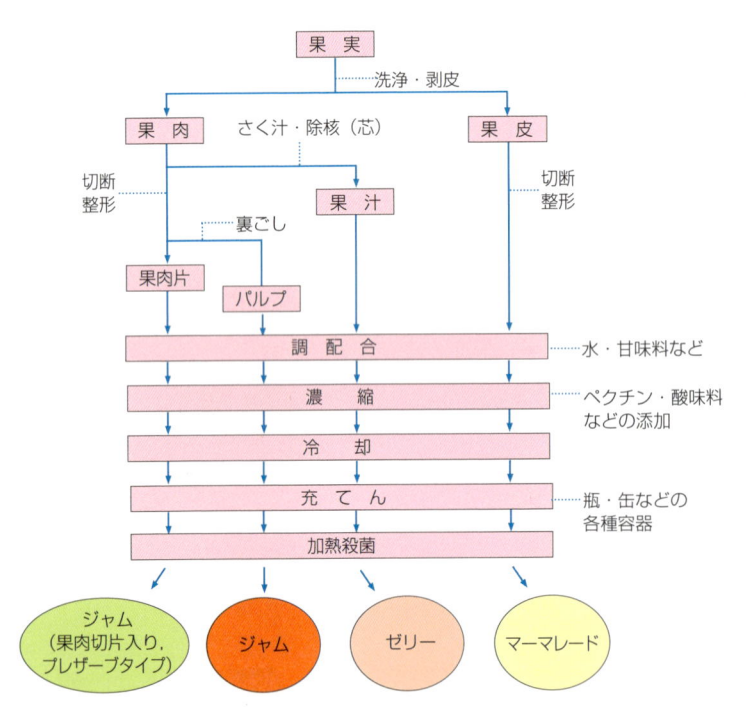

果実 → 洗浄・剥皮
果肉／さく汁・除核（芯）／果皮
切断整形　　果汁　　切断整形
裏ごし
果肉片　パルプ
調配合 …… 水・甘味料など
濃縮 …… ペクチン・酸味料などの添加
冷却
充てん …… 瓶・缶などの各種容器
加熱殺菌
→ ジャム（果肉切片入り，プレザーブタイプ）／ジャム／ゼリー／マーマレード

図5-Ⅳ-26　果実を原料にしたジャム類の製造工程の流れ図（平，2008）

図5-Ⅳ-25，図5-Ⅳ-26にウンシュウミカンの缶詰と各種ジャム類の製造工程を示した。

3 渋ガキの脱渋
①脱渋方法

　渋ガキ果実は収穫時期になっても，果肉に渋味の原因になっている可溶性タンニンを多量に含んでいるので，収穫後に脱渋（removal of astringency）処理が必要である。脱渋処理にはさまざまなものがあるが（図5-Ⅳ-27），現在商業的に行なわれているのは炭酸ガス（二酸化炭素）脱渋とアルコール脱渋である。

　渋ガキの主力品種の1つである'平核無'の場合，炭酸ガス脱渋は，5～10tの果実を大型施設に搬入して25℃前後に保ち，95％以上の濃度の二酸化炭素で約24時間処理した後開封し，さらに20℃前後で2日間程度保持することで完了する（図5-Ⅳ-28，図5-Ⅳ-29）。

　アルコール脱渋は，果実のはいった収穫コンテナを大型のポリエチレン袋に入れて，果実20kg当たり40～50mlのエタノールを噴霧した後20℃で1週間前後密封する方法がとられている。

図5-Ⅳ-27 渋ガキのいろいろな脱渋法（平, 2007）

| アルコール脱渋 エタノールを処理する | 温湯脱渋 温湯に果実をつける | 炭酸ガス脱渋 CO_2を処理する | 剥皮乾燥脱渋（干し柿）皮をむいて干す | 軟化にともなう脱渋（熟柿）放置して完全に軟化させる | 凍結・解凍にともなう脱渋 ゆっくり凍結して解凍する |

- 果肉の肉質はまろやか
- 風味は優れるが日持ちはよくない

＊樹上脱渋
- 肉質は硬い
- 果肉に褐斑（ゴマ）が発生

- 古くから風呂の残り湯を利用
- 日持ちは悪く、自家用が中心

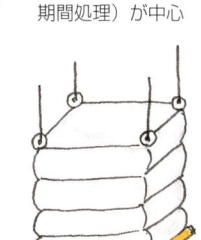

- 最近は5～10t規模の大型施設を使用したCTSD（高濃度炭酸ガス短期間処理）が中心

- いわゆる「干し柿」
- 剥皮面に皮膜がつくられ、嫌気呼吸が促進される

- いわゆる「熟柿」
- 追熟によって果肉は軟化し水浸状になる

- −20℃以下で凍結させる
- 解凍過程を経ないと完全に脱渋しないのでシャーベットとして利用するときは脱渋した果実を使用するほうが無難

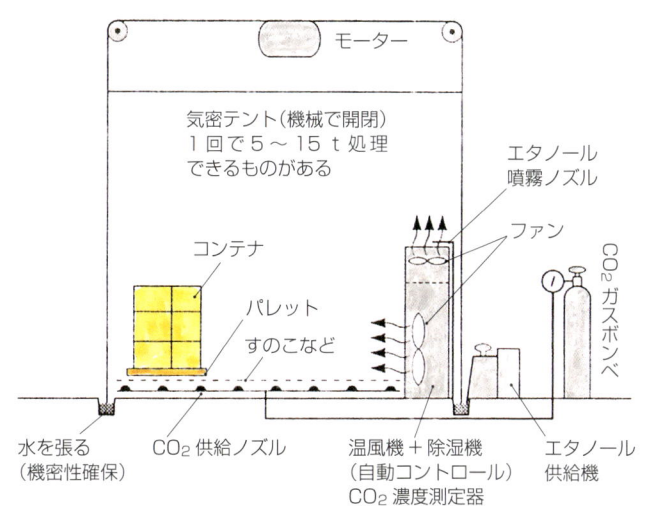

図5-Ⅳ-28 渋ガキ果実の脱渋法（模式図）（平, 1995）
アルコール・炭酸ガス併用脱渋ができる大型脱渋施設

図5-Ⅳ-29 渋ガキの脱渋施設の例
上：5～10t規模の大型CO_2脱渋施設の例
下：農業用ビニルを使った簡易CO_2脱渋施設の例

　脱渋の条件は渋ガキの品種によってかなりちがうので、各品種の脱渋特性にあった条件で処理を行なう必要がある。たとえば、中国・四国地方特産の在来品種である'西条'は脱渋後の日持ちがとても短いので、ドライアイス（固体二酸化炭素）を入れたポリエチレン袋に果実を詰めて、輸送中に脱渋する方法がとられている。

　脱渋処理によって渋くなくなるのは、可溶性タンニンが減るためである。ただし、タンニンは果実内で消失したり分解したのではなく、不溶化したのであり、全タンニン量は変わらない（図5-Ⅳ-30）。

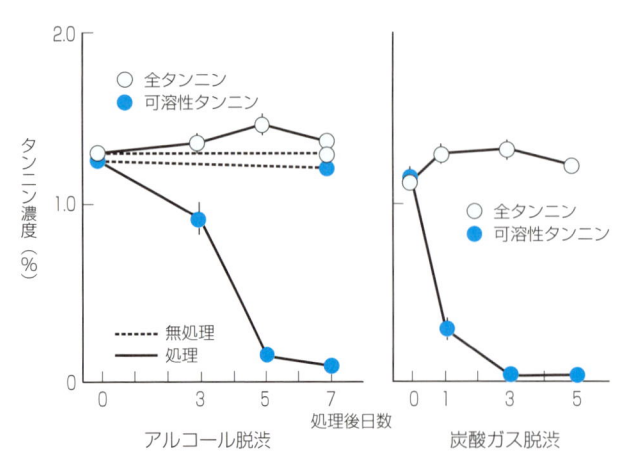

図5-Ⅳ-30 脱渋過程での可溶性タンニンと全タンニン濃度の変化（Taira, 1995）

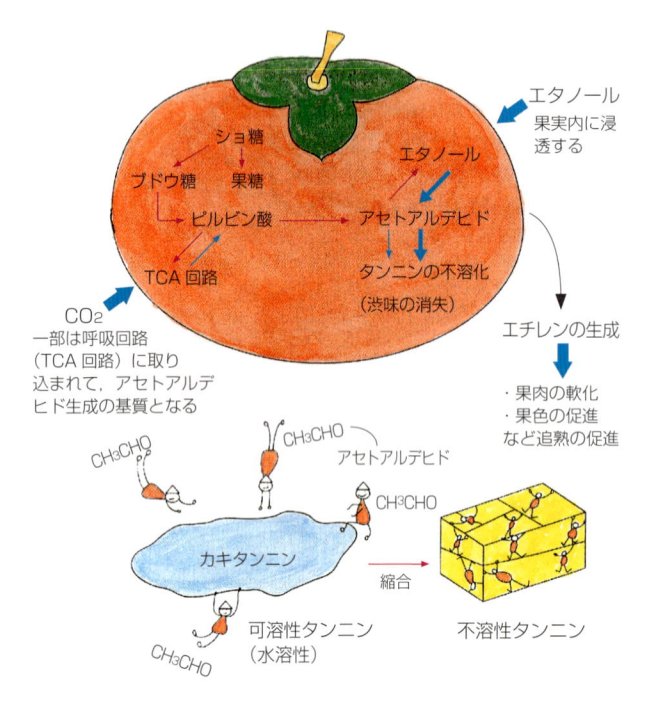

図5-Ⅳ-31 CO₂やエタノール処理によるカキ果実の脱渋の仕組み（松尾，2007を一部改変）

②カキ果実が脱渋する仕組み

・完全甘ガキの脱渋

完全甘ガキと，それ以外の不完全甘ガキ，不完全渋ガキ，完全渋ガキの3つのグループでは渋味が減る仕組みがちがう。

完全甘ガキは，可溶性タンニンの生合成が果実発育の早い時期に停止し，その後は果実肥大にともなって果肉の可溶性タンニン濃度が希釈されていくことで渋味が減少していき，成熟時には消失する（図5-Ⅲ-29参照）。

・完全甘ガキ以外の脱渋

これに対して，不完全甘ガキ，不完全渋ガキ，完全渋ガキは，果実内にできるアセトアルデヒドが重要な役割をはたしている。渋ガキ果実にアルコール（エタノール）や二酸化炭素を処理すると，図5-Ⅳ-31に示すような経路で果肉中にアセトアルデヒドがつくられ，可溶性タンニンが縮合して不溶化する。不溶化したタンニンは消失しないが，渋くなくなる。

なお，不完全甘ガキ果実が成熟時に渋くないのは，果実内で種子がつくられるとき種子からアセトアルデヒドが発生し，果肉に浸透して可溶性タンニンを不溶化するためである。しかし，不完全渋ガキの種子はアセトアルデヒドをごく少量しか産生しないため，果実の渋味は抜けきらない。完全渋ガキの種子にいたってはアセトアルデヒドをほとんど産生しないので，果実は成熟しても渋いままである。

・干し柿や軟化による脱渋

渋ガキ果実の脱渋には，アセトアルデヒド以外の要因もかかわっている。収穫後の追熟や干し柿製造によって果肉が軟らかくなるときは，果肉中に増えた水溶性ペクチンが可溶性タンニンと複合体をつくり渋味をへらす。また，果肉の軟化がよりすすむと，果肉細胞の細胞壁や細胞膜が崩壊して可溶性タンニンを吸着することも，渋味の減少に一役買っている。

第6章 施肥と土壌管理

I 樹体の栄養と施肥

1 果樹の栄養特性

1 植物の必須要素と役割

①必須要素

　植物が健全な生育をするために必要な養分を，必須要素または必須元素（essential element）という。

　必須要素を表6-I-1に示したが，植物が比較的多量に必要とするものを多量要素または多量元素（macroelement），ごく微量あればよいものを微量要素または微量元素（microelement）とよんでいる。また，とくに必要量の多い窒素（N），リン酸（P），カリウム（K）を3要素という。

②欠乏と過剰の影響

　必須要素が不足すると欠乏症状が発生する。微量要素はきわめて少ない量であるが，不足すると多量要素同様，厳しい欠乏症状が発生する。

　図6-I-1は，果樹のおもな必須要素の欠乏症状の見分け方をまとめたものである。症状が古い葉からあらわれるか，新しい葉からあらわれるか，また，葉全体に出るか葉脈に出るか，果実にあらわれるか否かなどによって，どの要素が欠乏しているかがある程度判断できる。

　必須要素は，過剰でも植物の生育に影響したり障害が出る。たとえば，Nが過剰になると枝葉が徒長し，果実の着色や熟期が遅れて品質が低下する。Pが過剰になると，樹の成長が抑制されたり，葉が黄化することがある。また，Kが過剰になると，カルシウム（Ca）やマグネシウム（Mg）の欠乏症状を引き起こすこともある。

表6-I-1　植物体の要素含有率
（林・田辺，1991を一部改変）

種類	含有率（%）	
多量要素	炭素（C）	45.4
	水素（H）	5.5
	酸素（O）	41.0
	窒素（N）	3.0
	リン酸（P）	0.23
	カリウム（K）	1.4
	カルシウム（Ca）	1.8
	マグネシウム（Mg）	0.32
	イオウ（S）	0.34
微量要素	塩素（Cl）	0.20
	マンガン（Mn）	0.063
	亜鉛（Zn）	0.016
	鉄（Fe）	0.014
	ホウ素（B）	0.005
	銅（Cu）	0.0014
	モリブデン（Mo）	0.00009

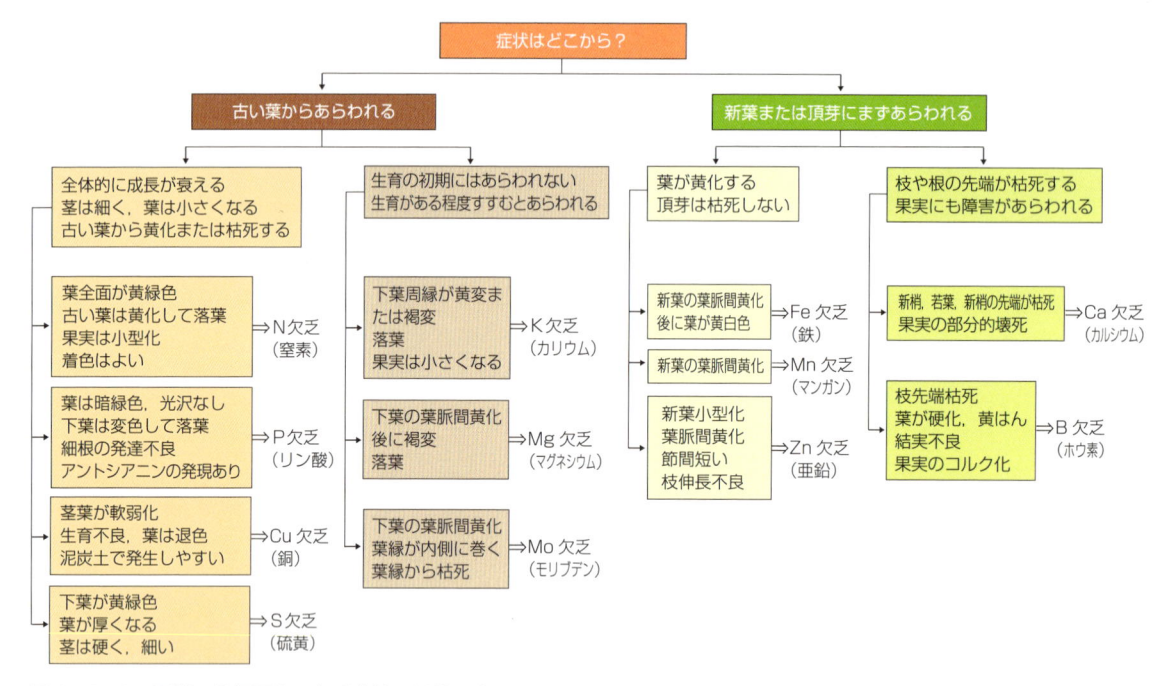

図6-I-1 果樹の必須要素の欠乏症状の見分け方 (熊代・鈴木, 1994を改変)

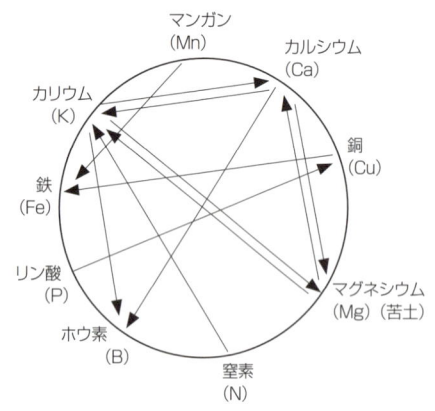

図6-I-2 要素（元素）間の拮抗作用
(林・田辺, 1991)

図6-I-3 鉄欠乏症によるモモのクロロシスと枯死樹

さらに，カンキツ類ではホウ素（B）が過剰になると葉の先端が黄化するし，マンガン（Mn）が過剰になると葉に褐斑が生じてやがて落葉する。

③要素（元素）間の相互作用

植物の体内や土壌中に各元素が十分含まれているにもかかわらず，特定の元素の欠乏症状が出ることがある。原因は，欠乏症状が出ている元素の生理作用や吸収が，他の元素によって抑制されていることが多い。これを元素間の拮抗作用（antagonism）という（図6-I-2）。

たとえば，酸性土壌ではMnや銅（Cu）を過剰に吸収する結果，鉄（Fe）の生理作用が阻害されてクロロシス（退緑）（chlorosis）をおこすことがある（図6-I-3）。また，石灰が過剰に施用されるとCaがBの作用をおさえて，B欠乏の症状をおこすことがある。樹体中のK含量が高すぎるとCaの移動や生理作用がおさえられるし，土壌中にKが多量に含まれているとMgの吸収がおさえられて欠乏症状が出ることがある。したがって，Kを多く含む稲わら堆肥などを多量に施用するときは，K肥料を減らすなどの配慮が必要になる。これらは，いずれも元素間の拮抗作用によっておきている。

一方，ある元素を施用すると他の元素の吸収が促進されることもあり，これを相助作用（synergism）とよぶ。たとえば，Pを施用するとMnの吸収がよくなったり，Mnを施用するとKやMg，Caの吸収が増加したりする。

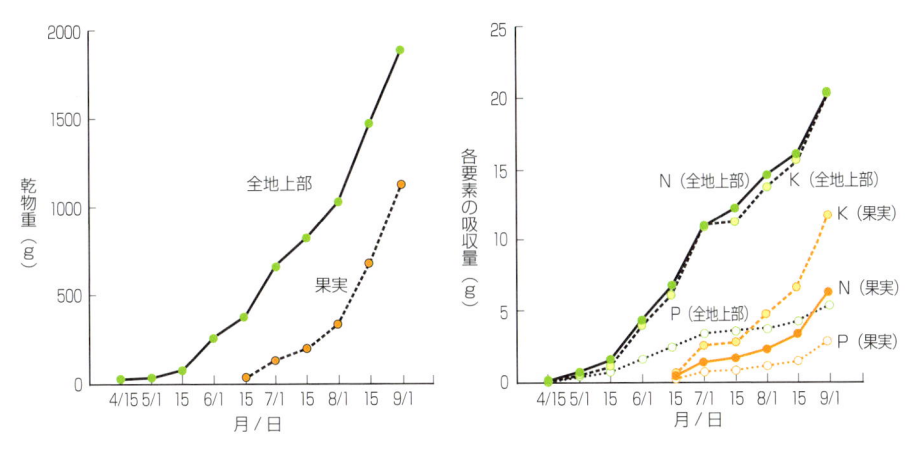

図6-Ⅰ-4 ブドウの3要素吸収量の季節的変化（小林，1954）

2 果樹の養分吸収特性

　果樹の樹体各部の成長量や養分吸収量は，生育中を通して一様ではない。したがって，品質のよい果実を安定生産するためには，どの時期に，どの養分が，どの程度必要かをよく知り，それぞれの適期に適切な量を施用することが大切である。図6-Ⅰ-4にブドウの樹体と果実，図6-Ⅰ-5にニホンナシ果実の3要素吸収量の季節的変化を示した。果実の成長にともなってKの吸収が急激に増加することがわかる。また，樹種を問わず，果実に吸収される3要素の割合は類似していることもわかる。

　樹体に吸収された養分の一部は，果実に取り込まれて収穫されたり，せん定によって園外に持ち出されたりするが，それ以外は樹体の成長に使われる。

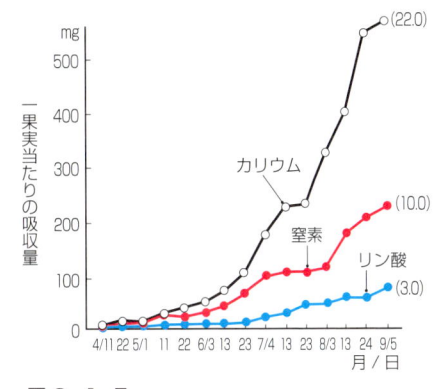

図6-Ⅰ-5
ニホンナシ'二十世紀'の果実発育と肥料3要素の吸収量の変化（林，1961）
（　）内の値は窒素を10としたときの吸収量比を示す

3 果樹園での窒素の循環

　図6-Ⅰ-6は，草生法（本章Ⅱ-2-3参照）で管理されているウンシュウミカン園のNの循環を示したものである。

　ウンシュウミカン樹が吸収するNは，施肥，土壌有機物（地力窒素），樹からの離脱物（落葉や摘果した果実など），刈られた草の分解物から供給される。樹に吸収された窒素は，約3分の1が樹体の成長に使われ，約4分の1が果実に取り込まれて収穫される。

　施肥したNの約半分は溶脱したり土壌中に残り，残り半分の約7割が

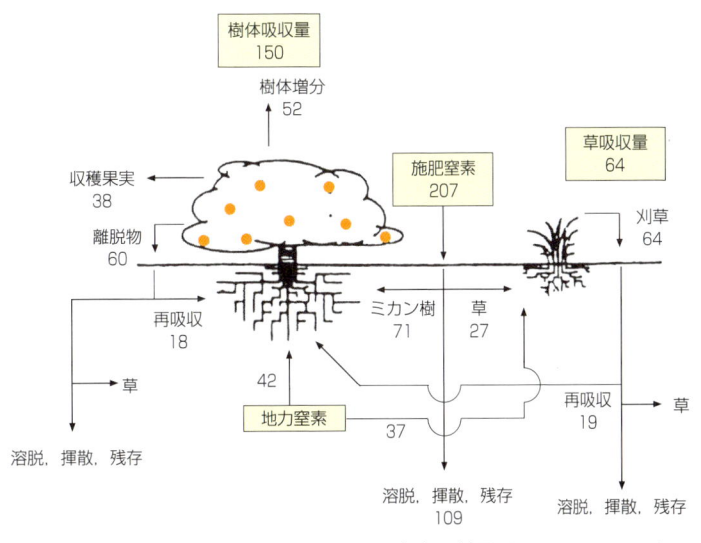

図6-Ⅰ-6　草生ウンシュウミカン園での窒素の循環（長崎果樹試，1997）
図中の数値の単位はkg/ha

Ⅰ　樹体の栄養と施肥　155

〈注1〉
ピーエイチ，ドイツ語読みでペーハーとも読む。酸性かアルカリ性かの判定のために測定される。7が中性で数値が低いほど酸性が強い。

〈注2〉
ＡＭ菌根菌とかVA菌根菌（VA mycorrhizal fungus）ともよばれている。植物の根に進入して細胞内でVesicle（のう状体）やArbuscule（樹脂状体）をつくる菌根菌（mycorrhizal fungus）で，土壌中に菌糸を伸ばしリン酸などを吸収して植物に与え，植物から光合成産物をもらう共生関係にある。しかし，果樹園における感染率はあまり高くない。

ミカン樹に，約3割が草に吸収される。このように，草生法では施肥窒素のかなりの量が草に吸収されるため，溶脱する窒素が少なくなる利点がある。また，草を経由して窒素が循環するので，施肥の効果が比較的長く保たれる。刈られた草が有機物として果樹園土壌にもどされるので，土壌改良効果とともに，傾斜地では土壌の浸食を防いでくれる。

4 養分吸収にかかわるおもな要因

果樹園の土壌に含まれている元素の種類や量が，果樹の養分吸収に影響するのはいうまでもないが，それ以外にも養分吸収に影響する要因がある。

①土壌の影響

土壌のpH（注1）は元素の溶解性に影響を与えるため（図6-Ⅰ-7），各種果樹の養分吸収特性に応じて適正な値に保つことが必要である（表6-Ⅰ-2）。たいていの果樹は中性から微酸性の土壌を好むが，ブルーベリーは酸性，イチジクは弱アルカリ性を好む。降水量の多いわが国の果樹園は酸性化しやすいが，その場合は石灰などを施用してpHを矯正する（本章Ⅱ-2の表6-Ⅱ-11参照）。

土壌の性質も影響し，たとえば火山灰（黒ボク）土壌は保水性や透水性はいいが，Caなどの塩基類が流亡しやすい。そのため，酸性化して微量要素の欠乏がしやすく，Pの施用効果が悪い。土壌の浸透圧や通気性も養分吸収に影響する。土壌が極端に乾燥すると，浸透圧が高くなって樹が養分を吸収できなくなる。また，通気性が悪くなり，土壌中の酸素濃度が低下すると，Kの吸収が抑制される。

そのほか，土壌中の微生物も養分吸収に少なからず影響する。とくに，マメ科植物には根粒菌（root bacterium）が共生するため窒素固定（nitrogen fixation）が盛んになることや，アーバスキュラー菌（arbuscular mycorrhiza）（注2）が共生するとPの吸収がよくなることなどがよく知られている。

②台木の影響

多くの果樹は，台木に穂木を接ぎ木した複合体植物なので，穂木品種が同じであっても，台木の種類が異なると養分吸収特性がちがってくる。図6-Ⅰ-8はモモの例であるが，ユスラウメ台やニワウメ台のモモは，野生モモ台やベニスモモ台のモモよりMnの吸収量が多くなっている。

リンゴの台木に用いるマルバカイドウは，根のほとんどが0～30cmの浅い土壌に分布するが，わい性台木のM.9は下層にも分布する（図6-Ⅰ-9）。Nなどの養分は土壌の表層に多く含まれているので，台木の根群分布のちがいも樹の養分吸収に影響する。

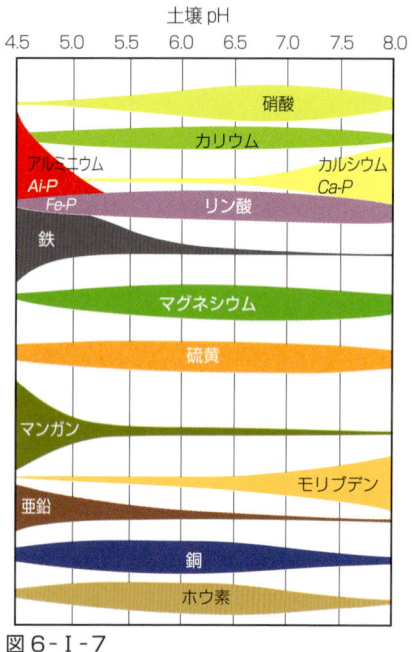

図6-Ⅰ-7
土壌pHの変化による各元素の可給度の変化
幅が広いほど土壌溶液に溶け，吸収されやすくなるので可給度が高い

表6-Ⅰ-2　果樹の種類と生育適性土壌pH

分類	適性土壌pH	樹種
酸性を好む	4.0～5.0	ブルーベリー
微酸性を好む	5.0～6.0 5.5～6.0 5.5～6.5	リンゴ，オウトウ，クリ，カキ モモ，パイナップル ウンシュウミカン，ビワ，ナシ
中性を好む	6.5～7.0	ブドウ，キウイフルーツ
アルカリ性を好む	7.0～7.5	イチジク

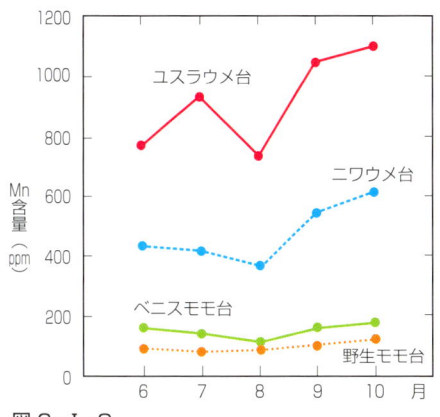

図6-Ⅰ-8 台木のちがいとモモ'あかつき'の葉内マンガン（Mn）含量（水谷, 2002）

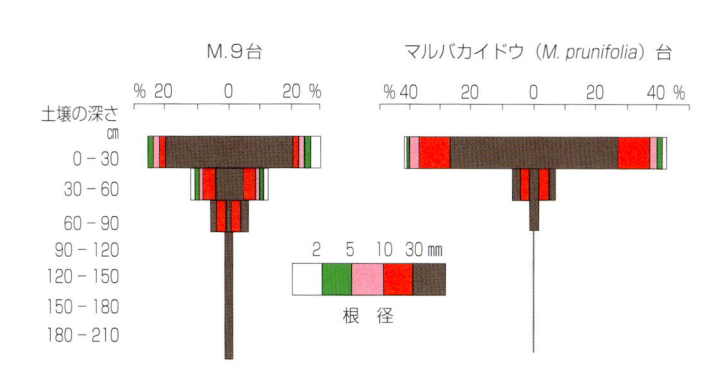

図6-Ⅰ-9 台木のちがいと12年生のリンゴ'ふじ'の根分布（土屋ら, 1975を一部改変）

2 施肥

1 肥料の種類と選択

①肥料の定義と種類

肥料取締法では，肥料（fertilizer）は「植物の栄養に供すること，または植物の栽培に資するため，土壌に化学的変化をもたらすことを目的として土地に施されるものおよび植物の栄養に供することを目的として植物に施されるもの」と定義されている。

肥料には多くの種類があり，表6-Ⅰ-3のように多様に分類され，さまざまな名称でよばれている。

肥料取締法の対象とされているのは，おもに普通肥料であり，市販（販売）肥料はこの法律にもとづいて主成分と含有率の表示が義務づけられている。葉面散布剤や石灰などの土壌改良資材も，普通肥料に含まれる(注3)。また，米ぬかや堆肥，コンポストなどは特殊肥料とよばれ，農林水産大臣が指定する(注4)。

②有機質肥料と無機質肥料

近年は，果樹栽培でも有機農業（organic farming）が注目されるようになり，有機質肥料（organic fertilizer）も多く施用されている。化学肥料と草木灰などの無機質肥料（inorganic fertilizer）は土壌中の養分濃度を急激に高めるが，低下するのも早く，肥料濃度の変動がはげしい。これに対して，有機質肥料は，土壌微生物などによる分解を経てから植物に吸収されるので，養分濃度の変動が小さく効果が持続する（図6-Ⅰ-10）。なお，有機質肥料と無機質肥料を混合した，配合肥料も多く使われている。

このように肥料は，種類によって肥効があらわれる速度や持続期間がちがうので，目的に応じて使い分けるようにしたい。

③有機物の利用

有機質肥料とともに，堆肥（manureまたはcompost）や稲わらなど有

〈注3〉
土壌に化学的変化以外の変化をもたらす目的で施すものは「土壌改良資材」といい，ポリビニールアルコールなどの合成高分子化合物や腐植酸質資材などの有機質資材，ゼオライトなどの無機質資材がある。

〈注4〉
特殊肥料以外の肥料を普通肥料という。排水，下水，家畜排泄物などをばっ気や発酵処理した汚泥やその処理物を汚泥肥料というが，これも普通肥料である。

表6-Ⅰ-3 さまざまな肥料の種類と分類（村山，1984を一部改変）

名　称	内　容
自給肥料	堆きゅう肥，人糞尿，緑肥などの自家労働で生産する肥料
販売肥料	市販される肥料，金肥ともいう
化学肥料	化学的手法によって製造されたもの
配合肥料	2種以上の肥料を機械的に混合したもの
化成肥料	2種以上の肥料を原料とし，造粒または成形もしくは化学的方法により製造したもので，肥料2成分以上を含むもの
無機質肥料	給源が無機化合物であるもの
有機質肥料	給源が動植物質であるもの
単肥	3要素のうち，1成分のみ含むもの
複合肥料	3要素のうち，2成分以上含有するもの（配合肥料と化成肥料）
窒素質肥料	3要素のうち，窒素をとくに多く含むもの
リン酸質肥料	3要素のうち，リン酸をとくに多く含むもの
カリ質肥料	3要素のうち，カリをとくに多く含むもの
特殊成分肥料	石灰（Ca）・苦土（Mg）・ケイ素（Si）のうち，1成分を主成分とするもの
微量要素肥料	マンガン（Mn），ホウ素（B），鉄（Fe），銅（Cu），亜鉛（Zn），モリブデン（Mo）のうち1または2成分以上含むもの
無硫酸根肥料	硫酸塩（土壌を酸性化する成分）をほとんど含まないもの
硫酸根肥料	主成分が硫酸塩か副成分として硫酸根を多く含むもの
酸性肥料	水溶液が酸性反応するもの
塩基性肥料	水溶液が塩基性反応するもの
中性肥料	水溶液が中性であるもの
生理的酸性肥料	植物による吸収後，培地に酸性反応するものを残すもの
生理的塩基性肥料	植物による吸収後，培地に塩基性反応するものを残すもの
生理的中性肥料	植物による吸収後，酸性・塩基性反応するものを残さないもの
高度肥料	高成分のもの，濃厚肥料ともいう
高度複合肥料	通常は高度化成肥料という。3成分が30％以上
低度肥料	低成分のもの
低度複合肥料	通常は低度化成肥料，普通化成ともいう，配合肥料の大部分もこれにはいる，3成分の合計が30％以下
速効性肥料	肥効が速やかにあらわれるもの
緩効性肥料	肥効が緩やかにあらわれるもの
遅効性肥料	肥効がある時期を過ぎてからあらわれるもの

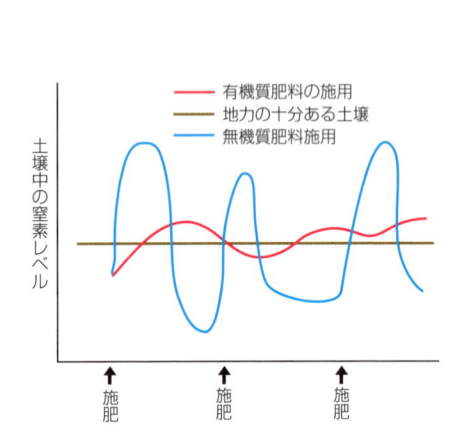

図6-Ⅰ-10
無機質肥料と有機質肥料の肥効の差（模式図）
（林・田辺，1991を一部改変）

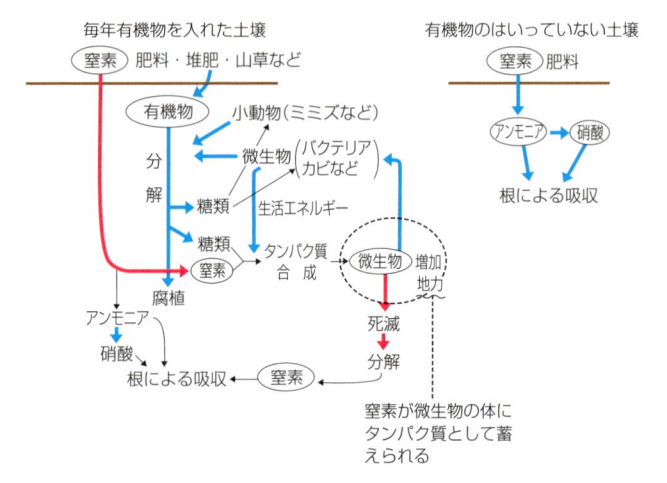

図6-Ⅰ-11
有機物の多い土壌と少ない土壌での窒素の効き方のちがい
（林・田辺，1991を一部改変）

〈注5〉
耕地の作物生産力を示す用語で，最終的には対象とする作物の収量の多少や品質であらわすことが多い。

機物（organic substance）の施用が注目されている。土壌への有機物の施用は，養分の溶脱を抑制するとともに，土壌pHの安定化にも貢献する。さらに，肥料成分が過剰に吸収されるのを防ぐとともに，地力（soil fertility）(注5)を高める（図6-Ⅰ-11）。

このように，果樹園への有機物の施用は，土壌の理化学性を向上させ，

有機物が施用されている土壌と施用されていない土壌（図6-Ⅰ-11）

　堆肥など有機物を連年施用した果樹園は，化学肥料のみを施用している果樹園より，品質のよい果実が持続的に生産できることが経験的にもよく知られている。毎年適正な量の有機物が投入されている土壌では，バクテリアやカビなどの微生物やミミズなどの小動物が有機物を分解してみずからの活動エネルギーにしている。分解されてできたNは，施肥によって土壌に加えられたNとともに，これらの生物の体内に取り込まれてタンパク質として蓄積される。生物体内に蓄積されたNは，それらが死滅するときに分解され，根から吸収される。

　有機物が連年適量施用されていれば，土壌中の微生物や小動物の体内に十分な量のNが保存され，少しずつ分解されて植物に吸収されるという状態が維持される。また，有機物が十分に施用された土壌は，通気性や保水性がよくなり，軟らかい。このように，土壌中に蓄えられ，ゆっくり分解され，必要に応じて植物に吸収される栄養分が地力 (soil fertility) のおもな源になっている。

　これに対して，有機物が乏しい果樹園では，施肥された窒素は土壌中でアンモニア態や硝酸態の窒素になって植物体に直接吸収される。したがって，施肥直後は窒素の肥効が過剰になるが，すぐ不足してしまう。

　有機物施用による土づくりが，適正な地力を生み出すためにとても大切であることがよくわかる。

地力を増強するとともに，土壌微生物の種類や数，さらにそれらの活動を活発にすることによって，果樹の樹体や果実の生育に総合的によい効果をもたらす。

　ただし，微生物による分解が十分にすすんでいない，未熟な堆肥を施用すると果樹の生育を阻害するので注意する。

2 施肥量
①施肥量の計算方法

　果実の生産を含めた樹の成長に必要な養分が土壌中に不足している場合，その不足分を人為的に補給することを施肥 (fertilization) という。施肥には土壌施用 (soil application) と葉面散布 (foliar spray) がある。

　わが国では，通常，肥料として土壌に施用されるのは窒素（N），リン酸（P），カリウム（K）の3要素で，必要があればカルシウム（Ca）とマグネシウム（Mg）が施される。

　施肥量は，理論的には，

　　　　施肥量＝（吸収量－天然供給量）／吸収率

で計算されるが，永年生作物である果樹は，種類だけでなく樹齢によっても養分の必要量や吸収率がちがうので，適正な施用量を把握するのに長期間かかる。良品質果実を毎年安定生産するために必要な施肥量を見定めなければならない。

②実際の施肥量の決め方

　表6-Ⅰ-4は，ウンシュウミカンの10a当たりの施肥量を計算した例である。

　しかし，果樹園の天然供給量や，各果樹の吸収率を正確に算出することはきわめてむずかしい。したがって実際には，こうした計算値を基準にしながら，毎年の経験の積み重ねや，中長期のデータを収集して，その土地にあった施肥基準を確立していく必要がある。

表6-Ⅰ-4
10a当たり収量3.75tのウンシュウミカンの成木樹の10a当たり施肥量（浅見，1951を改変）

	窒素 (kg)	リン酸 (kg)	カリ (kg)	備　考
吸収量	24.17	4.41	11.66	
天然供給量	8.06	2.21	5.83	窒素は吸収量の1/3，リン酸，カリは1/2と仮定
必要量	16.11	2.21	5.83	吸収量－天然供給量
吸収率(%)	50	30	40	
施用量	32.22	7.29	14.57	

注）窒素は必要量の2倍，リン酸は3.3倍，カリは2.5倍と仮定している

表6-Ⅰ-5　主要果樹の施用量（全国平均）（平岡，1997）

樹　種	施用量 (kg/10a)			収量 (t/10a)
	窒素 (N)	リン酸 (P_2O_5)	カリ (K_2O)	
ウンシュウミカン	21.9	16.4	16.0	3.4
川野ナツダイダイ	30.9	22.9	22.4	4.1
ハッサク	31.6	19.9	22.1	3.9
イヨカン	31.7	22.7	24.2	3.3
ネーブルオレンジ	32.6	23.9	24.6	3.4
リンゴ	11.5	6.3	9.3	3.6
ブドウ	11.1	11.5	11.5	1.5
ニホンナシ	20.4	15.6	16.4	3.1
セイヨウナシ	12.0	8.0	9.7	1.5
モ　モ	14.1	9.8	12.7	2.0
カ　キ	17.8	12.7	15.2	2.1
ク　リ	14.9	10.7	12.4	0.3
ウ　メ	16.6	10.6	15.2	1.5
ニホンスモモ	12.1	9.8	11.9	1.5
オウトウ	13.0	7.8	11.4	0.7
ビ　ワ	20.4	16.7	16.2	0.9
イチジク	16.6	14.4	17.6	2.7
キウイフルーツ	17.9	13.8	15.8	2.2
パイナップル	35.0	1.5	31.0	―

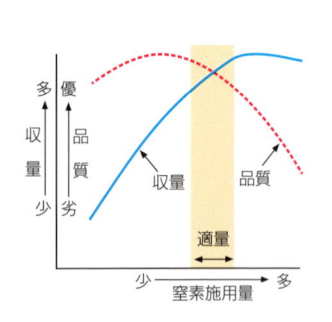

図6-Ⅰ-12
窒素の施用量と果実の収量，品質（模式図）

表6-Ⅰ-5は，主要樹種の施肥量を実態調査してまとめたものである。NとKについてはほぼ等量施用されている樹種が多いが，Pについては樹種間で大きな差があることがわかる。

③窒素施用量と果実の収量，品質

　Nは植物のからだをつくる最も重要な元素の1つである。Nの施用量が増えるにつれて樹勢が強くなり，樹体の成長が旺盛になって果実の収量が増加する。しかし，Nの施用量が一定以上になると収量は増加しなくなる。

　果実の品質は，Nが少ないうちは施用量が増えるにつれてよくなるが，Nが多くなりすぎると低下する。Nの施用量が適量を超えると，果実の着色がうまくすすまなかったり，果肉が硬くなりすぎたりする。さらに，果肉の糖含量が上がらず，有機酸含量が高くなることもある。

　したがって，良品質の果実をより多く得るためには，図6-Ⅰ-12に示すように，窒素の施用量が適量になるよう与えすぎに注意する必要がある。

3 施肥時期と施肥方法
①施肥時期

　落葉果樹では，落葉後の休眠期に肥料の大部分を施用することが多い。これを元肥（basal application）という（基肥または春肥ということもある）。12～3月の冬季間に施用するが，積雪の多い地域では積雪前に施用することもある。Nは年間施肥量の8割程度，Pはほぼ全量，Kは半分程度を施用する。

　次に，果実や新梢が盛んに成長する初夏から夏季に，Kを主体にした施肥を行なう。これを追肥（supplement application）とよぶ。これによって，梅雨期などに流亡した養分を補うとともに，果実の発育を促進する。さらに，果実の収穫後に，着果によって消耗した樹体の回復と翌年のための花芽形成と充実を目的に，Nを主体とした礼肥（side dressing after harvest，秋肥ということもある）を施用する。

　なお，カンキツなどの常緑果樹では，元肥は11月に礼肥を兼ねて与えることが多いが，3月に芽出し肥（starter）として施すこともある。追肥は，開花・結実後の5～6月に夏肥として施すのが普通である。

　施肥時期や施肥量は，樹種だけでなく，気象条件が異なるため，地域によってちがうのが普通である。表6-Ⅰ-6はリンゴとウンシュウミカンのNの施肥時期と施肥量の例であるが，地域でかなりちがうことがわかる。

②施肥位置

　図6-Ⅰ-13は，リンゴ成木の根群の水平分布を調査した結果である。根は，樹冠の水平方向の広がりを越えて広く分布しているので，樹幹付近のみに施肥しないように注意する。

　肥料のまき方は，成木園では園地全面に施用する全面施肥が広く行なわれているが，主幹を中心に同心円状に浅い溝を掘って施肥する方法（輪状施肥）や，樹幹を起点にして放射状に施肥する方法などもある。施肥方法によって根群分布が影響を受けるので，注意が必要である（図6-Ⅰ-14）。

　土壌表面への施肥をくり返していると根が浅くなり，水分ストレスや寒害などを受けやすくなるので，定期的にやや深い穴や溝を掘って行なう深層施肥（deep placement of fertilizer）が有効である。

4 果樹の栄養診断

①葉分析による診断

　果樹の栄養状態を知る方法として，よく用いられるのが葉分析（leaf analysis）である。葉は樹の栄養状態をよく反映し，分析材料として容易に採取することができる。

　葉分析の方法は，分析対象の果樹園から無作為に10樹程度を選ぶ。樹ごとに，果実をつけていない生育が中庸な枝から，平均的な葉を10枚程度採取し，合計100枚程度の栄養成分を測定する。試料採取は，成葉になった6～9月ごろ，2～3回行なうとよい。葉分析の結果から樹体の栄養状態を診断し，施肥の参考にする。

②葉色によるN含量診断

　必須要素のなかでもとくに重要なN含量を簡単に知るには，市販の葉色用カラーチャートや，葉緑素計（chlorophyll meter，図6-Ⅰ-15）を用いる方法がある。これは，葉のN含量と葉緑素（chlorophyll）含量のあいだに高い相関関係があることを応用した方法で，測定時間も短く，非破壊的に行なえるので広く普及している。

表6-Ⅰ-6　各県のリンゴとウンシュウミカンの窒素施用時期の例
（福元，2002を一部改変）

県　名	リンゴ	リンゴ	ウンシュウミカン
	青森，岩手，長野	福島	静岡，愛媛，佐賀
施用量 (kg/10a)	10～15	8	25～30
春　肥	11月～3月 (70～80%)	12 (40)	2月中旬～3月下旬 (25～50%)
夏　肥	—	—	6月中下旬 (15～40%)
秋　肥	9月 (20～30%)	9月～10月 (60%)	10月上旬～11月上旬 (35～40%)
備　考	普通台，肥沃度中	ふじ／普通台，肥沃度中	普通土壌など

注）（　）は時期別の施肥割合

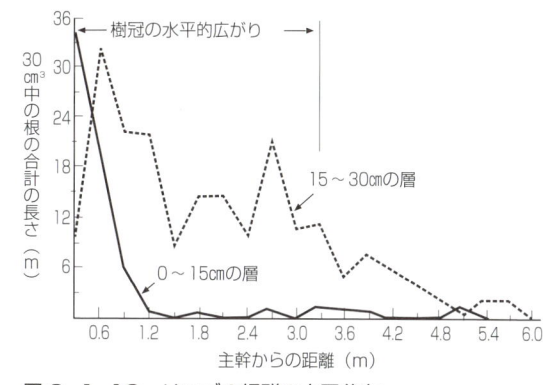

図6-Ⅰ-13　リンゴの根群の水平分布
（熊代・鈴木，1994を一部改変）

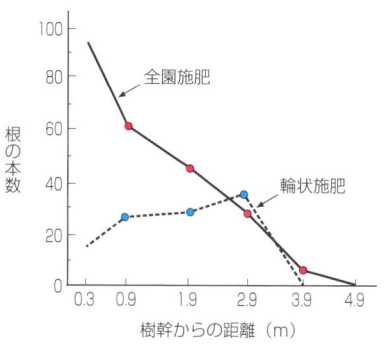

図6-Ⅰ-14
施肥法のちがいとリンゴの根群分布
（熊代・鈴木，1994）

図6-Ⅰ-15
葉緑素計による測定

Ⅱ 水分生理・水管理と土壌管理

1 水分生理・水管理

1 水ポテンシャルと給水の仕組み

①水ポテンシャルの概念

　土壌中の水分状態をあらわす方法として，含水比（単位重量当たりの土壌に含まれる水分量）や水分率（単位容積当たりの土壌に含まれる水分量）がある。しかし，同じ含水比や水分率であっても，土壌の種類や状態によって土壌粒子に強く吸着していたり，比較的大きな空隙に弱い力で保持されているなど，水の存在状態に大きなちがいがある。

　このちがいをポテンシャル（位置）エネルギーとしてあらわすのが，水ポテンシャル（water potential）の概念である。水ポテンシャルの概念を用いると，土壌中や植物体内の水分状態を，土壌－植物－大気と連続した1つのシステムととらえることができる。

　純水の水ポテンシャルを0とするので，さまざまな溶質が溶けている土壌水や植物体内に含まれている水の水ポテンシャルは負数になる。また，水ポテンシャルは土壌水が最も高く，植物，大気の順に低くなる。3者間の水の移動は，水ポテンシャルの高いほうから低いほうへと平衡になるまで続くが，これによって植物は土壌から吸水することができる。

②水ポテンシャルの単位と測定

　水ポテンシャル（ψ）は通常，圧力の単位であるPa（パスカル）または bar（バール，1 bar=0.1 MPa=100 KPa）であらわされるが，土壌の水分ポテンシャルは，測定にテンシオメータ（tensiometer）をよく用いるのでpF値で示すことも多い。pF値は，土壌水の自由エネルギー（F）を水柱の高さ（cm）に換算し，その絶対値の常用対数(注1)で示したものである。たとえば，100 cmの水柱に相当する自由エネルギーのpF値はlog 100=2である。最近は，換算式 x pF=log（−10.2y Pa）を用いて，SI単位であるPaに換算して示すことも多い。

③水ポテンシャルと植物の吸水，蒸散

　植物が根から水分を吸収して葉から大気中に放出する現象を蒸散

〈注1〉
10を底とする対数を常用対数といい，log Nであらわす。

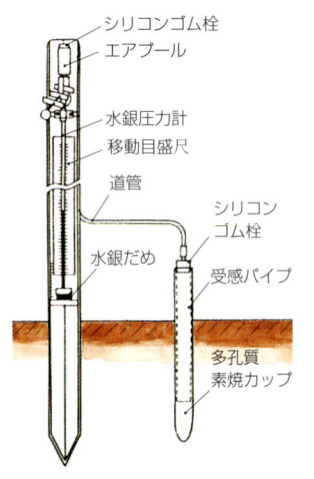

図6-Ⅱ-1
テンシオメータの構造と原理

図6-Ⅱ-2　テンシオメータ（左）と果樹園に設置されたテンシオメータ（右）の例
地下40cmのpF値を測定する

テンシオメータの原理と水ポテンシャルの測定

　テンシオメータは，先端にセラミック（素焼き）カップを取り付けた円筒管を土中に埋め込み，水を封入して，土壌の水分と平衡になったときの圧力を水銀圧力計などで計測する機器である（図6-Ⅱ-1，2）。

　ただし，土壌が乾燥しすぎるとセラミックカップに外から空気がはいるため，−60 kPaまでしか測定できない。最近は，SI単位の採用にともなって，テンシオメータにもpF値とPaの両方の単位を記した圧力センサーを装備したものが市販されている。

葉の水ポテンシャルの測り方

葉の水ポテンシャルは，おもにプレッシャー・チャンバー法と熱電対湿度計で測定されるが，後者は測定に時間がかかるので，前者がよく用いられる。

プレッシャー・チャンバー法は図6-Ⅱ-4のような装置で行ない，葉を葉柄ごと切り取ってセットする。葉は切断されると，切り口付近の道管の水が葉柄の内部に吸い込まれるため，道管の$ψp$は0になる。

セットした葉に圧縮空気で圧力をかけると，切断前の$ψp$に相当する圧力がかかった時点で，切り口に水がもどってくる。道管の$ψs$は$ψp$にくらべて無視できるくらい小さいので，道管の$ψp$は葉の水ポテンシャルとみなすことができる。この方法で，わずか2～3分で1回の測定ができる。

（transpiration）というが，この一連の過程を水ポテンシャルの概念で説明すると次のようになる。

土壌中に含まれる水は，土→根→茎→葉→大気の順に，水ポテンシャルの高いほうから低いほう（pF値の小さいほうから大きいほう）へと移動する。図6-Ⅱ-3に示すように，pF 1.5～4.2程度の土壌からpF 3.0～3.7程度の根，pF 3.0～4.0程度の茎を通って，pF 3.5～4.3程度の葉に移動し，葉の裏の気孔からpF 5.5～6.0程度の大気中へ水蒸気となって出ていく。

葉と大気の水ポテンシャルの差は，ほかとの差にくらべてきわめて大きいため，水は葉（気孔）から連続的に蒸発して大気中へ出ていく。それによって道管に上方から負の圧力がかかるため，根からの吸水が持続する。

水ポテンシャルは，浸透ポテンシャル（$ψs$），圧ポテンシャル（$ψp$），マトリックポテンシャル（$ψm$），重力ポテンシャル（$ψg$）の和としてあらわされる（各ポテンシャルについては表6-Ⅱ-1 参照）。

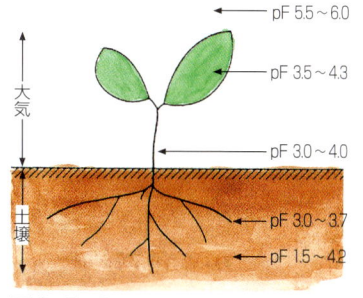

図6-Ⅱ-3 土壌-水-大気系における水ポテンシャルの分布（安西，2001）

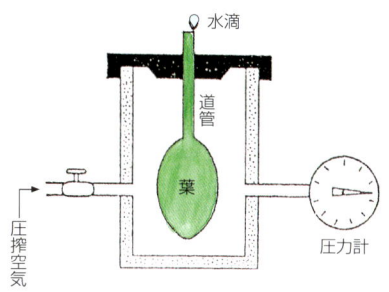

図6-Ⅱ-4 プレッシャー・チャンバー（模式図）

表6-Ⅱ-1　ポテンシャルの種類と内容

種類	略号	内容
浸透ポテンシャル	$ψs$	さまざまな物質が溶質として溶けていることによって生じる。浸透圧と同じ大きさで負の値である
圧ポテンシャル	$ψp$	膨圧に相当し，葉肉細胞では正の値であるが，道管細胞では負の値になる
マトリックポテンシャル	$ψm$	細胞質中のコロイドや細胞壁の毛管現象によって生じるもので，負の値である
重力ポテンシャル	$ψg$	水の重力によるものであるが，樹高がかなり高い樹以外は無視できるくらいの大きさである

2 水ストレス

① 水ストレスとは

土壌中の水分のうち，植物が根から吸収できるのは，図6-Ⅱ-5に示す永久しおれ（萎ちょう）点（permanent wilting point）から圃場容水量（field moisture capacity）までの水であり，これを有効水（available water）という。有

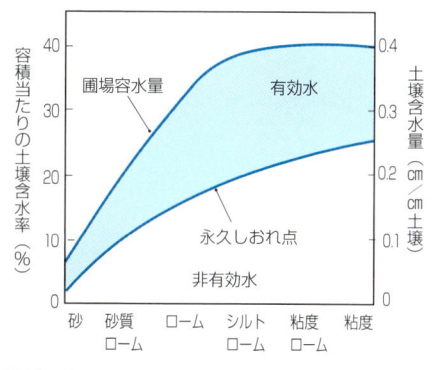

図6-Ⅱ-5 さまざまな土壌の有効水と非有効水 （Cassell, 1983）

Ⅱ　水分生理・水管理と土壌管理　163

表6-Ⅱ-2 植物の生理過程と水ストレスの影響があらわれる範囲
（Hisiaoら, 1974を一部改変）

生理過程	組織の水ポテンシャルの低下度合い			注
	0MPa	－1MPa	－2MPa	
細胞成長	────			成長している組織
細胞壁合成	────			
タンパク質合成	────			
硝酸イオン（NO₃⁻）還元酵素活性	────	────		
ABAの蓄積		----	----	
気孔の閉鎖		----	----	種によって異なる
光合成		----	----	
呼吸			----	
プロリンの蓄積		----	────	
糖の蓄積			────	

注）実線は各種の生理過程に水ストレスの影響が確実にあらわれる範囲を，破線は不確実な範囲を示す。

〈注2〉
水分過剰によって土壌中の空気が少なくなると，酸素が不足して嫌気的になり根の呼吸がさまたげられ，養水分の吸収機能が低下する。

効水の量は土壌の種類によってちがい，粘土質土壌では多いが砂質土壌では少ない。したがって，砂質土壌ほど水分が不足しやすい。

利用できる水分が不足し，植物がなんらかの影響を受けることを水ストレス（water stress）が生じるという。水ストレスは，干ばつ（drought）だけでなく，湿害（waterlogging injury）によっても発生することがあるので注意が必要である（注2）。

②水ストレスと植物の生理機能

表6-Ⅱ-2は，植物の生理過程が，どの程度の水ストレスで影響を受けるかをまとめたものである。細胞の成長やタンパク質の生合成が水ストレスに最も敏感に反応し，続いて気孔が閉鎖し，さらに水ストレスが強くなると光合成や呼吸機能が低下する。光合成が抑制されると，糖の蓄積が阻害されることはいうまでもない。

図6-Ⅱ-6は，ウンシュウミカンの光合成速度と葉の水ポテンシャルとの関係をみたものである。－1.5 MPa以下では，水ポテンシャルが低下する（水ストレスが強まる）と光合成速度が低下することがよくわかる。

③水ストレスと樹の成長，果実肥大

水ストレスは，果樹の樹体各部の成長にも影響する（図6-Ⅱ-7）。なかでも果実の肥大成長への影響が大きいが，発芽してまもない時期や新梢伸長期の水ストレスは，葉を萎ちょうさせたり，落葉させる。

肥大成長期の果実は，朝から夕方にかけて収縮し，夕方から夜間に肥大するという，日変化をくり返しながら大きくなっていく（図6-Ⅱ-8）。つまり，葉からの水分蒸散が盛んな昼間は，葉の水ポテンシャルが低下して水分が不足するので，樹体内の水分は果実から葉へ移動する。夜間は葉の水分不足が解消されるので，水や光合成産物は果実へ運ばれ，果実の肥大が促進される。しかし，樹が強い水ストレスにさらされると，夜間の肥大が十分でなくなり，果実の肥大が停滞する。

④耐乾性と耐湿性

このように，水ストレスは樹体の成長や果実の肥大に大きく影響するが，その程度は果樹の種類によってちがう。表6-Ⅱ-3は，おもな果樹の耐乾性（drought resistance）と耐湿性（waterlogging tolerance）を比較したものである。耐性は，同じ樹種でも品種や台木の種類，さらに樹齢でかなりちがうことも知られている。

図6-Ⅱ-6 ウンシュウミカンの葉の水ポテンシャルと光合成，呼吸の関係
（森永ら, 1985を一部改変）

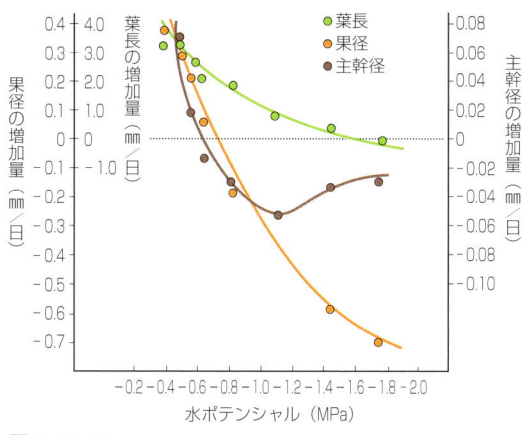

図6-Ⅱ-7
ウンシュウミカンにおける日の出前の水ポテンシャルと果実，夏葉，主幹の成長の関係（間苧谷ら，1977を一部改変）

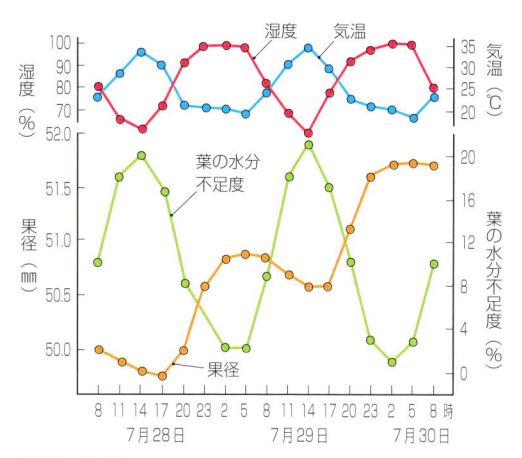

図6-Ⅱ-8
ニホンナシ果実の発育と葉の水分不足度，気温，湿度の関係（林，1961）

表6-Ⅱ-3　果樹の種類と耐乾性および耐湿性（石井，2002）

耐乾性	強いもの	モモ，スモモ，アンズ，ブドウ，オリーブ，クルミ，カンキツ類など
	弱いもの	リンゴ，ニホンナシ，カキなど。ただしカキは成木になると比較的強い
耐湿性	強いもの	カキ，ブドウ，マルメロ，カラタチなど。ただし樹体成長や果実品質は著しく不良となる
	中間のもの	ニホンナシ，リンゴなど
	弱いもの	キウイフルーツ，モモ，オウトウ，アンズ，スモモ，イチジクなど

小林（1975）を参考にして作成

表6-Ⅱ-4
各種果樹の生育時期別の好適土壌pFの範囲（鴨田，1987）

樹種名	生育初期	果実肥大期	成熟期
ブドウ	2.2～2.5	2.2～2.7	3.0以上
ニホンナシ	2.2～2.7	2.2～2.6	2.8以上
カキ	2.0～2.5	2.2～2.7	3.0以上
モモ	2.3～2.5	2.3～2.7	2.8以上
オウトウ	2.1～2.6	2.2～2.6	2.7以上
イチジク	2.0～2.5	2.0～2.5	2.7以上
ミカン	2.3～2.5	2.2～2.7	3.0以上
ビワ	2.2～2.5	2.2～2.7	2.7以上

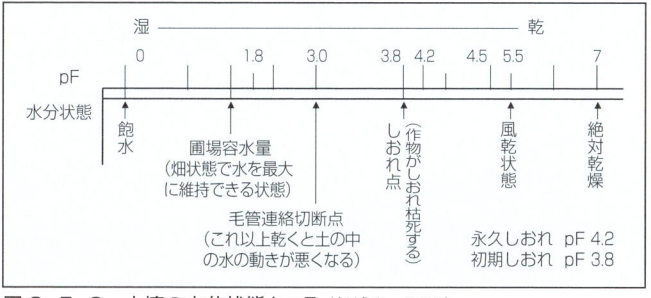

図6-Ⅱ-9　土壌の水分状態とpF（杉浦ら，2004）

図6-Ⅱ-10　果樹園に設置された灌水設備の例
左：スプリンクラーが設置されたカキ園
右：カキの若木にチューブ灌水をしているところ

図6-Ⅱ-11
垣根仕立てのオウトウの若木にスプレーペンを用いて灌水しているところ
散水ノズルのついたペン状の器具を土壌にさして，その周辺に灌水する

3　灌水と排水の方法

①適正土壌水分と灌水

　果樹の成長に適する土壌水分は，樹種や品種によるちがいもあるが，一般にpF 2.0（9.8 kPa）〜pF 3.0（98 kPa）とされている（表6-Ⅱ-4）。樹と果実の正常な成長には，生育ステージごとに適正な土壌水分を維持する必要がある（図6-Ⅱ-9）。

　極端な少雨などで土壌の乾燥がすすみ，pF値が3.0以上になるときには灌水が必要になる。果樹園への灌水方法には，加圧ポンプを使ったスプリンクラーによる散水（sprinkler irrigation）や，比較的低い水圧で使える，

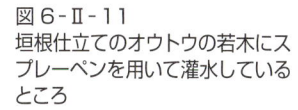

〈注3〉
雨や灌水で大量の水が与えられると，重力によって水が下に排除されるが，下層への水の浸透がほとんどなくなったときの土壌の水分量のこと。

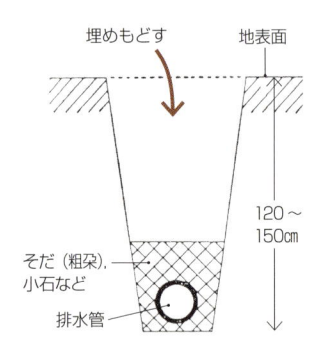

図6-Ⅱ-12
暗きょ排水の断面図（模式図）

〈注4〉
水を通さないか通しにくい地層。水稲栽培では，水持ちや重い機械が沈まないよう不透水層（耕盤）をこわさないので，水田転換園では問題になる。

表6-Ⅱ-5
降雨処理とモモ'さおとめ'の果実品質
（寿松木ら，1990を一部改変）

	屈折計示度 Brix（%）	糖含量 （g/100 g fw）	1果重 （g）
処理前の果実	13.1	9.14	68.4
降雨後の果実	11.8	8.14	83.4
無降雨の果実	13.5	9.57	69.1

表6-Ⅱ-6　樹園地の土壌群別の面積（1959～1979）

土壌群	面 積 (100ha)	樹園地にしめる各土壌群の割合（%）	各土壌群にしめる樹園地の割合（%）
褐色森林土	1490	37	34
黒ボク土	861	21	9
黄色土	760	19	24
褐色低地土	353	9	9
赤色土	199	5	50
灰色低地土	101	3	1
岩屑土	77	2	52
灰色台地土	64	2	4
暗赤色土	61	2	29
多湿黒ボク土	25	<1	<1
グライ土	21	<1	<1
砂丘未熟土	19	<1	8
その他	3	<1	<1
合計	4034	100	-

農耕地土壌分類第二次案（1977）による

小さな孔のあいたノズルや小型スプレーによる点滴灌水（drip irrigation）など（図6-Ⅱ-10，11）がある。

灌水量の判断はなかなかむずかしいが，一般の果樹園では，1回の灌水量は30～40 mm程度が適当であるといわれている。ただし，1回に全量を灌水すると，土壌を一気に圃場容水量（注3）にもどしてしまうので，とくに果実の成熟期には1回の灌水量は少なめにして，複数回に分けて行なうほうがよい。

②排水対策

果樹園の土壌が過湿になりやすいときは，排水対策が必要になる。排水方法には，明きょ排水（open ditch drainage）と暗きょ排水（underdrainage）がある。前者は，果樹園の地表面に溝を掘って，雨水を園外に排除するものである。後者は，果樹園に地表面から1 m程度の深さの溝を掘り，排水管を設置してせん定枝などの粗大有機物や砂利などを入れ，埋めもどしてつくる（図6-Ⅱ-12）。雨水は排水管を通して園外に排除される。

地下水位が極端に高い果樹園や，水田転換園のような不透水層（注4）がある樹園地では，客土（soil dressing）や盛り土（mounding）が有効である。

③積極的な灌水制限

多くの果樹では，果実の発育後期から成熟期にかけて，土壌が適度に乾燥しているほうが果肉の可溶性固形物含量（糖濃度）が高くなり，果実品質が向上する。そのため，樹に悪影響のない範囲で，灌水制限を積極的に行なうことがある。

また，梅雨期などに集中的な降雨があると，モモなどでは果実の品質が低下する（表6-Ⅱ-5）。この対策に，地表面をプラスチックフィルムでマルチし，雨水を排除することが行なわれている。

2 土壌管理

1 わが国の果樹園土壌の特徴

①果樹園土壌の種類

わが国の果樹園は，北海道から沖縄県までさまざまな土壌に分布している。褐色森林土が最も多く，以下，黒ボク土，黄色土，褐色低地土，赤色土と続き，この5種類で樹園地のほとんどをしめている（表6-Ⅱ-6）。

褐色森林土にはカンキツ，ブドウ，クリ，ビワなど，東北や関東，九州地方に多い黒ボク土にはリンゴ，モモ，ブドウなど，西日本に多い黄色土や赤色土にはカンキツ，ブドウ，カキ，モモなど，さらに，東日本に多い褐色低地土にはリンゴ，モモ，カンキツなどがおもに栽培されている。

土壌の定義と成り立ち

ロシアのドクチャエフ (V. V. Dokuchaev, 1846〜1903) は、土壌を「気候、地形、母材や生物などの影響を受けて生成した独自の形態、すなわち物理的、化学的、生物的性質をもつ自然体」と定義した。このように、土壌は下層にある岩石とちがい、その地域の気候や地形、微生物や生物などの影響を受けてつくられ、地域ごとに独自の特徴がある。そして、土壌は果樹などの作物を支持する生産基盤であり、植物を含む生命体を育むものであるといえる。

土壌断面を観察すると、図6-Ⅱ-13のような物理的、化学的、生物的性質がちがう層がみられる。果樹園では落葉を園外に持ち出すこともあるが、これに近い土壌になっていると考えてよい。表層は森林などでよくみられる落葉などが堆積したO層があり、その下に、風化した岩石や堆積物と動植物の遺体が分解した有機物（腐植）が蓄積した黒色〜褐色のA層がある。A層には栄養分が多く含まれているので、果樹などの作物の根は、おもにこの層から養分を吸収している。施肥や有機物の施用も、A層の栄養分を補給する目的で行なわれる。

B層は、A層から溶脱した鉄 (Fe) やアルミニウム (Al) などが蓄積するところで、褐色〜赤黄色をしている。C層は、土壌の母材である岩石が風化してできた層である。C層のさらに下にある強い風化を受けていない岩石（基岩）は、R層とよばれる。

- O層：落葉や枯枝が腐って堆積した層
- A層：腐植に富み暗色、あらくて屑粒〜粒状構造が発達。生物（植物根、微生物、土壌動物）の活動が最も活発に行なわれる層。粘土や各種化学成分は溶脱しやすい
- AB層：腐植をある程度含み、ややあらくて粒状構造。A層とB層の漸移層
- BA層：腐植をわずかに含みやや密。A層とB層の漸移層
- B層：腐植をほとんど含まず、酸化鉄のため明褐色。ち密で粘質。A層から溶脱してきた物質はこの層に集積する
- BC層：やや淡色で構造の発達が弱い。B層とC層の漸移層
- C層：岩石がある程度風化し、あらくなった淡色、角礫質の層（母材）
- R層：岩石の組織を残した硬い弱風化部分

図6-Ⅱ-13　土壌断面の模式図（松井，1988を一部改変）

②約半分が傾斜地

樹園地の約半分は傾斜度5度以上の傾斜地に分布し、さらに、その半分近くは15度以上の急傾斜地にあることもわが国の果樹園の特徴である（表6-Ⅱ-7）。とくに、カンキツ類は傾斜地に多く分布し、急傾斜地でもかなり栽培されている。それに対して、リンゴ、ブドウ、ナシなどは平坦地に多く分布する。傾斜地は、日当たりや排水はよいが、土壌浸食を受けやすい欠点がある。

表6-Ⅱ-7
果樹園の傾斜度別の面積割合 (1992)（単位：％）

果樹	5度未満	5〜15度未満	15度以上
ミカン	23	35	42
リンゴ	65	28	7
ブドウ	65	26	9
ウメ	51	32	17
ビワ	20	34	45
合計	48	30	23

2 土壌管理の目的

良品質果実を安定して生産するには、通気性、保水性、透水性などの物理性、pHや養分含量、地力などの化学性、有用微生物などの生物性を適切に保つための土壌管理（soil management）が重要である。

①土壌の物理性

作物の根が伸びやすい土層を有効土層（available depth of soil）といい、土壌の物理性が深くかかわっている。とくに、果樹は長年同じ場所で栽培するので、有効土層の影響が大きい。有効土層が深いと根張りがよくなり、養分吸収もスムーズに行なわれ、樹の成長がよくなり、果実の収量も多く

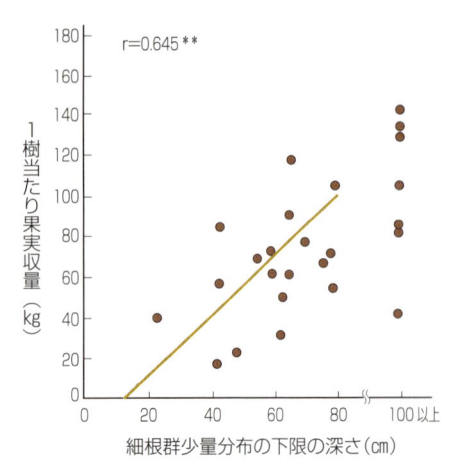

図6-Ⅱ-14
ウンシュウミカンの細根群少量分布の下限の深さと収量（上野ら，1967）

〈注5〉
土壌は，土壌粒子（固相），水（液相），空気（気相）の3相で構成されており，これらの体積比率の分布を三相分布とよぶ。作物の生育に適した比率は，固相率45～50%，液相率と気相率各20～30%といわれている。

〈注6〉
雨に含まれている水素イオン（H^+）は土壌コロイド（土壌中の粘土鉱物や腐植はコロイドの特性をもつので，土壌コロイドとよばれる）への吸着力が強いので，雨が多いと土壌コロイドに吸着しているCa^{2+}などのイオンを流亡させ，それにかわってH^+が吸着されて土壌が酸性化する。

〈注7〉
土壌コロイドは電気的にマイナスで，陽イオンであるCa^{2+}，マグネシウム（Mg^{2+}），カリウム（K^+），ナトリウム（Na^+），アンモニウム（NH_4^+），H^+などを吸着できるが，陽イオンを吸着できる最大量のことをいう。CEC値が大きい土壌ほど多くの陽イオンを吸着でき，養分保持力が高い。

なる（図6-Ⅱ-14）。また，根張りがよく根群が深いと，干ばつや倒伏などの自然災害を受けにくくなる。

有効土層の発達には，土壌の三相分布（three phase distribution）(注5)が適正に保たれていることが必要で，透水性，保水性，通気性，土壌硬度などが深くかかわっている。

②土壌の化学性

土壌の化学性は，土壌の養分供給力と深くかかわっている。養分供給力は，土壌がもつ養分の絶対量と養分保持力によって決まる。土壌がもつ養分の多少は，果樹の成長に直接的に影響する。温暖多雨気候のわが国では，カルシウム（Ca）などの塩基類が流亡しやすく，土壌が酸性化しやすい(注6)。極端な酸性土壌は，養分吸収に影響し（第6章Ⅰ-1-4参照），根の成長阻害や樹や果実の生理障害の原因になるので，改良が必要である。

養分保持力は，土壌に含まれる粘土鉱物と腐植の量や質で決まり，陽イオン交換容量（cation exchange capacity；CEC）(注7)であらわされる。CECは土壌の生成過程でほぼ決定されるが，堆肥など有機物の施用で腐植を増やすと高めることができる。

③土壌の生物性

土壌中には，ミミズなどの小動物や，藻類，糸状菌（カビ），放線菌，細菌などが生息しているが，土壌の生物性は小動物や微生物の種類や量で左右される。土壌に投入された有機物は，これらの生物に分解されて利用されるが，そのとき，アミノ酸や植物ホルモンなど植物（果樹）の生育に有用な物質も生産される。また，有機物の分解によってできた腐植やミミズなどの排泄物は，土壌の団粒構造を発達させるので物理性も改善される。腐植は土壌微生物にえさと住みかを提供し，土壌微生物群の多様性と平衡を保つので，病原菌の異常な繁殖を防ぐと考えられている。土壌微生物のなかには，らん藻や窒素固定菌のように，空気中の窒素を固定する能力をもっているものもいる。また，リン酸を作物に供給する働きのある，アーバスキュラー菌根菌も知られている（第6章Ⅰ-1-4参照）。

3│土壌表面の管理

果樹園の表土の管理には，土壌表面を中耕・除草によって裸地状態に保つ清耕法（clean culture），牧草や雑草などを生やして被覆する草生法（sod culture），わらや刈り草，プラスチックフィルムなどで被覆するマルチ法（mulch）ならびに，折衷法（部分草生法）に大別される（図6-Ⅱ-15，16，17）。これらには，以下のような長所と短所がある（表6-Ⅱ-8）。

清耕法：水や肥料供給の効果があらわれやすいが，土壌侵食や大型機械の走行による土壌の鎮圧がすすみやすい。

草生法：雑草草生が最も一般的であるが，樹と草との養水分の競合に注

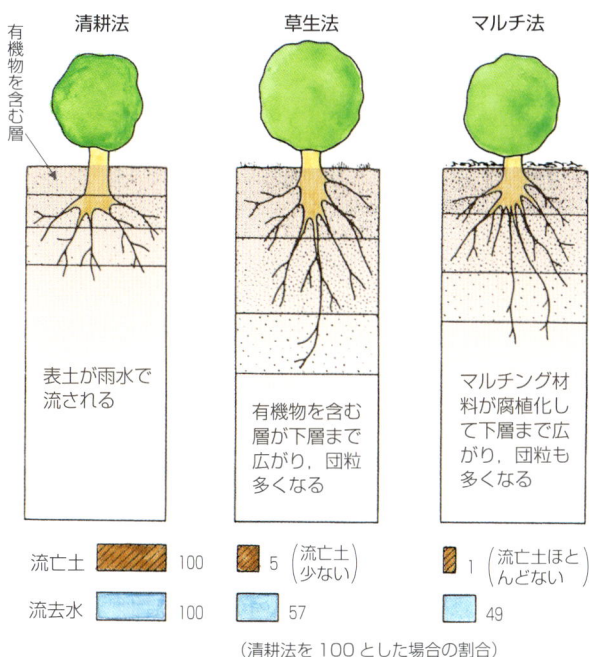

図6-Ⅱ-15 土壌の表面管理と浸食の防止
(永澤, 1999を一部改変)

清耕法／草生法／マルチ法

流亡土：100／5（流亡土少ない）／1（流亡土ほとんどない）
流去水：100／57／49
（清耕法を100とした場合の割合）

図6-Ⅱ-16 草生法と折衷法による土壌管理のようす（上：草生法，下：折衷法）

図6-Ⅱ-17 マルチ法によるカンキツ園の土壌管理のようす

表6-Ⅱ-8 清耕法，草生法，マルチ法の長所と短所 (熊代, 1983を一部改変)

	土壌浸食防止	地力増進	水分供給	肥料分供給	地温*の緩和	病虫害**防除	ノネズミなどの食害	収量	落果傷害の軽減	省力化	資材費の節減
清耕法	−	−	+	+	−	+	−	±	−	−	+
草生法	+	+	−	−	+	−	+	±	+	±	+
折衷法	+	+	±	±	±	±	+	+	±	−	+
マルチ法	+	+	+	+	+	−	+	+	+	+	−

注）＊：草生法およびマルチ法は夏季の地温の上昇や冬季の下降を緩和する効果は高いが，早春期には地温が下がって晩霜害が発生する危険がある
　　＊＊：草生法およびマルチ法では落葉・落果の処理がしにくい

意する必要がある(注8)。

マルチ法：水分の蒸発を抑制し冬季の地温低下を抑制するが，春先は逆に地温の上昇がおさえられるため，樹の成長が遅れることがある。

折衷法（部分草生法）：最近は，樹列のみを清耕またはマルチ，あるいは除草剤を散布して，樹列間は草生とする方法も取り入れられるようになってきている。樹幹下の除草労力を省き，草刈りが効率的にできる利点がある。

なお，傾斜地に果樹園の多いわが国では，降雨による樹園地土壌の浸食や流亡が問題になる。清耕法では流亡しやすいので，傾斜地では草生法かマルチ法を行ない土壌の浸食を防ぐ。

4 土壌改良と土づくり

土壌改良（soil improvement）には，まず土壌診断（soil diagnosis）を行ない（表6-Ⅱ-9），診断結果にもとづいて必要な改良を実施するととも

〈注8〉
年に数回の草刈りを行ない，養水分の競合を防ぐとともに，刈った草を園内に残し有機物として補給する。オーチャードグラスなどイネ科牧草や，ラジノクローバなどマメ科牧草を利用することもある。

表6-Ⅱ-9 土壌診断の調査項目 (犬伏・安西, 2001を一部省略)

診断の方法	項　目	内　容
圃場での観察・調査	地形	丘陵地, 台地, 低地の別, 平坦地, 傾斜地の区分など
	土壌	火山灰土か非火山灰土か, 有機質土壌かどうか, 礫があるかないか
	土性	粘質, 壌質, 砂質
	圃場のくせ	日当たり, 風当たり, 水はけ, 水持ち, 水温
	作物の生育	生育ムラ, 品質, 病虫害, 雑草の多少
土壌分析による調査	pH (H₂O)	酸性かアルカリ性か
	Eh	酸化還元の程度のめやす
	EC	塩類集積のめやす, 硝酸性窒素含量の推定
	腐植	有機物含量, 有機物施用の必要性を診断
	可給態窒素	潜在的な窒素生成量の推定
	可給態リン酸	リン酸供給力
	石灰, 苦土, カリ	土壌中の塩基含量と塩基バランスを知る
	CEC	保肥力がどのくらいあるか
	微量要素	作物の症状からも判断する。ホウ素, モリブデン, マンガンなど
	三相組成	土壌中の土, 水, 空気の割合を知る
	透水性	飽和透水係数
	地耐力	土壌貫入抵抗測定器, 硬度計, 作業機械の圃場への導入可能性をみる

表6-Ⅱ-10 樹園地の基本的な改善目標 (地力増強基本指針, 1997)

土壌の性質	土壌の種類		
	褐色森林土, 黄色土, 褐色低地土, 赤色土, 灰色低地土, 灰色台地土, 暗赤色土	黒ボク土, 多湿黒ボク土	岩屑土, 砂丘未熟土
主要根群域の厚さ	40cm以上		
根域の厚さ	60cm以上		
最大ち密度	山中式硬度で22mm以下		
粗孔隙量	粗孔隙の容量で10%以上		
易有効水分保持能	30mm/60cm以上		
pH	5.5以上6.5以下		
陽イオン交換容量 (CEC)	乾土100g当たり12meq以上 (ただし中粗粒質の土壌では8meq以上)	乾土100g当たり15meq以上	乾土100g当たり10meq以上
塩基状態 塩基飽和度	カルシウム, マグネシウムおよびカリウムイオンが陽イオン交換容量の50～80%を飽和すること		
塩基状態 塩基組成	カルシウム, マグネシウムおよびカリウム含有量の当量比が (65～75) : (20～25) : (2～10) であること		
有効態リン酸含有量	乾土100g当たりP₂O₅として10mg以上30mg以下		
土壌有機物含量	乾土100g当たり2g以上	—	乾土100g当たり1g以上

表6-Ⅱ-11 酸性度の改良に必要な石灰の量 (10a当たりのkg) (永澤, 1999)

pH＼土の色	黒　色	黒褐色	黄褐色
4.0	2,000～2,400	1,800～2,000	1,400～1,600
4.5	1,600～2,000	1,400～1,600	1,200～1,400
5.0	1,200～1,400	1,000～1,200	800～1,000

・目標pHは6.0とした
・耕土40cmを対象とした

に, 良質の有機物を適正量施用して地力の向上をはかる。表6-Ⅱ-10に, 樹園地土壌の改善目標を示した。

①物理性の改良

わが国の樹園は, 有効土層の浅いところが多いので, 深耕 (deep plowing) による下層土 (subsoil) の改良が有効である。深耕は, 果樹園の開園時にはブルドーザーなどで全面に行なうことができるが, 開園後はトレンチャーやバックホーなどで部分的に行ない, 年次計画で園全体を行なうようにする。

なお深耕したところには, せん定枝や粗大有機物, 堆肥などを入れてから土を埋めもどす。

②化学性の改良

酸性土壌の改良には, 石灰質資材 (liming material) を施用する。表6-Ⅱ-11は, 酸性土の改良に必要な石灰の量を示したものである。

③生物性の改良

すでに述べたように, 土づくりには良質の有機物の施用が欠かせない。有機物資材は, 家畜のふん尿や稲わら, 野草, 食物残渣など種類が多いが, 成分中のC/N率 (carbon nitrogen ratio) が高すぎると, 分解にともなって土壌中の窒素 (N) が使われるのでN不足に陥ることがある。逆にN含量が多すぎると, Nの遅効きの原因となり, 果実の着色が遅れる。

分解が不十分な未熟な堆肥や生のままの有機物には, 果樹の根や樹の成長を阻害する物質が含まれていることもあるので, 十分に注意する必要がある。

第7章 生理障害，自然災害，病虫害の防除

I 生理障害

　温度，日光，降雨などの環境要因，樹の水分・栄養状態などの内的要因によっておこる，樹や果実の異常成長を生理障害（physiological disorder）と総称している。生理障害の多くは環境要因と樹体生理が複雑にからみ合って発生するが，ここでは温度，水分，栄養が主要因になっている代表的なものを解説し，各果樹のおもな生理障害を表7-I-1に示した。

1 温度が主原因の生理障害

1 リンゴのみつ症状（watercore）
①症状
　リンゴの果肉や果心の一部組織で，細胞間隙中の気体が液体に置き換わり，水浸状になった状態をみつ症状という（注1）。果心線の維管束付近から発生し，果肉部や果心部に広がる。成熟期に樹上で発生しはじめ，収穫時期が遅くなるほど，また温度が低いほど症状がすすむ（図7-I-1）。軽度の症状は，貯蔵中に徐々に消失して健全な状態にもどる。
　わが国では，みつ症状果は市場や消費者から高く評価されているが，症状が顕著な果実を長期貯蔵すると内部褐変障害を誘発するため，生理障害とするのが妥当である。
　発生には遺伝的素質が大きく影響し，'ふじ'や'デリシャス'はよく発生するが，'つがる'，'王林'，'陸奥'などはほとんど発生しない。

②発生機構と対策
　みつ症状の発生機構には不明な点が多いが，転流ソルビトールの細胞間隙への蓄積（注2）や，果実の成熟にともなう膜透過性の変化，低温による果実蒸散抑制でおこる果実内の水分状態の生理的変化など，多様な要因が

〈注1〉
リンゴ果実は，容積の20～30％をしめる細胞間隙に気体が含まれているので，比重が小さく水に浮く。この気体によって，入射した光が乱反射して果肉が白っぽくみえるが，液体に置き換わると半透明の淡黄色または黄緑色にみえる。

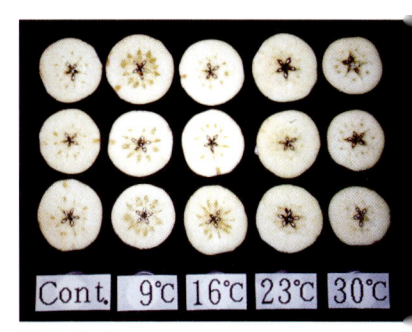

図7-I-1
リンゴ'ふじ'のみつ症状と果実温度
処理は樹上で成熟期に1カ月間行なった。25℃前後ではみつ症状は出ないが，それより温度が低下するほど顕著になる。逆に30℃を超えても発生する

〈注2〉
ソルビトール含量の変化は，高温によるみつ症状の発生に強く連動しており，低温によるみつ症状より重要な役割をはたしていると考えられる。

表 7-Ⅰ-1 各果樹のおもな生理障害と対策

樹　種	生理障害	症　状	原　因	防止対策
多樹種	日焼け	露出した主枝部では表面のひび割れと部分的な壊死。果実では陽光面の黄化や褐変	夏期高温時の日光直射による異常高温	土壌改良と適度な灌水。枝には石灰乳を塗布し、果実には袋かけ
リンゴ	粗皮病	樹皮表面に発疹状の小隆起ができ、やがて輪状に亀裂がはいってざらざらになる。デリシャス系やふじに発生しやすい	pH5.5以下の酸性土壌でマンガンの過剰吸収による	石灰施用による土壌pHの矯正が対策の基本
リンゴ	縮果病	幼果期に果実のこうあ部側に斑点ができ、果肉は赤褐色でコルク化する	土壌pHが高いことによるホウ素欠乏	石灰の多用を避け、ホウ素肥料の土壌施用や葉面散布
リンゴ	ゴム病	貯蔵中に果肉が弾性を帯びて軟化し、症状がすすむと果肉が崩壊する。紅玉や陸奥の熟度がすすんだ大果に多い	一種の過熟・老化現象	適期収穫に心がけ、大果は長期貯蔵しない。カルシウム剤の樹上散布や収穫後の浸漬処理
リンゴ	内部褐変	貯蔵中に果心部周辺の果肉が褐変する。デリシャス系やふじの熟度がすすんだ大果やみつ症状果で発生しやすい	一種の過熟現象およびみつ症状	適期収穫に心がけ、みつ症状の顕著な果実は長期貯蔵からはずす
リンゴ	やけ症	貯蔵中にこうあ部側の果皮に境界不明瞭な褐変ができる。収穫の早い未熟果に発生しやすい	果実から発生する揮発性物質	着色不良の未熟果の貯蔵を避け、貯蔵庫の換気を行なう
カキ	汚染果	成熟期に果面がクモの巣状に黒変する現象	果面の細かい傷や亀裂、病原菌や農薬など誘発物質の付着、降雨や霧による果面の濡れ	夏季の適宜灌水と窒素の遅効き回避
ブドウ	縮果病	硬核期の果粒基部に黄褐色斑ができ、すすむと黒褐色にかわり、果肉が崩壊して表皮が陥没する	高温・低湿条件による果皮の周囲維管束の変性と機能低下	硬核期だけの一時的遮光と適切な肥培・土壌水分管理
ブドウ	花振るい	開花後の過剰落果現象。巨峰やピオーネなど4倍体品種で顕著	不受精や受精不完全、養分競合	樹勢の適正化と開花前の摘心や摘房、ジベレリン（GA）生合成阻害剤散布
モモ	核割れ	硬核期に内果皮（核）が縫合線に沿って裂ける現象	硬核期の核と果肉の成長不均衡	樹勢の適正化と、硬核期直前の強摘果や土壌水分の急激な変動を避ける
オウトウ	双子果	1花に雌ずいが2個できる現象。暖地栽培で発生多い	前年夏季の花芽分化時の高温による形態異常	高温時の遮光などで樹体温を下げる
カンキツ	浮き皮	果肉部と果皮のアルベド組織のあいだに空隙ができる現象で、流通過程で変質・腐敗しやすい。中生ウンシュウミカンに発生多い	成熟期の温暖多湿条件	窒素の遅効きを避け、炭酸カルシウム剤やエチクロゼート散布
カンキツ	虎斑症	貯蔵中に果皮の表層細胞が破壊され、不規則な形に褐変する障害の総称。中晩柑類に発生多い	貯蔵中や出庫後の乾燥	ポリエチレン個装による保湿貯蔵。品種によって予措や出庫時のワックス処理併用
カンキツ	す上がり	砂じょうから果汁がなくなる現象で、砂じょうが白く粒状化するものと乾燥して空隙を生じるものがある。中晩柑類に発生多い	過熟や果実の凍結	適期の収穫・出荷。適地栽培と凍害防止対策
カンキツ	水腐れ	果梗部や果頂部に小亀裂ができ、しおれたり、水浸状になる現象	果面や根からの急激な水分吸収による果皮の二次肥大	土壌水分の急激な変動を避け、屋根かけや袋かけなどによる降雨の遮断

未熟期の高温で発生するみつ症状

夏季の30℃を超える温度条件で発生する早期みつ症状もある。このタイプは、秋季の気温低下によって樹上で徐々に消失する。興味深いことに、'ふじ'はこのタイプのみつ症状をほとんど発生せず(注)、'つがる'や'王林'（図7-Ⅰ-2）、'陸奥'はよく発生する。

〈注〉'ふじ'でも、成熟期になると30℃以上の高温でみつ症状が発生する（図7-Ⅰ-1参照）。

図7-Ⅰ-2
夏季の30℃以上の高温で発生した'王林'のみつ症状
高温で誘導された'王林'の早期みつ症状は、秋の気温の低下とともに消失する

複雑に関与していると考えられる。

対策にはカルシウム剤散布が検討されてきたが，効果は不安定である。長期貯蔵用果実は，みつ症状が顕著になる前のやや未熟な段階で収穫するのが現実的な対応策である。わが国ではみつ症状果は消費者に好まれるので，長期貯蔵しない場合はできるだけ長く樹上において，みつ症状が十分発達してから収穫されているが，近年は温暖化の影響で遅れる傾向にある。

2 ニホンナシのみつ症状

ニホンナシのみつ症状（水ナシ）はおもに果肉に発生し，症状が不可逆的で，急速に褐変して商品性が低下することが，リンゴと大きくちがう。'豊水'で発生が多く，'二十世紀'や'新高'にもみられる。'豊水'では，幼果期の高温で成長が促進された後に，冷夏，とくに7月が低温の年に発生が多い。ジベレリンペーストやエスレル処理で促進され，発生初期から膜透過性の増大や細胞壁の分解が観察されることから，果肉先熟型の過熟現象と考えられる。

対策は，土壌改良や施肥・灌水の適正化による樹勢の維持であるが，'豊水'では，炭酸カルシウム剤やホルクロルフェニュロン剤（表4-Ⅲ-1参照）処理を併用し，冷夏年には定期的に試しどりして適期収穫に努める。

モモでも，みつ症状ともよばれる水浸状果肉褐変症（図7-Ⅰ-3）が，近年一部地域で問題になっている。原因の究明や対策は未確立であるが，ニホンナシのみつ症状に類似した一種の過熟現象と考えられる。

図7-Ⅰ-3
モモ'川中島白桃'の水浸状果肉褐変症

〈注3〉
ネーブルオレンジは，果頂部のへその部分に小さな果肉を内蔵するため，果頂部の果皮がうすく，しかも不整形に開裂しており，果肉の内圧でそこから裂果する（図7-Ⅰ-4）。ブドウは品種間差があり，裂果しやすい品種は遺伝的に亜表皮細胞の細胞壁がうすい傾向がある。

2 水分が主原因の生理障害

1 裂果 （fruit cracking）

ブドウ，オウトウ，スモモなどは成熟期の，ネーブルオレンジ，ニホンナシなどは未熟期の降雨で容易に裂果する。果実表面からの雨水の直接吸収や根からの吸水が増えることによって，果肉細胞が急速に膨圧を高めるが，果皮組織がその圧力に耐えられなくなって，わずかな傷や物理的強度の弱い部分から裂開する〈注3〉。

対策は，ハウスや屋根かけ栽培による降雨の遮断が最も効果的であり，ブドウやオウトウではかなり普及している。こうした対策がとれない場合は，深耕や有機物投入などによる土壌改良と，適切な灌水管理で土壌水分の急激な変動を避けることが基本になる。

図7-Ⅰ-4
ネーブルオレンジの裂果

2 カキのへたすきと裂果

'富有'などの完全甘ガキ品種は，成熟期が近づくと果実の基部とへたの接合部が溝状に裂け，その部分の果肉が黒変して軟化するへたすきを発生する。夏に乾燥が続いて秋に雨が多いと，果実の成長が促進されてへたとのあいだにひずみが生じて裂けるためで，これも一種の裂果と考えられる（図7-Ⅰ-5）。

'次郎'では，果実の先端部に亀裂ができて早期に軟化する果頂裂果が

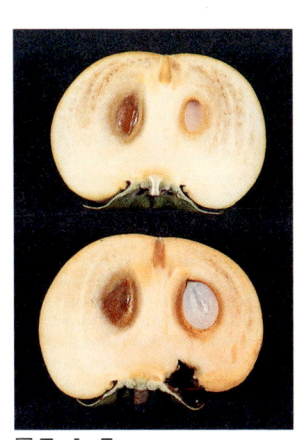

図7-Ⅰ-5
'富有'のへたすき果（下）と正常果（上）
（写真提供：赤松富仁氏）

Ⅰ 生理障害　173

発生するが，開花後の花柱基部の癒合不良や幼果先端の小亀裂が原因とされている。また'太秋'では，条紋とよばれる微細な亀裂が果頂部に同心円状に発生して外観を損なうことが多い。

3 栄養が主原因の生理障害

1 果肉硬化障害

ニホンナシ果実にみられる生理障害で，果頂部（蔕窪部）の発育がわるく，果形が扁平になり，赤道部から果頂部にかけて果肉が硬化する。'長十郎'などでは石ナシ（hard end），'二十世紀'などでは果面がユズのように凹凸になるのでユズ肌病とよばれる（図7-I-6）。セイヨウナシにも果頂部の果肉が硬化するhard endや，症状が進行すると黒変して腐敗する尻腐れ（black end）がある。

これらの障害の主因はカルシウム不足と考えられており，カリの多施用や6〜7月の土壌の過湿や乾燥によって根の吸水機能が抑制されると発生が助長される。硬化した果肉部では細胞壁の硬膜化が顕著で，細胞壁のペクチン酸塩（注4）やヘミセルロースが多いなどの特徴がある。

防止対策は，深耕や有機物投入などによる土壌物理性の改善と，石灰施用と窒素やカリの減肥による土壌化学性の改善があげられる。また，ホクシマメナシはニホンヤマナシより耐湿性や耐乾性が強く，不良土壌環境での水分やカルシウム吸収能力に優れるため，台木として利用すると果肉硬化障害防止に有効である。

2 斑点性障害

リンゴには果皮や果肉に斑点状の壊死組織が発生するいくつかの生理障害があり，その形や発生の時期・部位は品種によってちがう。

'デリシャス'などに多いコルクスポット（cork spot）は成熟前の果肉に発生し，表皮直下の果肉に発生すると果面がくぼんで硬くなり，中央部に亀裂がはいることが多い。斑点の大きさは5mm以上で，赤色または濃緑色で褐変しない。'つがる'，'王林'，'ジョナゴールド'などに多いビターピット（bitter pit）は，収穫直前や貯蔵中に赤道部から果頂部の果肉に発生し，果皮直下に発生すると果皮も褐変する（図7-I-7）。斑点の大きさは5mm以下である。'紅玉（Jonathan）'に発生の多いジョナサンスポット（Jonathan spot）は，収穫直前または貯蔵中の果皮部に褐色の斑点として発生し，大きさは1〜3mmである。

これらの障害の原因は，果実のカルシウム欠乏であり，必ずしも樹体全体がカルシウム欠乏ということではない。窒素が効きすぎて葉中窒素含量が高くなると果実へのカルシウム分配が低下するので，両者のバランスが重要である。基本的には窒素の多施用や強せん定，強摘果を避けて，樹勢を落ち着かせることが重要である。また，生育期にカルシウム剤を果実中心に散布することも有効である。

図7-I-6
ニホンナシのユズ肌病（左）

〈注4〉
ペクチン酸はポリガラクツロン酸の一種で，カルシウムやマグネシウムなどと塩をつくる。未熟な果実では細胞間の中葉（middle lamella）にペクチン酸塩が集積して硬いが，成熟して軟化すると中葉からペクチン酸塩が消失する。

図7-I-7
リンゴ'王林'果実のビターピット

Ⅱ 自然災害

1 風害 (wind damage)

1 強風害

　適度な微風は，樹冠内の通気をよくして葉の光合成活性を高めるとともに，湿気を取り除いて病気の発生を抑制する。しかし，発達した低気圧や台風による強風は，葉や果実，枝に物理的損傷を与え，ひどい場合は倒伏させるなど大きな被害をもたらす。とくに台風シーズンに成熟期をむかえるナシやリンゴは，落果しやすいため果実の被害が大きくなる。

　リンゴで普及しているわい性台木は浅根性でもろいため，倒伏や接ぎ木部での折損被害を受けやすい（図7-Ⅱ-1）(注1)。ブドウやキウイフルーツの新梢基部は木化が遅く強風で折れやすいため，ねん枝（twisting）して棚へ誘引する必要がある。

2 潮風害

　西南暖地の沿岸部や島しょ部のカンキツ産地では，台風で巻き上げられた海水による潮風害（salty wind damage）が多く(注2)，とくに降水量の少ない風台風(注3)では一層被害が拡大する（図7-Ⅱ-2）。風台風で海水を浴びたときは，できるだけ早くスプリンクラーなどによる水洗が必要で，被害が激しい場合は残った果実も摘果して樹体の回復をはかる。

3 強風による多様な被害

　冬季も葉をつけているカンキツは，強い北西の季節風によって葉の蒸散が促進される。しかし，地温が低いために根が十分吸水できず，水分の補給が遅れて落葉が多発する寒風害（cold wind damage）もみられる。

　強風で果実や葉，枝に傷ができると病原菌に感染しやすくなるので(注4)，できるだけ早く殺菌剤散布などの対応が必要である。

図7-Ⅱ-1
台風によるM.26中間台'ふじ'の倒木
1991年の台風19号によるもので，中間台のM.26が折損し，倒伏

〈注1〉
わい性が強いほど樹皮部率が高い関係にあり，わい性台木はきょう性台木より材部の割合が低いため物理的圧力に弱い。

〈注2〉
強風で葉が傷ついたところに海水がつくと急速に吸収されて，過剰な塩分蓄積により葉や枝が枯死する塩害が発生する。

〈注3〉
比較的降水量の少ない台風の一般的呼称。1991年9月に北九州をかすめて日本海を北東に進んだ台風19号は代表的な風台風で，カンキツ地帯に大きな潮風害をもたらした。

〈注4〉
とくに，カンキツのかいよう病やモモのせん孔細菌病などの細菌病は，傷口からの感染が中心になるので注意する。

図7-Ⅱ-2
台風によるカンキツの潮風害
1999年の台風18号で枯死したイヨカンの若木

図7-Ⅱ-3　防風林による潮風害の軽減
1999年の台風18号によるカンキツの潮風害園。左側の防風林で潮風が遮られた樹は被害が軽いが，右側の防風林がなく潮風の通り道になった樹はほとんど枯死

図7-Ⅱ-4
リンゴのわい化栽培園での支柱の利用

〈注5〉
1991年の台風19号による潮風害調査によると、スギやサンゴジュよりマキでの被害が少なく、潮風害対策に有効な樹種と思われる。

図7-Ⅱ-5
ヒュウガナツの袋かけによる寒害防止

〈注6〉
目的に合わせてさまざまな袋が開発されているが、寒害軽減効果は二重袋などに限られているので、-4℃以下になる頻度が高い地域での越冬栽培は避けたい。

4 風害対策

　風害対策には、防風林（図7-Ⅱ-3）、防風垣、防風網、トレリスなどの設置が有効である。防風林や防風垣には多くの樹種が利用されているが、地域の気候や防風効果、繁殖、管理の容易性などを考慮して選ぶことが必要である(注5)。リンゴのわい化栽培では、支柱やトレリス設置は必須である（図7-Ⅱ-4）。ナシはつる性植物ではないが、成熟期になると果実が落ちやすく、台風の来襲が多いわが国では、伝統的に棚栽培で風害を防いでいる。

2 凍害 (freezing damage)

1 ハードニングと寒害

　いかなる生物も細胞内の凍結は死を意味する。細胞内凍結 (intracellular freezing) のしやすさは、樹種、品種、器官、発育ステージによってちがう。

①ハードニングと耐寒性

　秋季に気温が徐々に低下すると、植物は成長を止めて体内の代謝を変換して冬の寒さに備える。この過程をハードニング (cold hardening) または低温順化 (cold acclimation) とよぶ。代謝転換によるおもな物質の変動の1つに、デンプンの分解による糖の細胞内蓄積がある。糖によって細胞液の溶質濃度を上げ、細胞内凍結をしにくくして耐寒性を高めている。

　また、この過程で核酸やタンパク質、リン脂質などの量的・質的変化もみられ、とくに膜組織では低温での流動性を保って強い凍結脱水に耐えられるよう、リン脂質の不飽和脂肪酸比率を高めている。

②樹種と耐寒性

　十分にハードニングされた後の耐寒性の程度は、遺伝的な要因に大きく左右され、主要果樹ではリンゴが最も強く、カンキツが最も弱い。

　とくに、冬季も樹上に果実をつけている中晩柑類は、-4℃以下で果実が凍結し、苦味やす上がりが発生する。そのため、イヨカンやネーブルオレンジ、ハッサク、ブンタンなどは、完熟前の12月下旬～1月上旬ころに収穫し、追熟させて2～3月に出荷する。早期収穫では十分な品質を確保できないヒュウガナツや'清見'、'せとか'などでは、防鳥や果面保護も兼ねた袋かけが行なわれている（図7-Ⅱ-5）(注6)。

2 デハードニングと寒害

　春に気温が上がってくると、樹は発芽・成長に向けて代謝の転換をするため、耐寒性は徐々に低下する。その過程をデハードニング (dehardening) という。そのため、厳冬期には-15～-25℃に耐えられた落葉果樹でも、発芽期から開花期には-2～-5℃程度で被害を受ける。発芽期が早いリンゴ、ナシ、核果類は、不時の降霜による晩霜害 (late frost damage) がしばしば発生する。

3 凍害対策

凍害や晩霜害を防ぐには以下の方法がある。

送風法：防霜ファンで風をおくり，上空の暖気と地上付近の冷気を混和して昇温させる（第3章，図3-Ⅲ-3参照）。

燃焼法：特殊な暖房機や燃焼資材で果樹園の温度を上げる（図7-Ⅱ-6）。

被覆法：樹上60～70cmの高さに1mm以内の網目の寒冷紗などで覆う。

散水氷結法：樹全体にスプリンクラーで散水し，水が樹体表面で凍結するときに発生する凝固熱を利用して，樹体温を0℃程度に維持する。

図7-Ⅱ-6
セイヨウナシ園の防霜用ヒーター（アメリカ・オレゴン州）

3 雪害 (snow damage)

1 雪害の特徴

降雪の多い日本海側の果樹産地では，しばしば雪害が発生する。一次的被害は幹の裂開や枝折れなどであるが，回復には数年かかるため経営的な損失はたいへん大きい。

二次的被害として，腐らん病など病害の多発，肥料の流亡，野ネズミや野ウサギなどによる獣害をともなうことも多い。

2 発生の仕組み

果樹の雪害は，樹上やハウスに積もった冠雪の重さによるものと積雪の沈降力によるものに大別されるが，沈降力による被害が大きい。

冠雪による被害は，気温の高い時期に比重の重い雪が50cm以上積もると発生する。とくに開心形の成木や老木では，主枝や亜主枝など骨格枝が多く，むだなく枝が配置されているため雪が積もりやすく，枝の折損や裂開につながりやすい。また，棚栽培では棚が，被覆中のハウス栽培ではハウス自体が倒壊することもある。

沈降力による被害は，雪が融けていく過程でおこり，雪に埋没した枝が雪の沈降とともに引き下げられて基部が裂開・折損する。沈降力は最深積雪の1/3～1/5の地上高（注7）で最大になるため，枝の着生位置が低いわい化栽培樹や若木で被害が発生しやすい。

〈注7〉
最深積雪が150cmの場合，地上30～50cmの高さ。

3 雪害対策

事前対策は，主枝を主幹の高い位置に配置するとともに，分岐角度を広くとる。たとえば，リンゴでは中・高幹仕立ての変則主幹形か2本主枝の遅延開心形とする。また，わい化栽培では主幹から直接発生させる側枝の位置を高くしたり，交差分岐処理（図7-Ⅱ-7）や支柱へ結束する。ブドウでは，棚を高くして支柱や線材も強化するとともに，短梢せん定を行なうか，棒仕立てや垣根仕立ても検討する。

積雪期の応急対策は，冠雪が多いときは早めに払い落とし，雪に埋もれた枝は掘り上げるか，スコップでまわりの雪に切り目を入れて沈降力を弱めるとともに，融雪促進剤を散布する。

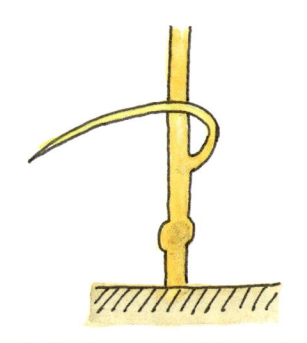

図7-Ⅱ-7 リンゴのわい化栽培での雪害防止を目的とした側枝の交差分岐
7月ごろ新梢を発生方向と反対側に誘引してつくる

図7-Ⅱ-8　カキ'愛宕'果実の雹害

図7-Ⅱ-9　ナシの防雹ネット（アルゼンチンでの例）
雹害常襲地域で，ニホンナシを2段垣根仕立て栽培し，栽植列上部に防雹ネットを設置

4 雹害 (hail damage)

　降雹は，急激に気温が上がったときに寒気が流れ込んで積乱雲が発達したときや，寒冷前線が通過したときなどに局地的に発生し，初夏に多い。雹害の特徴は，打撲による葉や果実の傷や裂傷である（図7-Ⅱ-8）。果実への傷害が大きいと落果し，軽くても商品価値は大きく低下する。葉の被害が大きいと，翌年の開花数や結実率などに悪影響が出る。

　降雹は局地的で発生の予報もむずかしく事前対策は困難であるが，常襲地域では，防虫や防鳥を兼ねた防雹ネット（図7-Ⅱ-9）による果樹園の被覆が効果をあげている。

III 病虫害の防除

1 おもな病虫害

1 病害（disease damage）

　果樹の病害は菌類，細菌，ファイトプラズマ，ウイルス，ウイロイドなどの病原体によって引き起こされ，90％以上が菌類による病気である（表7-Ⅲ-1）。

①菌類による病気

　菌類は真核生物であり，栄養器官として細胞壁で覆われた細胞が糸状に連なって分岐し，繁殖器官として胞子をつくる。菌類の多くは気孔や皮目，

表7-Ⅲ-1　菌類による果樹のおもな病害

樹種	病名	病徴など	備考
多樹種	うどんこ病	おもに葉に寄生し，病斑部に菌糸と分生胞子が白い粉状につく	樹種によって病原菌がちがう
	紋羽病	根に寄生し，樹を衰弱や枯死させる	白紋羽病菌と紫紋羽病菌があり，前者のほうが病徴の進行が早い
リンゴ	ふらん病	枝や幹が侵され，樹皮が褐変してはがれやすくなり，アルコール臭がする	早期に被害部を削り取り，塗布剤を塗る
	モニリア病	葉，花，幼果が侵され，褐変して腐敗する	寒冷積雪地帯に多い。被害果は地中に埋めるか焼却
	斑点落葉病	葉，果実，枝が侵され，葉では5月ごろから褐色の斑点ができて落葉する	被害葉・果は地中に埋めるか焼却。薬剤抵抗性を獲得しやすいので，同一薬剤の連用を避ける
	黒星病	葉，緑枝，果実が侵され，黒緑色のすす状になる	被害葉・果は地中に埋めるか焼却。薬剤抵抗性を獲得しやすいので，同一薬剤の連用を避ける
ナシ	赤星病	葉や緑枝，果実が侵される。展葉直後の黄色の小斑点が拡大し，毛状体をつくる。早期落葉や奇形果を誘発	ビャクシンが中間宿主。セイヨウナシは抵抗性
	黒星病	葉や緑枝，果実が侵され，すす状の黒色病斑ができる。果実の病斑は，その後かさぶた状になり，裂果することもある	幸水や豊水に多い
	黒斑病	葉や果実が侵され，黒色の小斑点が拡大して落葉や裂果を誘発	二十世紀に多く，早期の袋かけ。ゴールド二十世紀，幸水，豊水は抵抗性
	輪紋病	葉や緑枝，果実が侵され，果実では褐色の同心円状の輪紋をつくって腐敗する	収穫後に病徴が急拡大することが多い。追熟させるセイヨウナシはとくに注意が必要
カキ	炭そ病	新梢や果実が侵され，黒い斑点状に病斑ができる。果実の病斑部はくぼみ，熟して落果する	雨によって伝染し，徒長枝が感染しやすい
	落葉病	葉に多角形の斑点をつくる角斑落葉病と，円形の斑点をつくる円星落葉病があり，早期落葉を誘発する	角斑と円星では病原菌がちがう。落葉は焼却する
ブドウ	黒とう病	若葉，花穂，幼果が侵され，黒褐色の斑点をつくり，葉は変形し，果実は奇形化する	春の降雨によって伝染し，欧州種に発生が多い
	べと病	葉，果実，緑枝の柔らかい組織に発生し，病斑部に白いカビができる。早期落葉や脱粒を誘発	風で伝染し，欧州種に発生が多い。落葉は土に埋めるか焼却
	灰色かび病	開花期と成熟期に発生。花穂の柔らかい部分を褐変腐敗させ，花蕾を落下させる。成熟果では裂果部分に灰色のカビができる	対策は通気性をよくする
モモ	縮葉病	葉や緑枝が侵され，葉では縮れた火ぶくれ状の病斑ができ，落葉することもある	発芽前の石灰硫黄合剤散布などが効果的
	灰星病	おもに成熟果に発生し，果面に灰色のカビをつくって腐敗する	高温多湿条件で発生し，伝染力強い
カンキツ	黒点病	葉や果実を侵し，表面に黒い小斑点ができる	枯れ枝で越冬し，雨によって伝染
	そうか病	葉，果実，枝を侵す。病斑は2種類あり，早期感染では「いぼ型」，感染が遅いと「そうか型」になる	せん定時に発病枝を除去

〈注1〉
うどんこ病菌のように，植物の表層に蔓延した菌糸から吸器を表皮細胞に挿入して，栄養を摂取するものもある。

傷口などの開口部から侵入するが，無傷の表皮細胞から侵入するものもある (注1)。侵入後は，細胞内や細胞間に菌糸を伸ばして栄養を摂取する。

表7-Ⅲ-2　細菌やファイトプラズマによる果樹のおもな病害

樹種	病名	病徴など	備考
多樹種	根頭がんしゅ病	土壌細菌の感染により，根や幹の地際部にこぶをつくり，樹を衰弱や枯死させる	この細菌の特殊な感染機構は，遺伝子組換えに利用される
ナシ	火傷病	花や新梢の柔らかい組織に雨や昆虫を媒介して侵入し，葉や枝が急速に萎凋・枯死する	最初に発見された植物細菌病で，リンゴやマルメロも罹病性。日本には未侵入
モモ	せん孔細菌病	葉，果実，枝を侵し，葉では白い斑点が褐色に変化し，穴があいて早期落葉する	風雨によって傷や気孔から侵入するので防風対策をする
キウイフルーツ	花腐細菌病	花蕾のみ侵し，雌ずいは褐変して受精がさまたげられ，落花あるいは奇形果になる	侵入や感染には水分が必要で，開花期の降雨により多発する
カンキツ	かいよう病	葉，枝，果実を侵し，病斑は淡黄色の小斑点が徐々にコルク化して表面がガサガサになる	ハモグリガの被害部や傷，気孔から侵入する。ナツミカンやイヨカン，レモンは罹病性で，ウンシュウミカンは抵抗性
カンキツ	カンキツグリーニング病	葉，果実，枝を侵し，葉には黄色い斑が，成熟果には緑色の斑ができる。進行すると樹が枯死する	接ぎ木やミカンキジラミによって媒介される。効果的な薬剤はなく，温暖化で北上が懸念される

表7-Ⅲ-3　ウイルスやウイロイドによる果樹のおもな病気

樹種	病名	病原および病徴など	備考
リンゴ	高接ぎ病	アメリカから導入したスターキング・デリシャスなどの穂木を高接ぎ更新して，1～2年後に衰弱や枯死したことから高接ぎ病とよばれた。その後病原はACLV，ASGV，ASPVであることが判明した	栽培品種は抵抗性だが，マルバカイドウやミツバカイドウが罹病性のため，これらを台木とすると地下部が侵され衰弱・枯死する
リンゴ	さび果病	病原はASSVdで，病徴は果実のみにあらわれ，放射状または果面全体にコルク層をつくる	接ぎ木伝染のほかに，種子や花粉を通して次代へも伝染
ブドウ	リーフロール病	病原はGLRVで，病徴は基部の葉から順に葉縁が下方に巻き，黒色系品種では紅葉する。果実の着果や着色不良，糖度の低下がおこる	接ぎ木伝染のほかに，コナカイガラムシによる虫媒もある
ブドウ	味無果病	リーフロール病とフレック症状の病原ウイルスの複合感染説と味無果ウイルス病原説の2説ある。甲州で被害が多く，果実の糖度低下，着色不良となる	接ぎ木伝染
モモ	モモ斑葉モザイク病	病原はPYMVで，病徴は展葉まもない葉に黄色い斑がはいる	接ぎ木伝染。樹勢の弱い樹で病徴顕著
ウメ	ウメ輪紋ウイルス病	病原はPPVで，葉や果実に輪紋や斑紋ができる	接ぎ木およびアブラムシによる虫媒。モモやウメなどサクラ属果樹に感染。2009年に日本で初確認
カンキツ	ステムピッティング病（ハッサク萎縮病）	病原はCTVの強毒系で，病徴は枝や幹の木質部表面に条溝（ピッティング）ができ，樹勢衰弱や結実不良，果実肥大抑制をおこす	接ぎ木およびアブラムシ類による虫媒。カラタチやウンシュウミカンは抵抗性だが，多くの中晩柑類は罹病性。対策は弱毒系CTV接種で被害回避
カンキツ	温州萎縮病	病原はSDVで，病徴は春枝の節間がつまり，葉が舟型やスプーン型に変形する	接ぎ木および土壌伝染。ウンシュウミカンに症状顕著
カンキツ	カンキツモザイク病	病原はCiMVで，ウンシュウミカンの成熟果に淡緑色のくぼんだ斑点をつくる	接ぎ木および土壌伝染するSDVと同じグループのウイルス
カンキツ	エクソコーティス病	病原はCEVdで，病徴はカラタチ台に亀裂がはいり，樹皮がはがれる。樹勢衰弱や収量低下をともなう	接ぎ木伝染し，カラタチが罹病性

注）ACLV：apple chlorotic leafspot virus（リンゴクロロティックリーフスポットウイルス）
　　ASGV：apple stem grooving virus（リンゴステムグルービングウイルス）
　　ASPV：apple stem pitting virus（リンゴステムピッティングウイルス）
　　ASSVd：apple scar skin viroid（リンゴさび果ウイロイド）
　　GLRV：grapevine leafroll virus（ブドウリーフロール病ウイルス）
　　PYMV：peach yellow mosaic virus（モモ黄葉モザイクウイルス），PPV：plum pox virus（ウメ輪紋ウイルス）
　　CTV：citrus tristeza virus（カンキツトリステザウイルス），SDV：satsuma dwarf virus（温州萎縮病ウイルス）
　　CiMV：citrus mosaic virus（カンキツモザイクウイルス）
　　CEVd：citrus exocortis viroid（カンキツエクソコーティスウイロイド）

②細菌，ファイトプラズマによる病気

　細菌とファイトプラズマは核をもたない原核生物であり，前者は細胞壁をもつが後者はもたない。細菌は0.2～20μmの大きさで，形は多様であるが桿状のものが多く，気孔や傷口から植物に侵入する。

　ファイトプラズマも球状（0.1～1μm）やひも状など形は多様で，接ぎ木やヨコバイなどの虫媒によって伝染する（表7-Ⅲ-2）。

③ウイルス，ウイロイドによる病気

　ウイルスは，核酸がタンパク質の外被で包まれた構造で，球状（17nm）からひも状（2μm）まで多様である(注2)。ウイロイドは，外被タンパク質ももたない低分子量ＲＮＡのみで構成されている。

　ウイルスやウイロイドは，細菌と同様に植物のクチクラ層や細胞壁を貫通できないため，接ぎ木や傷口または昆虫，ダニ，線虫による吸汁行動を媒介して侵入する。果樹はほとんどが接ぎ木繁殖で，カンキツでは高接ぎによる品種更新も頻繁に行なわれるので，接ぎ木伝染への注意が必要である。

　ウイルスやウイロイドは薬剤による防除ができず，無毒苗に更新するしか対策がない（表7-Ⅲ-3）。

〈注2〉
ウイルスはＤＮＡかＲＮＡのどちらかをもち，細菌や細胞内でのみ増殖できる細菌より小さい微小生物。ウイロイドはさらに小さい。

表7-Ⅲ-4　果樹を加害するおもな昆虫類

樹種	害虫名	加害部位と被害	備考
多樹種	アブラムシ類	多くは葉や緑枝に，ブドウネアブラムシ（フィロキセラ）やリンゴワタムシは根や枝にも寄生して吸汁加害	排泄物によるスス病誘発やウイルスを媒介する。ネアブラムシ類には抵抗性台木が有効。リンゴワタムシには天敵のワタムシヤドリコバチも利用
多樹種	カメムシ類	新梢，花，果実を吸汁加害。果実は奇形化し被害大	スギやヒノキ林で繁殖。被害部から腐敗菌の侵入を誘発。近年大発生をくり返す
多樹種	カイガラムシ類	葉，枝，果実に寄生し吸汁加害。果実被害部では着色障害	黄斑落葉病や分泌物によるスス病誘発。イセリアカイガラムシにはベダリアテントウ，ルビーロウカイガラムシとヤノネカイガラムシには天敵寄生蜂も利用
多樹種	シンクイガ類	幼虫が新梢，芽，果実を食害。果実は奇形化や落果	フェロモン剤あり
多樹種	ハマキムシ類	幼虫が葉，芽，果実を食害。葉を巻き，その中で食害。果実は表面を食害され，腐敗や早期落果	フェロモン剤あり
多樹種	ヤガ類	成虫が成熟果を吸汁加害。加害部から腐敗	腐敗菌の侵入を増長。袋や網かけ，誘蛾灯など物理的防除
多樹種	カミキリムシ類	幹や枝に産卵後，幼虫が形成層や木質部を食害	天敵糸状菌剤あり
多樹種	チャノキイロアザミウマ	幼果～未熟果を加害。加害部が不定形の傷となり商品性低下	イヌマキやサンゴジュなどの防風樹にも寄生
リンゴ	キンモンホソガ	幼虫が葉裏から侵入し葉肉を食害。食害部は裏側に湾曲し，表は表皮だけ白く残る	フェロモン剤あり
ナシ	ナシグンバイ	葉裏に寄生し吸汁加害。被害部は葉緑素がぬける	葉裏は排泄物と脱皮殻で汚染される
カキ	カキノヘタムシガ	幼虫が芽や果実を食害。果実へは果梗やへた部分から侵入し，果実内部を食害	被害果はへたを残して落果。粗皮削りや古布や古新聞紙などを枝にまきつけてバンド誘殺する
ブドウ	ブドウスカシバ	新梢に産卵し，幼虫が新梢内部を基部に向かって食害	2～3年生枝まで加害されることもある
ブドウ	フタテンヒメヨコバイ	幼虫が葉裏に寄生し吸汁加害。葉は葉緑素がぬけてかすり状に白化	排泄物でまわりの果実も汚染
モモ	モモハモグリガ	幼虫が葉肉を最初は渦巻き状に，その後は波状に食害	被害が大きいと早期落葉
クリ	クリタマバチ	芽に寄生した越冬幼虫が春に急成長し，芽に虫こぶをつくる	抵抗性品種を加害するものも出現。天敵のチュウゴクオナガコバチ導入
カンキツ	ミカンハモグリガ	幼虫が夏秋梢の若葉や緑枝の表皮下を食害。被害葉は変形	被害部にかいよう病を誘発

表7-Ⅲ-5　果樹を加害するおもなダニ類

樹　種	ダニ名	加害部位と被害	備　考
多樹種	リンゴハダニ	赤褐色のダニで，おもに葉に寄生し吸汁加害。被害部は葉緑素がぬけ，かすり状に白化	卵で越冬。若い柔軟葉より成葉を好む。成虫は葉表にも寄生
	ナミハダニ	黄緑色で両側に濃緑の斑があるダニで，おもに葉裏に集団寄生し吸汁加害。被害部は葉緑素がぬけ，かすり状に白化	雌成虫で越冬。リンゴハダニより被害が大きく，葉裏が褐色に汚れ落葉する
	カンザワハダニ	赤褐色のダニで，おもに葉裏に集団寄生し吸汁加害。被害部は葉緑素がぬけ，かすり状に白化	雌成虫で越冬
	ミカンハダニ	赤色のダニで，葉や緑枝，果実を吸汁加害。被害部は葉緑素がぬけ，かすり状に白化	寒冷地では卵で，暖地では卵～成虫で越冬。成虫は葉表にも寄生
ブドウ	ブドウハモグリダニ	白色の円錐形ダニで，おもに葉裏に寄生して吸汁加害。被害部は白化し，葉の表は膨れ，裏は褐色の毛せん状になる	雌成虫で越冬
カンキツ	ミカンサビダニ	黄色のくさび形をした小型のダニで，葉や果実を吸汁加害。春～夏に葉で増殖，その後果実に移行	被害葉は細かいチリメン状のしわをつくり，被害果は油胞がつぶれてザラザラし，褐変する

表7-Ⅲ-6　果樹を加害するおもな線虫類

線虫名（科名）	加害様式など	備　考
ネコブセンチュウ	線形の幼虫が細根の先端付近から侵入し，皮層内維管束付近に定着して球形の成虫になり，口針を挿入して吸汁加害。被害部は線虫が分泌する物質でこぶをつくり，根の通道組織の機能を低下させる	寒冷地では卵で，暖地では卵～成虫で土壌または根組織内で越冬
ネグサレセンチュウ	幼・成虫とも線形で，根の表皮から侵入し，口針を挿入して吸汁加害。根の細胞は褐変枯死し，組織は腐敗する。こぶはつくらない	根組織内で卵～成虫で越冬。他の線虫より体長の割に太い
ネセンチュウ	雌は首の長い洋ナシ型で，体の前方を根の組織内に差し込んで寄生する半内寄生性である。寄生根は成長が抑制される	雄は線形で，定着性はない

2 虫害 (insect damage)

　果樹に被害を与える害虫は昆虫類，ダニ類，線虫類に分類され，数百種類もあり加害部位や様式も多様である。おもな害虫の加害の特徴を表7-Ⅲ-4，5，6に示した。なお，線虫は根に寄生して根の成長や養分吸収を阻害するため，加害がすすんでから地上部に樹勢衰弱や早期落葉などの症状があらわれることが多く，対策が手遅れになりがちである。開園や改植前の防除，抵抗性台木の利用が重要である。

2 農薬による防除

1 化学農薬による防除

　化学農薬を用いた病害虫防除を化学的防除（chemical control）といい，殺虫剤，殺菌剤，殺ダニ剤，殺線虫剤など多くの薬剤が開発されている。化学的防除は簡便かつ経済的で，効果も速効性で安定しているため，最も一般的な防除法であるが，毒性や生産物，環境への残留などの問題があり，リスク評価と低減が大きな課題になっている。

　防除を効果的に行ないつつ化学農薬を減らすためには，気象条件や各園の病虫害発生を的確に把握し，適切な農薬を選択して安全使用基準に従って使用することが大切である。とくに，食品衛生法の改正によって2006年から残留農薬のポジティブリスト制度が導入され，これまで以上に農薬の適正使用と農薬の飛散（ドリフト）に注意が必要になっている（183ページ囲み参照）。

> **ポジティブリスト制度**
>
> これまでは，各農作物の残留基準はその農作物に登録のある農薬に対してのみ（ネガティブ制度）だったので，登録農薬をその使用基準を守って使用すれば問題はなかった。しかし，ポジティブリスト制度では，その農作物に登録のない規制対象外農薬がまわりの圃場から飛散して付着し，残留基準（0.01ppmに一律に設定）を超えた場合も規制対象になる。

表7-Ⅲ-7　果樹の代表的な生物農薬

種　類	材料の生物，微生物	防除対象病害虫
カブリダニ剤	ミヤコカブリダニ，チリカブリダニ，スワルスキーカブリダニ	ハダニ類
細菌剤	バチルス チューリンゲンシス（*Bacillus thuringiensis*：BT）	チョウ目害虫
	バチルス ズブチリス（*Bacillus subtilis*）	灰色かび病，灰星病，黒星病，黒斑病など
	アグロバクテリウム ラジオバクター（*Agrobacterium radiobactor* strain 84）	根頭がんしゅ病
	非病原性エルビニア カロトボーラ（*Erwinia carotovora*）	カンキツかいよう病
	パスツーリア ペネトランス（*Pasteuria penetrans*）	ネコブセンチュウ
糸状菌剤	ボーベリア ブロンニアティ（*Beauveria brongniartii*）	カミキリムシ類
線虫剤	スタイナーネマ カーポカプサエ（*Steinernema carpocapsae*）	チョウ目やコウチュウ目害虫
ウイルス剤	チャハマキ顆粒病ウイルス・リンゴカクモンハマキ顆粒病ウイルス	リンゴカクモンハマキ

同じ系統の農薬を連続使用すると，病害虫が抵抗性を獲得することがある。これを防ぐには，系統のちがう農薬を輪番（ローテーション）で使ったり，抵抗性が発達しにくい農薬（注3）や天敵を併用する。

表7-Ⅲ-8　果樹に使用されるおもな交信撹乱性フェロモン剤

一般名	適用害虫	使用法
トートリルア	ハマキムシ	各薬剤を単独あるいは複数組み合わせた商品が開発されている 製剤によって50〜300本／10a程度，目通りの高さに設置する 使用時期は成虫発生前あるいは初期〜終期
テトラデセニルアセテート		
オリフルア	ナシヒメシンクイ	
ピーチフルア	モモシンクイガ	
ピリマルア	モモハモグリガ	
チェリトルア	コスカシバ	

2　生物農薬による防除

天敵や微生物を大量増殖して製剤化したものを生物農薬（biological pesticide）とよぶ。化学農薬より速効性，効果の安定性，コスト面で劣るが，安全性に優れ，抵抗性獲得の問題もない。代表的な生物農薬を表7-Ⅲ-7に示した。

合成フェロモンを利用したフェロモン剤も生物農薬の一種であり，チョウ目害虫に対する交信撹乱法による交尾の阻害（図7-Ⅲ-1，表7-Ⅲ-8）や，フェロモントラップによる大量誘殺法がある。

〈注3〉
マシン油乳剤，デンプン製剤，食品添加物製剤，生物農薬など。

3　農薬を利用しない防除

1　物理的防除

網で覆ったり袋かけによる物理的遮断，光や音による誘引や忌避，熱処理による殺虫など，物理的方法による防除を物理的防除（physical control）という。

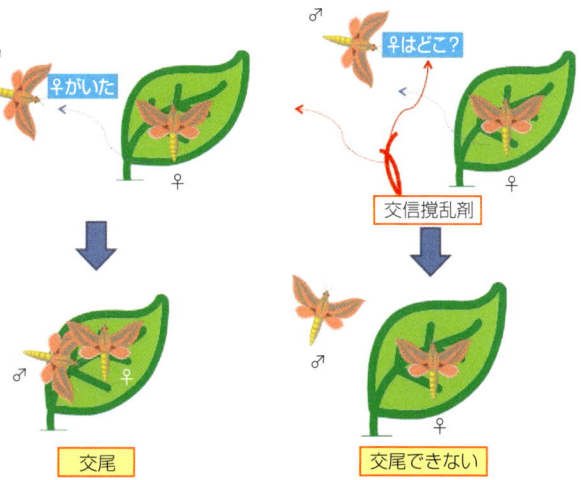

図7-Ⅲ-1　合成性フェロモン剤による交信撹乱法
果樹園に雌の性フェロモンをまん延させて，雄が雌の居場所を特定できなくする

光による視覚情報の撹乱には，青色蛍光灯や水銀灯を光源にした誘蛾灯による誘殺，黄色蛍光灯やＬＥＤによる吸蛾類の暗適応化妨害(注4)による不活動化がある。音による聴覚情報撹乱の例として，コウモリを模した超音波による吸蛾類の防除がある。

ウイルスは薬剤で防除できないため，苗木を熱処理してウイルスを不活性化させた後に，茎頂培養や茎頂接ぎ木してウイルスフリー化をはかっている（第3章Ⅱ-1-5参照）。また，土壌病害の白紋羽病菌は熱に弱いので，45℃の温水浸漬による苗木の消毒や，50℃の温水を土壌灌注処理して罹病樹を治療する方法も開発されている。

2｜耕種的防除

①耕種的防除とは

栽培方法の工夫によって病害虫に不適な環境をつくって防除することを耕種的防除（cultural control）という。果樹園の雑草管理や適切なせん定による通風や受光態勢の改善，せん定枝や落葉の処理，粗皮削り，中間宿主の排除(注5)など栽培環境の改善が耕種的防除法の基本である。

また，適切な肥培管理で新梢の徒長を防ぎ，病害虫への耐性を高めることも重要である。

②抵抗性品種の育成

病害虫に抵抗性をもつ品種の育成は，農薬による環境への負荷の低減や省力化から，最も期待される防除手段である。

第二次大戦後に大きな被害をもたらしたクリの害虫クリタマバチに対して，在来や育成された抵抗性品種が栽培されてきた(注6)。病害では，黒斑病に弱い'二十世紀'にγ線を照射して突然変異を誘起し，黒斑病に抵抗性のある'ゴールド二十世紀'が育成されている（第2章Ⅲ-3-3参照）。

③抵抗性台木の利用

根を侵す病害虫には抵抗性台木の育成が必要である。

ブドウの根に寄生するフィロキセラ（別名ブドウネアブラムシ）は，生息地の北米大陸からヨーロッパに侵入してブドウ栽培に危機的な被害を与えたが，その後北アメリカ大陸で発見されたリパリア種（*V. riparia*），ルペストリス種（*V. rupestris*），ベルランディエリ種（*V. berlandieri*）などの抵抗性の種を利用した台木が育成され，普及している。

リンゴでは，リンゴワタムシに抵抗性をもつ'ノーザン・スパイ'とわい性のM系台木を交雑したMM系台木がイギリスで育成されている。日本で台木利用の多いマルバカイドウもリンゴワタムシに抵抗性があり，M.9台木との交配で育成されたＪＭ系統台木に抵抗性を受け継いでいるものがある(注7)。

モモでは，連作障害の一因でもある線虫に抵抗性をもつ'オキナワ'や'寿星桃'(注8)と交配した筑波系統台木が育成されている。イチジクは古くから栽培品種を挿木繁殖してきたが，最近，株枯病の発生が報告され，

〈注4〉
夜間に活動する蛾の複眼は，暗黒時は暗適応状態（中央が鮮紅色に輝いている）にあるが，光が当たると明適応状態（輝きがなくなる）になり，活動が著しく低下する。

〈注5〉
ナシの赤星病はビャクシンが中間宿主なので，ナシ園周辺から排除する必要がある。

〈注6〉
近年，抵抗性品種を加害する系統が出て，新たな対応が必要になっている。

〈注7〉
ＪＭ2はリンゴワタムシに感受性であるが，ＪＭ1，ＪＭ5，ＪＭ7，ＪＭ8は抵抗性である。

〈注8〉
'オキナワ'：沖縄県在来の赤葉系花モモ。'寿星桃'：中国原産の花モモ。

その対策に抵抗性台木の選抜がすすめられている。

3 生物的防除

①生物的防除とは

病害虫の天敵（natural enemy）など，生物を利用した防除のことを生物的防除（biological control）という(注9)。天敵には，捕食性昆虫や鳥などの補食性天敵，寄生蜂や寄生蠅などの寄生性天敵，害虫に病気をおこす糸状菌や細菌，ウイルス，線虫などの微生物天敵がある。

〈注9〉
天敵を製剤化して害虫の発生に合わせて利用し，必ずしも定着を必要としない方法も生物的防除に含まれるが，本書では生物農薬として前項 2-2 で解説した。

②害虫の生物的防除

定着を目的とした天敵利用の最初の成功例は，カンキツ害虫のイセリアカイガラムシへのベダリアテントウの導入である。その後も，カンキツ害虫のルビーロウムシへのルビーアカヤドリコバチ，リンゴ害虫のリンゴワタムシへのワタムシヤドリコバチ，クリ害虫のクリタマバチへのチュウゴクオナガコバチなどいくつかの成功例がある。しかし，化学農薬中心の防除体系のなかでは，天敵の定着がむずかしく失敗例も多い。

不妊化剤やγ線を用いて生殖能力を失わせた雄成虫を大量に放飼して，雌成虫と交尾させ不受精卵を産ませて防除する，不妊虫放飼法も一種の生物的防除である。この方法は，離島など隔離された地域から特定害虫を根絶するのに効果的で，南西諸島と小笠原諸島でミカンコミバエの根絶に成功している。

③病気の生物的防除

生物的防除の多くは害虫を対象としているが，最近，病害に対しても新しい知見が得られている。菌類に感染するウイルスをマイコウイルスといい，多くは宿主にまったく被害を与えない無病徴感染をする。果樹類の根を侵す白紋羽病菌に感染するマイコウイルスのなかに病原力を低下させるものが発見され，白紋羽病防除に向けた研究がすすめられている。

植物があるウイルスに感染していると，その後，別のウイルスを接種しても感染しなかったり，増殖がおさえられて病徴が出ない現象を干渉効果（cross protection）という。カンキツのステムピッティング病の病原であるカンキツトリステザウイルス（ＣＴＶ）にも干渉効果があるので，弱毒系統のＣＴＶを感染させた母樹から穂木を採取して苗木を生産し，強毒系統のＣＴＶの感染を防いでいる。

4 総合的病害虫管理

化学農薬を中心にした防除体系で，環境汚染，作物への残留，農家の健康被害，薬剤抵抗性の発達などの問題が顕在化してきた。そのため，人や環境へのリスクを最小限にするため，物理的防除，耕種的防除，生物的防除，化学的防除などあらゆる方法を効果的に組み合わせて，病害虫の密度を経済的被害のレベル以下におさえようとすることを総合的病害虫管理

予防
・整枝・せん定，間伐の実施
・防風林・垣・網の設置
・中間宿主や伝染源の除去
・粗皮削りの実施
・雑草防除

↓

発生予測
・園地のみまわり
・病害虫発生予察情報の利用
・フェロモントラップの利用
・気象情報の把握

↓

防除要否の判断
・要防除水準の利用

↓

防除法の選択
・生物的防除：園内の土着天敵の把握と利用
・物理的防除
・化学的防除：生物農薬の利用を含む

↓

実施

図7-Ⅲ-2
総合的病害虫管理による病虫害防除の手順

〈注10〉
わが国では2009年に東京都青梅市ではじめて確認されたウイルス病で，モモやウメなどサクラ (Prunus) 属果樹に広く感染する。

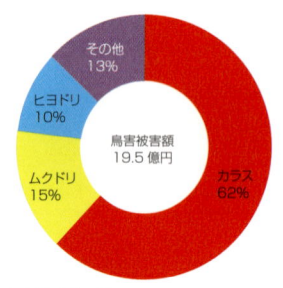

図7-Ⅲ-3
鳥の種類別果樹被害額の割合（平成23年度，農水省）
鳥害被害額 19.5億円
カラス 62%　ムクドリ 15%　ヒヨドリ 10%　その他 13%

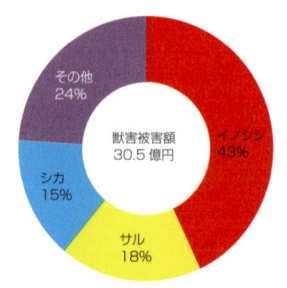

図7-Ⅲ-4
獣の種類別果樹被害額の割合（平成23年度，農水省）
獣害被害額 30.5億円
イノシシ 43%　サル 18%　シカ 15%　その他 24%

(integrated pest management；IPM) という。IPMによる防除は，予防対策に始まり，病害虫の発生量や被害の予測，防除要否の判断，防除法の選択へといくつかのステップを踏んで行なわれる（図7-Ⅲ-2）。

わが国では果実は嗜好品として外観や品質が重視されるので，果樹栽培で化学農薬中心の防除体系からの脱却は容易なことではない。しかし，安全や安心への志向は着実に増えており，農水省の「農林水産研究基本計画」による各都道府県でのIPM実践指標の策定がすすめられている。

5 植物検疫

国際貿易によるわが国への新たな病害虫の侵入や，わが国から他地域への拡大を防止するため，植物防疫法にもとづいて空港や港湾でさまざまな検査や規制が実施されており，これを植物検疫（plant quarantine）という。海外から輸入された植物に対する検疫を輸入植物検疫といい，ウイルス病など輸入時の外観検査だけでは判断が困難な場合には，隔離圃場で一定期間栽培を行なう隔離検疫が実施される。

果樹の病害虫で侵入警戒調査の対象になっているのはチチュウカイミバエやミカンコミバエなどのミバエ類，コドリンガ，ミカンキジラミ，火傷病菌，カンキツグリーニング病菌，プラムポックスウイルス（注10）などである。カンキツグリーニング病とそれを媒介するミカンキジラミは，奄美群島以南の南西諸島で発生が認められ，北上が懸念されており，国内検疫でカンキツ苗木などの移動規制も行なわれている。

6 鳥獣害 (damage by bird and animal)

野生の鳥獣による果樹の被害は甚大で，2011年度の全国の被害面積と金額は約1.2万ha，50億円で，農作物全体にしめる果樹の割合はそれぞれ12%と22%になる。鳥類では，カラスやヒヨドリ，ムクドリの被害が大きく（図7-Ⅲ-3），獣類ではイノシシの被害が約半分をしめ，サル，シカなどが続く（図7-Ⅲ-4）。

鳥獣には学習能力があるため，病虫害のような体系化された防除対策は困難であり，物理的に侵入を防ぐ防鳥網や柵の設置が最も有効である（図7-Ⅲ-5）。

図7-Ⅲ-5　イノシシの侵入防止用の鉄柵の例

第8章 整枝・せん定

I 枝の伸び方と整枝・せん定の基本

1 整枝・せん定の目的

　果樹栽培では，長年にわたって品質のよい果実をいかに多く生産するかが最大の目的なので，植付け当初から将来的な樹形を考え，栽培管理のしやすい骨組みをつくり，枝を配置していく必要がある。このように，樹形や枝を人為的に配置することを整枝（training）という。また，枝を切ることをせん定（pruning）という。

　整枝・せん定の目的は以下のようである。

①果樹の種類や品種固有の特性を活かしながら，果実の重量に耐え栽培管理しやすい枝の配置と樹形をつくり，毎年安定した果実を生産する。

②枝葉の成長と結実のバランスを保って隔年結果を防ぎ，毎年安定した収量をあげながら結果樹齢を長く維持する。

③樹冠全体の採光と通風をよくするように枝を配置し，病害虫の発生をおさえるとともに，品質がよく，そろった果実を生産する。

④若い結果枝を配置して，品質のよい果実を生産するとともに，樹勢を回復・維持する。

⑤病害虫に侵されている枝を取り除き，病害虫の発生を少なくし，樹を健全に保つ。

2 樹体各部の名称

　樹は，主幹，主枝，亜主枝，側枝，当年生枝など，さまざまな枝で構成されている（図8-I-1，図8-I-2）。

①**主幹**（trunk）

　地表から最上位の主枝が分岐したところまでをいい，最も太い部分であ

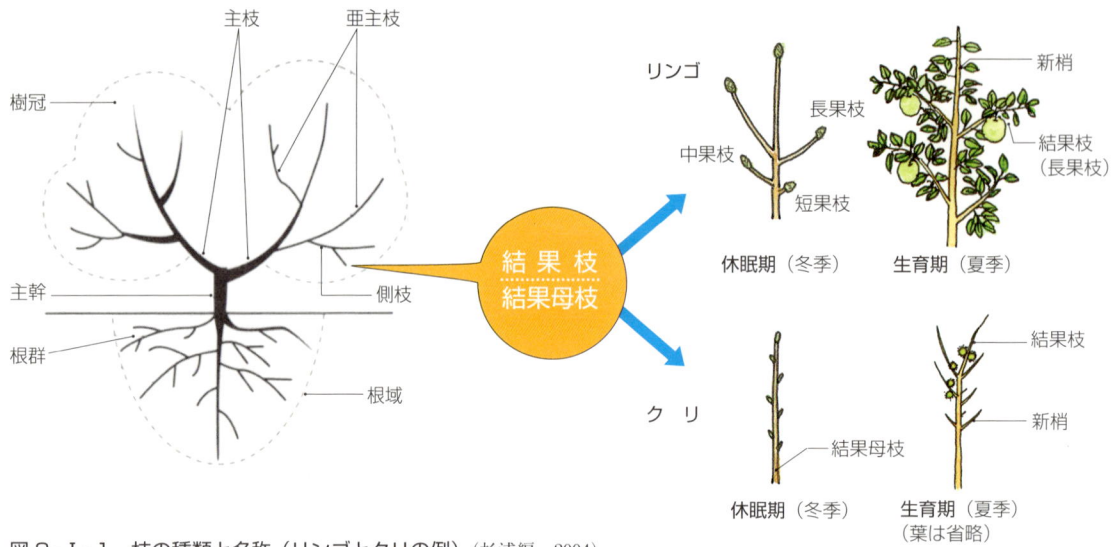

図8-Ⅰ-1　枝の種類と名称（リンゴとクリの例）（杉浦編，2004）

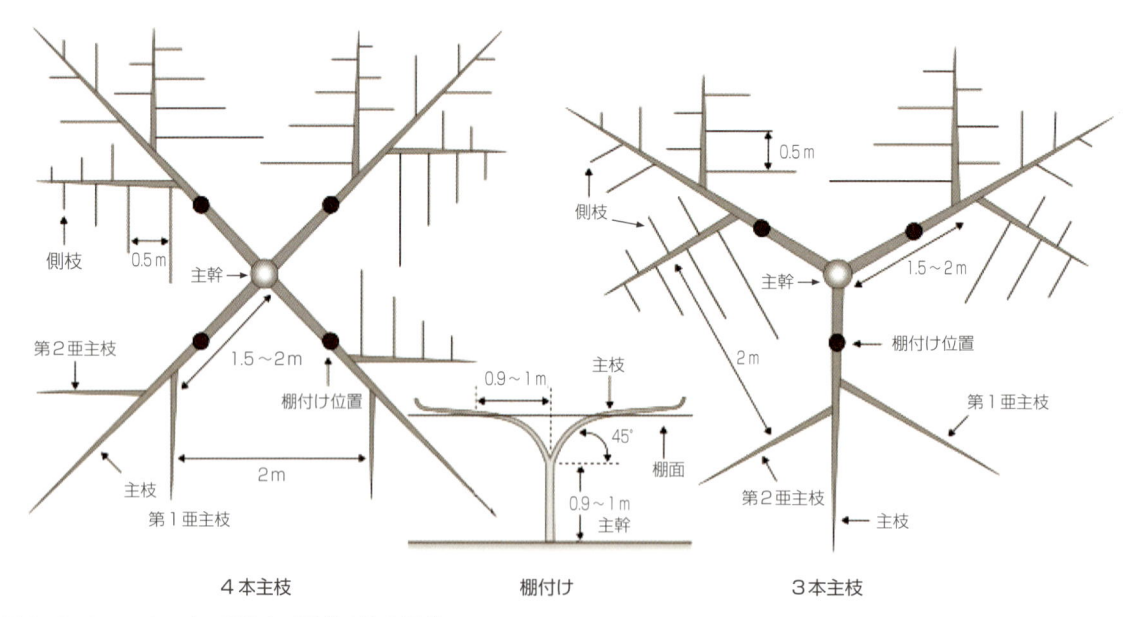

図8-Ⅰ-2　ニホンナシ棚仕立て整枝の枝の構成
注）1：4本主枝は短果枝がつきやすい'二十世紀'などによく用いられる
　　2：3本主枝は腋花芽を利用する'幸水'などによく用いられる

図8-Ⅰ-3　ニホンナシの代表的な整枝法と主幹の長さ
左／水平型（関東式）：主幹が長い，右／漏斗状型（関西式）：主幹が短い

る。主幹が短いほど主枝の発生位置が低く角度が狭くなるので，樹勢を強く保つことができる。しかし，大型機械の走行や作業性を考えると，ある程度主幹を長くして高い位置から主枝を発生させる必要がある（図8-Ⅰ-3）。

②**主枝**（primary scaffold limb）

主幹から発生させる骨格の基本になる枝で，支柱などで支えながら，できるだけ丈夫にまっすぐ育てる。主枝が途中で曲がると，その部分から強大な枝が発生し，主枝先端が弱ってしまい，樹全体の樹勢バランスがくずれやすくなる。

③**亜主枝**（secondary scaffold limb）

主枝から横に発生させ，主枝についで骨格になる枝であり，主枝と同様，まっすぐに丈夫に育てる。主枝と亜主枝は骨格枝なので，原則として更新しない。

④**側枝**（lateral branch）

主枝の先端部や亜主枝から発生させる枝で，これに結果枝あるいは結果母枝を配置して，果実をならせる（注1）。側枝は，長年おくと強大化したり，逆に弱ったりして果実品質が低下するので，4～5年までに順次更新する（図8-Ⅰ-4）。

⑤**当年生枝**

その年に伸びた当年生枝（注2）は，発育枝（vegetative shoot），結果枝（bearing branch）または結果母枝（fruiting mother shoot）に分けられる。葉芽だけをつけた枝を発育枝といい，そのうち直立して強く伸びる枝を徒長枝（water shoot）という（注3）。結果枝は，花芽をつけた枝で，長さによって長果枝（30～60cm），中果枝（10～30cm），短果枝（10cm以下）に分けられる。結果母枝は，翌年，花や果実をつける結果枝を出す枝で，カキ，ブドウ，クリ，キウイフルーツ，カンキツなどにみられる。

3 せん定の種類と強弱

1 せん定の種類と切り方

①**切り返しせん定と間引きせん定**

せん定には，枝の途中で切る「切り返しせん定」（heading-back pruning）と，枝の分岐部からすべてを切り取る「間引きせん定」（thinning-out pruning）がある。せん定で切り落とす枝の量（せん定量）は同じでも，切り返しせん定のほうが強い発育枝が発生し，花芽がつきにくい。したがって，花芽をつけるためには間引きせん定を主体に行なう（図8-Ⅰ-5）。

切り返しせん定は，①主枝や亜主枝など骨格枝を育てる，②結果枝や側枝の先端が弱らないように軽く切り返す，③老齢枝や先端が垂れた枝の勢

腋花芽の着生した側枝への更新

待ち枝

待ち枝（予備枝）を利用した側枝の更新

図8-Ⅰ-4 ニホンナシの側枝の更新方法

〈注1〉
リンゴのわい化栽培で行なわれているスピンドルブッシュ（細型紡錘形）整枝では，主幹から発生する枝はすべて側枝となる（図8-Ⅱ-1参照）。

〈注2〉
新しく伸びている枝を新梢（shoot）とよび，秋になり伸びが止まり葉が落ちた段階で当年生枝とよぶ。

〈注3〉
発育枝は完全芽から発生し，側枝や予備枝として利用できるが，徒長枝は潜芽から発生するものが多く，強大になるので，除芽（第5章Ⅰ-3-3-①参照）したり，夏季せん定（本章4参照）や冬季せん定で元から間引く。

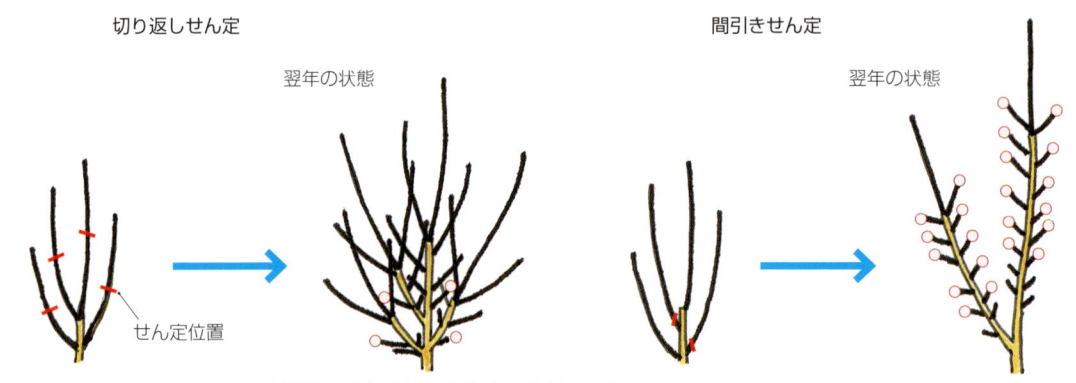

切り返しせん定　　　　　　　　　　　　間引きせん定
　　　　　　　翌年の状態　　　　　　　　　　　　　　翌年の状態

せん定位置

図8-Ⅰ-5　切り返しせん定と間引きせん定による生育の比較（杉浦編，2004）
注）ともに新梢を約50%せん定した場合。○印は花芽，黒い部分はその年に伸びた新しい枝を示す

間引きせん定

図8-Ⅰ-6
側枝の間引きせん定（主幹に競合する太い側枝を間引く例）（杉浦編，2004）
太い側枝を間引くと，主幹の先端が強く伸び，全体に枝が強くなる
注）リンゴのわい性台木を用いた細型紡錘形樹

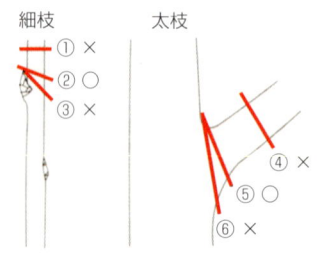

細枝　　太枝
①×
②○
③×
④×
⑤○
⑥×

図8-Ⅰ-7　枝の切り方
（熊代ら，1994）
①芽から離れた位置で切ると，芽から上部が枯死し，癒合不良
②適正な切り方
③切る位置が花芽に近すぎると芽が乾燥枯死しやすい
④あまり離れた位置で切り，柄（ほぞ）を長く残すと，その部分が枯死して，癒合不良
⑤適正な切り方
⑥切り口が大きくなりすぎて癒合不良

力を回復させる，などの場合に行なう。

間引きせん定は，①混み合った枝や重なり合った枝を除く，②残したい枝と競合する枝を除く（図8-Ⅰ-6），などの場合に行なう。

②大枝の切り方と切り口の保護

大枝を切るときは，その枝の下部から落ち着いた枝が発生するように，下部の柄(ほぞ)を残して切る。柄を長く残すと，枯死して癒合が悪くなり，病原菌も侵入しやすくなる（図8-Ⅰ-7）。

また，大枝を切り落とすと，切

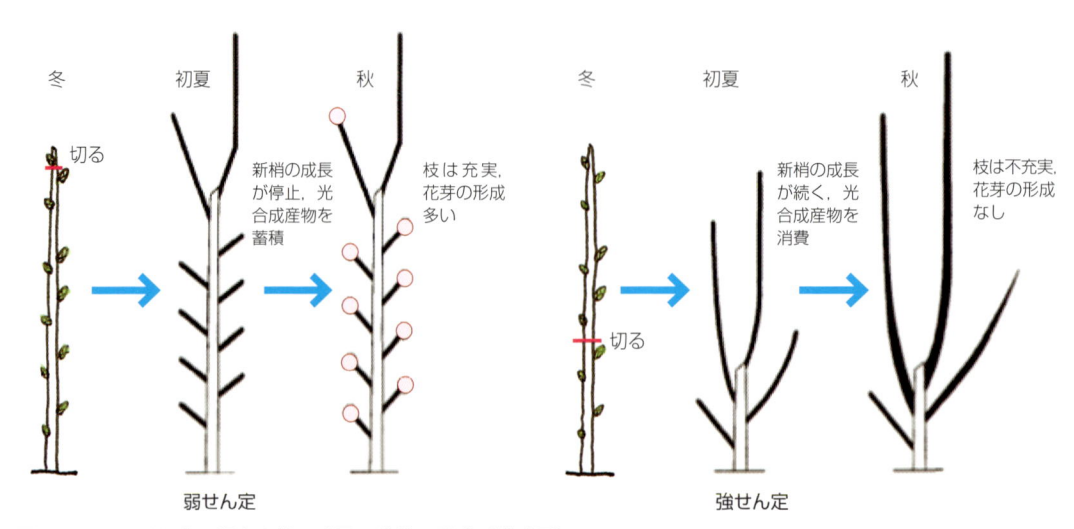

冬　初夏　秋　　　　　　　　　　　冬　初夏　秋

切る　　新梢の成長が停止，光合成産物を蓄積　　枝は充実，花芽の形成多い　　　切る　　新梢の成長が続く，光合成産物を消費　　枝は不充実，花芽の形成なし

弱せん定　　　　　　　　　　　　強せん定

図8-Ⅰ-8　せん定の程度と枝の成長，花芽の形成（模式図）（杉浦編，2004）
注）○印は花芽，黒い部分は新しく伸びた枝を示す

り口から病原菌が侵入したり，冬季に乾燥して樹全体が衰弱・枯死しやすいので，防菌塗布剤を塗って，カルス（癒傷組織）ができるのをうながす。

2 せん定の強さ

せん定は枝についている芽を落とすことでもあり，せん定した分だけ芽の数が少なくなる。落とされた芽に供給されるはずだった貯蔵養分も残された芽に供給されるので，残された芽からは強い新梢が発生する（図8-Ⅰ-8）。1本の樹で，せん定する枝の量が多いほど強せん定になり，少ないほど弱せん定になる。

強せん定すると地上部の芽数はその分多く減るので，翌春にはより多くの養分が残された芽に集中し，地上部の栄養成長が盛んとなり多くの強い新梢が発生する。そのため，新梢成長が遅くまで続き，花芽，枝，果実などへの光合成産物の分配と蓄積が遅れ，花芽形成や果実肥大が悪くなる。

弱せん定では，地上部と根の均衡がくずれにくいため新梢が早く止まり，花芽形成や果実肥大がよくなる。

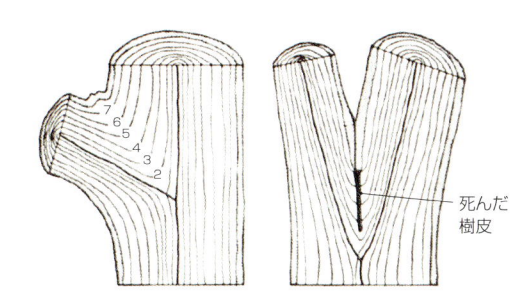

図8-Ⅰ-9
枝の分岐角度と裂けやすさ（熊代ら，1994）
左：分岐角度が広いため，そこに新組織がつくられて強固に結合される
右：分岐角度が狭いため，両方の枝が肥大するにつれてあいだの組織が圧迫されて死んでしまい，連結組織ができないので裂けやすい

3 樹齢・樹勢とせん定強度

①幼木・若木期

幼木・若木期は栄養成長が旺盛なので，間引きせん定を主体にして，花芽の着生をうながす。しかし，骨格枝となる主枝や亜主枝の候補枝は，先端が弱らないように切り返しせん定（注4）する。

また，分岐角度は狭いほど裂けやすいので，十分な角度で発生させる（図8-Ⅰ-9）。

②成木期と老木期

成木期には栄養成長と生殖成長の均衡がとれて果実も多くなるが，土壌条件や肥培管理などによって樹勢が変わりやすいので，そのつど，枝の伸び具合や発生状態をみて，せん定の強さを考える（図8-Ⅰ-10）。

老木期は，栄養成長が衰えて樹勢が弱まるため，切り返しせん定やせん定量を多くして，新梢の発生をうながす。

〈注4〉
「先がり」ともいう。

図8-Ⅰ-10　リンゴ普通樹（マルバ台）の樹齢と仕立て方，せん定の強弱
①幼木期：主幹形から変則主幹形で育て，主枝を開帳させる。間引き主体の弱せん定とする
②若木期：開心自然形に移行。間引き主体の弱せん定で花芽形成をうながす
③成木期：樹勢に応じてせん定量を調節する
④老木期：切り返しを多くし，強せん定で樹勢を維持する

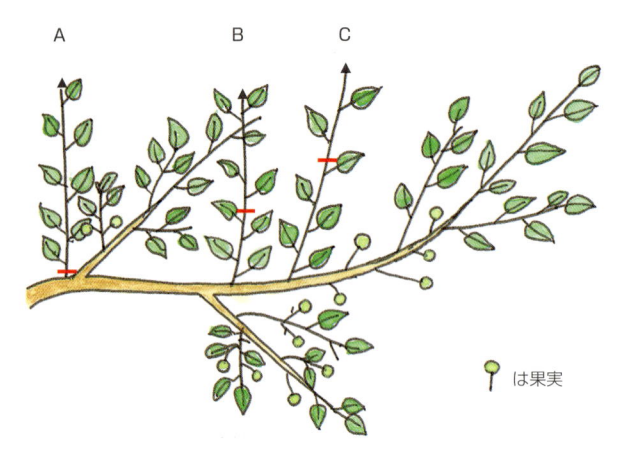

図8-Ⅰ-11 リンゴの夏季せん定の方法（杉浦編，2004）
側枝の背面の徒長枝（A，B，C）を8～9月ころに印のところで切る。発生数が多いときは，数回に分けて行なう。切る時期が早すぎると短果枝の花芽形成に悪影響がある

〈注5〉
摘心すると，残された枝から弱い新梢が数本伸びてくるが，この新梢に花芽ができることがあるので，花芽をつける目的で行なわれることもある（第5章Ⅰ-3-3-②参照）。

〈注6〉
ごく弱い側枝で花芽がつきやすい。わい化栽培では，苗木からフェザーを多くつけることが，低樹高でコンパクトな樹形つくりと早期結実に欠かせない。

図8-Ⅰ-12
頂芽優勢と直立した幼木の生育特性
（杉浦編，2004）

③せん定強度と手順

　せん定は，園地や樹の状態，枝の伸長程度などを目安に，樹勢をよく観察して行なうことが重要である。そして，「樹勢の強い園地や樹，枝は弱めにせん定，弱い場合は強めにせん定する」ように心がける。

　さらに，目標にする樹形を考えながら，骨格枝の配置や枝の混み具合をみて，太い枝の間引きから始め，その後に側枝や結果枝の間引き，切り返しの順で行なう。

4 せん定の時期－冬季せん定と夏季せん定－

　せん定は，通常，休眠によって芽の活動が停止した冬季に行なわれている（冬季せん定：winter pruning）。また，新梢成長の旺盛な5～9月に，冬季せん定の補完や受光態勢を改善し果実品質を向上させる目的で，夏季せん定（summer pruning）も行なわれている（図8-Ⅰ-11）。

　とくに，大枝の背面から発生する徒長枝は，貯蔵養分を浪費し果実の肥大や品質を低下させるので，夏季せん定で元から取り除く。果実がなった枝から伸びた発育枝（新梢）でも，いつまでも伸びている場合は，葉を5～6枚残して切り返す。これを摘心（注5）という。

　夏季せん定の時期が早かったり，その程度が強過ぎると花芽形成を阻害したり，樹勢が低下するので注意する。

5 頂芽優勢と調節

1 頂芽優勢とオーキシン

　直立した枝では，先端の芽ほど早く発芽して新梢が強く伸び，下部の芽ほど発生する新梢は伸長がおさえられ，分岐角度も広がる。この特性を，頂芽（部）優勢（apical dominance）という。これは，頂部の芽から発生した新梢の成長点でつくられた植物ホルモンのオーキシンが，重力方向（下方）に移動して，下部の芽の発芽や伸長をおさえるためである（図8-Ⅰ-12）。

　このことは，頂芽を除くと側芽が動きだすことや，頂芽を除いても先端にオーキシン処理すると側芽の成長がおさえられたり，側芽の真上に芽傷を入れると側芽が成長することからもうかがえる。

2 頂芽優勢の調節

①誘引

　直立した枝を下方向に誘引（bending）したり，指で軽く曲げてねん枝（twisting）すると，先端の新梢の伸長が弱まり，花芽形成が促進される。

　逆に，水平方向の枝や下垂した枝では，背面から強い新梢が発生し，先端部が弱りやすいので，先端部の切り返し（先刈り）を強くするか，先端部の芽の位置が高くなるように枝を誘引する（図8-Ⅰ-13）。

②ホルモン剤による調節

　オーキシンによる頂芽優勢は，サイトカイニンによって打ち消されるので，サイトカイニン剤を含んだペーストを芽に直接塗布したり，散布するのも効果がある。リンゴでは，600ppm程度のベンジルアデニン（BA，サイトカイニン剤）を散布して頂芽優勢を打破し，苗木からフェザー（注6）を発生させる技術が実用化されている（図8-Ⅰ-14）。

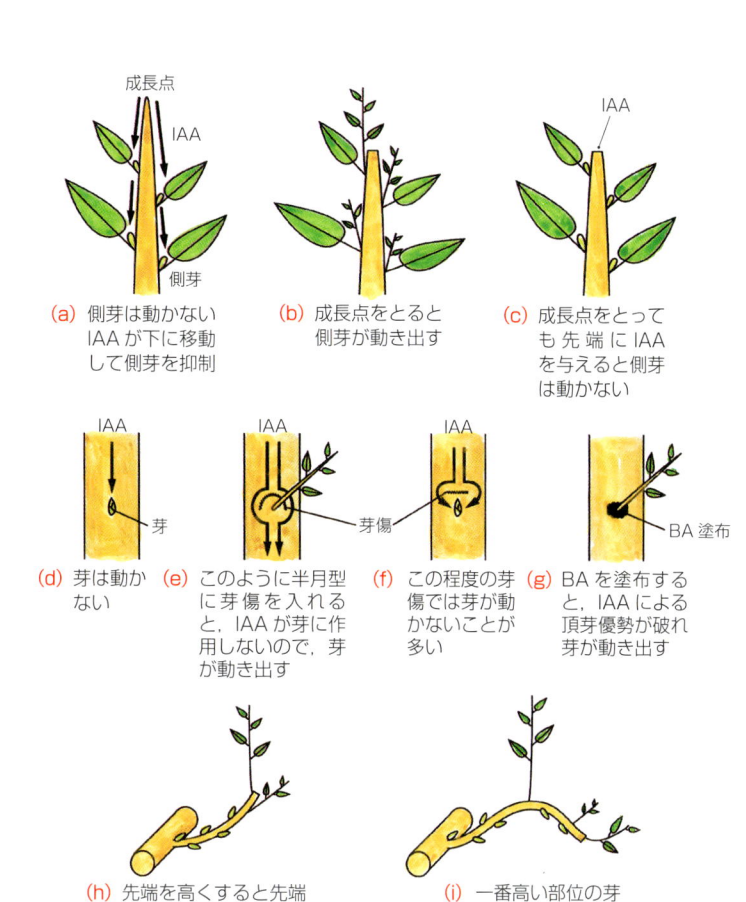

(a) 側芽は動かない IAAが下に移動して側芽を抑制
(b) 成長点をとると側芽が動き出す
(c) 成長点をとっても先端にIAAを与えると側芽は動かない
(d) 芽は動かない
(e) このように半月型に芽傷を入れると，IAAが芽に作用しないので，芽が動き出す
(f) この程度の芽傷では芽が動かないことが多い
(g) BAを塗布すると，IAAによる頂芽優勢が破れ芽が動き出す
(h) 先端を高くすると先端部の芽だけ成長する
(i) 一番高い部位の芽が盛んに成長する

図8-Ⅰ-13　頂芽優勢と植物ホルモンの関係（模式図）
IAA：インドール酢酸（オーキシン），BA：ベンジルアデニン（サイトカイニン）

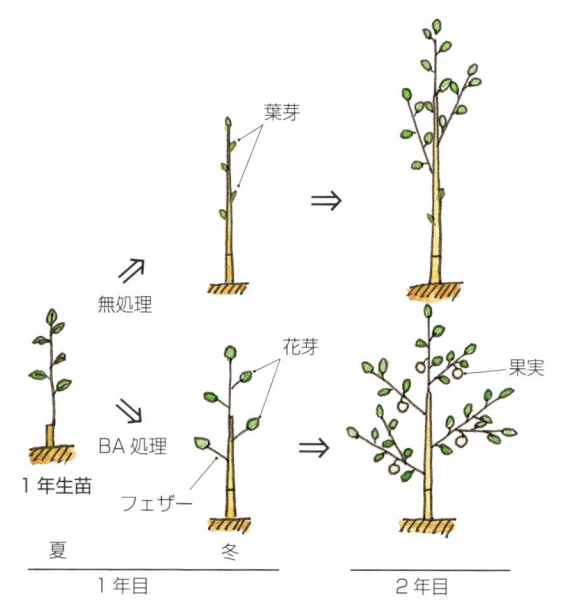

図8-Ⅰ-14
BA散布によるリンゴ樹のフェザー発生促進と早期着果（模式図）
BA：ベンジルアデニン（サイトカイニン）

II 整枝の方法

1 仕立て方と整枝方法

果樹の仕立て方は，立ち木仕立て（free standing training）と棚仕立て（trellis training）に大きく分けられ，それぞれの果樹にあった樹形や整枝法が工夫されている。仕立て方や樹形は，果樹の種類や台木の種類，地形や施設栽培などの栽培形態によっても大きくちがう。

1 立ち木仕立て

立ち木仕立てには，主幹形，変則主幹形，開心自然形，細型紡錘形などの樹形がある（図8-II-1）。

主幹形（central leader）：主幹がまっすぐ立っている樹形で，リンゴ，カキ，クリなどの幼木期にはこの樹形を採用する。年数がたつと光の透過や作業性が悪くなるので，しだいに主幹を短くした変則主幹形か開心自然形に移行させる。

変則主幹形（modified leader）：主幹を2～3mの高さで切り，主枝を3～4本配置する樹形で，リンゴやセイヨウナシの若木，カキ，クリなどの成木で用いられる（図8-II-2）。

開心自然形（open center）：主幹の高さを60～90cmとし，主枝を2～4本ななめに立てる樹形である。放任しておいても主幹が立ちにくく，枝が開張しやすいモモ，ウメ，スモモ，カンキツなどや，リンゴやセイヨウナシの成木で採用される。

細型紡錘形（slender spindle）：リンゴ，セイヨウナシ，モモなどのわい性台木を用いたわい化栽培に用いられる樹形である。主幹形に似ているが，根本的にちがうのは，骨格枝が主幹だけで，これに直接側枝を配置する点である（図8-II-3）。

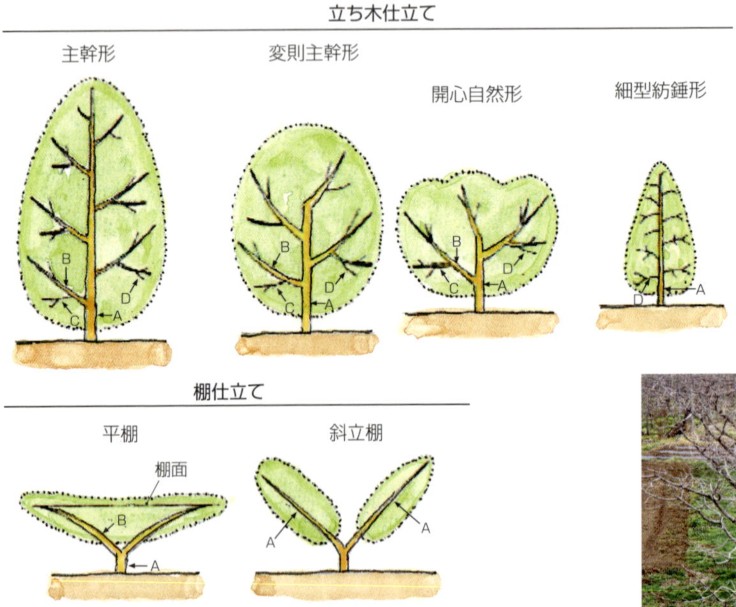

図8-II-1　果樹のおもな整枝法と樹形
A：主幹，B：主枝，C：亜主枝，D：側枝

図8-II-2　カキの変則主幹仕立て

4×2m植え密植栽培（スレンダースピンドル） 　　4×1m植え高密植栽培（トールスピンドル）

図8-Ⅱ-3　リンゴわい化栽培での細型紡錘形仕立て

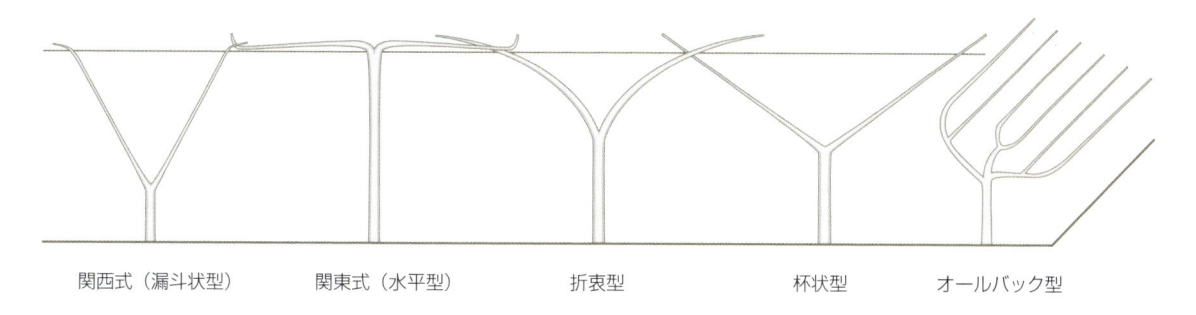

関西式（漏斗状型）　　関東式（水平型）　　折衷型　　杯状型　　オールバック型

図8-Ⅱ-4　ニホンナシ棚仕立て栽培での整枝法のいろいろ

わい性台木樹は新梢成長が早く停止するので、短果枝や花芽がつきやすく、自然に樹型がコンパクトになりやすい。

〈注1〉
モモ、オウトウ、カキ、セイヨウナシ、スモモなどでも平棚仕立てが試みられている。

2┃棚仕立て

棚仕立ては、平棚や斜立棚を使用したさまざまな樹形が考案され、採用されている。

①平棚仕立て

平棚は、ブドウやキウイフルーツなどつる性の果樹のほか、ニホンナシ（注1）でも作業性や台風による落果を防ぐ目的で採用されており、主幹の高さ、主枝の数や配置法のちがいなど各種の樹形がある（図8-Ⅱ-4）。

ブドウの仕立て方は、株仕立て、垣根仕立て、棚仕立てなどがあるが（図8-Ⅱ-5）、台風害を受けやすいわが国では棚仕立てがほとんどで、一部、醸造用ブドウの栽培で採光のよい垣根仕立てが採用されている。ブドウの整枝法は、結果母枝を長く残してせん定する長梢せん定で、4本の主枝をX字型に伸ばすX字型整枝法と、毎年結果母枝を1〜2芽で切り返す短梢せん定に

図8-Ⅱ-5　ブドウの棚仕立て以外の整枝法
①株仕立て：主幹を1m程度とし、短梢せん定で3〜4本の結果枝を自然に垂らす
②改良マンソン整枝：主幹から水平に主枝を伸ばし、結果枝を両側からななめに配置する
③垣根仕立て：主枝を水平に仕立て、そこから結果枝を垂直に架線に沿って誘引し、日当たりをよくする方法でワイン用ブドウで用いられる
④レインカット整枝：主枝を90cmの高さで水平に仕立て、そこから結果枝を両側にV字状に誘引し、雨よけ栽培用のビニール内にはいるように配置する

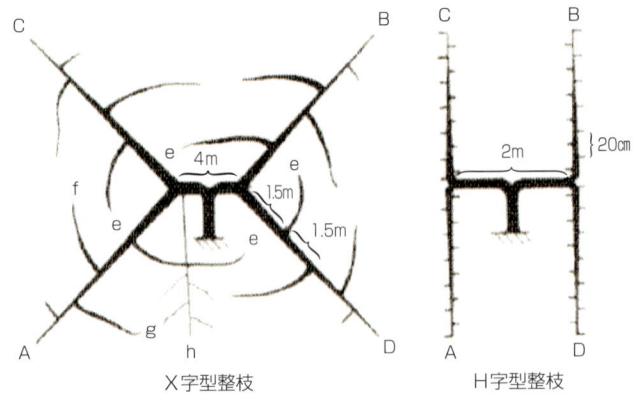

図8-Ⅱ-6　ブドウのX字型整枝法とH型整枝法（水谷ら，2002）
A：第1主枝，B：第2主枝，C：第3主枝，D：第4主枝
e：第1亜主枝，f：第2亜主枝，g：第3亜主枝，h：追い出し枝

図8-Ⅱ-7　ブドウの一文字整枝

よる一文字やH型整枝法などがある（図8-Ⅱ-6，7）。
　近年ニホンナシを中心に，植え付け後約2年間伸ばした主枝先端を隣の樹の主枝基部に次々と接ぎ木連結して，そろった側枝を配置する「樹体ジョイント仕立て」が開発されている（図8-Ⅱ-8）。

②斜立棚仕立て
　斜立棚仕立ては，主幹を斜立した棚面に誘引・固定する方式で，近年，リンゴやニホンナシなどで普及し始めている。主幹を交互に斜立したり，地表部で2分する方法があり，V字形整枝，Y字形整枝，タチュラ整枝（注2）などがある（図8-Ⅱ-9）。

図8-Ⅱ-8
ニホンナシの樹体ジョイント仕立て（写真提供：赤松富仁氏）

〈注2〉
主幹を30cmで切り返し，枝を60度の角度でV字状にした架線の両側に2分して配置する整枝法で，結果面積が多くなり収量も増える。

図8-Ⅱ-9　ニホンナシの平棚栽培以外での整枝方法の例
①タチュラ整枝：結果面積が多く収量も多いが，樹高が高くなり作業性が悪い
②Y字形整枝：樹高を低くおさえられるが，徒長枝が発生しやすく，樹形が乱れやすい
③二段垣根整枝：作業性はよいが，一段目の日当たりが悪く収量が低い
④パルメット整枝：日当たりがよいが，樹形が乱れやすい

斜立棚は平棚より結果面積が多くなるので収量性は高くなるが，背面から徒長枝が立ちやすく，樹形が乱れやすいのが欠点である。

2 低樹高化整枝

わい性台木を利用できない果樹では，省力化や作業性のよい低樹高化の手段として，各種の整枝法が考案されている。

モモなどで行なわれる斜立主幹形整枝（図8-Ⅱ-10），高木性のカキ，クリ，ビワなどで主幹を低く切り下げるカットバック整枝（注3）（図8-Ⅱ-11），主枝を水平に誘引し，そこから結果枝を発生させる一文字整枝（イチジク）（図8-Ⅱ-12）や改良マンソン整枝（ブドウ）などが開発されている。

低樹高化整枝法では，結果容積が小さくなるので収量性は劣るが，採光がよくなり果実品質がよくなる。

〈注3〉
大木化した樹の骨格枝を切り下げて，樹高を低くするとともに木材部の量を減らす整枝。

図8-Ⅱ-10
モモの斜立主幹形による低樹高化栽培

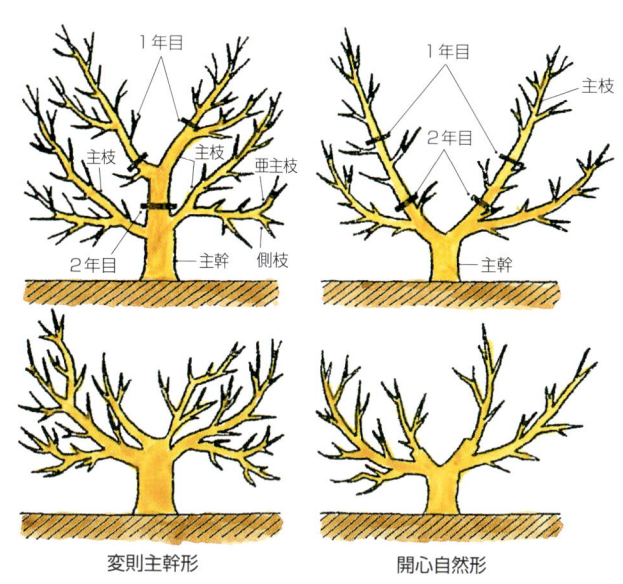

図8-Ⅱ-11　カキのカットバック整枝のすすめ方（イラスト：小林勝）

植付け2年目の春（4月）に主枝を水平に誘引する

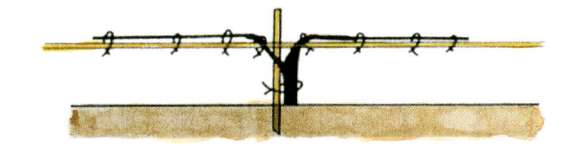

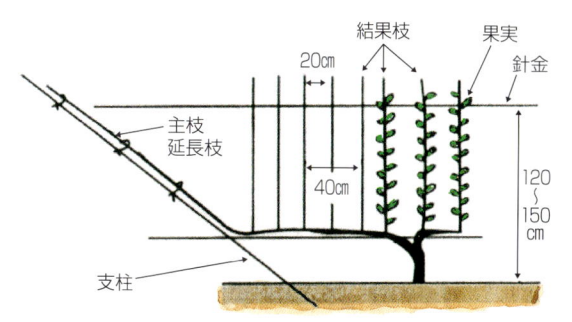

図8-Ⅱ-12　イチジクの一文字整枝法（杉浦編，2004）
主枝先端の新梢（主枝延長枝）は支柱を立てて誘引する。主枝側面から発生する新梢は結果枝として20cm間隔に左右交互に配置し，2本の針金にそれぞれ誘引する

Ⅱ　整姿の方法

参考文献

〈共通〉
果実の事典，杉浦　明・宇都宮直樹・片岡郁雄・久保田尚浩・米森敬三 編，朝倉書店，2008．
果樹園芸学，岩田正利・内藤隆次 他，朝倉書店，1978．
最新 果樹園芸学，水谷房雄 他，朝倉書店，2002．
新版 果樹栽培の基礎，杉浦　明 編著，農山漁村文化協会，2004．

〈1章〉
果樹園芸　第2版，志村　勲 他，文永堂出版，2000
文化と果物，小林　章，養賢堂，1990．

〈2章〉
平成23年度版 果樹統計，日園連 編，2011．
果樹苗生産とバイオテクノロジー，小崎　格・野間　豊 編著，博友社，1990．
果樹繁殖法，猪崎政敏・丸橋　亘，養賢堂，1989．
植物種苗工場 システム・生産・利用，高山真策 監修，化学工業日報社，1993．
図集 植物バイテクの基礎知識，大澤勝次，農文協，1994．
平成21年産　特産果樹生産動態調査，農水省．
長野県：果樹指導指針，長野県経済事業農業協同組合連合会，2004．
農業技術大系 果樹編8　共通技術　農文協．

〈3章〉
果樹苗生産とバイオテクノロジー，小崎　格・野間　豊 編著，博友社，1990．
果樹の施設栽培と環境調節，渡部一郎・古在豊樹・鴨田福也・野間　豊 編著，博友社，1991．
果樹繁殖法，猪崎政敏・丸橋　亘，養賢堂，1989．
カンキツ総論，岩堀修一・門屋一臣 編，養賢堂，1999．
カンキツ類ハウス栽培の新技術，広瀬和栄 編著，誠文堂新光社，1984．
植物種苗工場 システム・生産・利用，高山真策 監修，化学工業日報社，1993．
図集 植物バイテクの基礎知識，大澤勝次，農文協，1994．
長野県：果樹指導指針，長野県経済事業農業協同組合連合会，2004．
日本ブドウ学，堀内昭作・松井弘之 編，養賢堂，1996．
農業技術大系 果樹編8　共通技術　農文協．

〈4章〉
絵とき植物生理学入門，山本良一・桜井直樹，オーム社，2007．
絵とき植物ホルモン入門，増田芳雄 編著，オーム社，1992．
果樹の生育調整剤・除草剤ハンドブック，野間　豊 編，博友社，1994．
果樹の物質生産と収量，平野　暁・菊池卓郎 編著，農文協，1989．

作物の生理・生態学大要，池田　武 編著，養賢堂，1995．
物質生産理論による落葉果樹の高生産技術，高橋国昭 編著，農文協，1998．
農業技術大系 果樹編8　共通技術　農文協．

〈5章〉
園芸生理学－分子生物学とバイオテクノロジー－，山木正平 編　文永堂，2007．
園芸作物保蔵論－収穫後生理と品質保全－，茶珍和雄 編者代表，建帛社，2007．
温帯果樹園芸，中川昌一 他 共訳，養賢堂，1989．
果実の機能と科学，伊藤三郎 編，朝倉書店，2011．
果実の成熟と貯蔵，伊庭嘉昭・福田博之・垣内典夫・荒木忠治 編著，養賢堂，1985．
果樹園芸学原論，中川昌一，養賢堂，1978．
果樹園芸大百科4 ナシ 花芽分化を左右する要因，伴野　潔，農文協，2000．
果物学－果物のなる樹のツリーウォッチング－，八田洋章・大村三男 編，東海大学出版会
くだものつくりの基礎，林　真二・田辺賢二，鳥取県果実農業協同組合連合会，1991．
植物生理学，清水　碩，裳華房，1980．
植物の成長，西谷和彦，裳華房，2011．
新編 果樹園芸学，間苧谷徹 著者代表，化学工業日報社，2002．
図集 果樹栽培の基礎知識，熊代克巳・鈴木鉄男，農文協，1994．
青果保蔵汎論，緒方邦安 編，建帛社，1977．
長野県：果樹指導指針，長野県経済事業農業協同組合連合会，2004．
農業技術大系 果樹編8　共通技術　農文協．

〈6章〉
新編 果樹園芸学，間苧谷徹 著者代表，化学工業日報社，2002．
土壌学概論，犬伏和之・安西徹郎 編，朝倉書店，2001．

〈7章〉
果実の成熟と貯蔵，伊庭嘉昭・福田博之・垣内典夫・荒木忠治 編著，養賢堂，1985．
原色 果樹病害虫百科 1～5，農文協，1987．
日本ブドウ学，堀内昭作・松井弘之 編，養賢堂，1996．

〈8章〉
温帯果樹園芸，中川昌一 他 共訳，養賢堂，1989．
図集 果樹栽培の基礎知識，熊代克巳・鈴木鉄男，農文協，1994．
長野県：果樹指導指針，長野県経済事業農業協同組合連合会，2004．

和文索引

[A～S]
- ABA……95
- ACC……140
- ATP……83
- C₃植物……84
- CA貯蔵……146
- CEC……168
- C/N率……170
- DNAマーカー……39
- IPM……186
- LAI……89, 90
- L/D比……122
- MA貯蔵……146
- NADPH……83
- PAL……132
- pF値……162
- pH……156
- QTL……41
- SSR……41

[あ]
- アーバスキュラー菌根……156, 168
- 相対取引……144
- 青ナシ……23
- 赤熟れ……26, 52
- 赤ナシ……23
- 秋肥……160
- 亜主枝……189
- アセトアルデヒド……152
- 圧条法……62
- 圧ポテンシャル……121
- 亜熱帯果樹……21
- アブシジン酸……52, 95
- 油処理……132
- アポプラスト……120
- アミノ酸……128, 135
- 雨よけ栽培……72, 77
- アルコール脱渋……150
- 暗きょ排水……68, 166
- アントシアニン……26, 32, 33, 52, 53, 125
- 暗反応……83

[い]
- 移行相……79
- 石ナシ……174
- 1-MCP……140
- イチジク……32
- 一重S字型成長曲線……118
- 遺伝資源銀行……41
- 異味・異臭……148
- 忌地……71
- 陰芽……105
- 陰樹……74, 85, 86, 88
- インベルターゼ……141

[う]
- ウイルス……181
- ウイルス検定……64
- ウイルスフリー……63
- ウイロイド……181
- 浮き皮……53, 55, 92, 96, 145, 172
- ウメ……29
- ウンシュウミカン……34

[え]
- 永久しおれ（萎ちょう）点……163
- 栄養成長……97
- 栄養繁殖……57
- 栄養繁殖体……64
- 液果……21, 33
- エクスパンシン……142
- 枝変わり……22, 25, 28, 34, 35, 43
- 枝接ぎ……59
- エチレン……95, 121, 139, 140
- エチレンの作用阻害剤……140
- 園芸学……7
- 園芸作物……7

[お]
- オウトウ……30
- オーキシン……93, 121
- 雄花……19
- 温帯果樹……21

[か]
- 外果皮……118
- 階級……142
- 改植……70
- 開心自然形……194
- 回青……35
- 花芽……105
- 化学的防除……182, 185
- 化学肥料……157
- 花芽分化……52, 75, 90, 91, 94, 105
- カキ……25
- 花卉園芸学……7
- 夏季せん定……192
- がく……19
- 核果類……21, 33
- 隔年結果……90, 91, 97
- 学名……17
- 核割れ……28
- 果径……118
- 果形……122
- 花梗……19
- 加工……149
- 加工適性……149
- 果梗部……20
- 果菜類……7
- 火山灰土壌……156
- 果実科学……7
- 果実酢……149
- 果樹……17
- 果重……118
- 果樹園芸……7
- 果樹園芸学……7
- 過熟……137
- 花床……19, 118
- 芽条変異……43
- 可食……137
- 可食部……118
- 加水分解型タンニン……130
- ガス障害……147, 148
- 花たく……118
- 花柱……19
- 花柱部突然変異体……113
- 果頂部……20
- 褐斑……26
- 果糖……134
- 果皮……19
- 花粉不稔性……28, 29
- 花粉母細胞……109
- 花弁……19
- 可溶性固形物……132
- カラーチャート……132
- ガラス室栽培……72
- カラムナー型……40
- 仮種皮……20, 33
- カルビン・ベンソン回路……84

和文索引

過冷却・・・・・・・・・・・・・・・・・・・52, 54
カロテノイド・・・・・・・・・・・・・52, 53
カンキツ類・・・・・・・・・・・・・・・・・33
還元糖・・・・・・・・・・・・・・・・127, 134
完熟・・・・・・・・・・・・・・125, 132, 137
干渉効果・・・・・・・・・・・・・・・・・185
環状はく皮・・・・・・・・・・・・・・・・52
缶詰・・・・・・・・・・・・・・・・・・・・150
完全甘ガキ・・・・・・・・・・・・26, 152
完全渋ガキ・・・・・・・・・・・・26, 152
干ばつ・・・・・・・・・・・・・・・・・・164
寒風害・・・・・・・・・・・・・・・・・・175
甘味度・・・・・・・・・・・・・・・・・・127
甘味比・・・・・・・・・・・・・・・・・・136

〔き〕

キウイフルーツ・・・・・・・・・・・・・30
偽果・・・・・・・・・・・・・・・・・20, 118
気孔の開閉・・・・・・・・・・・・・・・・95
気根束・・・・・・・・・・・・・・・・・・・69
キセニア・・・・・・・・・・・・・・・・・32
偽単為結果・・・・・・・・・・・・・・・116
拮抗作用・・・・・・・・・・・・・・・・154
キメラ・・・・・・・・・・・・・・・・・・・44
客土・・・・・・・・・・・・・・・・・56, 166
休眠枝挿し・・・・・・・・・・・・・・・・61
共生・・・・・・・・・・・・・・・・・・・156
極性移動・・・・・・・・・・・・・・・・・93
魚らい型・・・・・・・・・・・・・・・・・46
切り返しせん定・・・・・・・・・・・189
菌類・・・・・・・・・・・・・・・・・・・179

〔く〕

偶発実生・・・24, 25, 27, 28, 29, 30,
　　　　　　31, 35, 37, 48
クエン酸・・・・・・・・・・・・・127, 135
屈折糖度計・・・・・・・・・・・・・・132
クライマクテリック型・・・・・・・137
グラナ・・・・・・・・・・・・・・・・・・83
クリ・・・・・・・・・・・・・・・・・・・・31
クリタマバチ・・・・・・・・・・31, 184
黒ボク土壌・・・・・・・・・・・・・・156
クロロシス・・・・・・・・・・・・・・154
クロロフィル・・・・・・・・・・・・・125

〔け〕

計画密植栽培・・・・・・・・・・・・・・89
形質転換体・・・・・・・・・・・・・・・47

継体培養・・・・・・・・・・・・・・・・・65
茎頂・・・・・・・・・・・・・・・・・・・・64
茎頂接ぎ木・・・・・・・・・・・・・・184
茎頂培養・・・・・・・・・・・・・・・・184
結果枝・・・・・・・・・・・・・・・・・189
結果年齢・・・・・・・・・・・7, 80, 97
結果母枝・・・・・・・・・・・・・76, 189
欠乏症・・・・・・・・・・・・・・・・・153
堅果・・・・・・・・・・・・・・・・・・・33
減数分裂・・・・・・・・・・・・・・・・109

〔こ〕

梗窪部・・・・・・・・・・・・・・・・・・20
硬核期・・・・・・・・・・・・・・・・・119
香気成分・・・・・・・・・・・・・・・・129
光合成・・・・・・・・・・55, 75, 76, 80, 83
光合成産物・・・・・・・・・・・・87, 88
光合成速度・・・・・・・・・・・・・・・85
交雑育種・・・・・・・・・・・・・・・・42
後熟・・・・・・・・・・・・・・・・・・・125
耕種的防除・・・・・・・・・・・184, 185
高木性果樹・・・・・・・・・・・・・・・21
コールドチェーン・・・・・・・15, 143
呼吸・・・・・・・・・・・・・・・・・・・83
呼吸活性・・・・・・・・・・・・・・・・137
呼吸速度・・・・・・・・・・・・・・・・86
呼吸パターン・・・・・・・・・・・・・137
黒斑病・・・・・・・・・・・・・・・・・・24
コルクスポット・・・・・・・・・・・174
コルク層・・・・・・・・・・・・・・・・23
根域制限栽培・・・・・・・・・・・・・・77
根群・・・・・・・・・・・・・・・・・・・161
混合花芽・・・・・・・・・・・・・・・・105
昆虫・・・・・・・・・・・・・・・・・・・182
コンテナ栽培・・・・・・・・・・・・・・78
根頭がんしゅ病・・・・・・・・・・・・67
根頭がんしゅ病菌・・・・・・・・・・47
根粒菌・・・・・・・・・・・・・・・・・156

〔さ〕

細菌・・・・・・・・・・・・・・・・・・・181
催色・・・・・・・・・・・・・・・・・・・145
栽植密度・・・・・・・・・・・・・65, 88
サイトカイニン・・・・・・・91, 94, 121
栽培方式・・・・・・・・・・・・・・・・88
細胞内凍結・・・・・・・・・・・51, 176
在来品種・・・・・・・・・・・・・・・149

先取り取引・・・・・・・・・・・・・・144
挿し木・・・・・・・・・・・・・・・・・・61
砂じょう・・・・・・・・・・・・・・・・118
砂壌土・・・・・・・・・・・・・・・・・・55
三重反応・・・・・・・・・・・・・・・・95
酸性土壌・・・・・・・・・・・・・・・168
産直・・・・・・・・・・・・・・・・・・・144

〔し〕

シアナミド剤・・・・・・・・・・・・・・75
自家不和合性・・・・・23, 29, 30, 111
市場外流通・・・・・・・・・・・・・・144
市場流通・・・・・・・・・・・・・・・144
雌ずい・・・・・・・・・・・・・・19, 118
施設栽培・・・・・・・・・・・・・・・・72
自然分類法・・・・・・・・・・・・・・・17
湿害・・・・・・・・・・・・・・・・・・・164
自動的単為結果・・・・・・・・・・・114
自発休眠・・・21, 50, 52, 54, 74, 80,
　　　　　　99
指標植物・・・・・・・・・・・・・・・・64
ジベレリン・・・・・・・・90, 91, 94, 121
子房・・・・・・・・・・・・・・・・・・・19
子房下位・・・・・・・・・・・・・・・・19
子房上位・・・・・・・・・・・・・・・・19
子房中位・・・・・・・・・・・・・・・・19
子房壁・・・・・・・・・・・・・・19, 118
社会的受容性・・・・・・・・・・・・・48
ジャスモン酸・・・・・・・・・・・・・96
ジャム類・・・・・・・・・・・・・・・・150
種・・・・・・・・・・・・・・・・・・・・・17
雌雄異株・・・・・・・・・・19, 30, 33, 38
周縁キメラ・・・・・・・・・・・・・・・44
収穫適期判定・・・・・・・・・・・・・132
収穫前落果・・・・・・・・・・・53, 92
集合果・・・・・・・・・・・・・・・20, 118
雌雄同株・・・・・・・・・・・19, 31, 33
収量・・・・・・・・・・・・・・・・・・・88
主幹・・・・・・・・・・・・・・・・・・・187
樹冠・・・・・・・・・・・・・85, 88, 89, 90
主幹形・・・・・・・・・・・・・・・・・194
種間雑種・・・・・・・・・・・・・・・・43
縮合型タンニン・・・・・・・・・・・129
宿主特異的毒素・・・・・・・・・・・・40
熟度・・・・・・・・・・・・・・・・・・・132
種子・・・・・・・・・・・・・・・・20, 118

主枝 … 189	成熟調節 … 131	脱渋 … 26, 150
種子繁殖 … 57	成熟ホルモン … 121, 140	脱粒性 … 27
珠心胚 … 34, 45	生殖成長 … 97	他動的単為結果 … 114
珠心胚実生 … 59	成長調節物質 … 92	多糖類 … 127, 142
酒石酸 … 127, 135	生物的防除 … 185	棚仕立て … 194
種苗法 … 22, 48	生物農薬 … 183	ダニ … 182
受粉樹 … 23, 24, 28, 29, 30, 35, 66, 113	成木相 … 41, 79	無核 … 34, 35, 37, 38, 94
純正花芽 … 105	生理障害 … 148, 171	多胚性 … 38, 117
蒸散 … 162	生理的落果 … 75, 80, 117	他発休眠 … 54, 99
蒸散作用 … 140	石灰 … 156, 170	多量元素 … 153
壌土 … 55	雪害 … 177	単為結果 … 94, 114
じょうのう … 20	折衷法 … 168	単為結果性 … 35
常緑性 … 21, 33	施肥 … 159	単為生殖 … 117
植物検疫 … 186	競り … 144	単果 … 20
植物ホルモン … 92	セルロース … 127, 142	タンゴール … 34, 35, 36
食味 … 136	選果 … 142	炭酸ガス脱渋 … 150
初代培養 … 65	潜芽 … 105	短梢せん定 … 77
ショ糖 … 134	線虫 … 182, 184	単性花 … 19
ジョナサンスポット … 174	せん定 … 76, 88, 89, 187	タンゼロ … 35, 36
人為分類法 … 17	鮮度保持 … 143	タンニン … 26, 129, 130
真果 … 19, 118	全面施肥 … 161	単胚性 … 36, 38
仁果 … 7	〔そ〕	〔ち〕
仁果類 … 21, 33	総合的病害虫管理 … 186	虫害 … 182
シンク … 87, 123	相助作用 … 154	中果皮 … 20, 118
シンク力 … 87, 114, 123	草生法 … 168	中間芽 … 105
深耕 … 170	層積処理 … 59	中間台 … 58
人工細霧 … 61	ソース … 87, 88, 123	柱頭 … 19
人工受粉 … 23, 24, 28, 113	属間雑種 … 46	中晩柑類 … 34
深層施肥 … 161	側枝 … 189	頂芽（部）優勢 … 93, 94, 192
浸透ポテンシャル … 121	属名 … 17	鳥獣害 … 186
真の光合成速度 … 86	疎植栽培 … 90	潮風害 … 175
心皮 … 20	ソルビトール … 128, 134	重複受精 … 111
シンプラスト … 120	〔た〕	貯蔵障害 … 148
〔す〕	耐寒性 … 35, 36, 37, 51, 52, 54, 72	貯蔵性 … 133
水分ストレス … 123	台木 … 58, 156	貯蔵養分 … 98
ストリゴラクトン … 96	体細胞雑種 … 46	チラコイド … 83
ストロマ … 84	体細胞分裂 … 110	地力 … 158, 159
スモモ … 29	帯雌花穂 … 32	チル・ユニット … 54, 101
スレンダースピンドルブッシュ … 70	耐凍性 … 54	〔つ〕
〔せ〕	堆肥 … 157	追熟 … 25, 125, 137
盛果期 … 7, 80, 97	高うね栽培 … 78	追肥 … 160
清耕法 … 168	高接ぎ … 58, 71	接ぎ木親和性 … 58
整枝 … 88, 89, 187	高取り法 … 63	接ぎ木繁殖 … 58
成熟 … 125	他家不和合性 … 23, 30, 111	つる性果樹 … 21
	立ち木仕立て … 194	

和文索引

〔て〕
帯窪部……20
低温障害……148
低温要求量……50, 54, 74
低木性果樹……21
摘果……90, 91, 92, 123
摘花……114, 124
適熟……125
摘蕾……114
摘粒……124
デハードニング……51, 176
テンシオメータ……162
天敵……76, 181, 183, 185
デンプン……128

〔と〕
糖……127
凍害……176
冬季せん定……192
等級……142
凍結回避……54
凍結核活性細菌……52
糖度……136
導入育種……42
特殊肥料……157
土壌……166
土壌改良……169
土壌改良資材……157
土壌管理……167
土壌診断……169
土壌の三相分布……168
徒長枝……189
突然変異育種……43
ドライアイス……151

〔な〕
内果皮……20, 118
内生……121
ナシ……23
成り年……90
ナリンギン……135
軟化……142

〔に〕
苦味成分……135
二期作……74, 76
肉質……125
二酸化炭素脱渋……150

二重S字型成長曲線……118

〔ね〕
根原基……61
熱処理法……63
熱帯果樹……21, 72
粘核……28
ねん枝……175, 193

〔の〕
能動輸送……121
ノンクライマクテリック型……137

〔は〕
ハードニング……51, 54, 176
胚……111
配偶体型不和合性……111
配合肥料……157
胚珠……19, 118
倍数性育種……43
バイナリーベクター法……47
胚乳……111
胚培養……46
胚発生能……45
ハウス栽培……72, 74
発育枝……189
発酵……147
発根……93
初成り……80
花柄……118
花振るい……92, 117, 172
花振るい性……27
葉芽……105
春肥……160
反射シート……126
晩霜害……51, 176

〔ひ〕
光飽和点……85
光補償点……85
非還元糖……127, 134
ビターピット……174
必須元素……153
必須要素……153
ピッティング……148
微動遺伝子……39
日焼け……36, 52, 172
雹害……178
病害……179

病虫害……76
肥料……157
微量元素……153
肥料取締法……157
ビワ……37
品質……135
品種……22

〔ふ〕
ファイトプラズマ……181
フィロキセラ……181, 184
風害……175
風味……142
フェザー苗……94
フェニルアラニンアンモニア
　リアーゼ……132
フェロモン剤……183
不完全甘ガキ……26, 152
不完全渋ガキ……26, 152
複合果……20, 118
袋かけ……52, 124, 172, 176, 179, 183
腐植……168
双子果……52, 172
普通肥料……157
物質生産……83
物理的防除……183, 185
不定根……61
ブドウ……26
ブドウ糖……134
不成り年……90, 91
部分草生法……169
不溶質……28
ブラシノステロイド……96
フリースピンドルブッシュ……70
ブルーベリー……32
プロアントシアニジン……129
雰囲気ガス……139
分化全能性……64
粉質……141
分離育種……42

〔へ〕
ペクチン……127, 142
へたすき……173
ヘミセルロース……127, 142
ベレゾーン……127
変種……22

変則主幹形・・・・・・・・・・・・・・・・・・・・194
〔ほ〕
訪花昆虫・・・・・・・・・・・・・・・・・・・・・・113
芳香・・・・・・・・・・・・・・・・・・・・・・・・・・125
縫合線・・・・・・・・・・・・・・・・・・・・・・・・・20
胞子体型不和合性・・・・・・・・・・・・・・111
穂木・・・・・・・・・・・・・・・・・・・・・・・・・・・58
干し柿・・・・・・・・・・・・・・・・・149，152
ポジティブリスト制度・・・・・・・182，183
圃場容水量・・・・・・・・・・・・・・163，166
細型紡錘形・・・・・・・・・・・・・・・・・・194
ポリフェノール・・・・・・・・・・・・・・・129
〔ま〕
マイクロサテライト・・・・・・・・・・・・・41
マイコウイルス・・・・・・・・・・・・・・・185
末期上昇型・・・・・・・・・・・・・・・・・・138
間引きせん定・・・・・・・・・・・・・・・・189
マルチ栽培・・・・・・・・・・・・・・・55，78
マルチ法・・・・・・・・・・・・・・・・・・・・168
〔み〕
みかけの光合成速度・・・・・・・・・・・・86
実生・・・・・・・・・・・・・・・・・・・・・・・・・79
実生繁殖・・・・・・・・・・・・・・・・・・・・・57
水ストレス・・・・・・・・・76，77，78，164
ミスト・・・・・・・・・・・・・・・・・・・・・・・61
水ポテンシャル・・・・・・・・53，121，162
みつ症状・・・・・・・・・52，53，171，173
〔む〕
無核化・・・・・・・・・・・・・・・・・・・・・・・27
無機質肥料・・・・・・・・・・・・・・・・・・157
無性繁殖・・・・・・・・・・・・・・・・・・・・・57
無配偶生殖・・・・・・・・・・・・・・・・・・117
〔め〕
明きょ排水・・・・・・・・・・・・・・・68，166
明反応・・・・・・・・・・・・・・・・・・・83，84
芽出し肥・・・・・・・・・・・・・・・・・・・・160
芽接ぎ・・・・・・・・・・・・・・・・・・・・・・・59
雌花・・・・・・・・・・・・・・・・・・・・・・・・・19
メリクロン・・・・・・・・・・・・・・・・・・・64
〔も〕
毛根病菌・・・・・・・・・・・・・・・・・・・・・47
元（基）肥・・・・・・・・・・・・・・・・・・・160
モモ・・・・・・・・・・・・・・・・・・・・・・・・・28
盛り土法・・・・・・・・・・・・・・・・・・・・・62

〔や〕
野菜園芸学・・・・・・・・・・・・・・・・・・・・7
ヤン（Yang）回路・・・・・・・・・・・・140
〔ゆ〕
誘引・・・・・・・・・・・・・・・・・・・・・・・193
有機酸・・・・・・・・・・・・・・・・・127，135
有機質肥料・・・・・・・・・・・・・・・・・・157
有機農業・・・・・・・・・・・・・・・・・・・・157
有機物・・・・・・・・・・・・・・・・・158，159
有効水・・・・・・・・・・・・・・・・・・・・・163
有効積算温度・・・・・・・・・・・・・・・・・50
有効上層・・・・・・・・・・・・・・・・・・・・167
雄ずい・・・・・・・・・・・・・・・・・・・・・・・19
有性繁殖・・・・・・・・・・・・・・・・・・・・・57
遊離アミノ酸・・・・・・・・・・・・・・・・128
雪室・・・・・・・・・・・・・・・・・・・・・・・147
ユズ肌病・・・・・・・・・・・・・・・・・・・・174
〔よ〕
陽イオン交換容量・・・・・・・・・・・・・168
葉果比・・・・・・・・・・・・・・・・・91，123
溶質・・・・・・・・・・・・・・・・・・・・・・・・・28
幼若性・・・・・・・・・・・・・・・・・・・・・・・62
幼若相・・・・・・・・・・・・・・・・39，64，79
陽樹・・・・・・・・・・・・・・・・・・・・85，88
幼樹開花・・・・・・・・・・・・・・・・・・・・・79
溶脱・・・・・・・・・・・・・・・・・・・・・・・155
葉分析・・・・・・・・・・・・・・・・・・・・・161
幼木期・・・・・・・・・・・・・・・・・・・・・・・79
葉面散布・・・・・・・・・・・・・・・・・・・・159
葉面積指数・・・・・・・・・・・・・・・・・・・88
葉緑素・・・・・・・・・・・・・・・・・・・・・161
葉緑素計・・・・・・・・・・・・・・・・・・・・161
葉緑体・・・・・・・・・・・・・・・・・・・・・・・83
横伏せ法・・・・・・・・・・・・・・・・・・・・・62
予措・・・・・・・・・・・・・・・・・・・・・・・145
予備枝・・・・・・・・・・・・・・・・・・・・・・・91
予冷・・・・・・・・・・・・・・・・・・・・・・・143
〔ら行〕
落葉性・・・・・・・・・・・・・・・・21，33，37
離核・・・・・・・・・・・・・・・・・・・・・・・・・28
リグニン・・・・・・・・・・・・・・・127，142
離層・・・・・・・・・・・・・・・・・・・・・・・・・95
両性花・・・・・・・・・・・・・・・・・・・・・・・18
量的形質・・・・・・・・・・・・・・・・・・・・・39
量的形質遺伝子座・・・・・・・・・・・・・・41

緑枝挿し・・・・・・・・・・・・・・・・・・・・・61
リンゴ・・・・・・・・・・・・・・・・・・・・・・・22
リンゴ酸・・・・・・・・・・・・・・・127，135
リンゴワタムシ・・・・・・・・・・181，184
輪状施肥・・・・・・・・・・・・・・・・・・・・161
礼肥・・・・・・・・・・・・・・・・・・・・・・・160
裂果・・・・・・・・・・・・・・・・・76，77，173
連作障害・・・・・・・・・・・・・・・・・・・・・71
老化・・・・・・・・・・・・・・・・・・・・・・・125
老木期・・・・・・・・・・・・・・・・・・・・・・・80
〔わ〕
わい化栽培・・・・・・・・・66，77，176，177
わい化密植栽培・・・・・・・・・・・・・・・90
わい性台・・・・・・・・・・・・・・・・・・・・・80
わい性台木・・・・・・・・・23，69，175
若木期・・・・・・・・・・・・・・・・・・・・・・・80

欧文索引

〔A〕

- A. tumefaciens ··· 47
- abscisic acid；ABA ··· 95
- abscission layer ··· 95
- active transport ··· 121
- adult phase ··· 41, 79
- adventitious root ··· 61
- aggregate fruit ··· 20, 118
- Agrobacterium rhizogenes ··· 47
- air layering ··· 63
- alternate bearing ··· 90, 97
- ambient air ··· 139
- antagonism ··· 154
- apical dominance ··· 93, 192
- apical meristem ··· 64
- apical meristem culture ··· 63
- apomixis ··· 117
- apoplast ··· 120
- arborescent fruit tree ··· 21
- arbuscular mycorrhiza ··· 156
- aril ··· 20
- aroma ··· 125
- artificial classification ··· 17
- artificial pollination ··· 23, 113
- asexual propagation ··· 57
- autonomic parthenocarpy ··· 114
- auxin ··· 93

〔B〕

- bagging ··· 124
- basal application ··· 160
- bearing age ··· 7, 80, 97
- bearing branch ··· 189
- bending ··· 193
- berry ··· 21
- berry thinning ··· 124
- biennial bearing ··· 90, 97
- binary vector ··· 47
- biological control ··· 185
- biological pesticide ··· 183
- bisexual catkin ··· 32
- bisexual flower ··· 18
- bitter pit ··· 174
- breeding by separation ··· 42
- bud mutation ··· 43
- bud sport ··· 43
- budding ··· 59
- burrknot ··· 69

〔C〕

- calyx ··· 19
- calyx end ··· 20
- canopy ··· 88
- carbon nitrogen ratio ··· 170
- carpel ··· 20
- cation exchange capacity；CEC ··· 168
- central leader ··· 194
- chance seedling ··· 48, 59
- chemical control ··· 182
- chilling injury ··· 148
- chilling requirement ··· 54
- chill-unit ··· 54, 74, 101
- chimera ··· 44
- chlorophyll ··· 161
- chlorophyll meter ··· 161
- chloroplast ··· 83
- chlorosis ··· 154
- clean culture ··· 168
- climacteric ··· 137
- climacteric fruit ··· 125
- climacteric rise ··· 125
- clone ··· 64
- cold hardening ··· 176
- cold hardiness ··· 51
- cold wind damage ··· 175
- cold-chain ··· 15, 143
- coloring ··· 145
- columnar type ··· 40
- compost ··· 157
- compound fruit ··· 20, 118
- condensed tannin ··· 129
- container culture ··· 78
- controlled atmosphere storage ··· 146
- cork spot ··· 174
- cross incompatibility ··· 111
- cross protection ··· 185
- crossbreeding ··· 42
- cultivar ··· 22
- cultural control ··· 184
- cutting ··· 61
- cytokinin ··· 94

〔D〕

- damage by bird and animal ··· 186
- dark reaction ··· 83
- deciduous ··· 21
- deep placement of fertilizer ··· 161
- dehardening ··· 51, 176
- dioecism ··· 19
- disbudding ··· 114
- disease damage ··· 179
- DNA marker ··· 39
- dominance of terminal shoot growth ··· 93
- double cropping ··· 74
- double fertilization ··· 111
- double fruit ··· 52
- double sigmoid growth curve ··· 118
- dry matter production ··· 83
- dwarf tree culture ··· 66
- dwarfing rootstock ··· 23, 69, 80

〔E〕

- eatirg ripe ··· 125
- ecodormancy ··· 54, 99
- edible ··· 137
- effective accumulative temperature ··· 50
- embryo ··· 111
- embryo culture ··· 46
- embryogenesis ··· 45
- endocarp ··· 20, 118
- endodormancy ··· 21, 52, 99
- endogenous ··· 121
- endosperm ··· 111
- epigyny ··· 19
- essential element ··· 153
- ethylene ··· 95
- evergreen ··· 21
- exocarp ··· 118

〔F〕

- false fruit ··· 20, 118
- female flower ··· 19
- fermentation ··· 147
- fertilization ··· 159
- fertilizer ··· 157
- first crop ··· 80
- flavor ··· 142
- floriculture ··· 7
- flower bud ··· 105
- flower bud differentiation ··· 105
- flower thinning ··· 114, 124
- flower visiting insect ··· 113
- foliar spray ··· 159
- free spindle bush ··· 70
- free standing training ··· 194
- freezing avoidance ··· 54
- freezing damage ··· 176
- freezing tolerance ··· 54
- fruit cracking ··· 173

fruit diameter	118
fruit grading	142
fruit growing	7
fruit science	7
fruit shape	122
fruit thinning	123
fruit tree	17
fruit vegetables	7
fruit weight	118
fruiting mother shoot	189
full ripe	125, 132, 137

〔G〕

gametophytic self-incompatibility	111
gas injury	148
gene bank	41
genus	17
gibberellin	94
girdling	80
graft compatibility	58
grafting propagation	58
granum	83

〔H〕

hail damage	178
hard end	174
hardening	51
hardwood cutting	61
heading-back pruning	189
heat treatment	63
high productive age	7, 97
high productive period	80
horticultural crop	7
horticultural science	7
host specific toxin	40
hydrolyzable tannin	130
hypogyny	19

〔I〕

ice nucleation active bacteria	52
indicator plant	64
inorganic fertilizer	157
insect damage	182
integrated pest management	186
intergeneric hybrid	46
interspecific hybrid	43
interstock	58
intracellular freezing	51, 176
introduction breeding	42

〔J〕

Jonathan spot	174
juice sac	118
juvenile phase	39, 64, 79
juvenility	62

〔L〕

late frost damage	51, 176
latent bud	105
lateral branch	189
leaf analysis	161
leaf area index	88
leaf bud	105
light compensation point	85
light reaction	83
light saturation point	85
loam	55

〔M〕

macroelement	153
male flower	19
manure	157
maturation	125
maturity	132
mealiness	141
meiosis	110
mericlone	64
mesocarp	20, 118
microelement	153
micrografting	64
mist	61
mixed flower bud	105
modified atmosphere storage	146
modified leader	194
monoecism	19
mound layering	62
mulch	168
multing culture	78
mutation breeding	43

〔N〕

native cultivar	149
natural classification	17
natural enemy	185
nonbearing vegetative period	79
non-climacteric	137
nucellar embryo	45
nucellar seedling	59
number of leaves per fruit	91, 123
nut	21

〔O〕

off-year	90
oiling	132
on-year	90
open center	194
open ditch drainage	68, 166
organic farming	157
organic fertilizer	157
organic substance	158
osmotic potential	121
ovary	19
ovary wall	19, 118
overripe	137
ovule	19, 118

〔P〕

parthenocarpy	114
parthenogenesis	117
peduncle	19, 118
pericarp	19
periclinal chimera	44
perigyny	19
petal	19
photosynthate	87
photosynthesis	83
photosynthetic rate	85
physical control	183
physiological disorder	148, 171
physiological fruit drop	80, 117
pistil	19, 118
pit hardening stage	119
pitting	148
plant quarantine	186
planting density	65, 88
planting system	88
pollen mother cell	109
pollination-constant astringent	26
pollination-constant non-astringent	26
pollination-variant astringent	26
pollination-variant non-astringent	26
pollinizer	23, 66, 113
polyembryony	117
polygene	39
polyploidy breeding	43
pome fruit	7, 21
pomology	7
postharvest ripening	25, 125, 137
precocious flowering	79
precooling	143
preharvest drop	53
primary culture	65
primary scaffold limb	189
proanthocyanidin	129
processing	149

processing suitability……………149
protected cultivation……………72
pruning……………………88, 187
public acceptance…………………48
pure flower bud…………………105

【Q】
quantitative trait loci；QTL……41
quantitative trait………………39

【R】
rain protected culture…………77
raised bed planting……………78
receptacle…………………19, 118
removal of astringency…………150
replant problem…………………71
replanting…………………………70
reproductive growth……………97
reserve nutrient…………………98
respiration………………………83
rind puffing……………………53
ripening…………………………125
ripening hormone………121, 140
root bacterium…………………156
root primordium…………………61
root restriction culture………77
rootstock…………………………58

【S】
salty wind damage………………175
sandy loam………………………55
scientific name…………………17
scion………………………………58
scion grafting…………………59
secondary scaffold limb………189
seed……………………20, 57, 118
segment……………………………20
self-incompatibility………23, 111
senescence………………………125
senescent tree period…………80
sexual propagation………………57
shade tree………………………85
shatter……………………………117
shrubby fruit tree………………21
side dressing after harvest……160
simple frui………………………20
simple sequence repeat…………41
single sigmoid growth curv……118
sink…………………………………87
sink strength………………87, 114
slendar spindle bush……………70
slender spindle…………………194

snow damage……………………177
sod culture………………………168
softwood cutting………………61
soil dressing……………………56
soil fertility………………158, 159
soil management………………167
soil sickness……………………71
soluble solids…………………132
soluble tannin…………………130
somatic cell division…………110
somatic hybrid…………………46
source……………………………87
species……………………………17
sporophytic self-incompatibility……111
stamen……………………………19
starter……………………………160
stem end…………………………20
stenospermocarpy………………116
stigma……………………………19
stimulative parthenocarpy……114
stone fruit………………………21
stooling……………………………63
storage disorder………………148
stratification……………………59
stroma……………………………84
stylar end………………………20
stylar-part mutant……………113
style………………………………19
subculture………………………65
subtropical fruit tree…………21
sugar acid ratio………………136
summer pruning………………192
sun tree…………………………85
sunburn……………………………52
supercooling……………………52
supplement application………160
suture……………………………20
symplast…………………………120
synergism………………………154

【T】
tangor……………………………34
tannin……………………………129
temperate fruit tree……………21
tensiometer……………………162
texture……………………………125
thinning-out pruning…………189
thylakoid…………………………83
tip…………………………………62
top-grafting…………………58, 71

torpedo stage……………………46
totipotency………………………64
training……………………88, 187
transformant……………………47
transition phase………………79
transitory bud…………………105
transpiration……………140, 163
trellis training…………………194
trench layering…………………62
tropical fruit tree………………21
true fruit…………………19, 118
trunk……………………………187
turgor pressure…………………121
twisting……………………175, 193

【U】
underdrainage………56, 68, 166
unisexual flower………………19

【V】
variety……………………………22
vegetable crop science…………7
vegetative…………………57, 114
vegetative growth………………97
vegetative shoot………………189
veraison…………………………127
vine………………………………21
virus indexing…………………64
virus-free………………………63

【W】
water potential…………121, 162
water shoot……………………189
water stress……………………164
watercore…………………52, 53
watercore………………………171
wind damage……………………175
winter pruning…………………192

【X・Y】
xenia………………………………32
yield………………………………88
young tree period………………80

著者一覧

伴野　潔（信州大学農学部教授）
山田　寿（愛媛大学農学部教授）
平　智（山形大学農学部教授）

農学基礎シリーズ　果樹園芸学の基礎

2013年10月25日　第1刷発行
2021年11月5日　第5刷発行

著　者　　伴野　潔
　　　　　山田　寿
　　　　　平　智

発行所　一般社団法人 農山漁村文化協会
郵便番号　107-8668　東京都港区赤坂7丁目6-1
電話　03（3585）1142（営業）　　03（3585）1147（編集）
FAX　03（3585）3668　　　　　　振替 00120-3-144478

ISBN 978-4-540-11204-1　　　　　DTP制作／條 克己
〈検印廃止〉　　　　　　　　　　　印刷・製本／凸版印刷㈱
Ⓒ 伴野潔・山田寿・平智 2013
Printed in Japan　　　　　　　　　定価はカバーに表示

乱丁・落丁本はお取り替えいたします

農文協の図書案内

新版 土壌学の基礎
生成・機能・肥沃度・環境

松中照夫 著　4,200円＋税

生成，理化学性，生物性から肥沃度管理や地球環境問題など，基礎から最新課題まで平易に記述。

農学基礎セミナー
植物バイテクの実際

大澤勝次・久保田旺 編著　2,100円＋税

バイテクの原理，組織培養の基礎，無病苗の作出から遺伝子組換えまで実際の手法を具体的に解説。

農学基礎セミナー
植物・微生物バイテク入門

大澤勝次・久保田旺 編著　1,714円＋税

植物組織培養，微生物のバイテク，バイオリアクターの基礎から実際までを網羅する入門書。

農学基礎セミナー
新版 農業の基礎

生井兵治・相馬暁・上松信義 編著　1,800円＋税

イネ・ダイズや主な野菜10種・草花・ニワトリ・イヌなどの育て方を丹念に解説した入門書。

農学基礎セミナー
環境と農業

西尾道徳・守山弘・松本重男 編著　2,000円＋税

地域の環境調査の方法から農林業と環境とのかかわり，環境保全・創造まで紹介する実践的入門書。

農林水産業の技術者倫理

祖田修・太田猛彦 編著　3,048円＋税

人口を養い続けた結果，環境問題を発生させた農林水産業の21世紀の技術のあり方を提示する。

農業と環境汚染
日本と世界の土壌環境政策と技術

西尾道徳 著　4,286円＋税

豊富なデータで日本と欧米の汚染の実態と政策，技術を比較し，環境保全型農業の可能性を提案。

自然と科学技術シリーズ
土壌団粒
形成・崩壊のドラマと有機物利用

青山正和 著　1,600＋税

農業における土壌団粒の現代的役割と，それを維持する土壌管理の方法を提案。

自然と科学技術シリーズ
農学の野外科学的方法
「役に立つ」研究とはなにか

菊池卓郎 著　1,524円＋税

歴史的，地理的一回性を帯びる野外的自然を扱う科学として，実際に役立つ農学研究の方法を提唱。

自然と科学技術シリーズ
生物多様性と農業
進化と育種，そして人間を地域からとらえる

藤本文弘 著　1,857円＋税

農業は人間と生物の共進化という見方から，近代技術の問題点を摘出し農業のあり方を問う異色作。

新版 土壌肥料用語事典 第2版
土壌編，植物栄養編，土壌改良・施肥編，肥料・用土編，土壌微生物編，環境保全編，情報編

藤原俊六郎・安西徹郎・小川吉雄・加藤哲郎 編
2,800円＋税

生産・研究現場の必須用語を現場の関心に即して解説したハンディな小事典。12年ぶりの改訂。

最新 農業技術事典〔NAROPEDIA〕

農業・生物系特定産業技術研究機構 編著　36,190円＋税

生産技術を軸に経営，流通，政策から食品の安全性，資源・環境問題，国際関係まで1万5千語を収録。

作物学用語事典

日本作物学会 編　15,000円＋税

調査・研究・教育に必要な基礎用語や知識・知見を定義し，各用語を関連づけて理解できるように解説。

（価格は改定になることがあります）